“十三五”职业教育
国家规划教材

“十三五”职业教育
电子商务类规划教材

电子商务物流管理

第3版

邵贵平 / 主编
倪莉莉 / 副主编

En-commerce
Logistics

人民邮电出版社
北京

图书在版编目（CIP）数据

电子商务物流管理 / 邵贵平主编. -- 3版. -- 北京：人民邮电出版社，2018.8（2021.2重印）
“十三五”职业教育电子商务类规划教材
ISBN 978-7-115-48380-5

Ⅰ. ①电… Ⅱ. ①邵… Ⅲ. ①电子商务－物流－物资管理－高等职业教育－教材 Ⅳ. ①F713.36②F252

中国版本图书馆CIP数据核字（2018）第090567号

内 容 提 要

本书采用基于项目式教学的教材编写体例，系统介绍了电商企业物流运作的关键环节，共设计了九个教学项目，分别为电子商务与物流管理、电子商务采购管理、电子商务仓储管理、电子商务运输与配送管理、电子商务物流信息管理、电子商务与第三方物流、电子商务与供应链管理、电子商务物流成本管理和跨境电商物流管理。

本书可作为高等院校、职业院校电子商务、物流管理等专业的教材，也可作为在职培训的培训用书。

◆ 主　　编　邵贵平
副 主 编　倪莉莉
责任编辑　刘　琦
责任印制　焦志炜

◆ 人民邮电出版社出版发行　　北京市丰台区成寿寺路 11 号
邮编　100164　　电子邮件　315@ptpress.com.cn
网址　http://www.ptpress.com.cn
三河市君旺印务有限公司印刷

◆ 开本：787×1092　1/16
印张：18.75　　2018 年 8 月第 3 版
字数：472 千字　　2021 年 2 月河北第 11 次印刷

定价：52.00 元

读者服务热线：(010)81055256　印装质量热线：(010)81055316
反盗版热线：(010)81055315
广告经营许可证：京东市监广登字 20170147 号

第 3 版前言

我国物流行业以高质量、健康的状态高速发展，在智慧物流、物流机器人、快递规整、无人机使用等方面都取得了巨大的进步。物流行业出现的新技术和新方法也在影响着电子商务行业的发展，京东的亚洲一号无人仓拥有每天处理超过 20 万单订单的能力，有效缓解了“618”“双 11”订单量暴涨带来的压力；菜鸟物流通过推出电子面单、智能分单、无人仓、智能配送机器人等产品和服务，大大提高了物流速度和服务水平；亚马逊物流+推出的一站式跨境电商物流服务，提高了跨境物流效率，使注册亚马逊账号成为一种潮流。

本次教材改版将电子商务物流最新的变化纳入原有内容中，全书共设计了九个教学项目。项目一电子商务与物流管理，让学生学习如何正确把握电子商务与物流的关系，熟悉电商企业的物流运作模式及流程。项目二电子商务采购管理，让学生重点学习采购流程、网络采购模式与方法。项目三电子商务仓储管理，让学生掌握电商的仓储作业、库存控制及仓储管理软件的应用。项目四电子商务运输与配送管理，使学生懂得如何优化电商的运输与配送服务，合理选择物流配送模式。项目五电子商务物流信息管理，要求学生会使用最新的物流信息技术。项目六电子商务与第三方物流，通过学习让学生能够正确选择合适的物流服务提供商并能恰当维护合作关系。项目七电子商务与供应链管理，让学生懂得如何构建有竞争力的供应链以及如何管理供应链。项目八电子商务物流成本管理，让学生学习物流成本的构成和核算方法及如何有效控制物流成本与管理物流成本。项目九跨境电商物流管理，让学生学习并掌握跨境电商货物的进出口流程、外贸寄样以及进出口单证的缮制。

本书采用“先学、后练、再做、最后自主拓展学习”的思路进行编写，每个项目下设了五个模块：模块一为项目导入；模块二为知识准备；模块三为工作任务，该模块明确了工作任务要求，重在对学生职业技能的培养；模块四为实践应用，该模块给出了实践内容与应用步骤，强调对学生实际动手能力的培养；模块五为任务拓展，要求学生自主学习并完成任务，以训练学生独立解决问题的能力。另外，每个项目都设置了导语，以启发学生的学习兴趣。本书融“教、学、做、思”为一体，注重对学生能力的培养。

本书配套开放式的云学习平台，该平台为读者提供学习指南、电子课件、电子教案、实训手册、案例资源库、视频资源库、教学微视频、在线测试等大量资源，所有资源均可免费下载。

本书由浙江商业职业技术学院邵贵平教授任主编，铜陵职业技术学院倪莉莉任副主编。其中，邵贵平教授负责编写全书，倪莉莉负责校对全书。本书编写过程中，借鉴了国内外许多专家学者的学术观点，参阅了大量书籍、期刊和网络资料，还得到各位同仁和企业专家浙江顺丰速运有限公司钟建萍的大力支持，在此一并致以衷心的感谢！

编 者

2018 年 4 月

目　　录

项目一　电子商务与物流管理

导　语

电子商务与物流是什么关系

如果把电子商务比作一棵树，那么网络营销和销售就是这棵树的树干和树冠，而物流则是这棵树的根。树要想长得高，树冠要想茂盛，关键是看根扎得有多深，根系有多发达。

学习目标

知识目标

- 了解典型的物流活动
- 了解电子商务企业的 3 种主要物流运作模式
- 理解电子商务的基本概念和作用
- 理解物流的基本概念
- 理解电子商务与物流的相互作用与相互影响
- 理解电子商务物流与传统商务物流作业流程的区别
- 掌握电子商务的 7 种业务模式

技能目标

- 熟悉电商企业物流运作模式
- 熟悉电商企业物流作业流程
- 具备物流管理策略分析能力
- 具备物流活动过程分析能力
- 具备物流平台分析能力
- 具备物流模式分析能力

【项目导入】

亚马逊物流

亚马逊公司（纳斯达克代码：AMZN）是一家“财富500强”公司，成立于1995年7月，目前已成为全球商品种类最多的网上零售商。亚马逊致力于成为全球最“以客户为中心”的公司，自创立以来持续努力创新，以求满足客户多样化的需求。

亚马逊致力于利用自身发达的全球物流网络、丰富的电商物流管理经验和智能的仓储系统为各类商业客户提供优质省心的服务；同时，亚马逊也助力中国商家进行海内外业务的拓展。

1. 建立横跨亚美欧大陆的全球仓配一体化网络

亚马逊在全球拥有123个运营中心，可跨国配送至185个国家。在中国，亚马逊在13个城市设立了总面积约90万平方米的符合亚马逊全球标准的运营中心，可以为超过1400个城市区县的消费者提供当日达和次日达服务，是亚马逊为中国卖家提供横贯中国大陆、跨越全球的无忧物流配送服务的坚实保障。

2. 丰富的电商物流运作经验，同时满足境内外一站式物流服务

亚马逊拥有20年电商物流运营的成功经验（见图1-1），服务于全球185个国家的2.85亿活跃用户。作为最了解国内外电商物流运作的公司，亚马逊打通了亚马逊体系内的境内境外网络，精心打造了多样化物流解决方案，能够为商家同时提供境内境外的一站式完整物流解决方案，助推中国商家发展电子商务，拓展全球事业版图。

图 1-1　亚马逊电商物流

3. 先进并持续创新的高科技智能系统

亚马逊拥有智能的仓储系统（见图1-2），通过分类系统快速定位商品存放位置，并根据最优拣货路径完成高效拣货。精细到经纬度的运输路径优化，能够在保障时效的情况下实现最低成本运输。亚马逊智能仓储系统通过精准的计算，不仅可以进行便捷、高效的商品库存管理，还能给客户最精准的送达承诺。为了追求效率的极致，亚马逊专注于每个细节上的创新。

图 1-2　亚马逊的智能仓储系统

4. 国际水平的运营管理团队

亚马逊的运营团队中拥有大量从国内外各行各业中选拔出来的精英，他们具有丰富的物流行业运营管理与操作经验，能够根据实际的业务运营情况提出优秀的改善计划并且予以落

地实施，还能用发展的眼光来为您的业务做长远规划。

思考：

1. 作为电商巨头，亚马逊物流的特点有哪些？
2. 亚马逊的运营中心在其整个物流系统中起到什么作用？
3. 请你说说亚马逊的智能仓储系统。

【知识准备】

一、电子商务的基本概念

（一）电子商务的定义

电子商务是指以信息网络技术为手段、以商品交换为中心的商务活动。它是在因特网开放的网络环境下，基于浏览器/服务器应用方式，买卖双方不见面地进行各种商贸活动，实现消费者的网上购物、商户之间的网上交易和在线电子支付以及各种商务活动、交易活动、金融活动和相关的综合服务活动的一种新型的商业运营模式。

电子商务有狭义和广义之分，狭义的电子商务（E-Commerce）是指利用互联网进行的商务交易；广义的电子商务（E-Business）是指基于互联网等计算机网络之上的、在企业业务流程上用于执行与支持价值链增值的一切活动，包括市场、销售、采购、供应链管理等各类环节。它是一种以计算机网络为载体的自动商业流程，不仅包括企业内部的流程，也包括企业与企业之间、企业与个人、企业与政府或其他社会组织之间的业务流程。

电子商务的内容包含两个方面，一是电子方式，二是商贸活动。电子商务以数据（包括文本、声音和图像）的电子处理和传输为基础，包含了许多不同的活动（如商品服务的电子贸易、数字内容的在线传输、电子转账、商品拍卖、协作、在线资源利用、消费品营销和售后服务）。它涉及产品（消费品和工业品）和服务（信息服务、财务与法律服务）、传统活动与新活动（虚拟商场）。

电子商务是信息技术飞跃的一个重要结果，其影响不仅限于交易手段和贸易方式上的变化，还将在缩短供应链、降低企业管理成本等方面带来更多的改变，甚至还包括企业业务流程的重组。

从贸易活动的角度分析，电子商务可以在多个环节实现，由此也可以将电子商务分为两个层次：较低层次的电子商务包括电子商情、电子贸易、电子合同等；较高层次的电子商务是指利用互联网能够进行的全部贸易活动，即在网上将信息流、商流、资金流和部分物流完整地实现。也就是说，公司可以从寻找客户开始，一直到洽谈、订货、在线支付、开具电子发票直至电子报关、电子纳税等均通过互联网完成。

知识链接：移动电子商务

移动电子商务（M-Commerce），它由电子商务的概念衍生而来，电子商务以PC为主要界面，是“有线的电子商务”；而移动电子商务则是通过手机、PDA、平板电脑等无线设备进行的电子商务。移动电子商务是电子商务的一个分支，它是通过移动通信网络进行数据传输，并且利用移动信息终端参与各种商业经营活动的一种新型电子商务模式，它是新技术条件与新市场环境下的新型电子商务形态。

（二）电子商务改变经济生活

1. 电子商务首先改变了商务活动的方式

电子商务的迅速发展必将使传统的商务活动形式发生新的变化。借助互联网，从采购到商品销售全过程都将实现电子化。通过互联网，人们可以方便地进入网上商场浏览、采购各类产品，而且还能得到在线服务；商家可以在网上与客户联系，利用网络进行货款结算服务；政府还可以方便地进行电子招标、政府采购等。

2. 电子商务改变和正在改变着人们的消费方式

进入电子商务时代后，传统的购物方式被轻松的“单击鼠标”购物代替。人们的消费行为和消费需求随之发生根本性的变化，主要表现为：第一，由于选择范围的显著扩大，消费者可以在短时间内通过网络在大量的供应商中反复比较，从而找到理想的供应商，而不必像过去那样花费大量的时间、精力去“货比三家”；第二，消费者的消费行为将变得更加理智，对商品的价格可以精心比较，不再因为不了解行情而上当受骗；第三，消费需求将变得更加多样化、个性化，消费者可直接参与生产和商业流通，向商家和生产厂家主动表达自己对某种产品的要求，定制化生产将变得越来越普遍。用经济学的语言来说，就是“极大地降低了购买方的交易费用”。

3. 电子商务改变和正在改变着厂家的营销方式

（1）改变厂家的广告方式：网上广告的传播范围更为广泛，平均费用大为降低。

（2）改变品牌的塑造方式：品牌产品的市场优势地位正在改变，不知名品牌进入市场的机遇之门正在打开。

（3）改变销售的组织方式：从接订单，到资信的确认或收款的确认，再到货物的准备和发送等一系列工作流程，都会发生变化。

（4）改变对客户的管理方式：客户的消费特征可以在网上直接被记录，并可以由一定的软件统计分析，从而使厂家可以为客户提供更好的服务。

4. 电子商务正在再造整个流通环节

传统的“厂家—批发—零售—消费者”的方式被打破，“厂家—消费者”的方式逐渐形成，新的物流配送体系也正在形成。流通组织需要再造，运输体系、运输的组织方式和相应的存储方式也会因电子商务而再造。

5. 电子商务改变厂家的采购方式

从厂家的生产流程来看，电子商务不仅改变了企业的销售管理，而且对采购管理也有着巨大的影响。例如，更有利于企业找到合适的（物美价廉的）原材料和零部组件，更有利于企业找到合适的合作伙伴，从而降低采购的交易费用。企业的采购方式和组织发生相应的变化将促使企业与供应商建立战略联盟关系。

6. 电子商务改变和正在改变着企业资金筹措的操作手段

在线电子支付是电子商务的关键环节，也是电子商务得以顺利发展的基础条件。随着电子商务在电子交易环节上的突破，网上银行、银行卡支付网络、银行卡电子支付系统，以及电子支票、电子现金等服务，将传统的金融业带入一个全新的领域。网络银行的出现，完全改变了企业资金操作的手段，通过互联网，企业在 Web 页面上即可完成借款和还款等。

7. 电子商务使人才的挑选与聘用正在发生革命性的变化

通过互联网，企业能够完成人才交易的全过程，包括人才自荐、企业对人才的挑选，甚至对人才的测试和聘用。依托互联网和多媒体技术，网上测评人才的技术（问卷的设计与考察方式之类）也正在迅速发展。

8. 电子商务改变了厂家的生产组织和生产过程的管理

企业物流链条的中间段，即生产过程的组织与管理，也同样受到电子商务的影响。随着企业输出端与输入端的巨大变化，企业生产流程的再造不可避免。事实上，虚拟企业的出现，就已经把对生产过程的组织方式的改变发挥到了极致。电子商务必然导致企业技术单元的细化（专业分工的细化），导致部分生产的外化，从而导致生产流程的再造。

总而言之，电子商务改变了从产品开发，到生产、流通、消费，以至于金融运作的整个经济过程，变革了传统企业的管理观念、理论与方法。

电子商务与传统商务相比具有明显的优点，主要表现为：交易虚拟化、交易成本低、交易效率高、交易透明化。交易虚拟化体现在贸易的整个过程均通过虚拟的计算机网络环境完成；交易成本低体现在降低通信成本、减少交易环节，实现无纸化贸易；交易效率高体现在信息传输速度快、商业信息实现数字化；交易透明化体现在互联网本身具有的开放性和全球性的特点上。

知识链接：移动电子商务的特点

移动电子商务改变了信息获取的速度和方式，与传统电子商务相比具有明显的优点。第一，即时性，消费者不仅可以在移动的状态下工作、社交及购物，还可以即时获取视听和图文信息及相关服务。第二，连通性，可将具有相同爱好的用户方便地连接到一起，企业与客户互动更加便利。第三，便携性，用户通过手机、PDA、掌上电脑等手持移动终端随时随地开展商务活动。第四，可定位性，移动商务主体尽管在移动状态下进行商务活动，但是，由于手持移动终端和持有主体的对应性，就赋予了移动商务主体具有移动使用中的可定位性，这种特征对电子商务的创新和突破的意义是重大的。不仅如此，移动商务服务的对象也可以通过全球定位技术实现精准定位。

（三）电子商务业务模式

电子商务根据交易主体之间的差异可以有多种不同的模式，其中典型的业务模式有 9 种，具体介绍如下。

1. M2C 模式

M2C 即 Manufacturers to Consumer（生产厂家对消费者），是生产厂家直接为消费者提供自己生产的产品或服务的一种商业模式，特点是流通环节减少至一对一，销售成本降低，从而保障了产品品质和售后服务质量。

2. M2B 模式

M2B 即 Manufacturers to Business（生产商直接面对经销商），是一种以节省生产商销售成本和帮助下游经销商采购链资源整合的运作模式。M2B 模式的优势主要体现在三个方面：（1）有效：流通环节减少，生产商面对经销商，提高效率节省资金。（2）简单：交易过程简单，无须销售人员各地奔波，通过网络简单操作即可完成。（3）快捷：经销商收货快，生产商回款快。

3. B2C 模式

B2C 即 Business to Consumer（企业对消费者），也称商家对个人或商业机构对消费者。其特点是利用互联网代替传统的中间商，如零售商和批发商。这样既可以提高企业对市场的反应速度，也可以减少企业的营销费用，特别是营销渠道费用，以更低廉的价格为客户提供更满意的服务。因此，企业一旦建立网上直销渠道模式，就可以大大提高企业的竞争能力。利用网上直销渠道，企业可以直接与客户建立企业间电子商务交易关系，突破经由传统中间商分销时所受到的时间和空间的限制，企业服务的客户可以跨越时空，从而扩大企业的市场份额。典型的 B2C 型电子商务企业包括两种类型：一是中介型 B2C 电子商务网站，如亚马逊公司的网站；二是直销型 B2C 电子商务网站，如 Dell 公司的网站等。

4. B2B 模式

B2B 即 Business to Business（企业对企业），也称商家对商家，或商业机构对商业机构，其内涵是企业通过内部信息系统平台和外部网站将面向上游供应商的采购业务和下游代理商的销售业务有机地联系在一起，从而降低彼此之间的交易成本，提高满意度。实际上面向企业间交易的 B2B，无论在交易额还是交易领域的覆盖上，其规模比起 B2C 来都更为可观，对于电子商务发展的意义也更为深远。典型的 B2B 型电子商务企业包括两种类型：一是基于第三方平台的 B2B 电子商务网站，如阿里巴巴网站；二是传统企业的 B2B 电子商务网站，如海尔的供应商管理平台等。

5. G2B 模式

G2B 即 Government to Business（政府对企业），是指政府与企业之间的电子政务，是政府通过电子网络系统进行电子采购与招标的一种商业模式。在 G2B 模式中，政府主要通过电子化网络系统为企业提供公共服务。G2B 模式旨在打破各政府部门的界限，实现业务相关部门在资源共享的基础上迅速快捷地为企业提供各种信息服务，精简管理业务流程，简化审批手续，提高办事效率，减轻企业负担，为企业的正常运营提供良好的环境，促进企业发展。G2B 模式目前主要运用于电子采购与招标、电子化报税、电子证照办理与审批、相关政策发布、提供咨询服务等。

6. C2C 模式

C2C 即 Customer to Customer（消费者对消费者）。其特点是消费者（卖方）利用专业的第三方网站提供的大型电子商务平台，以免费或比较少的费用在该网络平台上销售自己的商品，这不仅能给客户（买方）带来便宜的商品，而且网上开店不需要店铺租金，不受地域、时间的限制，却可以面对来自全国甚至全世界的客户。典型的 C2C 型电子商务网站有淘宝网、易趣网等。

7. C2B 模式

C2B 即 Customer to Business（消费者对企业），最先在美国流行起来。C2B 模式的核心是通过聚合分散分布但数量庞大的用户，形成一个强大的采购集团，以此来改变 B2C 模式中用户一对一出价的弱势地位，使之享受到以大批发商的价格买单件商品的利益。目前国内常见的 C2B 形式有五种：一是聚合需求形式，如反向团购、预售；二是要约形式，如逆向拍卖，客户出价，商家选择是否接受；三是服务认领形式，如企业发布所需服务，个人认领，类似威客；四是商家认购形式，如个人提供作品、服务，等待企业认领；五是植入形式，如软文等。总的来看，电商的 C2B 模式主要是聚合需求形式和要约形式，同时个性化定制也是一个重要的模式。

8. C2G 模式

C2G 即 Consumer to Government（消费者对政府机构），是指政府对个人的电子商务和业务活动。这种商务活动包括社会福利费的发放、自我估税及个人税收的征收等。这类的电子商务活动目前还不多，但应用前景广阔。随着我国社会保障体制的逐步完善和税制改革，政府和个人之间的直接经济往来将会增加，这方面业务的电子化、网络化处理可以提高政府部门的办事效率，增加国民福利。

9. O2O 模式

O2O 即 Online To Offline，是指将线下的商务机会与互联网结合，让互联网成为线下交易的前台。O2O 的概念非常广泛，既可涉及线上，又可涉及线下。O2O 的优势在于把线上和线下的优势完美结合。线上导购把互联网与地面店完美对接，实现互联网落地，让消费者在享受线上优惠价格的同时，又可享受线下贴身的服务。同时，O2O 模式还可实现不同商家的联盟。O2O 可分为四种运营模式：Online to Offline 是线上交易到线下消费体验，Offline to Online 是线下营销到线上交易，Offline to Online to Offline，是线下营销到线上交易再到线下消费体验，Online to Offline to Online 是线上交易或营销到线下消费体验再到线上消费体验。

O2O 的核心就是通过打折、提供信息、服务等方式，把线下商店的消息推送给互联网用户。O2O 模式通过线上来揽客，消费者可以在线上来筛选服务，并完成在线交易及结算。移动电子商务的便携性和可定位性十分有助于 O2O 模式的发展。

二、电子商务与现代物流

随着电子商务行业竞争的白热化，物流已经成为电子商务的瓶颈环节，被电商巨头们视为新的核心竞争力，甚至有人提出“得物流者得天下”。

（一）物流的概念

物流（Logistics）概念最早形成于美国，1963 年这一概念引入日本，20 世纪 80 年代中国引入这一概念。Logistics 原意为后勤，后来转用于物资流通，形成了沿用至今的现代物流概念。

根据国家标准 GB/T18354—2001 的规定，物流是指物品从供应地向接收地的实体流动过程，即根据实际需要，将运输、储存、装卸搬运、包装、流通加工、配送、信息处理等基本功能实施有机结合。

知识链接：国外的物流定义

欧洲物流协会（European Logistics Association，ELA）于 1994 年发表的《物流术语》（Terminology in Logistics）中将物流定义为：物流是在一个系统内对人员或商品的运输、安排及与此相关的支持活动的计划、执行与控制，以达到特定的目的。

美国物流管理协会（The Council of Logistics Management，CLM）对物流的定义是：为满足顾客需要对商品、服务及相关信息从产生地到消费地高效、低成本流动和存储而进行的规划、实施与控制。

日本后勤系统协会（Japan Institute of Logistics Systems，JILS）将物流改称后勤，并定义为：“后勤”是一种对于原材料、半成品和成品的有效率流动进行规划、实施和管理的思路，它同时协调供应、生产和销售各部门的个别利益，最终达到满足客户需求的目的。换言之，“后勤”意味着按要求的数量以最低的成本送达要求的地点，以满足客户的需要作为基本目标。

“物”是指一切物质资料，包括生产资料和生活资料；“流”是一个过程，表现为物质实体的相对停滞和空间转移，以及有关信息的传递。物流活动广泛存在于社会再生产过程的各个环节，基本物流活动包括包装、装卸搬运、储存、运输、流通加工、配送、信息处理等。

（1）包装活动。包装一般分为商业包装和工业包装，工业包装又称运输包装，物流活动中的包装活动指的是工业包装活动，它是为了便于物资的运输、保管，提高装卸效率和物流工具的装载率而进行的。包装与物流的其他活动有着密切的关系，对于推动物流合理化有着重要作用。

（2）装卸搬运活动。装卸搬运活动是为改变物资的空间位置而对其进行的垂直装卸和水平搬运活动。在全部物流活动中只有装卸搬运活动贯穿于物流全过程。

（3）储存活动。也有人称其为“仓储活动”。储存活动要借助各种仓库来完成物资的堆码、保管、保养、维护等工作，保证物资在储存期内质量完好、数量完整，为物资供应或销售打好基础。储存活动为物资创造“时间价值”。

（4）运输活动。运输活动将物资进行空间的移动，创造物资的“空间价值”。运输和储存是物流的两大支柱，在我国，某些时间和场合中，它们成为整个物流的代名词。

（5）流通加工活动。流通加工活动是指在物流过程中，根据用户的要求对物资进行适当的加工，一方面弥补生产加工的不足，另一方面提高物流的效率和效益。

（6）配送活动。配送活动是指配送中心或企业按用户的订货要求，在物流据点进行分货、配货等工作，并将配好的物资送交收货人的物流活动。配送对于降低社会物流总费用、提高物流效率和效益具有重要意义。

（7）信息处理活动。物流信息处理活动包括与上述各种活动有关的计划、预测、市场动态等各类信息的收集、处理和传递活动。物流信息处理对上述各种物流活动的相互联系起着协调作用。

知识链接：物流的历史

最早关于物流的概念是在1915年由阿奇·萧（Arch W. Shaw）提出的。他在《市场分销中的若干问题》（Some Problems In Market Distribution）中首次提出了Physical Distribution的概念。有的人把它译成“实体分销”或“物流”，这就是最早的物流概念，其实质是“分销物流”。

第二次世界大战期间，对军需物品的采购、运输、仓储、分发进行统筹安排、优化调度和全面管理的方法和技术，在战后发展成为“后勤管理”学科。

（二）物流是实施电子商务的根本保证

电子商务的任何一笔完整交易，都包含着4种基本的“流”，即信息流、商流、资金流和物流。信息流是指商品信息的提供、商业单证的转移、技术支持等内容。商流是指商品交易和商品所有权转移的运动过程。资金流是指付款、转账等资金的转移支付过程。物流则是指物质实体（商品或服务）的流动过程，如商品的储存、保管、运输、配送、信息管理等活动。电子商务的基本流程如图1-3所示。

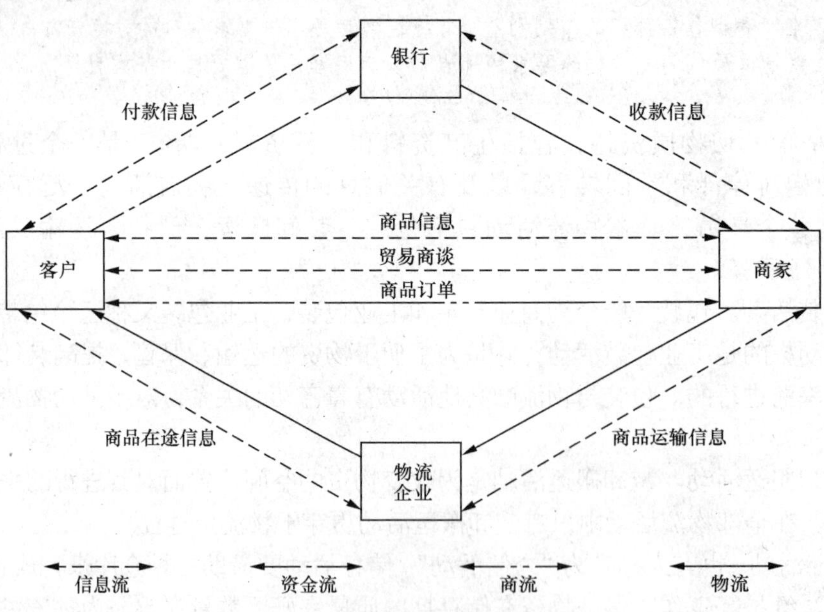

图1-3 电子商务的基本流程

物流虽然只是电子商务若干环节的一部分，但它往往是商品和服务价值的最终体现。如果没有处理好，前端环节的价值就无法体现。在电子商务中，信息流、商流、资金流均可通过计算机和网络通信设备实现，但对于物流，只有诸如电子出版物、信息咨询等少数商品和服务可以直接通过网络传输进行，多数商品和服务仍要经由物理方式进行传输。电子商务生产的顺利进行需要各类物流活动支持，如果缺少了现代化的物流，电子商务给消费者带来的购物便捷就等于零，消费者必然会转向他们认为更为安全的传统购物方式，因此可以说，物流是实施电子商务的根本保证。

（三）电子商务对物流的影响

近几年来，在电子商务的应用与发展过程中，人们发现因为没有一个高效、合理、畅通的物流系统，电子商务所具有的优势难以得到有效的发挥。但随着电子商务环境的改善，电子商务也正在使传统的物流发生变化，甚至会强化物流的作用，促使物流系统进一步完善。电子商务活动对物流的影响主要表现在以下几个方面。

1. 电子商务改变传统物流观念

传统的物流和配送企业需要置备大面积的仓库，而电子商务系统网络化的虚拟企业将散置在各地的、分属不同所有者的仓库通过网络连接起来，使之成为“虚拟仓库”，从而进行统一管理和调配，其服务半径和货物集散空间都被放大了。这样的企业在组织资源的速度、规模、效率和资源的合理配置方面都是传统的物流和配送所无法比拟的，相应的物流观念也必须是全新的。

电子商务作为一种新兴的商务活动，为物流创造了虚拟的运动空间。可以通过各种组合方式，寻求物流的合理化，使商品实体在实际的运动过程中，达到效率最高、费用最省、距离最短、时间最少的目标。

2. 电子商务改变物流的运作方式

传统的物流和配送过程是由多个业务流程组成的，受人为因素和时间影响很大。网络的应用可以实现整个过程的实时监控和实时决策，而且这种物流的实时控制是以整体物流来进行的。新型的物流和配送的业务流程都由网络系统连接。当系统的任何一个环节收到一个需求信息时，该系统都可以在极短的时间内做出反应，并拟定详细的配送计划，通知各相关环节开始工作。这一切工作都是由计算机根据人们事先设计好的程序自动完成的。

物流和配送的持续时间在电子商务环境下会大大缩短，对物流和配送速度提出了更高的要求。传统物流和配送的环节极为烦琐，在网络化的新型物流配送中心里可以大大简化这一过程。

3. 电子商务改变物流企业的经营

首先，电子商务将改变物流企业对物流的组织和管理。在传统经济条件下，物流往往是从某一企业的角度来进行组织和管理，为企业自身服务。而电子商务则要求物流从社会的角度来实行系统的组织和管理，以打破传统物流分散的状态。这就要求企业在组织物流的过程中，不仅要考虑本企业的物流组织和管理，更重要的是要考虑全社会的整体系统。

其次，电子商务将改变物流企业的竞争状态。在传统经济活动中，物流企业之间存在激烈的竞争，这种竞争往往要求企业通过提供优质服务、降低物流费用等方式来获得胜利。在电子商务时代，这些竞争内容虽然依然存在，但有效性却大大降低了，原因在于电子商务需要一个全球性的物流系统来保证商品实体的合理流动。对于一家企业来说，即使它的规模再大，也是难以达到这一要求的。这就要求物流企业应联合起来，在竞争中形成一种协同竞争的状态，以实现物流高效化、合理化和系统化。

4. 电子商务促进物流设施改善和物流水平提高

首先，电子商务将促进物流基础设施的改善。电子商务高效率和全球性的特点，要求物流也必须达到这一目标。而物流要达到这一目标，良好的交通运输网络、通信网络等基础设施是最基本的保证。

其次，电子商务将促进物流技术的进步。物流技术主要包括物流硬技术和物流软技术。物流硬技术是指在组织物流过程中所需的各种材料、机械、设施等；物流软技术是指组织高效率的物流所需的计划、管理、评价等方面的技术和管理方法。物流技术水平的高低是影响物流效率高低的一个重要因素。

最后，电子商务将促进物流管理水平的提高。物流管理水平的高低直接决定和影响着物流效率的高低，也影响着电子商务高效率的优势能否被发挥。只有建立科学、合理的管理制度，将科学的管理手段和方法应用于物流管理当中，才能确保物流的畅通，实现物流的合理化和高效化，促进电子商务的发展。

【工作任务】

一、网上零售企业物流运作模式的分析

工作任务要求：首先了解网上零售企业通常采用的物流运作模式有哪几种，然后分析这几种物流运作模式的优点和缺点。再选择三家知名的网上零售企业，分析它们的物流运作模式。

对于网上零售企业来说，构建一个完善的物流体系首先要解决的问题是确定行之有效、成本最低且能量体裁衣的物流配送模式。网上零售物流运作模式主要有以下几种。

（一）自建物流模式

具有雄厚资金实力和较大业务规模的网上零售企业，在第三方物流公司不能满足其成本控制目标和客户服务要求的情况下，会选择自行建立适应业务需要的畅通、高效的物流系统，从而将企业的物流成本控制在适当的范围内并实现较高的客户服务水平。

网上零售企业自建物流系统的核心是建立集物流、商流、信息流于一体的现代化新型物流中心。自建物流模式的优点有以下几个。

1. 掌握控制权。网上零售企业自建物流可以运用自身掌握的资料有效协调物流活动的各个环节，能以较快的速度解决物流活动管理过程中出现的问题，获得供应商、销售商以及最终顾客的第一手信息，以便随时调整自己的经营战略。

2. 提高企业品牌价值。网上零售企业自建物流系统，就能够自主控制营销活动，一方面可以亲自为顾客服务到家，使顾客近距离了解企业、熟悉产品和品牌；另一方面，企业可以掌握最新的顾客信息和市场信息，并根据顾客需求和市场发展动向及时对战略方案做出调整。

3. 保护企业商业机密。自建物流可以控制从采购、生产到销售的全过程，掌握最详尽的资料。可以有效协调物流活动的各个环节。如果交由第三方物流企业，势必会触及企业的采购计划，进一步触及生产计划，甚至新产品的开发计划等商业机密，企业自建物流可以有效保护企业的商业机密。

自建物流也存在一些缺点，如增加了企业投资负担，降低了企业抵御市场风险的能力；企业配送效率低下，管理难于控制；规模有限，物流配送的专业化程度非常低，成本较高。

（二）共同配送模式

共同配送（Common Delivery）也称共享第三方物流服务，指多个客户联合起来共同由一个第三方物流服务公司来提供配送服务。共同配送可以使网上零售企业采取多种方式，进行横向联合、集约协调、求同存异以及效益共享。它是在配送中心的统一计划、统一调度下展开的。共同配送的本质是通过作业活动的规模化降低作业成本，提高物流资源的利用效率。

共同配送是经长期的发展和探索优化出的一种追求合理化配送的配送形式，也是美国、日本等一些发达国家采用较广泛、影响面较大的一种先进的物流方式。它对提高物流配送效率、降低物流成本具有重要意义。

（三）第三方物流模式

第三方物流模式是指网上零售企业通过契约或合同的方式，将其物流业务部分或全部委托给专业的物流公司经营的一种物流运作与管理方式。网上零售企业与物流企业之间建立的是长期稳定的战略合作关系，实现风险共担，利益共享。这样的物流公司称为第三方物流企业。

第三方物流模式的优点体现在四个方面：一是由于企业的资金和资源有限，不能在各种业务上都做得很优秀，没有资金和精力自建物流，网上零售企业使用第三方物流可以腾出更多的资金和资源集中精力把企业的核心业务做好；二是第三方物流可降低生产企业运作成本；三是第三方物流可以减少固定资产投资；四是第三方物流更加专业，节约人力、物力。

第三方物流模式的缺点有以下几个：不能够直接控制物流；不能够及时高效地把货物送到客户手中；不能够保证服务质量；不能够与客户建立长久的合作关系。

知识链接：网上零售企业的物流投资

近年来，网上零售企业凡客、亚马逊、乐淘、红孩子、京东商城、当当网等正全力在各地建大型物流仓储基地。乐淘网已在沈阳、上海、广州和武汉4个地区核心城市建立了物流仓库用于发货，范围覆盖东北、华东、华南、华中等主要电子商务市场区域，当当网开始在沈阳建仓，京东商城在上海打造亚洲最大的仓储中心——“亚洲一号”，总占地23万平方米，是鸟巢的12倍大。除此之外，京东还计划在北京、广州建设大小不亚于上海的仓储中心。凡客的扩张速度惊人，目前全国的仓库库容整体扩大了4倍。亚马逊在中国拥有11个仓库，每个都在2万平方米以上。2013年5月，阿里巴巴集团、银泰集团联合复星集团、富春集团、顺丰集团、三通一达（申通、圆通、中通、韵达），以及相关金融机构共同宣布，“中国智能物流骨干网”（又称CSN）项目正式启动，合作各方共同组建“菜鸟网络科技有限公司”，其目标是通过5~8年的努力打造一个开放的社会化物流大平台，在全国任意一个地区做到24小时送达。

网上零售企业投资物流的主要原因是物流问题太多，不少电子商务公司遭客户投诉，京东、凡客、新蛋网等著名网站都难以幸免。京东商城总裁刘强东表示，物流是否便捷影响了70%的购物满意度，消费者对于物流的要求越来越高，尤其是节假日订单迅速增加，物流瓶颈亟待突破。

多数网上零售企业只建仓储，一般不介入配送。但也有不少网上零售企业涉足快递，如京东商城投资2 000万元成立了“上海圆迈贸易有限公司”，凡客也已经自建了一家名为“如风达”的快递公司。如风达快递公司目前大约有200名配送人员，主要承担凡客在北京、上海地区的物流配送任务。凡客在这两个地区的配送量占到总配送量的90%以上，未来这一业务将扩充到山东、广东、江苏、浙江等地区的10个核心城市。

二、网上零售企业物流作业流程的识别

工作任务要求：仔细查看网上零售企业物流作业流程图，识别主要物流作业环节，深入了解每个作业环节的具体活动内容，然后在网上零售企业物流作业流程图上标明作业步骤的次序，并描述其物流作业流程。

以网上零售企业的物流配送系统为例，其物流作业流程如图 1-4 所示，共有四个角色：供应商、物流中心、快递公司和客户，实线表示货物实体流动，虚线表示物流信息流动。物流作业从供应商将货物送达配送中心开始，经过“集货/验收”作业确认货物后，便依次将货物“储存”入库；当接到客户订单后，先将订单依其性质作“订单处理”，之后即可按处理后的订单信息将客户需求货物从分拣区取出做“拣货作业”，拣货完成后一旦发现拣货区所剩的存量过低，则必须由储存区来“补货”；当然，若整个储存区的存量也低于标准，便应向上游供应商采购进货。而从分拣区分拣出的货物经整理包装称重后即可准备“出货”，等到一切出货作业完成后，快递安排车辆上门取货，并将其“配送”给客户。

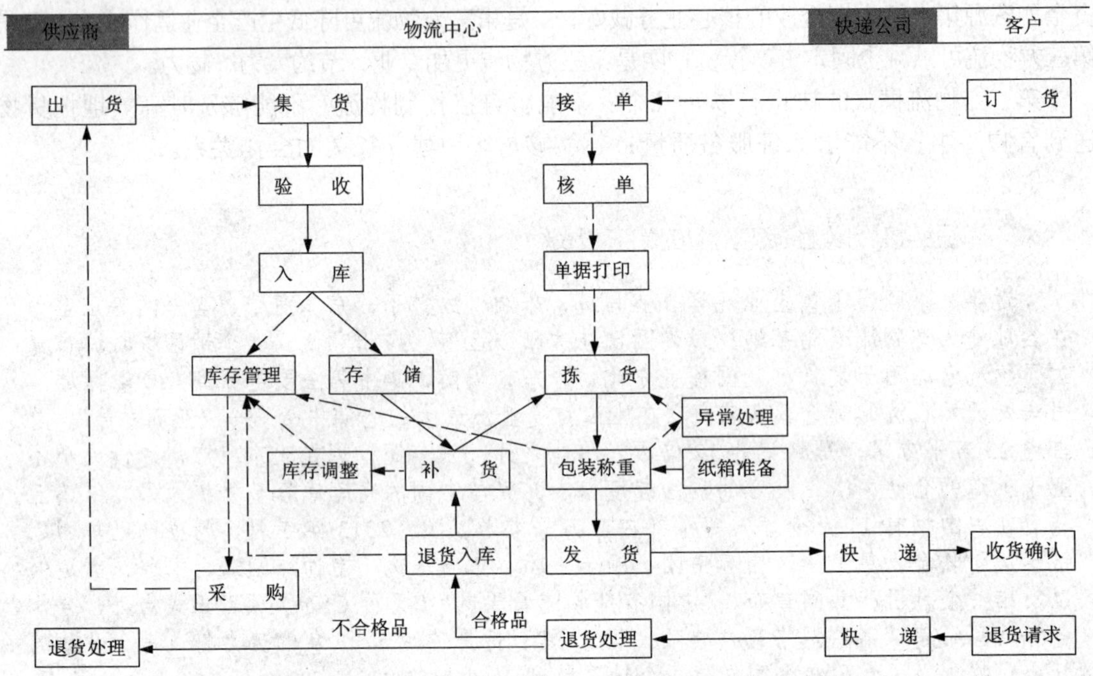

图 1-4　网上零售企业的物流作业流程

（一）集货/验收作业

集货/验收作业包括从供应商接收货物，从货车上将货物卸下，并核对该货物的数量及状态（数量检查、品质检查、开箱检查等），然后记录必要信息或录入计算机。当采购单开出之后，在采购人员进货入库跟踪催促的同时，仓库管理员即可依据采购单上的预定入库日期，做好入库作业排程、入库站台排程。而后在货物入库当日，当货物进入时做入库资料查核、入库品检，查核入库货物是否与采购单内容一致；当品项或数量不符时即做适当的修正或处理，并将入库资料登记建档。入库管理员可依一定方式指定卸货及栈板堆叠。对于由客户处退回的货物，退货品的入库也需经过退货品检、分类处理而后登记入库。一般货物入库堆叠

栈板之后有两种作业方式。一种方式为货物入库上架，储放于储架上，等候出库，需要时再予出货。货物入库上架，由计算机或管理人员依照仓库区域规划管理原则或商品生命周期等因素来指定储放位置，或于货物入库之后登录其储放位置，以便于日后的存货管理或出货查询。另一种方式即为直接出库，此时管理人员依照出货要求，将货物送往指定的出货码头或暂时存放地点。在入库搬运的过程中，由管理人员选用搬运工具，调派工作人员，并做好工具和人员的工作日程安排。

（二）入库搬运作业

入库搬运是将不同形态的散装、包装或整体的原料、半成品或成品，在水平或垂直方向加以提起、放下或移动，从而使货物能适时、适量移至适当的位置或场所存放。在配送中心的每个作业环节中都包含着搬运作业。

（三）储存作业

储存作业的主要任务是把将来需要使用或要出货、拣货的物料保管好，且经常要进行库存品的核查控制，储存时要利用各种储存策略来充分利用空间；同时，需要注意存货的管理工作，如盘点、保管等。

（四）订单处理作业

从接到客户订货开始至准备配货之间的作业阶段，包括有关客户订单的资料确认、存货查询、单据处理及出货配发等。

（五）拣货及补货作业

根据客户订货单所规定的货物品名、数量和储存仓位，将货物从货垛或货架上取出，分放在指定货位，完成客户配货要求并做相应的信息处理。由客户订单资料的统计即可知道货品真正的需求量，而在出库日，当库存数足以供应出货需求量时，即可依据需求数印制出库拣货单及各项拣货指示，进行拣货区域的规划布置、工具选用及人员调派。拣货不只包含拣取作业，更应注意拣货架上货物的补充，使拣货作业得以流畅进行而不至于缺货，这中间还包含了补货水准及补货时点的制定、补货作业排程、补货作业人员调派。

（六）发货作业

将拣选分类的货物做好发货检查，装入合适的容器并做好标示，根据快递公司的不同排位将货物运至指定的发货准备区，最后装车配送。完成货物的拣取作业之后，即可执行货物的出货作业，出货作业的主要内容包括依据客户订单资料印制出货单据，制定出货排程，印制出货批次报表、出货商品上所需要的地址标签及出货检核表。由排程人员决定出货方式，选用集货工具，调派集货作业人员，并决定所需运送车辆的大小与数量。由仓库管理人员或出货管理人员决定出货区域的规划布置及出货商品的摆放方式。

（七）快递作业

快递作业是指通过快递公司将客户定购的货物，从物流中心配送至客户处，并签字确认交付的活动。

（八）采购作业

接受客户网上提交的订单后，电商企业要保证仓库里有足够的货物，如果发现缺货，则仓库需要立即向供应商订购货物，即采购。采购作业的内容包含货物数量统计、供货厂商查询，而后依据所统计的数量及供货厂商所提供的较经济的订购批量，提交采购单。采购单发出之后就进行入库进货的跟踪运作。

（九）库存管理作业

库存管理作业包含仓库区的管理及库存数控制。仓库区的管理包括货物在仓库区域内摆放方式、区域大小、区域的分布等规划。货物进出仓库遵循先进先出或后进先出原则。进出货方式的制定包括货品所用的搬运工具、搬运方式、仓储区储位的调整及变动。库存数量的控制则依照一般货物出库数量、入库数量和时间等来确定采购数量及采购时点，并做采购时点预警系统。制定库存盘点的方法是，在一定期间内印制盘点清册，并依据盘点清册内容清查库存数，修正库存账册并制作盘亏报表。仓库区的管理还包含容器的使用与容器的保管维修。

（十）核单作业

在网上零售过程中，为了更好地满足客户的个性化需求或使客户在发现提交的订单有误后可以修改订单，电商企业一般允许客户通过备注进行订单内容的补充或修正，此时需要核单员根据订单备注修改订单，以满足客户需求。

除了上述作业之外，良好的物流中心运作更要基于较高阶层的管理者通过各种考核评估来达成仓库的效率管理，并制定良好的营运决策及方针。而营运管理和绩效管理可以由各个工作人员或中级管理阶层提供各种报告与报表，这些报告和报表包含出货销售的统计资料报告，客户对配送服务的反应报告，配送货物次数及所用时间的报告，配送货物的失误率报告，仓库缺货率分析报告，库存损失率报告，机具设备损坏及维修报告，燃料耗材等使用量分析报告，外雇人员、机具、设备成本分析报告，退货统计报表，作业人力的使用率分析报告等。

知识链接：电子商务物流与传统商务物流的异同点

1. 电子商务物流与传统商务物流的相同点

（1）目的都是将货物送达客户处。

（2）基本业务是一样的，包括进货、进货验收、存放、养护、盘点、拣选、分拣、组配、装运和配送。

2. 电子商务物流与传统商务物流的不同点

（1）电子商务的每个订单均要求送货上门，而传统商务则不需要。

（2）电子商务的物流成本更高，配送线路的规划、配送日程的调度、配送车辆的合理利用难度更大。

【实践应用】

一、戴尔公司的物流活动过程分析

实践内容：登录网上计算机直销企业戴尔公司的网站，了解戴尔公司的网络直销模式，分析直销型电商企业物流活动的过程（包含五个阶段）。

应用步骤：①登录戴尔公司网站；②了解戴尔公司的网络直销模式；③分析戴尔公司的物流活动过程；④按照物流活动的五个阶段绘制戴尔公司的物流活动过程。

网络直销模式是指简化、消灭中间商，通过网络直接向消费者销售产品，以降低流通成本来满足消费者利益最大化的需求，如图 1-5 所示。

戴尔公司是网络直销型企业的典型代表。戴尔公司从 1996 年开始通过网站直接销售戴尔计算机产品，迅速获得成功，业绩骄人，这与戴尔公司电子商务化物流有着密切的关系。戴尔公司的直销网站上提供了一个跟踪和查询消费者订货状况的接口，供消费者查询已订购的商品从发出订单到送达消费者手中全过程的情况。戴尔公司对待任何消费者（家庭、个人、公司或单位）都采用定制的方式销售，其物流服务也配合这一销售政策而实施。

图 1-5　直销型电子商务

戴尔公司首先接收消费者的订单，消费者可以在戴尔公司的网上商店进行网上订货。消费者下单后，戴尔公司就会对订单进行初步检查：首先检查项目是否填写齐全，然后检查订单的付款条件，并按付款条件将订单分类。采用信用卡方式支付的订单将被优先满足，其他付款方式支付的则要更长时间才能得到付款确认。只有确认支付完款项的订单才会立即自动发出零部件的订货信息并转入生产数据库中，订单也会立即转到生产部门进行下一步作业。消费者订货后，可以对产品的生产过程、发货日期甚至运输公司的发货状况等进行跟踪。根据消费者发出订单的数量，消费者需要填写单一订单或多重订单状况查询表格。表格中各有两项数据需要填写，一是戴尔公司的订单号，二是校验数据。提交后，戴尔公司将通过互联网将查询结果传送给消费者。戴尔公司的电子商务物流活动过程分为以下五个阶段。

（一）供应物流

从接收订单到正式开始生产之前，企业为组织生产所需要的各种物资供应而进行的物流活动为供应物流。它是指组织物资从供应商一直到达本企业的仓库。供应物流准备的时间因消费者所订的系统不同而不同，主要取决于供应商的仓库中是否有现成的零部件。一般来说，戴尔公司要确定一个订货的前置时间，即需要等待零部件并且将订货送到消费者手中的时间，该前置时间戴尔公司在向消费者确认订货有效时会告诉消费者。确认订货一般通过两种方式，即电话或电子邮件。

（二）内部物流

1. 配件准备

当订单转到生产部门时，企业资源计划（Enterprise Resource Planning，ERP）系统会自动生成所需的零部件清单，相关人员根据安排将零部件备齐，传送到装配线上。

2. 装配

组装人员将装配线上传来的零部件组装成计算机，然后进入测试过程。

3. 测试

检测部门对组装好的计算机用特制的测试软件进行测试，通过测试的机器被送到包装间。

4. 包装

测试完成后的计算机被放到包装箱中，同时要将鼠标、键盘、电源线、说明书及其他文件一同装入相应的货车运送给消费者。

（三）销售物流

1. 配送准备

一般在生产过程结束的次日完成送货准备，但大订单及需要特殊装运作业的订单可能花的时间要长些。

2. 运送

将消费者所订货物发出，并按订单上的日期送达指定的地点。戴尔公司设计了几种不同的送货方式，由消费者订货时选择。一般情况下，货物将在 2 ~ 5 个工作日送到订单上的指定地点，即送货上门，同时戴尔公司提供免费安装和测试服务。

戴尔公司的物流从确认订货开始。确认订货是以收到货款为标志的，在收到消费者的货款之前，物流过程并没有开始，收到货款之后需要 2 天时间进行生产准备、生产、测试、包装、发运准备等。

（四）回收物流

回收物流是由企业供应、生产、销售过程中产生的余料、退货、返修品及周转使用的包装容器等从消费者返回供方所产生的物流活动。戴尔公司的政策是 7 天包退 15 天包换，并安排物流人员直接上门取件。

（五）废弃物物流

废弃物物流是指将经济活动中失去使用价值的物品回收处理的物流活动，是一种全新的绿色物流观念。绿色物流在抑制废弃物对环境造成危害的同时实现对环境的净化，它可以改变原来的经济发展与物流、消费生活与物流的单向作用关系，形成一种能促进经济发展和人类健康发展的循环型物流系统。戴尔公司提供在线回收旧计算机的预约服务，通过回收公司回收淘汰设备。这项服务是免费的，但如果消费者是在预定取货日的前两个工作日内取消此项服务，戴尔回收服务伙伴将向消费者收取“服务取消费”。

二、亚马逊公司的物流管理策略分析

实践内容：分析亚马逊公司的物流管理策略，讨论物流管理对于电子商务公司的重要性。

应用步骤：①分析亚马逊公司零库存物流管理策略的优缺点；②分析亚马逊公司在发展的不同阶段采取的不同物流管理策略；③分组讨论亚马逊公司物流管理的特点及其重要性。

亚马逊公司是美国最大的一家网络电子商务公司，是最早开始经营电子商务的公司之一。它于 1995 年成立，开始的时候仅仅在网络上销售书籍，后来慢慢扩大业务，涵盖了电子产品、软件、音乐 DVD、美容用品、家具、服饰、珠宝、体育、户外用品、母婴用品等产品的销售。

网络营销要想成功发展，物流配送是至关重要的一个因素。随着现代物流技术的发展，亚马逊物流一直在不断地进步。在书店创立的时候，其在订单履行管理方面就形成了核心竞争力。这种商业模式的基本特征是“零库存”，网上书店接到订单，直接向出版商或者分销商定购产品，直接给顾客发货。亚马逊没有库存，因此没有风险；成本很低，因而能够给予的折扣很高；整合的出版商分销商、越多，产品就越丰富，能够获得的订单就越多，大规模效应就越大，如图 1-6 所示。

图 1-6　亚马逊公司的零库存销售模式

后来亚马逊公司不再完全追求零库存，而是改用混合模式。从 1999 年开始，亚马逊公司决定投入巨资建立自己的实物资产网络。它先后在美国建立了 6 个仓库，以位于内华达州的 Fernley 仓库为例，Fernley 仓库地理位置偏僻，距离周围最近的城市 Reno 有 56 千米，距其他的地方有数百千米；其外表毫不起眼，只是一座储存了 300 万种图书、CD、玩具和家用器皿的普通大楼，但实际上这个地方已经全部实现计算机化管理，仓库管理程序的代码行数同亚马逊网站的完全相同。计算机通过无线接收器发射信号，告诉工作人员需要下架出货的产品位置。从哪件货物应该先被取出到发货重量是否正确，计算机管理深入到流程的每个环节。通过自动化和对提高生产率管理最佳实践的不断努力，亚马逊公司的物流生产率提高了 3 倍，亚马逊仓库中存货周转达到 20 次，而其他零售商的周转次数都不足 15 次，1999—2003 年，其运营成本所占亚马逊公司全部收入的比例从将近 20%下降为 10%以下，成为物流领域的专家。在运输方面，亚马逊公司采用的策略是选择与联邦快递公司合作。

在购物的流程上，亚马逊购物采取了由顾客在网上订单—订单处理中心接收订单—集中汇总到库房—拣货—配货—包装—货品交至配送公司—运输至各配送站点—货品根据送货路线分配到相应的配送员—货品送至顾客这样的方式。其物流具有以下特点：一是配送采取外包的模式，降低成本；二是控制库存，尽量达到零库存转运；三是降低退货率，降低退货率可以使企业的退货成本降低，也能使企业积累良好的信誉；四是根据商品的种类不同可以建立不同的配送中心，提高配送中心的效率；五是采取“组合包装”技术，扩大运输量。

完善的物流系统是亚马逊公司生存与发展的命脉。在电子商务中，发布信息、交易和资金交付等活动都可以利用计算机在网上完成，只有物流是实实在在的运作过程。因此，物流作为电子商务的重要组成部分便成为决定电子商务效益的关键因素。亚马逊公司虽然是一家电子商务公司，但是它的物流系统非常完善，一点也不逊色于其他的实体公司。

【任务拓展】

一、菜鸟物流分析

（一）任务背景

菜鸟网络科技有限公司成立于 2013 年 5 月 28 日，由阿里巴巴集团、银泰集团联合复星集团、富春集团、申通集团、圆通集团、中通集团、韵达集团等共同组建，如图 1-7 所示。

图 1-7 菜鸟网络科技有限公司官网

菜鸟网络科技有限公司的愿景是建设一个数据驱动、社会化协同的物流及供应链平台。它是基于互联网思考、基于互联网技术、基于对未来判断而建立的创新型互联网科技企业。它致力于提供物流企业、电商企业无法实现，但是未来社会化物流体系必定需要的服务，即在现有物流业态的基础上，建立一个开放、共享、社会化的物流基础设施平台，在未来中国任何一个地区可实现 24 小时内送货。

为此，菜鸟网络科技有限公司计划分三期建设，首期投资人民币 1 000 亿元，希望用 5～8 年的时间，努力打造遍布全国的开放式、社会化物流基础设施，建立一张能支撑日均 300 亿元（年度约 10 万亿元）网络零售额的“中国智能骨干网”，帮助所有的企业货达天下，同时支持 1 000 万家新型企业发展，创造 1 000 万就业岗位。由菜鸟科技有限公司网络搭建的“中国智能骨干网”，将通过自建、共建、合作、改造等多种模式，在全中国范围内形成一套开放共享的社会化仓储设施网络。同时，利用先进的互联网技术，建立开放、透明、共享的数据应用平台，为电子商务企业、物流公司、仓储企业、第三方物流服务商、供应链服务商等各类企业和消费者提供优质服务。

“中国智能骨干网”不仅是电子商务的基础设施，更是中国未来商业的基础设施。中国智能骨干网将应用物联网、云计算、网络金融等新技术，为各类 B2B、B2C 和 C2C 业务提供开放的服务平台，并联合网上信用体系、网上支付体系共同打造中国未来商业的三大基础设施。物流一直被认为是电子商务“三流”（信息流、资金流、物流）中最难被攻克的障碍。2017 年上半年，中国网络零售市场交易规模达 3.1 万亿元，同比增长 34.8%，按此增长速度，在可预见的几年内，网络零售交易额将触及 10 万亿元节点，高速发展的电子商务所代表的中国新经济，急需构建规模更大、效率更高、网络更完善、服务更优质的社会化物流基础设施平台。

（二）任务内容

访问菜鸟物流网站，了解和分析菜鸟物流的当前业务，包括仓配网络、跨境网络、快递平台、菜鸟物流云、菜鸟乡村、菜鸟驿站、菜鸟园区、供应链金融等，以及未来的发展计划，并撰写《菜鸟物流分析报告》。

（三）任务要求

本任务是一个自主学习型任务，要求学生一边学习一边自主完成，两个同学一组，时间为三天。撰写的《菜鸟物流分析报告》的字数应在 1 000 字以上，要求格式规范，图文并茂，条理清晰，分析到位。

二、物流众包模式分析

（一）任务背景

互联网思维影响并改变着各行各业，速递行业也不例外。快收正是将有闲置时间的兼职人员作为“快递员”，经过公司专门的培训认证，利用业务时间为客户提供同城限时速递服务。“顺路经济”这一概念在人人快递、闪送、快收等定位于同城快递业务企业的带动下逐渐兴起，同时，这些新兴的企业用众包模式改变着传统快递行业。

（二）任务内容

搜索市场上的众包物流平台，了解它们的业务模式和服务特色，以及相对于传统快递，众包物流具备哪些优势和劣势，其适合哪些电商企业，然后根据分析结果，撰写《物流众包模式分析报告》。

（三）任务要求

本任务是一个自主学习任务，要求学生边学习边自主完成，两个同学一组，时间为三天。《物流众包模式分析报告》的字数应在 1 000 字以上，要求格式规范，图文并茂，条理清晰，分析到位。

项目二　电子商务采购管理

导　语

“电子商务物流管理”课程为什么从采购管理开始

对电商企业来说，采购开始，物流活动也就开始了，而且商品采购的批量、采购周期、采购方法等将直接影响电商企业的仓储成本和运输成本，需要统筹管理，因此学习“电子商务物流管理”课程要从采购管理开始。

学习目标

知识目标

- 了解采购绩效指标体系
- 理解采购的基本概念和分类
- 理解采购计划的基本概念
- 了解采购的主要方式和特点
- 掌握制订采购计划的方法
- 了解采购管理的作业流程
- 掌握供应商的选择方法
- 了解采购合同的构成要素

技能目标

- 熟悉网络采购模式和降低采购成本的方法
- 具备制订采购计划的能力
- 具备选择供应商的能力
- 具备签订采购合同的能力
- 具备电子订货系统的操作能力
- 具备采购平台分析能力
- 具备采购流程再造能力
- 具备采购管理优化和策略分析能力
- 具备 JIT 采购方案设计能力

【项目导入】

彩虹集团新能源股份有限公司的电子采购

彩虹集团新能源股份有限公司于2004年9月10日在中国陕西省咸阳市注册成立，由国务院国资委下属的彩虹集团公司以显示器件相关资产和股权作价出资设立，如图2-1所示。公司H股股票于2004年12月20日在香港联合交易所主板挂牌交易（股票代码：HK0438）。公司是中国第一支彩色显像管以及中国第一片液晶玻璃基板的创造者，也是中国领先的太阳能光伏玻璃和发光材料制造商。近几年，公司已实现由传统彩色显像管产业向太阳能光伏玻璃、太阳能光伏电站、新型电子材料等新产业的转型。随着行业的快速升级换代和企业之间竞争加剧，集团领导希望借助信息化手段，达到规范采购管理、降低采购成本的目的，从而为企业效益提高提供有力的支持。经过广泛的市场调研，彩虹集团最终选择北京网达信联科技发展有限公司的电子采购系统。该系统已经在彩虹集团大规模投入使用，在降低采购成本和提高采购工作效率方面，取得了巨大的成功。

图 2-1 彩虹集团新能源股份有限公司

电子采购系统包括竞价采购和询比价采购两种模式。竞价采购又称反拍卖采购，是传统拍卖业务的反向功能，供应商依照采购方制定的规则背靠背多次报价，最终采购方获得最优报价。询比价采购基于互联网的比质比价系统，侧重于询价，可以有效征集市场潜在供应商。两种采购模式相辅相成，同时该系统证包括供应商管理、统计分析等模块，统称为“Wonder-Rat”系统。

首次应用电子采购系统时，项目小组成员在采购物料和投标单位上进行了认真的论证后，登录电子采购系统，发送产品报价。通过这次应用，业务人员初步掌握了系统功能操作，对系统操作有了一个直观的认识。组织了多次网上采购，随着对系统使用越来越熟练，采购部门的业务人员发现：软件里提供了大量的配置开关，针对不同的采购物资和市场情况，采购部门需要做的就是讨论公司的采购策略，然后在系统中设置相应参数即可。例如，对于某些需要供应商保证售后服务的物资，就可以设定评标竞价模式，综合服务质量与供应商报价来确定中标单位。在实验阶段结束时，公司领导发现，该系统确实为公司节约了成本，它能以比原来低5%～15%的价格采购物料，与供应商的交流更加迅速有效。

大规模应用项目小组开始对集团内部更多采购人员进行系统培训。每个采购业务部门都指定一个关键用户（Key User），其他人员通过试用Wonder-Rat系统，学习如何通过电子的方式进行以前的手工工作，碰到问题时关键用户会及时进行解答。业务人员操作方法变得更加灵活，操作速度不断提高。由于该软件基于浏览器，学习起来并不困难。培训之后，采购人员能够进行简单的竞价采购，在10～20分钟内确定中标单位名单。

思考：

1. 分析电子化采购改变了传统采购的哪些内容？
2. 企业什么时候选择竞价采购？什么时候选择询比价采购？
3. 电子化采购系统应用对供应商有什么益处？

【知识准备】

一、采购管理的基本概念

采购是电商企业物流活动的起点，采购质量和采购方式直接影响物流活动的效益。而且采购成本占电商企业经营成本的比重很大，因此需要深入探讨提高采购效率和效果的途径。

（一）采购与采购管理的定义

采购是指企业在一定的条件下从供应市场获取产品或服务作为企业资源，以保证企业生产及经营活动正常开展的一项企业经营活动。生产企业的生产，是以采购作为前提条件的。没有采购，生产就不能进行。因此采购活动的要求是在适当的时间、适当的地点，将适当质量、适当数量之物料、工具、机器等物资，以适当的成本提供给企业生产部门。在电子化时代，越来越多的企业开始使用互联网、电子数据互换或电子文件传输的方式来进行采购活动，包括订单、发票的在线传送、查询以及在线支付等。

采购管理是指为保障企业准时地获得物资或服务，对采购各环节进行计划、组织、协调与控制的管理活动，以确保采购计划能够顺利实现。采购管理活动就是对采购计划的制订、采购计划的执行、采购流程的管理、采购计划的完成四个方面的内容进行管理和控制，着眼于企业内部、企业与供应商之间的管理活动，通过跟踪、监督、管理等手段，改善与优化企业采购作业流程。

采购是企业为了保证自身的生产和需要，用资金从外界市场获取物资和服务。不同企业因采购方式、采购物资的不同而在采购作业流程的细节上有所差异。但总的来说，都要遵循基本的作业流程规范。一个完整的采购作业流程主要由以下步骤组成：采购计划、选择供应商、签订订货合同、电子订货、验收入库、支付和采购绩效评估，如图 2-2 所示。

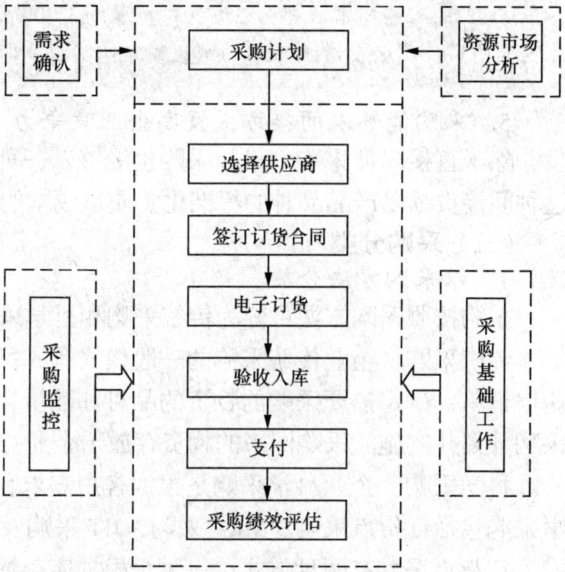

图 2-2　采购作业流程

（二）采购的含义

采购并没有一个标准定义，这是因为企业购买商品或劳务的目的和要求不尽相同。但在实践中人们对于采购概念的基本认识可分为以下几个方面。

1. 采购是从资源市场获得资源的过程

资源包括物资资料（如原材料、设备、工具等）和非物资资料（如软件、技术、信息等）。能够提供这些资源的供应商形成了一个资源市场。企业正是通过采购的方式从资源市场获取这些资源，因此采购的基本功能就是帮助企业从资源市场获取所需的各种资源。

2. 采购是一项复杂的商业活动

企业的采购不仅种类多、数量大、供应市场范围宽，而且企业对采购活动的要求特别严格。这就需要对整个企业的需求品种、需求量、需求规律进行深入的研究，不仅要对国内国外众多的供应厂商进行分析研究，还要对采购过程各个环节进行深入研究和科学操作，这样才能完成好采购任务，保证企业生产所需的各种物资的适时适量供应。

3. 采购既是一个商流过程，又是一个物流过程

采购是将资源从资源市场的供应者手中转移到客户手中的过程。在这个过程中，一是要实现将资源的所有权从供应者手中转移到客户手中；二是要实现将资源的物质实体从供应者手中转移到客户手中。前者是一个商流过程，后者是一个物流过程。采购过程就是这两个过程的有机结合，缺一不可。

4. 采购存在“利润杠杆效应”

使得采购在企业管理中具有重要地位的原因首先在于采购存在“利润杠杆效应”。正是这个效应的存在才使得企业的高层管理者们想方设法在采购上下功夫，为企业“挤”出更多的利润，也正是因为如此，才使得采购部门越来越受到这个微利时代的企业高层管理者们的重视。

知识链接：利润杠杆效应举例

假设一家企业 50%的资金用于采购原材料，其税前利润为 10%，那么它每收入 10 万元，它将获得 1 万元的利润，并且这 10 万元收入中将有 5 万元用于采购。我们假设采购部门经过努力降低了 2%的采购成本，那么在利润中将增加 1 000 元，如果换成通过增加销售额来获取这 1 000 元利润的话，那么要增加 10%的销售额才能实现，即多卖 1 万元才行。

5. 采购能够以间接方式提高企业竞争力

除了直接降低采购价格，采购也能够以一种间接的方式对企业竞争力的提高做出贡献。这种间接贡献以产品品种的标准化、质量成本的降低和产品交货时间的缩短等形式出现。

（三）采购分类

1. 以采购方法分类

采购按照采购方法可分为传统采购和科学采购。

传统采购。企业传统采购的一般模式是：每个月的月末，企业各个单位上报下个月的采购申请单，确定需要采购的物资的品种和数量，然后采购部门把这些表单汇总，制订统一的采购计划并实施。采购回来的物资存放于企业的仓库，再供应给各个单位。

科学采购。企业科学采购是根据客户需求和库存的变化科学确定订货点和采购批量。科学采购包括订货点采购、MRP 采购、JIT 采购、VMI 采购和电子商务采购。

订货点采购有两种方式，一种是根据库存量的多少制定采购策略，称为定量订货点法；另一种是根据时间的长短来确定采购策略，称为定期订货点法。

MRP（Material Requirement Planning，物料需求计划）采购主要应用于制造企业，其原理是企业预期将来生产的主产品数量，然后根据主产品和各个零部件的数量关系确定零部件的需求量，再根据目前库存量的多少确定需要采购的零部件数量。

JIT（Just In Time，即时化）采购，是一种完全以满足需求为依据的采购方法。它对采购的要求是供应商在用户需要的时候，将品种合适、数量合适的物资送达用户需求的地点。基本思想是零库存。

VMI（Vendor Managed Inventory，供应商管理库存）采购，即供应链机制下的采购模式。在供应链机制下，库存由供应商进行管理和控制，企业不再对库存进行管理。

电子商务采购，也就是线上采购，其特点是在线上寻找供应商，线上洽谈，线上订货，网上付款，线下送货。

2. 以采购方式分类

采购分为直接采购、委托采购与调拨采购。直接采购是指直接向物料供应厂商进行采购的行为。委托采购是指通过中间商实施采购行为的方式，也称中介采购。调拨采购是指将过剩物料互相支持调拨使用的行为。

3. 以采购性质分类

采购分为公开采购与秘密采购，大量采购与零星采购，特殊采购与普通采购，正常性采购与投机性采购，计划性采购与市场性采购。

4. 以采购时间分类

采购可分为长期固定性采购与非固定性采购，计划性采购与紧急采购，预购与现购。长期固定性采购是指长期而具有固定性的采购行为，而非固定性采购是指采购行为不固定，需要时就采购。计划性采购是指根据材料计划或采购计划而进行的采购行为，而紧急采购是指物料急用时毫无计划的紧急采购行为。预购是指先将物料买进而后付款的采购行为，现购是指以现金购买物料的采购行为。

5. 以采购订约方式分类

采购可分为订约采购、口头或电话采购、书信或电报采购以及试探性订单采购。订约采购是买卖双方根据订约的方式而进行采购的行为。口头或电话采购是指买卖双方不经过订约的方式而是以口头或电话洽谈方式而进行采购的行为。书信或电报采购是指买卖双方借助书信或电报而进行的采购行为。试探性订单采购是指买卖双方在进行采购时因某种原因不敢大量下订单，先以试探方式下少量订单，待确认试探性订单采购进行顺利后，才下大量订单。

6. 以决定采购价格方式分类

采购可分为招标采购、询价现购、比价采购、议价采购、定价收购以及公开市场采购。

（1）招标采购。将物料采购的所有条件（如物料名称、规格、数量、交货日期、付款条件、罚则、投标押金、投标厂商资格、开标日期等）详细列明，登报公告。投标厂商依照公告的所有条件，在规定时间以内，交纳投标押金，参加投标。招标采购的开标按规定必须三家以上的厂商从事报价投标方可开标。开标后原则上报价最低的厂商得标，但得标的报价低过底价时，采购人员有权宣布废标，或征得监办人员的同意，议价处理。

（2）询价现购。采购人员选取信用可靠的厂商将采购条件讲明，并询问价格或寄以询价单并促请对方报价，比较后则现价采购。

（3）比价采购。采购人员请数家厂商提供报价后，从中加以比价，以决定选择哪家厂商，进行采购事项。

（4）议价采购。采购人员与厂商双方经讨价还价而议定价格后才进行采购。

（5）定价收购。如果购买物料数量巨大导致一两家厂商不能全部提供，则可采用定价的方式以现款收购。

（6）公开市场采购。采购人员在公开交易或拍卖场所随时机动式的采购，因此需要大宗物料时，价格变动会很频繁。

7. 以采购实践目标分类

采购可分为战略采购和日常采购两部分。

（1）战略采购。采购人员根据企业的经营战略要求，制订和执行采购企业的物料获得规划，通过内部客户需求分析，外部供应市场、竞争对手、供应基础等分析，在标杆比较的基础上设定物料的长短期的采购目标、达成目标所需的采购策略及行动计划，并通过行动的实施寻找到合适的供应资源，满足企业在成本、质量、时间、技术等方面的要求。

战略采购计划内容包含采用何种采购技术，与什么样的供应商打交道，建立何种关系，如何培养与建立对企业竞争优势具有贡献的供应商群体，日常采购执行与合同如何确立等。

（2）日常采购。采购人员根据确定的供应协议和条款，以及企业的物料需求时间计划，以采购订单的形式向供应方发出需求信息，并安排和跟踪整个物流过程，确保物料按时到达企业，以支持企业的正常运营。

采购的对象分为直接物料和间接物料，直接物料将用于构成采购企业向其客户提供的产品或服务的全部或部分，间接物料将在企业的内部生产和经营活动中使用和消耗。

（四）采购部门与采购人员的职责

1. 采购部门的核心职责

（1）首要任务是保证本单位所需产品与服务的正常供应，以支持本单位生产及其他经营活动的顺利进行。

（2）不断改进采购过程及供应商管理过程，以提高货物质量。

（3）控制、减少所有与采购相关的成本，包括直接采购成本和间接采购成本。

（4）建立可靠、最优的供应配套体系。

（5）收集市场资讯，掌握市场的需要状况和未来的发展趋势。

（6）利用供应商的专业优势，积极参与产品或过程开发。

（7）建立并维护本企业、本公司的良好形象。

（8）管理、控制好与采购相关的文件及信息。特别是要收集有关货物质量事故的信息，重点是造成产品质量或设备故障的货物信息，这些信息也将作为评价供应商的重要依据。

2. 采购部门的其他职责

从采购管理的角度讲，其他职责包括制定并实施采购的方针、策略、流程、目标及改进计划，并进行采购及供应商绩效衡量，建立供应商筛选、审核及认可、考核与评估体系，开展采购系统自我评估，建立、培养稳定并有创造性的专业采购队伍等。

3. 采购人员的岗位职责

（1）在主管的领导下，全面负责生产所用的原料、包装材料的采购工作，并建立合格供应商档案。

（2）根据生产计划和资金情况，编制采购计划。

（3）按生产需要以及食品卫生要求，保质保量地组织好原料采购供应工作，掌握好实际库存和在途物料情况。

（4）合理安排采购顺序，对紧缺物料及需长距离采购的原料应提前安排采购及时购进，还应确认交货日期以免耽误生产。

（5）根据就近就地原则选择资源充分的供应商，对主要原料供应商，要对其食品卫生、产品质量、供货能力、企业质量保证能力、企业信誉等方面进行考查，以保证产品质量和正常生产。

（6）选择信誉可靠的供应商在主管批准后签订购货合同，并随时掌握合同履行情况，合同中必须注明本公司对产品质量要求的条款；如需更改合同，在请示主管后，得到批准方可执行。

（7）购进的原料必须符合国家标准或公司标准，符合食品卫生和工艺要求，不得随意更改厂家、质量标准、规格、型号等有关质量要求；如需变更，请示主管批示后方可执行；如果进货品质或数量有异常，要及时处理或者退货。

（8）严格执行原料包装材料入库检验制度，对不合格的原料绝对不允许入库和投入生产；入库原料必须具备合格证，合格证需妥善保管，以备复查。

（9）随时掌握原料、包装材料市场行情以及新材料的应用信息，做好市场分析；随时掌握国家相关产品的标准和政策变化，做好政策分析，为公司决策提供有价值信息。

知识链接：采购人员的素质要求

采购人员的素质要求包括3个方面：知识要求、技能要求和态度要求。在知识要求方面需要具备采购的管理知识、信息系统相关知识；在技能要求方面需要具备价值与成本分析能力、逻辑思维能力、预测分析能力、评估与研究能力、决策能力、灵活性与敏捷性、团队精神、沟通交流技巧、报告撰写能力和供应商关系处理能力；在态度要求方面需要具备敬业精神和职业道德。

二、采购方式

（一）集中采购

1. 集中采购的定义

集中采购是指在专门机构统一领导下将各级各部门列入集中采购范围的采购项目交由专业采购机构统一组织采购。一个部门统一组织本部门、本系统的采购活动也称集中采购。

集中采购的含义有两层，第一层是指为了降低分散采购的选择风险和时间成本，除了一般“甲供”材料设备由项目部（项目公司）采购外，对于某些大型机电设备等由公司本部负责集中采购，也就是一般意义上的集中采购。第二层是指集中时间、集中人力、集中采购。

2. 集中采购的优缺点

集中采购的优点如下。

（1）控制采购成本。通过实行集中统一采购、集中统一进货管理，将原先分散的订货集中到企业唯一的采购部门，提高每个批次的进货数量，然后统一调配。这样不仅可以获取采购的规模效益，降低采购成本，还可以通过分析市场趋势决定是否要储备物资，从而规避价格上涨带来的风险，而且还能取得采购谈判的主动权。

（2）避免采购管理上的重复劳动。

（3）降低的运输成本。采购物资的批量运输要比分散多批次运输节省费用。

（4）减少企业内部的各部门及单位的竞争和冲突。集中采购采取的是公开招标、集体决策的方式，技术上更专业，决策上更透明，可以避免企业内部的冲突。

（5）能够建立稳定可靠的供应网络。因为集中采购的批量大，供应商会更加重视，所以易与供应商建立合作关系，得到供应商在技术开发、货款结算和售后服务等多方面的支持。

（6）提高产品的标准化水平。为了做到集中采购，采购部门和产品设计部门必须通力合作，对各种产品所用到的物料进行统一的重新设计，使能够标准化的标准化，能采用通用部件的尽量使用通用部件。通过这些措施，可以减少采购物资的品种数。只有采购产品的种类减少了，才能顺理成章地实现集中采购。

集中采购的缺点如下。

（1）缺乏分散采购的灵活、快速和简便等特点。

（2）集中采购的量大、过程长、手续多，容易造成库存成本增加从而占用流动资金。

（3）采购与需要脱节，特别是在采购时间上，集中采购需要的时间比较长，手续比较繁杂，在物资急需的情况下，需求往往得不到满足。

（4）保管损失增加，保管水准要求增高。

（5）容易挫伤基层的积极性、使命感和创新精神。

3. 集中采购作业流程

任何一项作业都要实现流程化管理，这是当代企业管理对企业提出的一个比较高的要求。集中采购的流程化包括以下四个步骤。

（1）要分析国内外的形势和竞争对手的状况，在这两组分析数据的基础上制定集中采购的策略。

（2）在制订采购计划时，要考虑销售和生产的现状。

（3）根据现有的库存、市场供应的信息来相应地做具体的采购管理工作。

（4）最后，执行计划，进行结算。

整个采购是一个完整的作业流程，环环相扣，每一环都是下一环的基础，都有不可替代的作用，一定要步步认真，环环在意。

4. 集中采购的模式

为实现企业采购业务集中管控的业务需求，集中采购包括以下几种典型模式：集中订货、分开采购，集中订货、分开收货付款，集中订货、分开收货、集中付款，集中采购后调拨等运作模式。一家企业内可能同时存在几种集中采购模式。

（1）集中订货、分开收货、集中付款模式。采购部门负责管理供应商及制定采购价格等采购政策，并且负责采购订货工作。企业各个部门或机构提出采购申请，采购部门进行汇总、调整，并根据调整结果下达采购订单，发收货通知单给各个部门或机构；各个部门或机构根据收货通知单或采购订单进行收货及入库；采购部门汇集各个部门或机构的入库单进行与外部供应商货款结算，并根据各个部门或机构的入库单与各个部门或机构分别进行内部结算。

（2）集中采购后调拨模式。采购部门管理供应商及制定采购价格等采购政策，并且负责采购订货工作。企业各个部门或机构提出采购申请，采购部门进行汇总、调整，并根据调整结果下达采购订单，采购部门完成后续的收货、入库、外部货款结算处理。之后，根据各个部门或机构的采购申请，采购部门启动内部调拨流程，制订调拨订单并做调拨出库，各个部门或机构根据调拨订单做入库处理，两者最后做内部结算处理。

（二）分散采购

1. 分散采购的定义

分散采购是指由各预算单位自行开展采购活动的一种采购组织实施形式。对于分散采购，采购人员可以自行采购，也可以委托集中采购机构或者经过资格认定的机构进行采购。

分散采购是集中采购的完善和补充，有利于采购环节与存货、供料等环节的协调与配合，有利于增强基层工作者的主动性和积极性，使基层工作富有弹性和成效。

2. 分散采购的优缺点

分散采购的优点如下。

（1）能适应不同地区的市场环境变化，商品采购具有相当的弹性。

（2）对市场反应灵敏，补货及时，购销迅速。

（3）由于分部拥有采购权，可以提高一线部门的积极性，提高士气。

（4）由于采购权和销售权合一，分部拥有较大权力，因而便于分部考核，从而要求其对整个经营业绩负责。

分散采购的缺点如下。

（1）部门各自为政，容易出现交叉采购，导致人员费用较高。例如，联邦百货商店有限公司有 8 名女装采购员（每个连锁店配备 1 名）和 1 名负责自有品牌女装总公司采购的采购员，相比之下，GAP 公司只有 1 名在公司总部的女装采购员。

（2）由于采购权力下放，使采购控制较难实施，采购过程中容易出现舞弊现象。

（3）计划不连贯，形象不统一，难以实施统一促销活动，商店整体利益控制较难。

（4）由于各部门或分店的采购数量有限，难以获得大量采购的价格优惠。

由于分散采购制度存在许多弊病，这种方式正逐渐被集中采购所取代。只有在地区之间消费需求存在较大差异时，分散采购才适用。

3. 分散采购作业流程

分散采购的流程与集中采购大致相同，只是取消了集中决策环节，改为实施其他步骤。

（1）企业下属单位的生产研发人员根据生产、科研、维护、办公的需要，填写请购单。

（2）由基层主管审核、签字。

（3）到指定财务部门领取支票或汇票、现金。

（4）然后到市场或厂家购买、进货、检验、领取或核销、结算即可。

采购时一般采用现货采购方式。

（三）联合采购

1. 联合采购的定义

联合采购是指对同一产品或服务有需求的许多买方在相互合作的条件下合并各自需求以一个购买方的形式向供应商统一订货，用以扩大采购批量，达到降低采购价格或者降低采购成本的目的。

它被应用于一般商业活动之中，随之而兴起的新兴行业有第三者采购（Third-party Purchasing），专门为那些 MRO（工厂或企业对其生产和工作设施、设备进行保养、维修，保证其运行所需要的非生产性物料）需求量不大的企业单位服务。

2. 联合采购的优缺点

联合采购的优点如下。

（1）统筹供需，建立产销秩序。

（2）降低采购成本。多家企业联合采购，集小订单成大订单，增强集体的谈判实力，获取采购规模优势，降低采购成本。

（3）减少中间环节。联合采购的合作对象是原材料生产企业，从而能够摆脱代理商的转手成本，通过直接与制造商进行交易，减少中间环节，大大降低流通成本并保障产品质量。

（4）促进同业合作，达成经济外交。

联合采购的缺点如下。

（1）采购作业手续复杂，主办单位需要大费周章。

（2）采购时机与条件未必能配合个别需求。

（3）造成联合垄断。

3. 联合采购方式

在大企业中，往往采用集中采购的方式来降低存货成本，因为企业规模的大小决定了它在产业链中话语权的高低，采购数量越大，和供应商的谈判能力就越强，压低采购价格的空间也就越大。但是对于广大中小企业来说，它们没有多品种的产品线，产品销量也没有达到一定规模，基本不可能进行大规模的集中采购。在这种情况下，中小企业之间的联合采购不失为降低存货成本的一个好方法。

知识链接：联合采购机制对于降低企业成本的作用

1. 采购环节

（1）如同批发和零售的价格差距一样，采购的单价与采购的数量成反比，采购的数量越多，采购价格就可能降得越低。多家中小企业联合采购，集小订单为大订单，可以增强集体的价格谈判实力，获取和大企业一样的采购规模优势。

（2）联合采购的对象可以直接针对原材料的生产企业，这样就可以摆脱代理商的转手成本，通过直接与制造商交易，减少中间层次，大大降低流通成本并保障产品质量。

2. 管理环节

企业在采购过程中，为了保证采购质量，需要在采购前后进行相关的管理工作，包括供应商的选择、评审、控制和管理，原材料质量标准的制定，入库检验工作程序的制定和实施等。在各企业单独采购的情况下，每一家企业都要重复这些工作。而实行联合采购后，对于一些生产同类产品的企业，可以将这些管理工作统一归口实施，再将相关费用由各企业平均分担，这样可以有效避免低水平的重复工作，为企业减少巨额成本。

3. 运输环节

企业在运输环节的联合，可以通过合并小批量货物的运输，减少单位产品负担的运输成本，从而降低存货成本。

（四）电子化采购

1. 电子化采购的定义

电子化采购是指应用电子商务技术开展的企业间采购行为。

电子化采购是一种不见面的网上交易，如网上招标、网上竞标、网上谈判等。人们把企业之间在网络上进行的这种招标、竞价、谈判等活动定义为B2B电子商务。事实上，这也只是电子化采购的一个组成部分。电子化采购比一般的电子商务和一般性的采购在本质上有了更多的概念延伸，它不仅完成采购行为，而且利用信息和网络技术对采购全程的各个环节进行管理，有效地整合了企业的资源，帮助供求双方降低了成本，提高了企业的核心竞争力。可以说，企业采购电子化是企业运营信息化不可或缺的重要组成部分。电子化采购使企业不再采用人工办法购买和销售它们的产品，在这一全新的商业模式下，随着买主和卖主通过电子网络而联结，商业交易开始变得具有无缝性，其自身的优势是十分显著的。

2. 电子化采购的优势

（1）提高采购效率，缩短采购周期。采购企业通过电子采购交易平台进行竞价采购，可以根据采购企业的要求自由设定交易时间和交易方式，这大大地缩短了采购周期。自采购企业竞价采购项目正式开始至竞价结束，一般只需要 1 ~ 2 周，较传统招标采购节省了 30% ~ 60%的采购时间。

（2）节约大量的采购成本。据美国全国采购管理协会称，使用电子采购系统可以为采购企业节省大量成本。采用传统方式生成一份订单所需要的平均费用为 150 美元，使用基于 Web 的电子采购解决方案则可以将这一费用减少到 30 美元。企业通过竞价采购商品的价格平均降幅为 10%左右，最高时可多达 40%。通用电气公司通过电子采购每年将节约 100 亿美元。

（3）优化采购流程。采购流程的电子化不是用计算机和网络技术简单替换原有的采购方法，而是要依据更科学的方法重新设计采购流程，这个过程中，要摒弃传统采购模式中不适应社会生产发展的落后因素。

（4）减少过量的安全库存。世界著名的家电行业跨国企业海尔集团在实施电子采购后，采购成本大幅度降低，仓储面积减少一半，降低库存资金约 7 亿元人民币，库存资金周转日期从 30 天降到了 12 天以下。

（5）电子采购的另一个优势是信息共享。不同企业，包括各个供应商都可以共享信息，不但可以了解当时采购、竞标的详细信息，还可以查询以往交易活动的记录，这些记录包括中标、交货、履约等情况。它可以帮助买方全面了解供应商，帮助卖方更清楚地把握市场需求及企业本身在交易活动中的成败得失，积累经验，使供求双方之间的信息更加透明。

（6）电子采购能帮助采购企业改善客户服务质量和提高客户满意度，促进供应链绩效提高，以及改善与供应商的关系。

（7）电子采购不仅使采购企业大大获益，而且让供应商获益。对于供应商，电子采购可以使其更及时地掌握市场需求，降低销售成本，增进与采购企业之间的关系，获得更多的贸易机会。

国内外无数企业实施电子采购的成功经验证明，电子采购在降低成本、提高企业效率方面，比在线零售、企业资源计划（ERP）更具潜力。

知识链接：电子化采购的实现

在电子化采购过程中，从招标方发布招标信息到最后双方签约，主要实现环节如下。

（1）招标方的主要工作是编辑标书并且生成 XML 格式的标书文件，然后将招标书生成 XML 文件后发送到电子化采购系统。

（2）由系统将招标文件入库并公布。

（3）招标方在标书发布后可以接收投标方的投标书，在开标后可以审阅投标书。

（4）评标方评标后，招标方接收评标书。

（5）招标方审阅评标书决定中标者，在决定中标者后给中标者发送采购订单。

在电子化采购过程中，投标方的主要工作是查阅招标书，编辑投标书并数字签名，将投标书生成 XML 文件，加密，发送给招标方，如果中标则接收订单。评标方的主要工作是在开标后审阅投标文件，生成评标书，并且数字签名，生成 XML 文件，登录、查看信息加密，发送给招标方。

（五）招标性采购

1. 招标性采购的定义

招标性采购是指通过招标的方式，邀请所有潜在的供应商参加投标，采购单位通过某种事先确定并公布的标准从所有投标中评选出中标供应商，并与之签订合同的一种采购形式。即由招标人发出招标公告或邀请函，邀请潜在的投标商进行投标，通过对各投标人所提出的价格、质量、交货期限和该投标人的技术水平、资信状况等因素的综合比较，确定中标人并与之最终签订合同，实施采购。

商品招标性采购的要求提供商品品名、规格、数量、交货期、运输方式、付款方式、罚则、投标押金、投标商资格、公证、开标日期等信息。

2. 招标性采购的方式

一般情况下，招标性采购的方式包括公开招标、邀请招标、竞争性谈判、询价、单一来源等。

（1）公开招标采购。公开招标又称竞争性招标，指招标人在媒体上公开刊登通告，吸引所有有兴趣的供应商参加投标，并按照程序选定中标人的一种采购方式。公开招标采购有一套完整的、统一的程序，这套程序不会因国家、地区和组织的不同而存在太大的差别。一个完整的竞争性招标过程由招标、投标、开标、评标、合同授予阶段组成。

公开招标采购是国际公开招标采购、国内公开招标采购的总称，它是政府采购中最常采用的方式之一。根据《中华人民共和国政府采购法》的规定，公开招标的具体数额标准，属于中央预算的政府采购项目，由国务院规定；属于地方预算的政府采购项目，由省、自治区、直辖市人民政府规定；因特殊情况需要采用公开招标以外的采购方式的，应当在采购活动开始前获得市、自治州以上人民政府采购监督管理部门的批准。采购人不得将应当以公开招标方式采购的货物或者服务化整为零，或者以其他任何方式规避公开招标采购。

（2）邀请招标采购。邀请招标又称有限竞争性招标或选择性招标，是指招标单位通过公开程序选择一定数量的企业，向其发出投标邀请书，邀请它们参加投标竞争的采购方式。被邀请的供应商必须提供资格文件，只有通过资格审查的供应商才能参加后续的招标。

根据《中华人民共和国政府采购法》的规定，符合下列情形之一的货物或者服务，可以依照本法采用邀请招标方式采购：①具有特殊性，只能从有限范围的供应商处采购的；②采用公开招标方式的费用占政府采购项目总价值的比例过大的。

（3）竞争性谈判采购。竞争性谈判又称议标或限制性招标，是指通过谈判来确定中标者的一种采购方式。一般情况下，是指政府采购机关直接邀请3家以上的供应商，就采购事宜进行谈判的采购方式。

知识链接：《中华人民共和国政府采购法》相关规定（一）

根据《中华人民共和国政府采购法》的规定，符合下列情形之一的货物或者服务，可以依照本法采用竞争性谈判方式采购。

① 招标后没有供应商投标，或者没有合格标的，或者重新招标未能成立的。

② 技术复杂或者性质特殊，不能确定详细规格或者具体要求的。

③ 采用招标所需时间不能满足用户紧急需要的。

④ 不能事先计算出价格总额的。

竞争性谈判采购作为一种独立的采购方式，已经被各地广泛应用于政府采购项目中，这种方式是除招标方式之外最能体现采购竞争性原则、经济效益原则和公平性原则的一种方式，同时也是政府采购的国际规则所确认的、各国普遍采用的方式。但在实际操作中，经常会听到专业从事招标工作的人对竞争性谈判采购表示质疑，主要是认为采用竞争性谈判方式采购时，总是觉得这种方式虽然简单、易于操作，但经常会出现这样或那样的问题，不是项目实施不顺利，就是采购效果不明显，或者是采购单位不满意，其结果往往事与愿违。

（4）询价采购。询价采购是指采购方向选定的若干供应商发出询价函，让供应商报价，然后根据各个供应商的报价来选定供应商的方法。

询价采购的过程是：首先采购方根据采购需求，从符合相应资格条件的供应商名单中确定不少于 3 家的供应商并向其发出询价单让其报价，由供应商一次报出不得更改的报价，然后采购方在报价的基础上进行比较，并确定最优供应商，也就是我们通常所说的货比三家，它是一种相对简单而又快速的采购方式。根据《中华人民共和国政府采购法》的规定，采购的货物规格、标准统一，现货货源充足且价格变化幅度小的政府采购项目，可以依照本法采用询价方式采购。

询价采购的特点如下。

① 不是面向整个社会所有的供应商，而是在充分调研的基础上选择比较有实力的供应商。

② 采购过程比较简单，工作量小。询价采购有一定的局限性，如所选供应商数量少、范围窄，可能选中的供应商不是最优的。它适合采购数量少、价值低或急需商品的采购。

（5）单一来源采购。单一来源采购是指采购方直接向供应商购买商品的一种采购方式，也称直接采购。单一来源采购是一种没有竞争的采购方式。采购实体在适当的条件下向单一的供应商、承包商或服务提供者征求建议或报价来采购货物、工程或服务。它是在当购方案已经达到了限额标准和公开招标数额标准的情况下，却因所购商品的来源渠道单一，或属专利、首次创造、合同追加、原有采购项目的后续扩充和发生了不可预见的紧急情况不能从其他供应商处采购时采用的一种采购方式。

知识链接：《中华人民共和国政府采购法》相关规定（二）

根据《中华人民共和国政府采购法》的规定，符合下列情形之一的货物或者服务，可以依照本法采用单一来源方式采购。

① 只能从唯一供应商处采购的。

② 发生了不可预见的紧急情况不能从其他供应商处采购的。

③ 必须保证原有采购项目一致性或者服务配套的要求，需要继续从原供应商处添购，且添购资金总额不超过原合同采购金额 10%的。

【工作任务】

一、制订采购计划

工作任务要求：假设本学校要建一个电子商务实训室，拟投资 30 万元，可供 40 个学生上课使用，请据此制订采购计划。

企业制订采购计划是采购作业的第一步，制订采购计划的目的有 5 个：预计采购物料所需的时间和数量，防止供应中断，影响产销活动；避免物料储存过多，积压资金以及占用存储空间；配合企业生产计划与资金调度；使采购部门事先有准备，以便选择有利时机购入物料；确定物料耗用标准，以便管理物料采购数量与成本。

（一）采购计划的定义

狭义的采购计划是指企业管理人员在了解市场供求情况，认识企业生产经营活动过程中和掌握物料消耗规律的基础上对计划期内物料采购管理活动所做的预见性的安排和部署。广义的采购计划是指为了保证供应各项生产经营活动的物料需要量而编制的各种采购计划的总称。狭义的采购计划是指每个年度的采购计划，即对企业计划年度内生产经营活动所需采购的物料的数量和采购的时间等做的安排和部署。

采购计划的作用有以下三个：①可以有效地规避风险，减少损失；②为企业组织采购提供依据；③有利于资源的合理配置，以取得最佳的经济效益。

采购计划主要包括：物料采购计划、资金需求计划、采购工作计划。其他如供应商开发计划、品质改善计划等，都包含在采购工作计划里。

（1）物料采购计划：物料采购计划是采购人员依据公司的生产经营状况及生产管理部门下达的物料需求计划拟定的，有季度的、月度的采购计划。

（2）资金需求计划：这是采购方根据与供应商谈的付款期，统计到期应付的款项和采购人员预计临时需要的资金计划（如紧急物料、设备等）。一般采用周计划来进行调控，使物料采购更为合理。

（3）采购工作计划：采购工作计划分年度计划（即采购人员在整年的工作方向定位及要取得的成绩的展望）、月度计划、周计划；有的公司还设有季度计划、日计划。在这些具体的采购工作计划中，要体现出采购人员在工作中做了哪些事，如新供应商的开发、不良物料处理、订单下达、付款申请、内部培训等。

（二）确认采购需求

确认采购需求的过程实际上就是采购部门在收到采购请求后制订采购计划的过程。通常采购请求包括的信息有申请人的姓名、主管审查同意的意见、应计入的成本项目、物料说明书、要求送货的时间和地点等。

采购人员在接到采购任务以后，首先要对采购需求进行描述，即对所需的物品、商品或服务的细节，如品质、包装、需求数量、计量单位、售后服务、运输及检验方式等准确加以说明。然后在采购需求明确的前提下制订具体的采购计划，如资源市场的调查安排、供应商的分析、采购方式的确认、货款支付方法等内容。

知识链接：采购计划的分类

（1）按计划期的长短不同，可以把采购计划分为年度物料采购计划、季度物料采购计划、月度物料采购计划等。

（2）按物料的使用方式不同，可以把采购计划分为生产产品用物料采购计划、维修用物料采购计划、基本建设用物料采购计划、技术改造措施用物料采购计划、科研用物料采购计划、企业管理用物料采购计划等。

（3）按自然属性不同，可以把采购计划分为金属物料采购计划、机电产品物料采购计划、非金属物料采购计划等。

（三）编制采购计划

采购计划的编制过程主要有两个环节：一是采购认证，二是填写物资采购计划表。

1．采购认证

（1）认证准备。首先要进行采购认证的准备工作，内容有熟悉需要认证的物料项目、价格预算、研究项目质量需求标准、了解项目的需求量以及准备好物料认证所需的材料。物流认证所需的材料包括认证说明书及所附的图纸、技术规范、检验标准等。

（2）初选供应商。根据认证准备工作的结果确定社会供应群体范围，即初选供应商。研究供应商提供的资料并向相关供应商群体发调查问卷。实地考察，与供应商谈判，发放认证说明书，要求供应商提供改善报告，供应商参与竞标。

（3）试制认证。签订试制合同，向初选供应商提供项目试制资料，供应商准备样件，采购了协调监控，调整技术方案，供应商提供样件，进行样件评估。

（4）中试认证。签订中试合同，向样件供应商提供项目中试资料，供应商准备小批件，过程协调监控，调整技术方案，供应商提供小批件，进行中试评估。

（5）批量认证。签订批量合同，向中试供应商提供项目批量生产资料，供应商准备批量件，过程协调监控，调整技术方案，供应商提供批量件，进行批量评估。

（6）认证供应评估。制订供应评估计划，采购部门绩效评估，采购角色绩效评估，供应商绩效评估，调整采购环境。

知识链接：采购认证

采购认证是指企业采购人员对采购环境进行考察并建立采购环境的过程。对于需要与供应商合作开发项目的采购方来说，很有必要进行采购认证。采购认证根据项目的大小、期限的长短等采取不同的认证方法。

2. 填写物资采购计划表（见表 2-1）

表 2-1　　物资采购计划表

编号：　　部门名称：　　自购框　　第　页/共　页

序号	物资名称	规格型号	单位	数量	拟交付时间	费用预算	备注

采购责任人　　年　月　日　　主管：　　年　月　日

二、选择供应商

工作任务要求：以新建电子商务实训室拟配置的计算机的供应商为例，制作供应商卡片 5 张，并确定供应商选择标准，制作供应商评价表。

供应商的选择是采购实施过程中非常重要的一项工作。在选择供应商时，企业需要从多个方面予以考虑，具体过程如下。

（1）首先供应商要提供尽可能详细的资金、经营许可证、产品、生产规模、资信认证等相关报告，资料越详细越好，并制成供应商卡片（见表 2-2）。

表 2-2　　　　　　　　　　供应商卡片

<table>
<tr><td rowspan="6">公司基本情况</td><td>名称</td><td colspan="5"></td></tr>
<tr><td>地址</td><td colspan="5"></td></tr>
<tr><td>营业执照号</td><td colspan="2"></td><td>注册资本</td><td colspan="2"></td></tr>
<tr><td>联系人</td><td colspan="2"></td><td>部门、职务</td><td colspan="2"></td></tr>
<tr><td>电话</td><td colspan="2"></td><td>传真</td><td colspan="2"></td></tr>
<tr><td>E-mail</td><td colspan="2"></td><td>信用度</td><td colspan="2"></td></tr>
<tr><td rowspan="2">产品情况</td><td>产品名</td><td>规格</td><td>价格</td><td>质量</td><td>可供应量</td><td>市场份额</td></tr>
<tr><td></td><td></td><td></td><td></td><td></td><td></td></tr>
<tr><td>运输方式</td><td></td><td>运输时间</td><td></td><td>运输费用</td><td colspan="2"></td></tr>
<tr><td>备注</td><td colspan="6"></td></tr>
</table>

（2）采购方将对供应商提供的资料进行详细的归类，把这些供应商归入相应的供应商类别，并且给出是否值得关注、是否值得信任、是否值得合作的肯定的内部分析。

（3）采购方前往供应商的工厂查看，考察厂家规模、设备、技术、认证等是否与他们提供的基础资料一致。如果有不一致的地方就不予考虑。

（4）采购方向供应商提出样品需求。看样品的质量、尺寸、规格，以及其他参数是否符合采购需求。

（5）采购方要对样品进行技术分析，要有检验部门的分析结果。检验其价格、质量以及其他是否符合要求。

（6）如果符合要求，采购方对供应商下达评审通知书。符合要求的供应商可以进入采购方的供应链。对于优秀的供应商来说，首先要进入采购方的供应链，才能有资格为其提供产品服务。

（7）采购方与供应商进行初期的商业谈判，确定采购价格、采购条件与供应商提供的服务，正常的谈判时间为三个月。

（8）双方签订合同。

（9）供应商开始向采购方提供小批量的产品。

（10）采购方对供应商的小批量产品进行复查。对所有的小批量产品必须进行严格的实验检查。

（11）如果小批量产品通过审核，那么此供应商将加入采购方的产品目录。

（12）供应商加入采购方的产品目录，目录的每一处供应商都需要重新评审一次，整个流程大概需要半年时间。

每道流程不能出一丝差错，资信问题更是不允许有问题。以上 12 个环节都成功通过以后，该供应商就能成为此采购方的供应商，加入其构建的供应链。

知识链接：供应商选择标准

供应商的选择过程是非常复杂和费时的，尤其是在供应商的评价方面。表 2-3 所示为某企业选择供应商的标准和评价表，可作为参考。

表 2-3　　　　　　　　　　　　　　　　供应商评价表

供应商名称：		联系人：	
地址及邮编：		电　话：	
项目	配分	考核内容及方法	评分
价格	最高分为 40 分，标准分为 20 分	根据市场最高价、最低价、平均值、自行估价制定一标准价格，标准价格对应分数为 20 分。每高于标准价格 1%，标准分扣 2 分，每低于标准价格 1%，标准分加 2 分。同一供应商供应几种物料，得分按平均分统计	
品质	30 分	以交货批退率考核 批退率 = 退货批数 ÷ 交货总批数 得分 = 30 分 ×（1−批退率）	
逾期率	20 分	逾期率 = 逾期批数 ÷ 交货批数 得分 = 20 分 ×（1−逾期率） 另外：逾期一天，加扣 1 分；逾期造成停工待料一次加 1 分	
配合度	10 分	1．出现问题，不太配合解决，每次扣 1 分 2．公司会议正式批评或抱怨一次扣 1 分 3．客户批评一次或抱怨一次扣 1 分	
总计			

三、签订采购合同

工作任务要求：在确定拟合作计算机供应商后，要求与拟合作的计算机供应商展开商业谈判，两人一组，仔细洽谈合同条款，谈判完成后双方签署采购合同。

在采购合同管理的过程中，供应商应该认真履行已经签订的合同，这不仅是采购计划顺利实施的保证，也是双方权益的保障。

（一）合同与合同管理

合同是一个契约，是指有关法人之间为了实现某个特定目的而签订的确定权利义务关系的协议。

合同管理指参与各方均应在合同实施过程中自觉、认真、严格地遵守所签订合同的各项规定和要求，按照各自的职责行使各自的权利、履行各自的义务，发扬协作精神，处理好“伙伴关系”，做好各项管理工作，从而使采购目标得以顺利实现。

虽然合同是有关双方的一个协议，包括若干合同文件，但合同管理的深层含义应该引申到合同协议签订之前。首先，做好合同签订前的各项准备工作至关重要。采购方的准备工作包括合同文件草案的准备，各项招标工作的准备，做好评标工作，特别是要做好合同签订前的谈判和合同文稿的最终定稿。供应商在合同签订前的准备工作主要是制定投标策略，做好市场调研，在拿到招标文件之后，要认真细心地分析研究招标问题，充分理解招标要求。

（二）采购合同的范本

××采购合同

供方：　　　　　　　　　合同编号：

需方：　　　　　　　　　签订地点：

签订时间：　　　年　　　月　　　日

供需双方本着平等互利、协商一致的原则，签订本合同，以资双方信守执行。

第一条　商品名称、种类、规格、单位、数量。

品名	种类	规格	单位	数量	备注

第二条　商品质量标准可选择下列第______项作标准。

1. 附商品样本，作为合同附件。

2. 商品质量，按照________标准执行（副品不得超过____%）。

3. 商品质量由双方议定。

第三条　商品单价及合同总金额。

1. 商品定价，供需双方同意按________定价执行。如因原料、材料、生产条件发生变化，需变动价格时，应经供需双方协商。否则，造成损失由违约方承担经济责任。

2. 单价和合同总金额：________________。

第四条　包装方式及包装品处理________________。

（按照各种商品的不同，规定各种包装方式、包装材料及规格。包装品以随货出售为原则；凡须退还对方的包装品，应按铁路规定，订明回空方法及时间或另作规定。）

第五条　交货方式。

1. 交货时间：________________。

2. 交货地点：________________。

3. 运输方式：________________。

第六条　验收方法________________。

（按照交货地点与时间，根据不同商品种类，规定验收的处理方法。）

第七条　预付货款。（根据不同商品，决定是否预付货款及金额。）

第八条　付款日期及结算方式________________。

第九条　运输及保险________________。

（根据实际情况，需委托对方代办运输手续者，应于合同中注明。为保证货物途中的安全，代办运输单位应根据具体情况代为投保运输险。）

第十条　运输费用负担________________。

第十一条　违约责任。

1. 需方延付货款或付款后供方无货，使对方造成损失，应偿付对方此批货款总价____%的违约金。

2. 供方如提前或延期交货或交货不足数量，供方应偿付需方此批货款总值____%的违约金。需方如不按交货期限收货或拒收合格商品，也应偿付供方此批货款总值____%的违约金。任意一方如提出增减合同数量，变动交货时间，应提前通知对方，征得同意，否则应承担经济责任。

3. 供方所发货品有不合规格、质量较差或霉烂等情况，需方有权拒绝付款（如已付款，应订明退款退货办法），但须先行办理收货手续，并代为保管和立即通知供方，因此所发生的一切费用损失，由供方负责；如经供方要求代为处理，须迅速处理，以免造成更大损失，其处理方法由双方协商决定。

4. 约定的违约金，视为违约的损失赔偿。双方没有约定违约金或者预先赔偿额的计算方法的，损失赔偿额应当相当于违约所造成的损失，包括合同履行后可以获得的利益，但不得超过违反合同一方订立合同时应当预见的因违反合同可能造成的损失。

第十二条　供需双方一方因不可抗力不能履行合同时，应当及时通知对方，并在合理期限内提供有关机构出具的证明，这可以全部或部分免除该方的责任。

第十三条　本合同在执行中发生纠纷，签订合同双方不能协商解决时，可向人民法院提出诉讼（或申请____仲裁机构仲裁解决）。

第十四条　合同执行期间，如因故不能履行或需要修改，必须经双方同意，并互相换文或另订合同，方为有效。

第十五条　本合同自双方签章之日起生效，到供方将全部订货送齐经需方验收无误，并按本合同规定将货款结算以后作废。

第十六条　本合同一式____份，由供需双方各执正本一份、副本____份。

订立合同人:

需　方：____________（盖章）	供　方：____________（盖章）
代理人：____________（盖章）	代理人：____________（盖章）
负责人：____________（盖章）	负责人：____________（盖章）
地址：________________	地址：________________
电话：________________	电话：________________
开户银行、账号__________	开户银行、账号__________
____年____月____日	____年____月____日

知识链接：采购合同的格式

采购合同的开头应包括供需双方的名称、地址、合同名称等。

采购合同的正文应包括采购商品的名称、数量、质量、价款、履行期限、地点、方式，以及包装、运输方式、检验方式、价款支付方式、违约责任、保险、解决争议的方法和免责条款。

采购合同的结尾应包括供需双方的法定代表人或合法代理人的姓名、主合同份数、有效期限、签订合同的时间、签约地点及合同当事人的签名盖章等。

采购合同条款中如有未尽事宜，可以增加采购合同附则加以补充。

四、EOS 订货

工作任务要求：熟悉电子订货系统的结构和操作流程，掌握运用 EOS 向合作的计算机供应商发送采购订单完成订货作业。

（一）什么是电子订货系统

电子订货系统（Electronic Ordering System，EOS），是指企业利用通信网络（VAN 或互联网）和终端设备以在线联结（ON-LINE）方式进行订货作业和订货信息交换的系统。批发商、零售商将订货数据输入计算机，即通过计算机通信网络连接的方式将资料传送至供应商，实现电子订货、接单、处理、供货、结算等作业。EOS 能处理从新商品资料的说明直到会计结算等所有商品交易过程中的作业，可以说 EOS 涵盖了整个物流过程。在城市内，零售业已没有许多空间用于存放货物，这就要求供货商在不能缺货的前提下及时补足售出商品，而要做到这点则必须采用 EOS。由于 EOS 内包含许多先进的管理手段，因此在国际上使用得非常广泛，并且越来越受到商业界的青睐。

电子订货系统采用电子手段完成供应链上从零售商到供应商的产品交易过程，因此，一个 EOS 必须有供应商（商品的制造者或供应者）、零售商（商品的销售者或需求者）、网络（用于传输订货信息，如订单、发货单、收货单、发票等）、计算机系统（用于产生和处理订货信息）。

知识链接：EOS 的特点

（1）商业企业内部计算机网络应用功能完善，能及时产生订货信息。

（2）POS 与 EOS 高度结合，产生高质量的信息。

（3）进行零售商和供应商之间的信息传递。

（4）通过网络传输信息订货。

（5）信息传递及时、准确。

（6）EOS 是许多零售商和供应商之间的整体运作系统，而不是单个零售店和单个供应商之间的系统。

电子订货系统在零售商和供应商之间建立起了一条高速通道，使双方的信息得到及时沟通，订货周期大大缩短，既保障了商品的及时供应，又加速了资金的周转，实现了零库存战略。

（二）EOS 的结构、类型和配置

1. 电子订货系统的构成

电子订货系统的构成内容包括订货系统、通信网络系统和接单计算机系统。

就门店而言，只要配备了订货终端机和货价卡（或订货簿），再配上电话和数据机，就可以说拥有了一套完整的电子订货配置。就供应商来说，凡能接收门店通过数据机的订货信息，并可利用终端机设备系统直接处理订单，打印出货单和检货单，就可以说已拥有电子订货系统的功能。但就整个社会而言，标准的电子订货系统决不是“一对一”的格局，即并非单个的零售店与单个的供应商组成的系统，而是“多对多”的整体运作，即许多零售店和许多供货商组成的大系统的整体运作方式。

2. 电子订货系统的类型

电子订货系统根据整体运作程序来划分，大致可以分为以下 3 种类型。

（1）连锁体系内部的网络型。即连锁门店有电子订货配置，连锁总部有接单计算机系统，并用即时、批次或电子信箱等方式传输订货信息。这是“多对一”与“一对多”相结合的初级形式的电子订货系统。

（2）供应商对连锁门店的网络型。其具体形式有两种：一种是直接的“多对多”，即众多的不同连锁体系下属的门店对供应商，由供应商直接接单发货至门店；另一种是以各连锁体系内部的配送中心为中介的间接的“多对多”，即连锁门店直接向供应商订货，并告知配送中心有关订货信息，供货商按商品类别向配送中心发货，并由配送中心按门店组配向门店送货，这可以说是中级形式的电子订货系统。

（3）众多零售系统共同利用的标准网络型。其特征是利用标准化的传票和社会配套的信息管理系统完成订货作业。其具体形式有两种：一是地区性社会配套的信息管理系统网络，即成立由众多的中小型零售商、批发商构成的区域性社会配套的信息管理系统营运公司和地区性的咨询服务公司，为本地区的零售业服务，支持本地区 EOS 的运行；二是专业性社会配套信息管理系统网络，即按商品的性质划分专业，从而形成各个不同专业的信息网络。这是

高级形式的电子订货系统，必须以统一的商品代码、统一的企业代码、统一的传票和订货的规范标准的建立为前提条件。

3. 电子订货系统的配置

无论采用何种形式的电子订货系统，皆以门店订货系统的配置为基础。门店订货系统配置包括硬件设备配置与电子订货方式确立两个方面。

（1）硬件设备配置。硬件设备一般由 3 个部分组成。

① 电子订货终端机。其功能是将所需订货的商品和条码及数量以扫描或键盘输入的方式，暂时储存在记忆体中，当订货作业完毕时，再将终端机与后台计算机连接，取出储存在记忆体中的订货资料，存入计算机主机。现在具备无线功能的电子订货终端机已被广泛使用，订货数据直接通过无线网络传输到计算机主机。电子订货终端机与手持式扫描器的外形有些相似，但功能却有很大差异，其主要区别是：电子订货终端机具有存储和运算等计算机基本功能，而扫描器只有阅读及解码功能。

② 数据机。它是传递订货主与接单主计算机信息资料的主要通信装置，其功能是将计算机内的数据转换成线性脉冲资料，通过专有数据线路，将订货信息从门店传递给商品供方的数据机，供方以此为依据来发送商品。

③ 其他设备。如个人计算机、价格标签及店内码的印制设备等。

（2）电子订货方式。EOS 的运作除硬件设备外，还必须有记录订货情报的货架卡和订货簿，并确立电子订货方式。常用的电子订货方式有 3 种。

① 利用电子订货簿。电子订货簿是用来记录包括商品代码/名称、供应商代号/名称、进/售价等商品资料的。利用电子订货簿订货就是由订货者携带订货簿及电子订货终端机直接地现场巡视缺货状况，再由订货簿寻找商品，对条码进行扫描并输入订货数量，然后直接接上数据机，通过电话线传输订货信息。

② 利用货架卡订货。货架卡就是装在货架槽上的一张商品信息记录卡，显示内容包括中文名称、商品代码、条码、售价、最高订量、最低订量、厂商名称等。

③ 电子订货簿与货架卡并用。无须携带订货簿，只要手持电子订货终端机，一边巡货一边订货，订货手续完成后再直接接上数据机，将订货信息传输出去。

（三）EOS 的操作流程

（1）在零售店的终端利用条码阅读器获取准备采购的商品条码，并在终端机上输入订货资料，利用 EOS 通过互联网传到批发商的计算机中。

（2）批发商开出提货传票，并根据传票开出拣货单，实施拣货，然后根据送货传票进行商品发货。

（3）送货传票上的资料便成为零售商店的应付账款资料及批发商的应收账款资料，并接到应收账款的系统中去。

（4）零售商对送到的货物进行检验后，就可以陈列出售了。

使用 EOS 时要注意订货业务作业的标准化，这是有效利用 EOS 的前提条件；商品代码一般采用国家统一规定的标准，这是应用 EOS 的基础条件；订货商品目录账册的设计和运用是 EOS 成功的重要保证；计算机以及订货信息输入和输出终端设备的添置是应用 EOS 的基础条件；在应用过程中需要制订 EOS 应用手册并协调部门间、企业间的经营活动。EOS 的操作流程如图 2-3 所示。

在商业化、电子化迅速发展的今天，EOS 越来越显示出它的重要性，同时随着科技的发展和 EOS 的日益普及，EOS 的标准化和网络化已成为当今 EOS 的发展趋势。

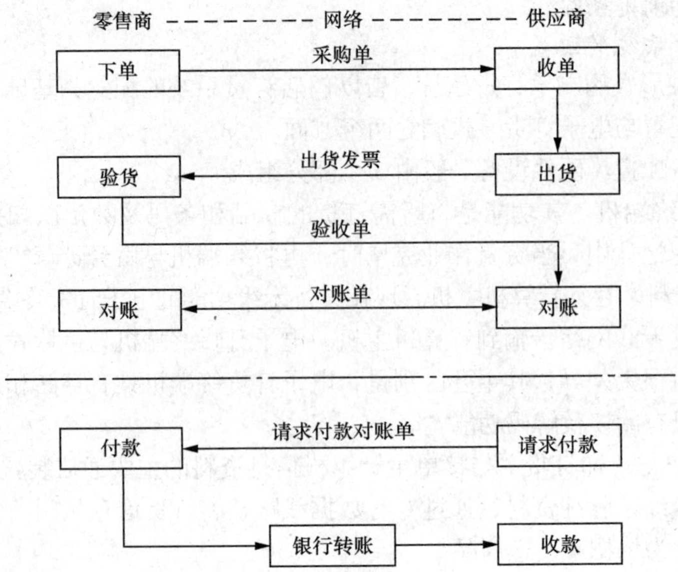

图 2-3　EOS 的操作流程

（四）EOS 的应用

电子订货系统是一个非常复杂的系统，涉及很多环节。下面选择一个简单的网上订单管理系统，做一个简单的 EOS 应用。具体步骤如下。

（1）把 EOS 程序文件复制到 D 盘上，然后解压到文件夹。

（2）执行“开始—程序—管理工具—互联网服务管理器”命令，打开“互联网信息服务”管理控制台窗口。

（3）在管理控制台窗口中，用鼠标右键单击目录中服务器图标，在弹出的菜单中选择“新建 Web 站点”命令，启动“Web 站点创建向导”。

（4）在弹出的对话框中输入 Web 站点说明，单击“下一步”按钮。

（5）在向导的“IP 地址和端口设置”对话框中，通过 IP 地址栏右侧的下拉列表为 Web 服务器选择要使用的 IP 地址。接下来，设置该 Web 站点应使用到的 TCP 端口，通常情况下，使用默认值 80。不需要填写“此站点的主机头”栏的文本框，即可单击“下一步”按钮进入下一步。

（6）在打开的对话框的地址栏输入站点的主目录路径，将其设置为刚解压的文件夹。

（7）在打开的“Web 站点访问权限”对话框中，给主目录设定访问权限，单击“下一步”按钮。

（8）在出现的成功完成 Web 站点创建向导对话框中，单击“完成”按钮，结束创建虚拟 Web 站点的操作。这时，在“互联网信息服务”管理控制台窗口中，将显示新建的 Web 站点项。

（9）进入 IE 浏览器，输入网址：http://127.0.0.1。进入销售商网上订单管理系统，如图 2-4 所示。

（10）填写所订商品信息，然后单击“OK Submit”按钮，提交订单，此时将出现订单信息确认页面，如图 2-5 所示。

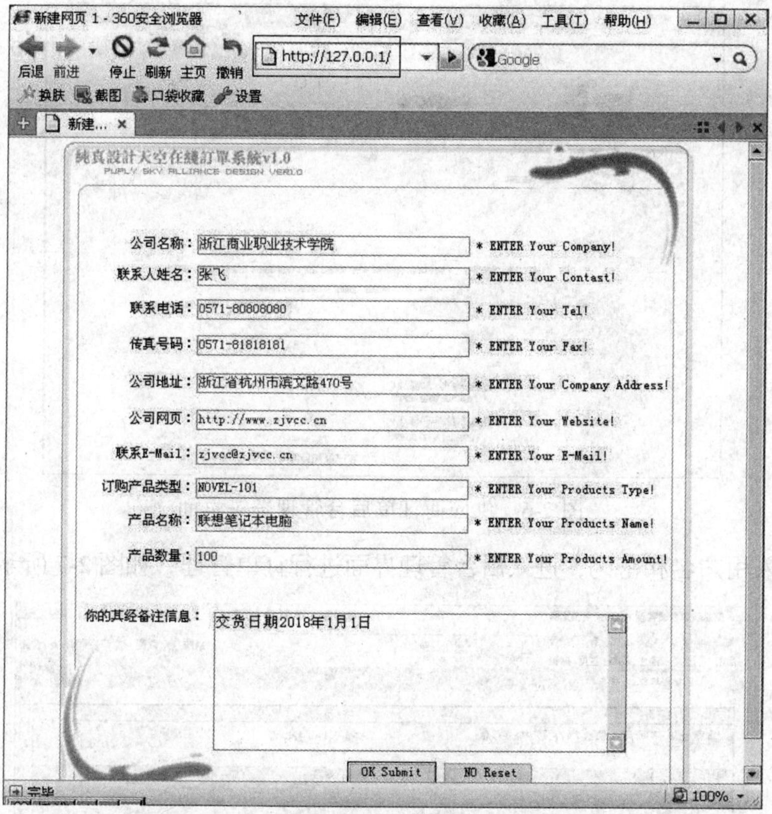

图 2-4 销售商网上订单订货系统

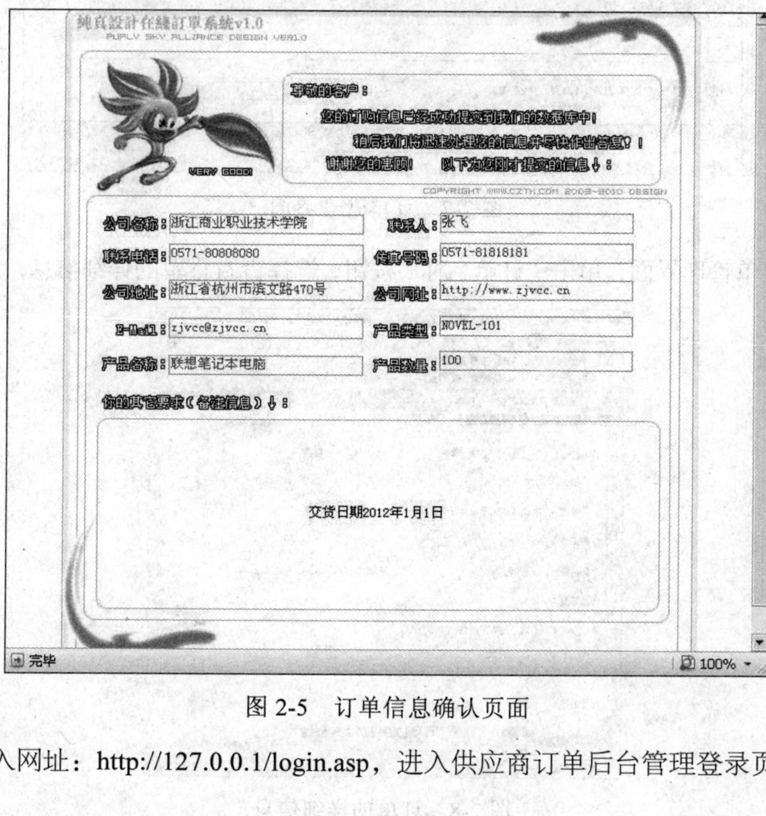

图 2-5 订单信息确认页面

（11）输入网址：http://127.0.0.1/login.asp，进入供应商订单后台管理登录页面，如图 2-6 所示。

图 2-6　供应商订单后台管理登录页面

（12）输入用户名和密码，进入后台管理界面进行订单管理，如图 2-7 所示。

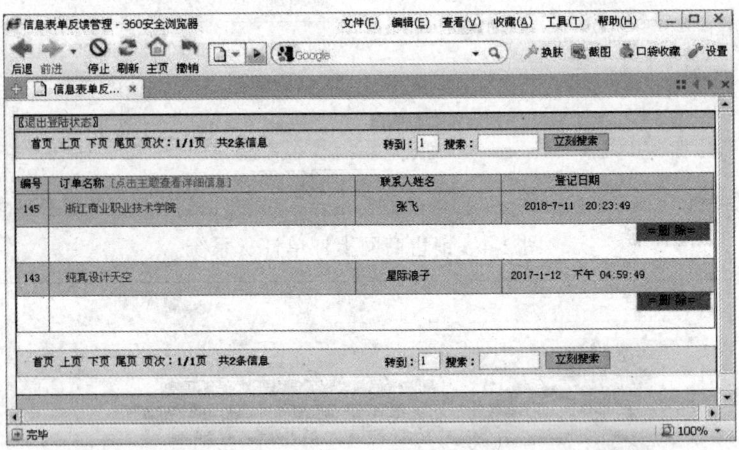

图 2-7　订单管理界面

（13）在订单管理界面，单击“订单名称”按钮，选择查看订单的详细信息，如图 2-8 所示。

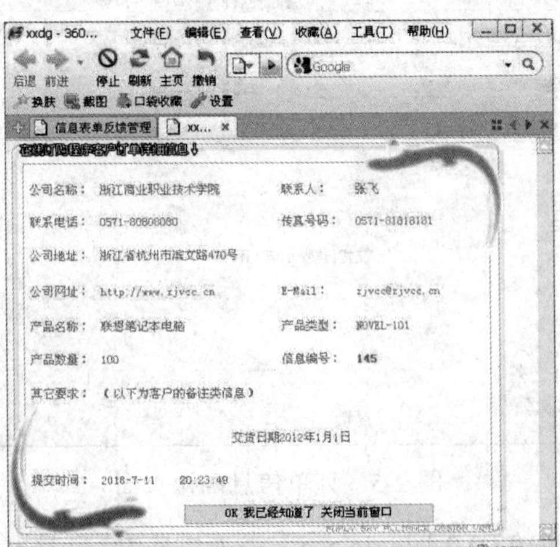

图 2-8　订单的详细信息

知识链接：采购的后期工作

在发出采购订单之后，采购人员还应完成以下工作。

1. 跟踪、督促并监督供应商交货

采购人员应根据既定的合同要求对供应商进行跟踪，督促供应商按时、保质、保量交货，监督进货的过程，一旦发现问题，必须及时采取行动。

2. 接受并检验收到的货物

到货后，采购部门应安排有关人员对收到的货物进行验收、入库，确保所收到的货物的数量、质量符合要求，必要时要确定货物的破损情况。如果发现厂商交货与合同不符而验收不合格，则应依据合同规定办理退货，即办理重购。

3. 结清发票并支付货款

货物验收合格后，通知财务部门进行货款的清算，并开具发票。财务部门需要核对采购订单、收货凭证和发票，然后支付货款。

4. 结案

无论验收合格付款，还是验收不合格退货，均须办理结案手续，对相关的供应商供货的质量、交期及相关合作事项进行评价，清查各项书面资料有无缺失，并报上级管理层核阅。

5. 维护记录

凡已结案批示后的采购案件应列入各供应商档案，并登记、编号、分类，予以保管，以备日后查阅和参考，以及对供应商进行定期评审筛选时使用。

五、评估采购绩效

工作任务要求：参考采购绩效评估案例提供的采购绩效指标，制定本单位对采购工作的绩效评估考核表。

采购工作经过一系列的作业程序完成之后，是否达到预期目标，企业对采购的物品是否满意，则需要经过考核评估来确定。物品采购绩效评估就是建立一套科学的考核指标体系，用来全面反映和检查采购部门工作实绩、工作效率和效益。其主要目的是确保采购目标实现，提供改进绩效的依据，作为采购人员或部门奖惩的参考，促进改善部门关系等。

采购绩效评估系统的建立需要设立绩效标准。一般情况下，设立绩效标准的方法有两种：一是历史绩效标准；二是预算绩效标准。历史绩效标准可以根据企业以往的采购历史业务数据来设定，也可以根据同行业绩效的平均水准来设定。当历史绩效难以取得或采购业务变化比较大时，则可以使用采购预算作为衡量绩效的标准，即预算绩效标准。绩效标准一旦建立就不能再有所变动。以商品流通企业为例，采购绩效考核指标体系一般可由以下指标组成。

（一）销售额指标

销售额指标可细分为大类商品指标、中类商品指标、小类商品指标及一些特别的单品项商品指标。应根据不同的业态模式中商品销售的特点来制定各种类别的商品销售额指标比例值。

（二）商品结构指标

商品结构指标是为了体现业态特征和满足目标顾客需求度的考核指标，如根据对一些便利店连锁公司的商品结构调查发现，反映便利店业态特征的便利性商品只占 8%，公司自有品牌商品占 2%，其他商品则高达 80%。为了改变这种商品结构，就要从指标上提高便利性商品和自有商品的比重，并进行考核，通过指标的制定和考核可同时达到两个效果：第一，在经营的商品上业态特征更明显；第二，高毛利的自有品牌商品比重上升，从而增强了竞争力和盈利能力。

（三）毛利率指标

根据超级市场品种定价的特征，毛利率指标首先是确定一个综合毛利率的指标，这个指标的要求是反映企业的业态特征控制住毛利率，然后分解综合毛利率指标，制定比例不同的类别商品的毛利率指标并进行考核。毛利率指标对采购人员考核的出发点是，让低毛利商品类采购人员通过合理控制订单量加快商品周转，提高毛利率；并通过与供应商谈判加大促销力度提高销售量，增加供应商给予的"折扣率"，进而提高毛利率。对高毛利率商品类的采购人员，促使其优化商品品牌结构，提高品牌商品销售量，或通过促销提高销售量，进而提高毛利率。要明白一个道理，企业毛利率的增加，很重要的一个途径就是通过促销提高销售量，然后从供应商手中取得能提高毛利率的"折扣率"。

（四）库存商品周转天数指标

这一指标主要是考核配送中心库存商品和门店存货的平均周转天数。通过这一指标可以考核采购人员是否根据店铺商品的营销情况合理地控制了库存，以及是否合理地确定了订货数量。

（五）门店订货商品到位率指标

这个指标一般不能低于98%，最好是100%。这个指标考核的是门店向总部配送中心订货的商品与配送中心库存商品可供配的接口比例。这个指标的考核在排除总部的其他部门的工作因素后或特殊原因外，主要落实在商品采购人员身上。到位率低就意味着门店缺货率高，必须严格考核。

（六）配送商品的销售率指标

门店的商品结构、布局与陈列量都是由采购业务部制定的，如果配送到门店的商品销售率没有达到目标，可能是商品结构、布局和陈列量不合理。对一些实行总部自动配送的公司来说，如果配送商品销售率低，可能还关系到对商品最高与最低陈列量的上下限设定是否合理。

（七）商品淘汰率指标

由于门店的卖场面积有限，又由于必须不断更新结构，当新商品按照考核指标被不断引进时，就必须设立商品的淘汰率指标。

采购是企业经营活动的起点和源头，因此利用绩效评估手段控制好采购环节是实现企业经营计划目标的重要手段。

案例链接：采购绩效评估

某单位的采购绩效指标包括成本绩效、质量绩效、交付绩效、付款绩效、库存绩效等，如表2-4所示。

表2-4　　×××单位采购绩效指标

一级指标	二级指标	权重	责任部门	保底值	目标值	考核频率	备注
成本	采购成本节约资金（万元）		财务部			季度	
	采购成本下降率（%）		采购部			季度	
质量	产品合格率（%）		质检部			月度	
	售后费用比例（%）		销售部			季度	
交付	计划完成率（%）		生产部			月度	
	平均交付期（天）		采购部			季度	
付款	平均付款周期（天）		财务部			半年度	
库存	库存周转率（天）		物流部			半年度	
其他	入库及时率（%）		物流部			半年度	
	采购工作量（次）		采购部			月度	

【实践应用】

一、慧聪网采购平台分析

实践内容：在了解网络采购模式的基础上，对慧聪网采购平台进行分析，包括采购平台简介、采购方式、采购流程以及采购平台提供的服务。

应用步骤：①了解网络采购模式和网络采购流程；②了解慧聪网采购平台概况；③分析慧聪网采购方式，如招标采购、邀约采购等；④分析慧聪网采购流程，包括信息发布和搜寻、洽谈流程、采购合同签订方式、支付方式等；⑤分析慧聪网提供的服务。

网络采购是传统采购技术在当代网络环境下的延伸和发展，它将网上信息处理与线下采购操作过程有机地结合起来。其主要功能包括：①利用网络来寻找货源、供应商以及有共同需求的采购者；②利用网络来进行产品的或原料的性能价格比较；③利用网络展开团购、拍购等一系列技术性贸易磋商过程，压低企业原材料、零部件或商品的采购价格；④根据具体情况，采用具体的采购操作过程。

互联网是一个非常高效的沟通工具，通过网络，能显著降低采购的沟通成本；另外，网络采购是一种信息化和电子化的采购，大量重复的管理性工作可以由软件系统来完成，商业活动的速度可以显著加快，从而提高采购效率。下面是三种常见的网络采购模式。

（一）利用公用网站去寻找货源和市场

国内外有很多知名的贸易网站，如阿里巴巴、慧聪网、中国制造、环球资源网、敦煌网等，汇集了许多市场供需信息并提供网络服务，企业通过这类网站也可以发布供需信息，寻找货源，网站还提供了供需双方沟通交流的工具。

（二）利用网络从事实际采购活动

这种采购模式对外部的支撑环境要求较高，除网络和技术环境外，还要有很高的安全保障机制、法律机制等。

具体的操作过程及相应的技术支持包括以下内容。

1. 交易前准备

交易前准备指供需双方宣传或获取有效的商品信息，即商品信息的发布、查询和匹配过程。信息的交流通过网络来完成。供货方通过互联网发布产品信息，需求方通过互联网搜索商品信息，寻找货源。

2. 贸易磋商过程

在网络化环境中，整个商务磋商过程可以在网络和计算机等相关系统支持下完成。各类商务单证，如价目表、报价单、订单、订购应答、发货通知、付款通知、标书等可以在网络中以标准的报文形式传递。首先需求方通过网络向供货方发出商品需求和报价请求，供货方收到请求，向需求方发送报价单。然后需求方和供货方通过多次网络交互，完成磋商，达成一致后，需求方向供货方发送订购单，供货方给出订购应答。

3. 签订采购合同

在传统的商务活动中，必须将磋商结果落实到纸面上，签订采购合同。在网络环境下，网络安全协议和应用系统可以从技术上提供身份认证、传输机密性信息及数字签名，保证整个磋商过程以文件或系统日志形式准确、安全地保存和传递，以此来约束商贸活动和执行磋商结果。

4. 支付和执行阶段

传统的支付形式有两种：支票和现金。借助网络，传统的支付方式被网上支付方式或信用卡支付方式取代。网上支付首先要有交易双方都信任的银行，客户和银行之间通过协议建立信任关系（这种信任关系一般还需通过具有法律地位的中介机构确认）。客户需在银行开设账号，银行接收客户在网上操作提交的支付要求并认定可信后，就根据客户的要求，在交易客户双方之间转账（即完成支付）。这种操作在互联网上完成，无须客户到银行去办理汇款。收款方也在网上查询收款的情况（或银行自动通知到款的情况）。

网络支付要求有很高的安全性，必须有一定的法律、法规要求和安全技术保障，如加密技术、认证技术、数字签名技术、电子商务法等保证商务采购活动的安全性。

（三）网上拍购

网上拍购给买卖双方提供一个满足某种采购需求的公开寻价、竞价的机会。网上拍购的基本操作流程如下。

首先由采购商提出采购需求，然后运营商与采购商一起确定技术标准、操作细则和游戏规则，再由运营商去联系多家供货商，最后通过网络进行竞价拍购。

竞价规则约定，通常竞价标底的起价都是由采购商的历史采购数据来决定的。拍购开始时，通常会给出一个不限制时间的正常出价时段，在这个时段，允许供货商有充分的时间理性地思考出价多少。等正常出价时段结束后，进入超时竞价时段，要求供货商在一个很短的时间内，通常是一两分钟，决定是否跟进出价。

拍购只完成了传统磋商中的压价过程，而实际取舍、采购决策、货款支付、物流配送等，要完全按事先合同要求来完成。

网上拍购充分发挥了市场机制的优势，公开竞争，信息充分、透明，整个运行过程完全是一种没有人为干预的市场行为，在网络环境下展开，不受地域、环境、时间、空间的限制，操作应用简单，无任何技术壁垒，所以应用前景十分广阔。

（四）网络采购的实施

实施网络采购系统需要进行设计，使它与现有的系统相连接与整合，并决定在哪里进行托管。决策者对网络采购系统的实施可以选择以下几种方式，包括内部托管服务、签约设计或托管及与已经存在的网络采购系统合作，使用已经运行的服务机构等。

使用已经运行的服务机构是最简单的实现网络采购系统的方式。在这种方式中，机构利用已经运用的电子商务网站，由于大部分机构已经和互联网连接，所以这种模式简单、成本低。

以上每一种模式都具有不同的成本效益比，不同的企业可以根据具体的情况构造自己的网络采购模式。

实施网络采购系统可以带来以下好处：一是简化了采购流程，节省了人力资源；二是将供应商的工作流程自动化，得到了更多由于采购大量商品而获得的折扣；三是降低了每份订单的管理费用；四是缩短了采购周期；五是直接将交易和 ERP/MIS 等内部管理系统相结合，并和供应商之间自动传递电子数据，使得工作流程更加自动化；六是减少了在填写订单时发生的数据输入错误。

尽管这种技术目前还存在很多问题，但通过将线上操作与线下实施考察并与传统交易相结合，可降低企业风险；同时，由于网上采购技术对企业的资金投入和技术要求都很低，但所获得的效益却是任何其他技术都无法比拟的，因此它将彻底改变传统企业的购销行为模式和成本构成，对提高企业的整体经济效益和市场竞争力起到关键的推动作用。

知识链接：降低采购成本的方法

根据统计，在美国 200 家公司所使用的降低成本的方法中，最有效果的有以下几种。

（1）Value Analysis（价值分析）：针对产品或服务的功能加以研究，以最低的生命周期成本，通过剔除、简化、变更、替代等方法，来达成降低成本的目的。价值分析主要用于新产品工程设计阶段。

（2）Negotiation（谈判）：谈判是指买卖双方为了各自目标，达成彼此认同的协议的过程。谈判能力是采购人员应具备的最基本能力。

（3）Target Costing（目标成本法）：产品的研发应以市场愿意支付的价格为前提，因此必须假设竞争者产品的上市价，然后来制定公司产品的价格。

（4）Early Supplier Involvement（早期供应商参与，ESI）：这种方法是在产品设计初期，选择让具有伙伴关系的供应商参与新产品开发小组。经由早期供应商参与的方式，新产品开发小组对供应商提出性能规格的要求，借助供应商的专业知识来达到降低成本的目的。

（5）Leveraging Purchasing（杠杆采购）：这是一种根据各事业单位或不同部门的需求量，以集中扩大采购量，而增加议价空间的方式。避免因各自采购而造成组织内不同事业单位向同一个供应商采购相同零件，却价格不同的情形。

（6）Consortium Purchasing（联合采购）：主要发生于非营利事业单位的采购，如医院、学校等，经由统合各不同采购组织的需求量，以获得较好的数量折扣价格。

（7）Design for Purchasing（为便利采购而设计）：自制与外购的策略，在产品的设计阶段，利用协作厂的标准制程与技术，并使用工业标准零件，可方便原物料取得。如此一来，不仅大大减少了自制所需的技术支援，同时也降低了生产所需的成本。

（8）Cost and Price Analysis（价格与成本分析）：这是专业采购的基本工具，了解成本结构的基本要素对采购者是非常重要的，如果采购者不了解所买物品的成本结构，就不能算是了解所买物品的价格是否为公平合理的价格，同时也会失去许多降低采购成本的机会。

（9）Standardization（标准化）：实施规格的标准化，为不同的产品项目或零部件使用共同的设计/规格，或降低订制项目的数目，以规模经济量达到降低制造成本的目的。

由于各手法的执行成效因企业而异，以上九项并无优先顺序可言。在选择成本降低方法、拟定采购策略的时候，应同时考虑多种与采购相关的情况，如所采购产品或服务的形态、产品所处的生命周期阶段、年需求量与年采购总金额、与供应商之间的关系等。

二、福特汽车公司采购流程再造分析

实践内容：清晰描述福特汽车公司采购流程 3 次优化的关键点以及由此产生的益处，并提出对采购流程进一步再造的想法。

应用步骤：①分小组讨论福特汽车公司采购流程的 3 次优化方案；②分析每一次再造的关键点和由此产生的益处；③小组讨论并提出对福特汽车公司采购流程进一步再造的想法。

（一）福特汽车公司采购流程再造的背景

福特（Ford）汽车公司是美国三大汽车巨头之一，但是到了 20 世纪 80 年代初，福特汽车公司像许多美国大企业一样面临着日本竞争对手的挑战，因而想方设法削减管理费用和各种行政开支。当时仅在福特汽车公司的北美分公司，财务人员就超过 500 人。为了减少开支，福特汽车公司的管理层认为，可以借助办公自动化来减少两成的间接成本，并把财务人员缩减为 400 人。而福特汽车公司拥有 22%股份的日本马自达公司，做同样工作的人只有 5 个。尽管两家公司在规模上存在一定的差距，但 5∶500 的差距还是让福特汽车公司震惊了。为此，福特汽车公司决定对其公司与应付账款部门相关的整个采购业务流程进行彻底再造。

（二）福特汽车公司采购流程再造策略

福特汽车公司的采购业务流程是：采购部向供货商下订单，同时把副本送付账部和物料部；供货商将货品送到物料部，同时将发票送给付账部；物料部对货物进行清点、记录，然后将验收单送到付账部；付账部对所持的验收单、订单和发票 3 种文件进行查验，如都相符，就如数付款给供货商。

第一次采购业务流程再造只做了一点变动，即采购部不直接向供货商发送订单，而改向付账部送预购单；付账部在收到预购单后，直接向供货商发送订货单。如图 2-9 所示。初步的流程改革虽然简单，却给多个部门带来了好处：采购部只需向付账部送预购单，免去了向供货商发送订货单的任务；对供货商来说，则免去了向付账部发送发票的手续；而付账部的获益更多，现在它只接受来自两个信息源（采购部及物料部）的信息，核对的工作量大大减少，工作准确度也大为提高，即使发现单据不符，调查只涉及采购部和物料部，而不需要找供货商。因此，这一步改革使付账部的人员减少了 75%。

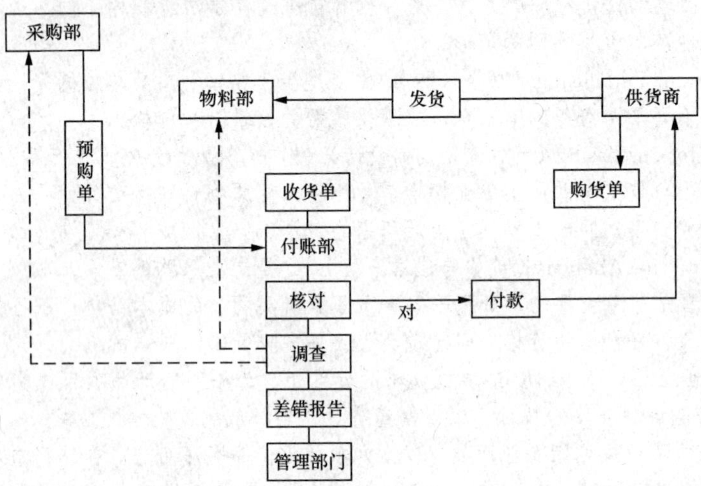

图 2-9　第一次采购业务流程再造

第二次采购业务流程再造的核心是将核对工作由付账部转到物料部，采购部同时向付账部及物料部发送预购单，如图 2-10 所示。物料部在收到货物后，立即与采购部的预购单核对，符合时就向付账部发送收货单；若不符合，就将货物退给供货商。第二次业务流程再造后付账部的工作任务只有两个：根据采购部的预购单向供货商发送购货单；根据物料部送来的收货单向供货商付款。在这种情况下，付账部的人员大大减少，只需要 20 人左右就足够了。

第三次采购业务流程再造的核心是把现代信息技术应用于采购流程，利用共用数据库代替文件的传输，以提高信息传递的速度和准确性，以及付款流程的效率和性能。福特汽车公司开始进行采购流程再造时，非常注重采用先进的信息技术，高效率地与供应商协作，以提高企业内部运作效率，最大限度地满足客户的需求。采购部将订单输入数据库，数据库向供货商下达订单，供货商交货给物料部，物料部从数据库取出订单资料，再验收所交的物品。如果验收相符，就将验收合格资料输入计算机；如果验收不相符，同时也将验收结果输入计算机，付账部从计算机资料中查询和了解采购状况，安排付款过程，如图 2-11 所示。

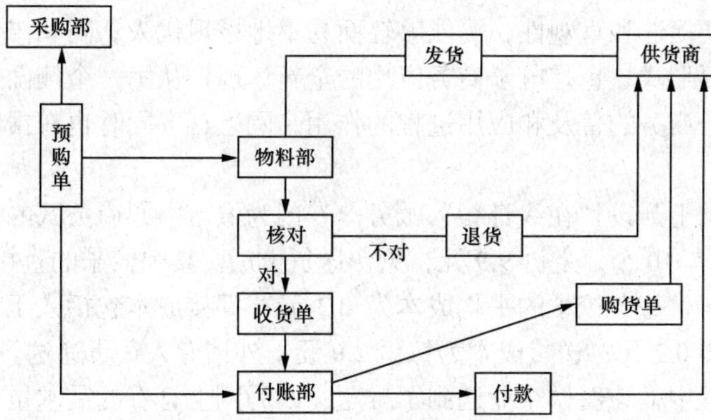

图 2-10　第二次采购业务流程再造

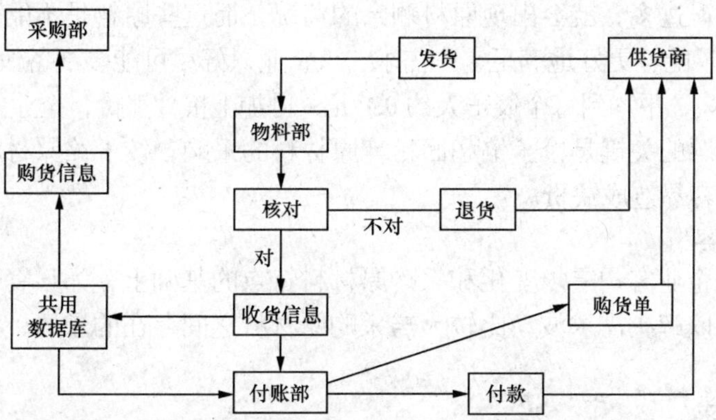

图 2-11　第三次采购业务流程再造

这一次的改造使公司的采购业务流程从量的变化发展到质的飞跃，即由统一的流程工作组来代替分立的职能部门。新的采购业务流程由于有中央数据库的支持，票据处理由计算机完成，物流部和付账部通过查询数据库中的信息开展工作。经过第三次改造，人们自然想到付账部是否还有存在的必要。实际上，购货单完全可以由采购部直接向供货商发送，付款也可以由物料部承担，这两部之间的信息处理工作可以通过共用数据库进一步结合起来，而不需要由两个独立的部门去处理，再由付账部收到发票并核对后付账。

（三）评价

在福特汽车公司新的采购业务流程中合理使用了网络技术、数据库技术，流程中只有订单，没有发票和收货文档，这使得各部门工作得以简化，付账部工作人员也大幅减少，取得了惊人的效益。

在福特汽车公司采购业务流程再造中，福特汽车公司充分运用电子商务发展带来的优势，利用福特汽车公司网站与供货商建立了紧密的合作关系，达到共同发展的目标。

【任务拓展】

一、在线订餐采购管理优化

（一）任务背景

随着互联网技术的快速发展，网络早已经成为现代人日常生活中不可或缺的部分，网上订餐由于其独有的便捷性和直观性，更能够轻而易举地被现代人认同和接受。互联网上诞生出的这种便捷的订餐形式，也是电子商务应用的全新体现；从另一个侧面来看，网上订餐还起到了帮助推进电子商务的普及和应用进程的作用，网上订餐同时也在帮助加速电子商务应用的步伐。

某餐饮企业在网上开设"在线订餐"服务，专门为城市中心商务区的白领客户提供"饺子外卖"。一份饺子有 10 个，定价 9.9 元，免费送货上门。其中饺子的直接成本包括饺子馅、饺子皮、调料和燃料，每个饺子的平均成本为 0.3 元；间接成本包括人工、水电、房租等，平均到每个饺子大约 0.2 元；送货成本为每份 2.0 元，外请专人负责递送。

在实际运作过程中，该餐饮企业遇到了难题：因为网上订餐的需求量波动比较大，如果准备不足，则会出现客户订餐却无货的情况，损失了销售机会，造成客户不满，甚至造成客户流失；如果准备得过多，就会出现原料剩余的情况，而这些原料是不能隔天使用的，剩余就意味着浪费。为了能够更好地满足客户需求，该企业只好尽可能多准备饺子馅、饺子皮等原料，结果造成了损失，平均到每个饺子大约 0.1 元，再加上粮食涨价，企业的利润越来越少。

而解决这个问题的关键是饺子馅和面粉等原材料的采购，饺子馅原材料采购多了容易造成剩余，采购少了容易造成缺货。

（二）任务内容

在分析该餐饮企业客户需求变化和采购原材料特点的基础上，为该餐饮企业设计一套采购管理优化方案，以解决需求波动比较大与采购原材料之间存在的矛盾，从而降低企业的经营成本。

（三）任务要求

本任务是一个自主学习型任务，要求学生一边学习一边自主完成，两个同学一组，时间为三天，撰写《在线订餐采购管理优化方案》，字数不限，要求方案设计合理，格式规范，条理清晰，突出新意。

二、JIT 采购方案设计

（一）任务背景

JIT 采购又称即时化采购，它是由即时化生产（Just In Time）管理思想演变而来的。它的基本思想是：将合适的产品，以合适的数量和合适的价格，在合适的时间送达到合适的地点，以便最好地满足用户需求。即时化采购和即时化生产一样，它不但能够最好地满足用户需求，而且可以极大地消除库存，最大限度地避免浪费。JIT 采购由于大大地精简了采购作业流程，因此避免了浪费，提高了工作效率。小批量采购是 JIT 采购的一个基本特征。

JIT 采购是即时化生产系统（JIT）的重要组成部分。JIT 是由日本企业首创的一种新的生产管理系统，最早使用这一系统的公司是全球知名的丰田汽车公司。JIT 系统是指企业在生产自动化、电算化的情况下，合理规划并大大简化采购、生产及销售过程，使原材料进厂到产成品出厂进入市场能够紧密衔接，尽可能减少库存，从而达到降低产品成本，全面提高产品质量、劳动生产率和综合济效益目的的一种先进生产系统。JIT 采购是 JIT 系统得以顺利运行的重要内容，是 JIT 系统循环的起点，推行 JIT 采购是实施 JIT 生产经营的必然要求和前提条件。根据 JIT 采购原理，企业只有在需要的时候才把需要的物资采购到需要的地点，这种做法使 JIT 采购成为一种节省而有效率的采购模式。

日本丰田汽车公司的大野耐一创造 JIT 生产方式是在美国参观超级市场时受超级市场的

供货方式的启发而萌生的想法。而实际上，超级市场模式本来就是一种采购供应的模式。有一个供应商、一个用户，双方形成了一个供需“节点”，需方是采购方，供应商是供方，供方按照需方的要求给需方进行即时化供货，他们之间的采购供应关系，就是一种即时化采购模式。JIT 采购的主要原理主要表现在以下几个方面。

（1）与传统采购面向库存不同，即时化采购是一种直接面向需求的采购模式，它的采购送货是直接送到需求点上。

（2）用户需要什么，就送什么，品种规格符合用户需要。

（3）用户需要什么质量的产品，就送什么质量的产品，品种质量符合用户需要，拒绝次品和废品。

（4）用户需要多少就送多少，不少送，也不多送。

（5）用户什么时候需要，就什么时候送货，不晚送，也不早送，非常准时。

（6）用户在什么地点需要，就送到什么地点。

以上几条，即 JIT 采购的原理，既很好地满足了企业对物资的需求，又使得企业的库存量最小，用户不需要设库存，只要在货架上（生产企业是在生产线边）有一点临时的存放，一天工作完（生产线是在一天工作完、生产线停止时），这些临时存放就消失了，库存完全为零，真正实现了零库存。依据 JIT 采购的原理，企业中的所有活动只有当需要的时候接受服务，才是最合算的。

（二）任务内容

基于 JIT 采购的原理，为某电商企业设计一个 JIT 采购方案，确保能够在恰当的时间、恰当的地点，以恰当的数量、恰当的价格将恰当的物品提供给恰当的部门，字数不限。

（三）任务要求

本任务是一个自主学习型任务，要求学生一边学习一边自主完成，两个同学一组，时间为三天，撰写《×××电商企业 JIT 采购方案》，字数不限，要求方案设计合理，高效实用，格式规范，条理清晰。

项目三 电子商务仓储管理

导 语

现代物流理论认为“库存是一个必要的魔鬼”，必要是因为库存太少就容易造成缺货，而库存太多则会占用大量流动资金和增加库存成本。B2C型电商企业的仓库一般存放着几万甚至几十万个SKU的商品，怎样才能确保它们不缺货而又不积压呢？

库存管理的关键是解决3个问题：订购点、订购量和库存基准，再加上合理的管理策略，电商企业的库存就能够保持在一个合理的水平。

学习目标

知识目标

- 了解储存保管的原则与要求
- 了解金属的防锈与除锈保管技术
- 了解霉变和虫害的防治方法
- 了解冷冻冷藏技术
- 了解危险品的安全储存技术
- 理解仓储的基本概念
- 掌握分区分类作业的方法
- 掌握货物规划和统一编号作业方法
- 掌握仓库温/湿度的调节方法

技能目标

- 熟悉商品入库的操作流程
- 熟悉商品出库的操作流程
- 熟悉仓库保管的原则、方式以及注意事项
- 具备运用 ABC 分析法控制库存的能力
- 具备计算经济订购批量、安全库存和订货点的能力
- 具备仓储管理信息系统的实践操作能力
- 具备 POS 管理系统的应用能力
- 具备仓配物流解决方案应用能力

【项目导入】

海尔物流创新

海尔物流的组织结构创新：海尔将原来的金字塔式组织结构改革为扁平化的组织结构，成立了物流推进本部，将原来分散在23个产品事业部的采购、原材料仓储配送、成品仓储配送的职能统一整合，成立独立运作的专业物流公司。公司下设采购事业部——负责供应商资源的管理，采购成本的降低与战略采购物资的采购、配送事业部——负责按订单将物资入库并配送至工位和储运事业部——负责将成品配送至最终用户，使采购、生产支持和物资配送实现战略一体化。

海尔物流的模式创新：海尔构建了同步化的物流模式，其基本框架是国际物流中心和"一流三网"管理。

海尔国际物流中心位于海尔开发区工业园内，由国家863计划项目海尔机器人有限公司整合国内外资源建设而成，高22米，拥有18 056个标准托盘位，其中原材料托盘位9 768个，成品托盘位8 288个，包括原材料和产成品两个自动化物流系统。物流中心采用以世界上最先进的激光导引技术开发的激光导引无人运输车系统、巷道堆垛机、机器人、穿梭车等，全部实现现代物流的自动化和智能化。

"一流三网"中的"一流"是指订单信息流，订单信息流体现了信息化。企业内部所有的信息，都必须围绕着订单流动。如果企业内部的信息不是围绕着订单来流动，那么信息化是完全没有意义的。网络化就是利用"三个网"，即全球供应链网络、全球配送网络、计算机管理网络。这"三个网"是物流的基础和支持，如果没有这"三个网"，那么物流的改造也是不可能的。"一流三网"管理则实现以下4个目标。

1. 为订单而采购，消灭库存

在海尔，仓库不再是储存物资的水库，而是一条流动的河，河中流动的是按单采购来生产必需的物资，也就是按订单来进行采购、制造等活动。新的物流体系将呆滞物资数量降低了73.8%，仓库面积减少了50%，库存资金减少了67%。

2. 双赢，赢得全球供应链网络

海尔通过整合内部资源，优化外部资源，使供应商由原来的2 336家优化至978家，国际化供应商的比例却上升了20%，建立了强大的全球供应链网络，有力地保障了海尔产品的质量和交货期。不仅如此，更有一批国际化大公司以其高科技和新技术参与到海尔产品的前端设计中，目前可以参与产品开发的供应商比例已高达32.5%。

3. 实现三个即时，即JIT采购、JIT配送和JIT分拨物流的同步流程

目前通过海尔的BBP采购平台，所有的供应商均在网上接受订单，并通过网上查询计划与库存，及时补货，实现JIT采购；货物入库后，物流部门可根据次日的生产计划利用ERP信息系统进行配料，同时根据看板管理4小时送料到工位，实现JIT配送；生产部门按照B2B、B2C订单的需求完成订单以后，满足用户个性化需求的定制产品通过海尔全球配送网络送达用户手中。目前海尔在中心城市实现8小时配送到位，区域内24小时配送到位，全国4天以内配送到位。

4. 计算机网络连接新经济速度

在企业外部，海尔CRM（客户关系管理）和BBP电子商务平台的应用架起了其与全球用

户资源网、全球供应链资源网沟通的桥梁，实现了与用户的零距离接触。目前，海尔100%的采购订单由网上下达，使采购周期由原来的平均10天降低到3天；网上支付额已达到总支付额的20%。在企业内部，计算机自动控制的各种先进物流设备不但降低了人工成本、提高了劳动效率，还直接提高了物流过程的精细化水平，达到质量零缺陷的目的。计算机管理系统搭建了海尔集团内部的信息高速公路，能将电子商务平台上获得的信息迅速转化为企业内部的信息，以信息代替库存，达到零营运资本的目的。

思考：

1. 海尔物流组织结构创新的价值体现在哪里？
2. 海尔国际物流中心在海尔物流系统中起到什么作用？
3. 海尔物流管理“一流三网”的核心是什么？为什么？

【知识准备】

一、仓储的基本概念

（一）仓库

仓库是保管、储存物品的建筑物和场所的总称。物流中的仓库功能已经从单纯的物资存储保管，发展到具备物资接收、分类、计量、包装、分拣、配送、存盘等多种功能，如图 3-1 所示。仓库根据产权性质可以分为三种：一是自建仓库，二是租赁仓库，三是公共仓库。

图 3-1　物流仓库

（二）库存

库存是指企业在生产经营过程中为销售或者耗用而储备的物品。一般来说，库存是处于储存状态的物品或商品，但广义的库存还包括处于制造加工状态和运输途中的物品。所以企业的原材料、燃料、低值易耗品、在产品、半成品、产成品等都属于库存范畴。库存的含义有两层：其一，物资所储存的位置，不是在生产线上，不是在车间里，也不是在非仓库中的任何位置，如汽车站、火车站等类型的流通结点上，而是在仓库中；其二，物资的储存状态可能由任何原因引起，而不一定是某种特殊的停滞。这些原因包括主动的各种形态的储备、被动的各种形态的超储、完全的积压。

（三）储备

储备是有目的的储存物资的行动，也是这种有目的的行动和其对象总体的称谓。物资储备的目的是保证社会再生产连续不断地、有效地进行。因此，物资储备是一种能动的储存形式，或者说，是有目的的、能动的生产领域和流通领域中物资的暂时停滞，尤其是指在生产与再生产、生产与消费之间的暂时停滞。

储备与库存的本质区别在于：第一，库存明确了储存的位置，而储备这种储存所处的地理位置远比库存广泛得多，储备的位置可能在生产及流通中的任何结点上，可能是仓库中的储备，也可能是其他形式的储备；第二，储备是有目的的、能动的、主动的行动，而库存有可能不是有目的的，有可能完全是盲目的。

（四）储存

储存是包含库存和储备在内的一种广泛的经济现象，是一切社会形态都存在的经济现象。储存不一定在仓库中，也不一定有储备的要素，而是可在任何位置，也有可能永远进入不了再生产和消费领域。但在一般情况下，储存、储备两个概念是不做区分的。

（五）仓储

仓储是指通过仓库对商品进行储存和保管。“仓”也称仓库，为存放物品的建筑物和场地，可以为房屋建筑、大型容器、洞穴或者特定的场地等，具有存放和保护物品的功能；“储”表示收存以备使用，具有收存、保管、交付使用的意思，当适用有形物品时也称储存。“仓储”则为利用仓库存放、储存未及时使用的物品的行为。简而言之，仓储就是在特定的场所储存物品的行为。

知识链接：现代仓储

FM50347Spark大数据技术与应用19.02.20

现代仓储不是传统意义上的“仓库”“仓库管理”，而是在经济全球化与供应链一体化背景下的仓储，是现代物流系统中的仓储，它表示一项活动或一个过程，在英文中对应的词是“Warehousing”。它是以满足供应链上下游的需求为目的的，在特定的有形或无形的场所，运用现代技术对物品的进出、库存、分拣、包装、配送及其信息进行有效的计划、执行和控制的物流活动。

从现代物流的角度来看，仓储有以下 5 层基本内涵。

（1）仓储首先是一项物流活动，或者说物流活动是仓储的本质属性。仓储不是生产，不是交易，而是为生产与交易服务的物流活动中的一项。这表明仓储只是物流活动之一，物流还有其他活动，仓储应该融于整个物流系统之中，应该与其他物流活动相联系、相配合。这一点与过去的“仓库管理”是有重大区别的。

（2）仓储活动或者说仓储的基本功能包括了物品的进出、库存、分拣、包装、配送及其信息处理六个方面。其中，物品的出入库与在库管理可以说是仓储的最基本活动，也是传统仓储的基本功能，只不过现代仓储的管理手段与管理水平得到了提高。物品的分拣与包装，过去也有，只不过现在更普遍、更深入、更精细，甚至已经与物品的出入库及在库管理相结合，共同构成现代仓储的基本功能。之所以将“配送”作为仓储活动的基本功能之一，是因为配送不是一般意义上的运输，而是仓储的自然延伸，是仓库发展为配送中心的内在要求，如果没有配送，仓储仍然是孤立的仓库。至于信息处理，它已经是现代经济活动的普遍现象，当然也应是仓储活动的内容之一，离开了信息处理，仓储活动也就不称之为现代仓储。

（3）仓储的目的是为了满足供应链上下游的需求。这与过去仅仅满足“客户”的需求在深度与广度方面都有重大区别。谁委托，谁提出需求，谁就是客户。客户可能是上游的生产者，可能是下游的零售业者，也可能是企业内部人员，但仓储不能仅满足直接“客户”的需求，也应满足“间接”客户，即客户的客户的需求。仓储应该融入供应链上下游之中，根据供应链的整体需求确立仓储的角色定位与服务功能。

（4）仓储的条件是特定的有形或无形的场所与现代技术。说“特定”，是因为各个企业的供应链是特定的，仓储的场所当然也是特定的。有形的场所当然就是指仓库、货场或储罐等。现代经济背景下，仓储也可以在虚拟的空间进行，也需要许多现代技术的支撑，离开了现代仓储设施设备及信息化技术，也就没有现代仓储。

（5）仓储的方法与水平体现在有效的计划、执行和控制等方面。计划、执行和控制是现代管理的基本内涵，科学、合理、精细的仓储当然离不开有效的计划、执行和控制。

（六）冷链

冷链物流泛指使冷藏冷冻类物品在生产、贮藏、运输、销售到消费前的各个环节中始终处于规定的低温环境下，以保证物品质量和性能的一项系统工程，如图 3-2 所示。它是随着科学技术的进步、制冷技术的发展而建立起来的，是以冷冻工艺学为基础、以制冷技术为手段的低温物流过程。

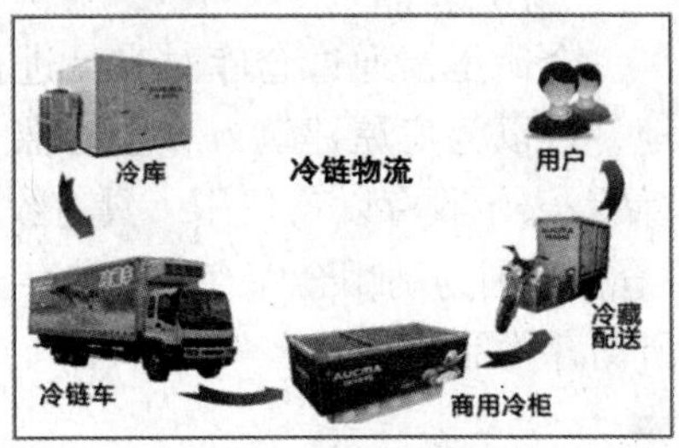

图 3-2　冷链物流

冷链物流应遵循“3T 原则”：产品最终质量取决于在冷链的储藏与流通的时间（time）、温度（temperature）和产品耐藏性（tolerance）。“3T 原则”指出了冷藏物品品质保持所允许的时间和产品温度之间存在的关系。由于冷藏物品在流通中因时间—温度的变化而引起的品质降低的累积和不可逆性，因此对不同的产品品种和不同的品质要求都有相应的产品控制和储藏时间的技术经济指标。

二、储存保管方法

物品保管是指根据仓库的实际条件，对不同的物品进行保护和保存以及对其数量、质量进行管理控制的活动。在经营过程中对物品进行保管的主要目的是通过物品的保管，产生物品的时间效用。物品的保管不仅是技术问题，还是一个综合管理问题，为此要做好人、物、温/湿度养护等方面的工作。

（一）储存保管的原则与要求

1．储存保管的原则

仓库储存保管的原则有两个：一是效率原则，仓储的生产管理的核心就是效率管理，实现以最少的劳动量投入，获得最大的产品产出；二是经济效益原则，实现利润最大化则需要做到经营收入最大化和经营成本最小化。

2．仓储管理人员的基本要求

（1）仓储管理人员必须具备以下基本素质。

① 具有丰富的商品知识储备，懂得商品的物理、化学性质和保管要求，能采取合理措施保管好商品。

② 掌握现代仓储管理的技术，能熟练应用现代仓储管理信息系统。

③ 熟悉仓储设备，能合理高效地安排使用现有的仓储设备。

④ 办事能力强，能分清轻重缓急，有条有理地处理各项事务。

⑤ 具有一定的财务管理能力，如查阅财务报表，进行经济核算，成本分析，能根据仓储经济信息进行成本管理、价格管理和决策。

⑥ 具有一般的管理素质。

（2）仓储管理人员要做到严格遵守各项操作规程和规章制度，为了保证在仓库储存保管的物品质量完好、数量准确，必须经常、定期和有针对性地对所保管的物品的数量、质量、保管条件、安全等进行检查，特别要注意检查和测试物品的仓储环境、温/湿度变化。检查中发现问题，如积水、漏雨、阳光照射、虫鼠害、潮湿发霉、高/低温、倒垛等，要及时处理。

（二）分区分类作业

1. 商品分区分类储存的概念

仓库商品的分区分类储存是指根据“四一致”原则（性能一致、养护措施一致、作业手段一致、消防方法一致），把仓库划分为若干保管区域，把储存商品划分为若干类别，以便统一规划储存和保管。

在仓库分区时，可以根据货物特性分区、分类储存，将性质相近的物品集中存放，或者根据商品的体积和重量进行分区，将单位体积大、重量大的物品存放在货架底层，并靠近作业通道，或者根据商品的周转率进行分区，将周转率高的物品存放在仓库装卸搬运最方便的位置，或者根据供应商或客户的不同进行分区，将相同供应商或客户的物品集中存放，便于分拣和配货作业。

知识链接：分区分类储存商品的作用

（1）可缩短商品拣选及收、发作业的时间。

（2）能合理使用仓容，提高仓容利用率。

（3）有利于仓库管理人员熟悉商品的性能，提高保管养护的技术水平。

（4）可合理配置和使用机械设施，有效提高机械化、自动化操作程度。

（5）有利于仓储商品的安全，减少损耗。

2. 商品分区分类储存的原则

仓库分区分类储存商品应遵循以下原则：商品的自然属性和性能应一致；商品的养护措施应一致；商品的作业手段应一致；商品的消防方法应一致。

具体做法可以将相关性高的商品放在同一个分区里，这样可以实现一次性拣货作业，减少装卸搬运的距离，使仓库完成一定任务所发生的装卸搬运量最小，速度最快。

3. 商品分区分类储存的方法

分区分类储存商品能保证商品储存的安全，减少商品耗损，有利于商品的合理堆码，便于仓库管理人员熟悉商品的性能特点，做好商品的养护工作，便于查找，有利于检查、入库和出库。由于仓库的类型、规模、经营范围、用途各不相同，各种仓储商品的性质、养护方法也迥然不同，因而分区分类储存的方法也有多种，需统筹兼顾、科学规划。

（1）按商品的种类和性质分区分类储存。按照商品的自然属性，把怕热、怕光、怕潮、怕冻、怕风等具有不同自然属性的商品分区分类储存。

（2）按商品的危险性质分区分类储存。商品的危险性质主要是指易燃、易爆、易氧化、腐蚀性、毒害性、放射性等。

（3）按商品的发运地分区分类储存。商品的储存期较短，并且吞吐量较大的中转仓库或待运仓库，可按商品的发往地区、运输方式、货主进行分区分类储存。

（三）货物规划和统一编号作业

货位编号是将库房、货场、货棚、货垛、货架按商品的具体存放位置顺序，统一编列号码，并做出明显标志，以方便仓库作业管理。它在商品储存保管作业中具有重要作用，不仅能提高收发货作业的效率，避免差错，而且有利于货物的检查、盘点、对账等作业，以保障仓库账、货相符。

1. 货位编号的要求和方法

（1）货位编号的要求有以下 4 个。

① 货位编号标志设置要适宜，如仓库标志可在库门外挂牌，多层建筑库房的走道、支道的标志一般刷在水泥或木板的地坪上。

② 标志制作要规范，可统一使用阿拉伯数字制作货位编号标志，再辅之以圆圈。

③ 编号顺序要一致，一般情况下，库房内过道和支道的编号采用进门方向左单右双或者自左而右的规则。

④ 编号时，段位间隔要恰当，其宽窄取决于储存货物批量的大小。

（2）货位编号的方法主要按以下 3 个进行。

① 库房的编号。把整个仓库的所有储存场所，依其地面位置按顺序编号，库房的号码可统一写在库房外墙上或库门上，编号要清晰醒目，易于查找，如图 3-3 和图 3-4 所示。

图 3-3 库房外墙上的编号

图 3-4 库房库门上的编号

② 库房内货位编号。根据库内业务情况，按照库内主干道、支干道分布，将其划分为若干货位，按顺序以各种简明符号与数字来编制货区、货位的号码，并标于明显处，如图 3-5 和图 3-6 所示。

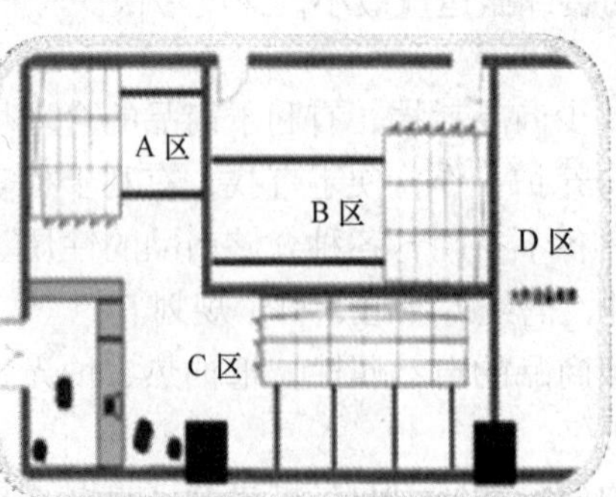

图 3-5 库房内货位符号编号

图 3-6 库房内货位数字编号

③ 货架上的货位编号。在收发零星商品及进行拼装作业的仓库内，往往有许多货架，每个货架有许多格，作为存货的货位。可先按一个仓库内的货架进行编号，然后对每个货架的货位按层、位进行编号。常采用的是“四号定位”方法，即第 1 位，表示库序号；第 2 位，表示货架号；第 3 位，表示货架层号；第 4 位，表示货位号。顺序应从上到下，从左到右，从里到外，如图 3-7 和图 3-8 所示。

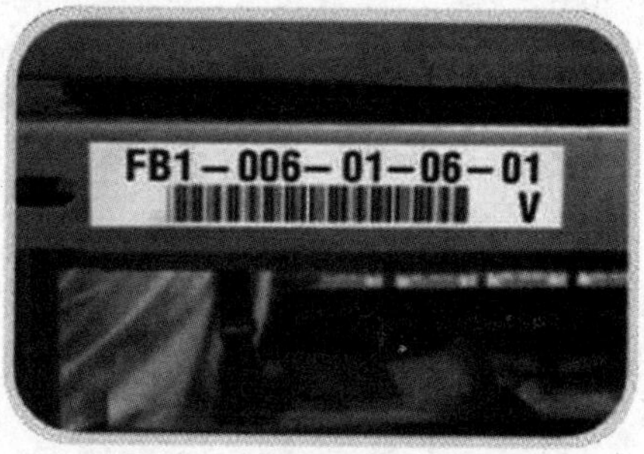

图 3-7　货架上的货位编号

图 3-8　货架上的货位编号

2. 堆码方法

常见商品堆码方法有散堆法、货架堆码法、垛堆法。

根据商品的特点选择不同的堆码方法，堆码商品常用的技术方法有重叠码（见图 3-9）、交叉码（见图 3-10）、压缝码、连环码、梅花码等。

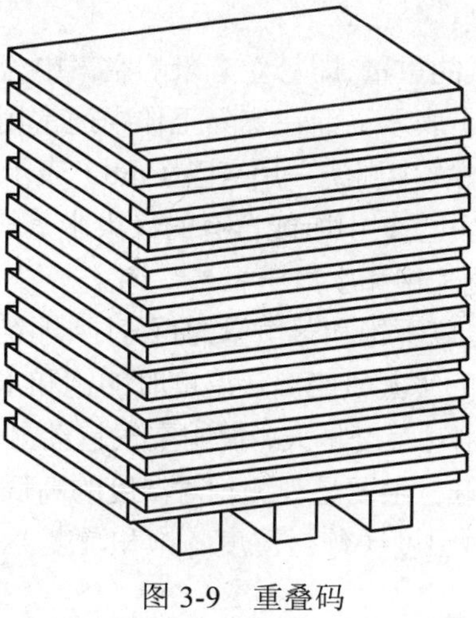

图 3-9　重叠码

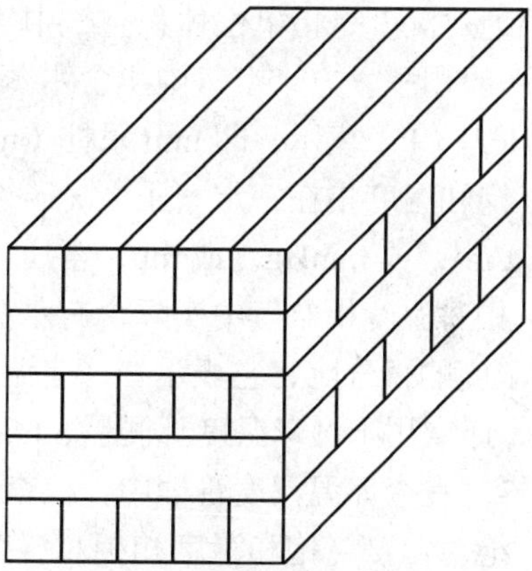

图 3-10　交叉码

商品堆码要根据商品的品种、性质、包装、体积、重量等情况，同时还要依照仓库的具体储存要求和有利于商品库内管理来确定商品的堆码形式，做到科学合理。

3. 堆码技巧

（1）商品堆码要做到货堆之间，货垛与墙、柱之间保持一定距离，留有适宜的通道，以便商品的搬运、检查和养护。要把商品保管好，“五距”很重要。五距是指顶距、灯距、墙距、柱距和堆距。

（2）顶距是指货堆的顶部与仓库屋顶平面之间的距离。留顶距主要是为了通风，平顶楼房顶距应在 50cm 以上为宜。

（3）灯距是指在仓库里的照明灯与商品之间的距离。留灯距主要是防止火灾，商品与灯的距离一般不应少于 50cm。

（4）墙距是指货垛与墙的距离。留墙距主要是防止渗水，便于通风散潮。

（5）柱距是指货垛与屋柱之间的距离。留柱距是为防止商品受潮和保护柱脚，一般留 10cm ~ 20cm。

（6）堆距是指货垛与货垛之间的距离。留堆距是为便于通风和检查商品，一般留 10cm 即可。

商品堆码必须贯彻“安全、方便、多储”的原则。

三、保管技术

（一）仓库温湿度保管

1. 温度与湿度

温度与湿度密切相关，在一定湿度下，随着温度的变化，空气中的水分可以变成水蒸气，也可以变成水滴。商品变质与仓库温/湿度往往有密切关系，特别是危险品的储存，关系到商品储存的安全，易燃液体贮藏室温度一般不许超过 28℃，爆炸品贮温不许超过 30℃。因此控制仓库的温/湿度是十分重要的。

（1）空气温度。库外露天的温度叫气温，仓库里的温度一般叫作库温，货垛商品的温度叫作垛温。气温对库温有直接影响，对垛温有间接影响，库温除受气温影响外，还受仓库建筑材料和地势及仓库周围环境的影响；垛温除受库温影响外，还受商品本身属性和堆码结构的影响。仓库温度的控制既要注意库房内外的温度，也要注意储存商品本身的温度。

（2）空气湿度。库外露天的湿度叫作空气湿度，是指空气中水蒸气含量的多少，通常以绝对湿度、饱和湿度和相对湿度来表示。

① 绝对湿度是指单位体积空气中实际所含水蒸气的重量，即每立方米的空气中含的水蒸气量，一般用一立方米空气中所含水蒸气克数（g/m^3）表示。而在实际工作中通常用空气中的水气压力（P）表示，即 mm 汞柱（mmHg）。气象工作中则统一用毫巴（mb）表示。

② 饱和湿度指在一定气压、气温条件下，单位体积空气中所能含有的最大水蒸气量。其单位为 g/m^3，或 mmHg，或 mb，常压下的数值可通过《饱和水汽压表》查询。

③ 相对湿度指空气中实际含有水蒸气量与当时温度下饱和蒸汽量的百分比，即绝对湿度与相对湿度的百分比，它表示在一定温度下，空气中的水蒸气距离该温度时的饱和水蒸气量的程度，通常用干湿球温度计测量，以百分数计算。相对湿度越大，说明空气越潮湿；反之，则越干燥。在仓库温湿度管理中，检查仓库的湿度高低，主要是观测相对湿度的高低。

④ 绝对湿度、饱和湿度和相对湿度的关系：相对湿度=(绝对湿度 ÷ 饱和湿度)×100%。

知识链接：干湿球温度计

干湿球温度计是把两支同样的温度计平行固定在一块板上，其中一支温度计的球用纱布包裹，纱布的一端浸泡在一个水盂里，利用水分蒸发时吸热的原理，两个温度计显示一定的温度差。在测得两支温度计温度的同时，可以查对“温湿对照表”，获得此时库内或大气的相对湿度值。

（3）露点。在绝对湿度和气压不变的情况下，若气温降低，空气中容纳不了原气温时所含的水蒸气量，使空气中的水蒸气达到饱和状态，此时的温度称为露点。

2. 空气温/湿度的变化对商品质量的影响

（1）商品的吸湿性，指商品吸着和放出水分的性质，它与商品养护有着密切关系。商品吸湿性的大小以及吸湿速度的快慢，都直接影响该商品含水量的增减，对商品质量的影响极大。

（2）商品的安全水分，是指吸湿性商品可以安全储存的最高含水量（也叫作临界含水量）。

（3）商品的安全相对湿度与安全温度。吸湿性商品的含水量是随着空气温湿度的变化而变化的。商品在储存中，为了保证其质量的安全，都要求空气温湿度条件与之相适应，使商品的含水量不超过临界含水量。

3. 仓库温/湿度的调节与控制

（1）仓库的密封。仓库密封就是把整库、整垛或整件商品尽可能地密封起来，减少外界不良气候条件对其影响，以达到防潮、防锈蚀、防霉、防虫、防热、防冻、防老化等综合效果。密封可用不同的介质在不同的范围内进行。

① 不同介质的密封。由于介质不同，密封可以分为大气密封、干燥空气密封、充氮密封和去氧密封等。

- 大气密封。大气密封就是将要封存的商品直接在大气中密封，其间隙中充满大气，密封后基本保持密封时的大气湿度。
- 干燥空气密封。干燥空气密封是在密封空间内充入干燥空气或放置吸湿剂，使空气干燥，防止商品受潮。干燥空气的相对湿度应在 40%～50%。
- 充氮密封。充氮密封是在密封空间内充入干燥的氮气，造成缺氧的环境，减少氧气的危害。
- 去氧密封。去氧密封是在密闭空间内放入还原剂，如亚硝酸钠，吸收空气中的氧气，造成缺氧的环境，为封存商品提供更有利的储存条件。

② 不同范围的密封。按照密封的范围不同，可分为整库密封、小室密封、货垛密封、货架密封、货箱（容器），密封、单件密封等。

- 整库密封。对储存批量大、保管周期长的仓库（如战备物资仓库、大批量进口物资仓库），可进行整库密封。整库密封主要是用密封材料密封仓库门窗和其他通风孔道。留作检查出入的库门应加装两道门，有条件的可采用密闭门。
- 小室密封。对于储存数量不大、保管周期长、要求特定保管条件的商品，可采用小室密封，即在库房内单独隔离出一个小的房间，将需要封存的商品存入小室内，然后将小室密封起来。
- 货垛密封。对于数量较少、品种单一、形状规则、需长期储存的商品，可按货垛进行密封。货垛密封所用的密封材料除应具有良好的防潮、保温性能外，还应有足够的韧性和强度。
- 货架密封。对于数量少、品种多、不经常收发、要求保管条件高的小件物品，可存入货架，然后将整个货架密封起来。
- 货箱（容器）密封。对于数量很少，需要在特殊条件下保管，且具有硬包装或容器的商品（如精密仪器仪表、化工原料等），可按原包装或容器进行密封。可封严包装箱或容器的缝隙，也可以将商品放入塑料袋，然后用热合或黏合的方法将塑料袋封口放入包装箱内。
- 单件密封。对于数量少、无包装或包装损坏、形状复杂、要求严格的精加工商品，可按单件密封。最简便且经济的方法是用塑料袋套封，也可用蜡纸、防潮纸或硬纸盒封装。

（2）通风。通风就是利用库内外空气温度不同而形成的气压差，使库内外空气形成对流，来达到调节库内温/湿度的目的。通风按目的不同，可分为通风降温和通风降湿两种。

① 通风降温。对于库存商品怕热而对大气湿度要求不严的仓库，可利用库内外的温差，选择适宜的时机进行通风，只要库外的温度低于库内，就可以通风。对于怕热又怕潮的商品，在通风降温时，除了要满足库外温度低于库内温度的条件外，还必须同时考虑库内外湿度的

情况，只有库外的绝对湿度低于库内时，才能进行通风。由于一日内日出前库外气温最低，绝对湿度也最低，所以是通风降温的有利时机。

② 通风降湿。仓库通风的目的多数情况下是为了降低库内湿度。降湿的通风时机不易掌握，必须对库内外的绝对湿度、相对湿度和温度等进行综合分析。最后通风的结果应使库内的相对湿度降低，但相对湿度是绝对湿度和温度的函数，只要绝对湿度和温度有一个因素发生变化，相对湿度就随之发生变化。如果绝对湿度和温度同时变化，情况就比较复杂了。在温度一定的情况下，绝对湿度上升，相对湿度也随着上升，若温度也同时上升，则饱和湿度上升，相对湿度又会下降，这时上升和下降的趋势有可能互相抵消。如果因温度关系引起相对温度的变化，大于因绝对湿度关系而引起的相对湿度的变化，其最终结果是相对湿度将随温度的变化而变化。

（3）吸潮。吸潮是与密封配合，用以降低库内空气湿度的一种有效方法。在梅雨季节或阴雨天，当库内湿度过高，又无适当通风时机的情况下，在密封库里常采用吸潮的办法降低库内的湿度。常采用的吸潮方法是利用吸湿剂或去湿机吸潮。

采用吸湿剂的吸潮方法是将固体吸湿剂静止放置在被吸湿的空间内，使其自然与空气接触，吸收空气中的水分，达到降低空气湿度的目的。常用的吸湿剂的特征分述如下。

① 氧化钙（CaO）：即生石灰，有很强的吸湿性，它吸收空气中的水分后，发生化学变化，生成氢氧化钙。其化学反应方程式为 ：$CaO+H_2O \rightarrow Ca(OH)_2+Q$（热量）。

但由于生石灰在储运过程中已吸收了一定量的水分，实际上每千克生石灰可吸收水分0.25kg左右，而且吸湿速度较快。另外，生石灰料源充足，价格便宜，使用方便。其缺点是在吸湿过程中放出热量，生成具有腐蚀作用的碱性物质，对库存商品有不良影响。当库存商品中有毛丝织品和皮革制品等时，不能使用。生石灰吸湿后必须及时更换，否则生成的$Ca(OH)_2$会从空气中吸收CO_2，而放出水分。

② 氯化钙（$CaCl_2$）：分为工业无水氯化钙和含有结晶水的氯化钙。前者为白色多孔无定型晶体，呈块粒状，吸湿能力很强，每千克无水氯化钙能吸收1kg ~ 1.2kg的水分；后者为白色半透明结晶体，吸湿性略差，每千克吸湿 0.7kg ~ 0.8kg。氯化钙吸湿后即溶化为液体，但经加热处理后，仍可还原为固体，继续使用。其缺点是对金属有较强的腐蚀性，吸湿后还原处理比较困难，价格较高。

③ 硅胶（$mSiO_2 \cdot nH_2O$）：又称砂胶、硅酸凝胶，分为原色硅胶和变色硅胶两种。原色硅胶为无色透明或乳白色粒状或不规则的固体，变色硅胶是原色硅胶经氯化钴和溴化铜等处理后产生的，呈蓝绿色、深蓝色、黑褐色或赭黄色。吸湿后视其颜色的变化，判断是否达到饱和状态。硅胶每千克可吸收水分 0.4kg ~ 0.5kg。吸湿后仍为固体，不溶化，无污染，也无腐蚀性，而且吸湿后处理比较容易，可反复使用。其缺点是价格高，不宜在大的空间中使用。

④ 木炭（C）：具有多孔性毛细管结构，有很强的表面吸附性能，若精制成活性炭，还可以大大提高其吸湿性能。普通木炭的吸湿能力不如上述几种吸湿剂，但因其性能稳定，吸湿后不粉化、不液化、不放热、无污染、无腐蚀性，吸湿后经干燥处理可反复使用，而且价格比较便宜，所以仍有一定的实用价值。

采用吸湿剂吸潮方法的最大特点是简便易行，不需要任何设备，也不消耗能源，一般仓库都可采用，是目前应用最广泛的除湿方法。它的缺点是吸湿比较缓慢，吸湿效果不够明显。

（二）金属的防锈与除锈

仓储商品的锈蚀一般是指金属制品的锈蚀，即金属制品的生锈和腐蚀，它是由于金属表面受到周围介质的化学作用或电化学作用而引起的破坏现象，它是一种自然现象，是仓储商品养护的主要内容之一。

1. 创造良好的储存条件

（1）认真选择储存场所。储存场所均应清洁干燥，避免与酸、碱、盐等化学品接触。

（2）保持库房和货场干燥，堆码时要防止金属物品受潮。

（3）保持库内外清洁，清除堆垛周围的杂草，不使材料受到污染或附着尘土。此外还应注意保护金属材料的防护层和包装，防止因防护层受损而生锈。

（4）认真选择储存场所，调整合适的温度和湿度。

2. 金属制品的防锈

金属制品在库期间因受到周围介质的化学作用或电化学作用而被破坏，即锈蚀。引起金属锈蚀的关键因素是水分和空气中的氧，金属锈蚀的防治方法有两种。

（1）密封法防锈蚀。

① 干燥空气封存法，也称控制相对湿度法。当空气相对湿度控制在 35%以下时，金属则不易生锈，非金属也不易发霉。

② 充氮封存法。氮气的化学性质比较稳定，在商品包装中充入干燥的氮气，隔绝了水分、氧气等腐蚀性介质，从而达到使金属不易生锈、非金属不易老化的目的。

（2）涂油防锈。涂油是一种广泛应用的防锈方法。涂油可借油层的隔离作用，使水分和大气中的氧及其他有害气体不易接触金属制品表面，从而防止其锈蚀或减缓金属锈蚀速度。

3. 金属制品的除锈

利用化学药剂除锈，这是借助于化学药剂将锈蚀层除掉的一种先进的方法。

（三）霉变和虫害的防治

1. 商品霉变的防治

（1）化学药剂防霉。防霉变最主要的方法是使用防霉腐剂。其基本原理是使微生物菌体蛋白凝固、沉淀、变性，或破坏酶系统，使酶失去活性，从而影响细胞呼吸和代谢，或改变细胞膜的通透性，使细胞破裂。

（2）气相防霉变。气相防霉变就是使用具有挥发性的防霉防腐剂，利用其挥发生成的气体，直接与霉腐微生物接触，杀死或抑制霉腐微生物的生长，以达到防霉腐的目的。有的厂家在生产中将防霉腐剂直接加到商品上，对其外观与质量没有不良影响。为了提高防霉腐的效果，一般需要在密封条件下进行，常用的气相防霉腐剂有多聚甲醛和环氧乙烷。

（3）气调防霉腐。气调防霉腐要在密封条件下进行，通过改变空气组成成分，以降低氧的浓度，造成低氧环境，来抑制霉腐微生物的生命活动与生物性商品的呼吸强度，从而达到防霉腐的效果。

（4）低温冷藏防霉腐。低温冷藏防霉腐所需的温度与时间，应以具体商品而定，一般温度越低，持续时间越长，霉腐微生物的死亡率越高。

（5）干燥防霉腐。它是通过减少仓库环境中的水分和商品本身的水分，使霉腐微生物得不到生长繁殖所需水分而达到防霉腐的目的。

其他防霉措施还包括利用紫外线、微波、红外线、辐射等进行防霉的方法。

2. 虫害的防治

（1）仓库一般虫害的防治。仓库一般虫害防治工作有以下几个方面。

① 做好环境卫生。虫害的防治工作主要应杜绝虫源，消除害虫生长繁殖的环境。为此，要做好库内外环境卫生，特别注意害虫喜欢藏匿和过冬之处，定期做好消毒工作。对易生害虫的仓库，在害虫繁殖期之前，可使用磷化铝、溴化烷、硫酸氟等进行熏蒸，在仓库内的墙角、过道、垛底、苫垫物料等处喷洒杀虫剂，如敌百虫、马拉硫磷等溶液。

② 药物防治。主要有以下 3 类药物。

- 驱避剂：如精萘、对氯化苯、樟脑精等，适用于毛、麻、丝、棉织品、皮毛、皮革制品以及竹木制品等，但不适用于橡胶、人造革、食品等。
- 熏蒸剂：如溴甲烷、磷化铝、环氧乙烷和硫磺等，可根据商品数量多少，结合仓库建筑条件，酌情采用整库密封熏蒸，帐幕密封熏蒸，小室密封熏蒸和密封箱、密封缸熏蒸等形式。
- 气调充氮或二氧化碳：通过改变空气中各成分的比重，使害虫在缺氧条件下或高浓度氮和二氧化碳的条件下难以生存和繁殖。

其他的防治方法有：利用紫外线、微波、辐射、高温、低温、缺氧以及合成激素杀虫等。例如，为了防治白蚁，可对库内的木制材料涂刷一层灭蚁药剂，效果比较理想。

（2）鼠害的防治。仓库常采用的灭鼠方法有以下几种。

① 做好库内卫生，断绝其食物来源和栖身之所。

② 库房的窗户和通风孔要安装防鼠网，库门要安装防鼠板。

③ 利用器械捕鼠。

④ 利用毒饵诱杀老鼠。

⑤ 利用化学药物使老鼠绝育。

（四）冷冻冷藏技术

1. 冷藏保管的原理

冷藏是指在保持低温的条件下储存商品的方法。由于在低温环境中，细菌等微生物的繁殖速度大大降低，生物体的新陈代谢速度降低，有机体的保鲜时间延长，因而对鱼肉食品、水果、蔬菜及其他易腐烂商品都采用冷藏的方式仓储。

2. 冷库种类

冷库可以分为两种。

（1）生产性冷库。生产性冷库是指进行冷冻品生产的冷库，是生产的配套设施。

（2）周转性冷库。周转性冷库则是维持冷货低温的流通仓库。

3. 冷库仓储管理

（1）冷库使用。冷库要保持清洁、干燥，需要经常清洁、清除残留物和结冰，库内不得出现积水。冷库在投入使用后，除非进行空仓维修保养，否则必须保持制冷状态。

（2）商品出入库。商品入库时，除了通常仓储所进行的查验、点数外，还要对送达商品的温度进行测定，查验商品内部状态，并进行详细的记录，对于已霉变的商品不接受入库。

（3）冷货作业。为了减少冷耗，商品出入库作业应选择在气温较低的时间段进行，如早晨、傍晚和夜间。

（4）冷货保管。冷库内要保持清洁干净，地面、墙、顶棚、门框上无积水、结霜、挂冰，随有随扫除，特别是在作业以后，应及时清洁。制冷设备、管线上的结霜、结冰及时清除，以提高制冷效果。

知识链接：冷库安全

1. 防止冻伤

进入库房的人员，必须保温防护，穿戴手套、工作鞋，身体裸露部位不得接触冷冻库内的物品，包括货物、排管、货架、作业工具等。

2. 防止人员缺氧窒息

由于冷库特别是冷藏库内的植物和微生物的呼吸作用使二氧化碳浓度增加或者冷媒泄漏入库内，会使得库房内氧气不足，造成人员窒息。人员在进入库房前，尤其是长期封闭的库房，需进行通风，排除可能的氧气不足。

3. 避免人员被封闭库内

库门应设专人开关，限制无关人员进库。人员入库，应在门外悬挂告示牌。作业工班需明确核查人数的责任承担人，在确定人员都出库后，才能摘除告示牌。

4. 妥善使用设备

库内作业应使用抗冷设备，且进行必要的保温防护。不使用会发生低温损害的设备和用具。

（五）危险品的安全储存技术

1. 危险品的特性

危险品是指在流通中，由于本身具有燃烧、爆炸、腐蚀、毒害及放射线等性能，或因摩擦、震动、撞击、曝晒或温/湿度等外界因素的影响，能够发生燃烧、爆炸或人畜中毒、表皮灼伤，以至危及生命、造成财产损失等危险性的商品。

化学危险商品按不同危险属性分为 10 类：爆炸性商品、氧化剂、压缩气体和液化气体、自燃商品、遇水燃烧商品、易燃商品、易燃固体、毒害性商品、腐蚀性商品、放射性商品。

2. 危险品仓库的种类及建筑要求

危险品仓库一般占地面积较大。在布局上，应区别各类商品的不同性能，以“安全第一”为原则，搞好区域规划。

3. 危险品的安全储存管理

危险品在装卸、搬运、堆码及管理、养护等方面，必须采取科学的方法，危险品仓库管理一般要求做到以下几点。

（1）商品出入库管理。

① 商品出库。提货车辆和提货人员一般不得进入存货区，由仓库搬运人员将应发商品送到货区外的发货场。柴油车及无安全装置的车辆不得进库区，提货车辆装运抵触性商品的，不得进入库区拼车装运。商品出库时包装完整，重量正确，并标有符合商品品名和危险性质的明显标记。

② 商品入库。必须防止不合格和不符合安全储存要求的商品混运进库，这是把好危险商品储存安全的第一关。商品入库要检查其包装、衬垫、封口等，符合安全储存要求，才准运入库。

（2）分区分类储存。易爆、易燃、助燃、毒害、腐蚀、放射等类商品性质各异，互相影响或抵触的，必须分区隔离储存。即使同类商品，虽其性质互不抵触，但也应视其危险性的高低和急缓程度进行分类存储。

（3）堆码苫垫。危险品应以库房储存为主，堆码不宜过高过大，货垛之间要留出足够宽的过道，墙距亦应较宽。一般堆垛高度为：液体商品以不超过 2m 为宜，固体商品以不超过 3m 为宜。

（4）安全装运。危险品必须轻装轻卸，使用不产生火花的工具（用铜制的或包铜的器具），禁止滚、摔、碰、撞、重压、振动、摩擦和倾斜。

【工作任务】

一、入库作业

工作任务要求：熟悉商品入库作业的流程，了解入库作业每个环节的工作内容，理解各个作业环节的重点和难点及注意事项，学会填写入库申请单、交接清单和入库单，能够全面、系统、清晰地描述商品入库作业的流程。

商品入库作业也叫作收货作业，它是仓储业务的开始。商品入库管理是根据商品入库申请单，对接受入库商品进行卸货、查点、验收、办理入库手续等业务活动。入库作业流程如图 3-11 所示。

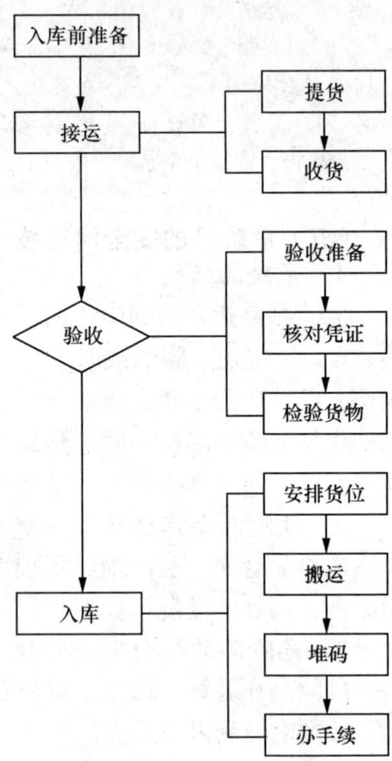

图 3-11　入库作业流程

（一）入库前准备

以成品库的入库流程为例，外购的成品或自己企业生产的成品，首先由申请人填写入库申请单。入库申请单主要由申请入库单位、入库时间、产品的品种、入库货位号、质量、数量（件数、重量）、金额、检验员签字、申请人签字、成品库库房主管签字等组成，如表 3-1 所示。

申请人持填写好的入库申请单，由检验员检验后签字，之后库房人员核实入库数量并登记，并由库房主管签字。入库申请单一式四联。第一联，存根；第二联，成品库留存；第三联，财务核算；第四联，申联人留存。入库时要严把质量关，做好各项记录，以备查用。

然后库房人员根据入库申请单安排入库成品存放的货位，以及成品入库的时间、货物验收人员和搬运堆码人员，确定各个环节所需的设备。

表 3-1　　入库申请单

申请入库单位：　　　　　　　　　　　　　　　　申请日期：

产品品种	货位号	件数	重量	金额	备注

检验员签字：　　　　　　成品库库房主管签字：　　　　　　申请人签字：

（二）商品接运

由于商品到达仓库的形式不同，除了一小部分由供货单位直接运到仓库交货外，大部分要经过铁路、公路、航运、空运等运输方式转运。凡经过交通运输部门转运的商品，都必须经过仓库接运后，才能进行入库验收。因此，商品的接运是入库业务流程的第一个作业环节，也是仓库直接与外部发生的经济联系。因此，在接运由交通运输部门（包括铁路）转运的商品时，必须认真检查，分清责任，取得必要的物证，避免将一些在运输过程中或运输前就已经损坏的商品带入仓库，造成验收中责任难分和在保管工作中的困难或损失。

知识链接：货物接运的重要性

货物接运的主要任务是及时而准确地向交通运输部门提取入库商品，要求手续清楚，责任分明，为仓库验收工作创造有利条件。由于接运工作是仓库业务活动的开始，如果接收了损坏的或错误的商品，那将直接导致商品出库装运时出现差错。商品接运是商品入库和保管的前提，接运工作完成的质量直接影响商品的验收和入库后的保管保养。做好商品接运业务管理的主要意义在于：防止把在运输过程中或运输之前已经发生的商品损害和各种差错带入仓库，减少或避免经济损失，为验收和保管、保养创造良好的条件。

商品接运的主要方式有以下 2 种。

1. 提货

供应商将商品运送到车站或码头后，接收单位专职监卸人员需会同车站或码头工作人员详细做好卸货记录。卸货前，认真核对单、表、证，检查车体，发现问题与运输部门交涉，做好记录。卸货时，检验人员按规定检验商品质量，做出质量检验通知单；检斤人员做好件数、重量记录，包括抽检和全检，并记录包装物破损情况，如有损坏商品挑出另存。卸货作业过程中，监督工人作业质量以及商品分布情况，最后汇集卸车通知单、检验单、检斤表，填写商品登记表，包括商品名称、入库时间、货主名称、货位号、质量、重量、件数、卸车人员、备注等项，并由库房主管、货主签字，并把卸车通知单、检斤单、检验单贴在商品登记表后，一同作为商品记录凭证。

商品到库后，提货员应与保管员密切配合，尽量做到提货、运输、验收、入库、堆码一条龙作业，从而缩短入库验收时间，并办理内部交接手续。

2. 仓库收货

商品到库后，仓库收货人员首先要检查商品入库凭证，然后根据入库凭证开列的收货单位和商品名称与送交的商品内容和标记进行核对，然后就可以与送货人员办理交接手续。如果在以上程序中无异常情况出现，收货人员在送货回单上盖章表示商品收讫。如发现有异常情况，必须在送货单上详细注明并由送货人员签字，或由送货人员出具差错、异常情况记录等书面材料，作为事后处理的依据。

（三）商品入库验收

凡商品进入仓库储存，必须经过检查验收，只有验收后的商品方可入库保管。商品入库验收是仓库把好“三关”（入库、保管、出库）的第一关，抓好商品入库质量关，能防止劣质商品流入流通领域，划清仓库与生产部门、运输部门以及供销部门的责任界线，也为商品在库场中的保管提供第一手资料。

1. 商品验收的基本要求

（1）及时。到库商品必须在规定的期限内完成验收入库工作。这是因为商品虽然到库，但未经过验收的商品没有入账，不算入库，不能供应给用料单位。只有及时验收，尽快提出检验报告才能保证商品尽快入库入账，满足用料单位的需求，加快商品和资金的周转。同时商品的托收承付和索赔都有一定的期限，如果验收时发现商品不合规定要求，要提出退货、换货或赔偿等请求，均应在规定的期限内提出。否则，供方或责任方不再承担责任，银行也将办理拒付手续。

（2）准确。验收应以商品入库凭证为依据，准确地查验入库商品的实际数量和质量状况，并通过书面材料准确地反映出来。做到货、账、卡相符，提高账货相符率，降低收货差错率，提高企业的经济效益。

（3）严格。仓库的各方都要严肃认真地对待商品验收工作。验收工作的好坏直接关系到国家和企业的利益，也关系到以后各项仓储业务的顺利开展。因此，仓库领导应高度重视验收工作，直接参与验收的人员要以高度负责的精神来对待这项工作，明确每批商品验收的要求和方法，并严格按照仓库验收入库的业务操作程序办事。

（4）经济。商品在验收时，多数情况下，不但需要检验设备和验收人员，而且需要装卸搬运机具和设备以及相应工种工人配合。这就要求各工种密切协作，合理组织调配人员与设备，以节省作业费用。此外，在验收工作中，要尽可能保护原包装，减少或避免破坏性试验，以提高作业的经济性。

2. 商品的验收程序

商品验收包括验收准备、核对凭证、确定验收比例、检验货物、做出验收报告及验收中发现问题的处理等程序。

（1）验收准备。验收准备是商品入库验收的第一道程序。仓库接到到货通知后，应根据商品的性质和批量提前做好验收的准备工作，包括以下内容。

① 全面了解验收商品的性能、特点和数量，根据其需求确定存放地点、垛形和保管方法。

② 准备堆码苫垫所需材料和装卸搬运机械、设备及人力，以便使验收后的商品能及时入库保管存放，减少商品停顿时间；若是危险品则需要准备防护设施。

③ 准备相应的检验工具，并做好事前检查，以便保证验收数量的准确性和质量的可靠性。

④ 收集和熟悉验收凭证及有关资料。

⑤ 进口商品或上级业务主管部门指定需要检验质量的，应通知有关检验部门会同验收。

（2）核对凭证。入库商品须具备下列凭证。

① 货主提供的入库通知单和订货合同副本，这是仓库接收商品的凭证。

② 供货单位提供的验收凭证，包括材质证明书、装箱单、磅码单、发货明细表、说明书、保修卡及合格证等。

③ 承运单位提供的运输单证，包括提货通知单和登记商品残损情况的货运记录、普通记录以及公路运输交接单等，作为向责任方进行交涉的依据。

核对凭证就是将上述凭证加以整理后全面核对。入库通知单、订货合同要与供货单位提供的所有凭证逐一核对，相符后，才可以进入下一步的实物检验；如果发现有证件不齐或不符等情况，要与存货、供货单位及承运单位和有关业务部门及时联系解决。

（3）检验商品。检验商品是仓储业务中的一个重要环节，包括检验数量、检验外观质量和检验包装三个方面的内容，即复核商品数量是否与入库凭证相符，商品质量是否符合规定的要求，商品包装能否保证在储存和运输过程中的安全。

① 数量检验。数量检验是保证商品数量准确不可缺少的措施。要求商品入库时一次检验完毕。一般在质量验收之前，由仓库保管职能机构组织进行。按商品性质和包装情况，数量检验分为三种形式，即计件法、检斤法、检尺求积法。

- 计件法。计件是按件数供货或以件数为计量单位的商品，在做数量验收时清点件数。

计件商品应全部清查件数（带有附件和成套的机电设备需清查主件、部件、零件和工具等）。固定包装的小件商品，如包装完好，打开包装对保管不利，国内商品可采用抽验法，按一定比例开箱点件验收，可抽验内包装 5% ~ 15%。其他只检查外包装，不拆包检查。贵重商品应酌情提高检验比例或全部检验。进口商品则按合同或惯例办理。

- 检斤法。检斤是对按重量供货或以重量为计量单位的商品，做数量验收时的称重。商品的重量一般有毛重、皮重、净重之分。毛重是指商品重量包括包装重量在内的实重；净重是指商品本身的重量，即毛重减去皮重。我们通常所说的商品重量多是指商品的净重。

金属材料、某些化工产品多半是检斤验收。按理论换算重量供应的商品，先要通过检尺，如金属材料中的板材、型材等。然后，按规定的换算方法换算成重量验收。对于进口商品，原则上应全部检斤，但如果订货合同规定按理论换算重量交货，则按合同规定办理。所有检斤的商品都应填写磅码单。

- 检尺求积法。检尺求积是对以体积为计量单位的商品，如木材、竹材、沙石等，先检尺，后求体积所做的数量验收。

凡是经过数量检验的商品，都应该填写磅码单。在做数量验收之前，还应根据商品来源、包装好坏或有关部门规定，确定对到库商品是采取抽验还是全验。

② 质量检验。质量检验包括外观检验、尺寸检验、机械物理性能检验和化学成分检验 4 种形式。仓库一般只作外观检验和尺寸精度检验，后两种检验如果有必要，则由仓库技术管理职能机构取样，委托专门检验机构检验。

知识链接：商品外观质量检验

外观检验是指通过人的感觉器官检查商品外观质量的检查过程。外观检验主要检查商品的自然属性是否因物理及化学反应而造成负面的改变，是否受潮、沾污、腐蚀、霉烂等；检查商品包装的牢固程度；检查商品有无损伤，如受撞击变形、破碎等。对外观检验中发现的有严重缺陷的商品，要单独存放，防止混杂，等待处理。凡经过外观检验的商品，都应该填写“检验记录单”。

外观检验的基本要求是：凡是通过人的感觉器官检验商品后，就可决定商品质量的，由仓储业务部门自行组织检验，检验后做好商品的检验记录；对于一些特殊商品，则由专门的检验部门进行化验和技术测定。验收完毕后，应尽快签返验收入库凭证，不能无故积压单据。

③ 包装检验。商品包装的好坏、干潮直接关系着商品的安全储存和运输。所以对商品的包装要进行严格验收，凡是产品合同对包装有具体规定的，要严格按规定验收，如箱板的厚度，打包的层数，纸箱、麻包的质量等。对于包装的干潮程度，一般用眼看、手摸方法进行检查验收。

（4）验收中发现问题的处理。在商品验收过程中，如果发现商品数量或质量有问题，应该严格按照有关制度进行处理。验收过程中发现的数量和质量问题可能发生在各个流通环节，可能是由于供货方或交通运输部门或收货方本身的工作造成的。按照有关规章制度对问题进行处理，有利于分清各方的责任，并促使有关责任部门吸取教训，改进今后的工作。所以对验收过程中发现的问题进行处理时应该注意以下几点。

① 在商品入库凭证未到齐之前不得正式验收。如果入库凭证不齐或不符，仓库有权拒收或暂时存放，待凭证到齐再验收入库。

② 发现商品数量或质量不符合规定，要会同有关人员当场做出详细记录，交接双方应在记录上签字。如果是交货方的问题，仓库应该拒绝接收。如果是运输部门的问题就应该提出索赔。

③ 在数量验收中，计件商品应及时验收，发现问题要按规定的手续，在规定的期限内向有关部门提出索赔要求。否则超过索赔期限，责任部门对造成的损失将不予负责。

（四）入库交接

入库商品经过点数、查验之后，可以安排卸货、入库堆码，表示仓库接受商品。在卸货、搬运、堆垛作业完毕，与送货人办理交接手续，并建立仓库台账。

1. 交接手续

交接手续是指仓库收到商品时向送货人进行的确认，表示已接受商品。办理完交接手续，意味着划分清运输、送货部门和仓库的责任。完整的交接手续包括以下流程。

（1）接受商品。仓库通过理货、查验商品，将不良商品剔出、退回或者编制残损单证等明确责任，确定收到商品的确切数量、商品表面状态良好。

（2）接受文件。接受送货人送交的商品资料、运输的货运记录、普通记录等，以及随货在运输单证上注明的相应文件，如图纸、准运证等。

（3）签署单证。仓库与送货人或承运人共同在送货人交来的送货单、交接清单上（见表 3-2）签字，各方签署后留存相应单证。

表 3-2　　交接清单

收货人	发站	发货人	品名	标记	单位	件数	重量	号车	运单号	货位	合同号
备注											

送货人：　　　　　接收人：　　　　　经办人：

2. 入库登账

商品验收入库，仓管人员填写入库单（见表 3-3），并建立详细反映商品仓储的明细账，登记商品入库、出库、结存的详细情况，用以记录库存商品动态和入出库过程。登账的主要内容有商品名称、规格、数量、件数、累计数或结存数、存货人或提货人、批次、金额，注明货位号或运输工具、接（发）货经办人。

表 3-3　　入库单

<table>
<tr><td colspan="9">入库单
作业计划单号：</td></tr>
<tr><td>库房编号</td><td colspan="2"></td><td colspan="6">正常商品　暂存商品　退换商品</td></tr>
<tr><td>客户名称</td><td colspan="3"></td><td>客户编号</td><td colspan="2"></td><td>制单时间</td><td></td></tr>
<tr><td>入库申请单号</td><td colspan="3"></td><td>应收总数</td><td colspan="2"></td><td>实收数量</td><td></td></tr>
<tr><td>产品名称</td><td>产品编号</td><td>规格</td><td>单位</td><td>应收数量</td><td>实收数量</td><td>货位号</td><td>批号</td><td>备注</td></tr>
<tr><td></td><td></td><td></td><td></td><td></td><td></td><td></td><td></td><td></td></tr>
<tr><td></td><td></td><td></td><td></td><td></td><td></td><td></td><td></td><td></td></tr>
<tr><td></td><td></td><td></td><td></td><td></td><td></td><td></td><td></td><td></td></tr>
<tr><td></td><td></td><td></td><td></td><td></td><td></td><td></td><td></td><td></td></tr>
<tr><td></td><td></td><td></td><td></td><td></td><td></td><td></td><td></td><td></td></tr>
<tr><td>保管员</td><td colspan="2"></td><td colspan="2">制单人</td><td colspan="4"></td></tr>
</table>

3. 立卡

商品入库或上架后，将商品名称、规格、数量或出入状态等内容填在料卡上，称为立卡。料卡又称货卡、货牌，插放在货架上商品下方的货架支架上或摆放在货垛正面明显位置。

二、出库作业

工作任务要求：熟悉商品出库作业的流程，了解出库作业每个环节的工作内容，理解各个作业环节的重点和难点及注意事项，学会填写出库单，能够全面、系统、清晰地描述商品出库作业的流程。

（一）出库前的准备工作

出库的首要工作是填写出库单（见表 3-4），出库单主要有以下项目：货主名称、发货日期、货品编号、货品名称、规格、单位、数量、出库方式选择、运算结算方式、收货人签字、仓管员签字等。出库单也是一式四联，第一联，存根；第二联，成品库留存；第三联，财务核算；第四联，提单，收货人留存。当提货的车到达仓库后，须出示出库单据，然后在库房人员协调下，按指定的货位、品种、数量搬运商品装到车上。

表 3-4　　出库单

货主名称：　　　　　　发货日期：

货品编号	货品名称	规格	单位	数量	收货人签收数量	备　注
出库方式选择		1. 客户自提　2. 委托发货　3. 公司送货				
收 货 地 址					收货人	电话
运费结算方式		1. 公司代垫支费　2. 货到付款				

收货人签字：　　　　仓管员签字：　　　　制单人：

然后仓库管理人员根据出库单，预先做好商品出库的各项安排，包括货位、机械设备、工具和工作人员，提高人、财、物的利用率。同时还要做好出库商品的标志、标记。

知识链接：货物出库的方式

货物出库的方式主要有三种：客户自提、委托发货、公司送货。第一种：客户自提，即客户派人或派车来仓储企业的库房提货。第二种：委托发货，对自己去提货有困难的客户而言，客户会委托仓储企业去找第三方物流公司提供送货服务。第三种：公司送货，是仓储企业派自己的货车给客户送货的一种出库方式。

（二）出库程序

出库程序包括核单拣货—复核—包装—点交—现场和档案的登账—清理等过程。出库必须遵循“先进先出，推陈储新”的原则，使仓储活动的管理实现良性循环。

不论是哪一种出库方式，都应按以下程序做好管理工作。

（1）核单拣货。如属自提商品，首先要审核提货凭证的合法性和真实性；其次核对品名、型号、规格、单价、数量、收货单位、有效期等。出库商品应附有质量证明书或副本、磅码单、装箱单等，对于机电设备、电子产品等商品，其说明书及合格证应随货同附。拣货作业时应本着“先进先出、推陈储新”的原则，易霉易坏的先出，接近失效期的先出。拣货过程中，凡计重商品，一般以入库验收时标明的重量为准，不再重新计重。需分割或拆捆的应根据情况进行。

（2）复核。为了保证出库商品不出差错，备货后应进行复核。出库的复核形式主要有专职复核、交叉复核和环环复核三种。除此之外，在发货作业的各环节上，都贯穿着复核工作。例如，理货员核对单货，守护员（门卫）凭票放行，账务员（保管会计）核对账单（票）等。这些分散的复核形式起到分头把关的作用，都十分有助于提高仓库发货业务的工作质量。复核的内容包括：品名、型号、规格、数量是否同出库单一致；配套是否齐全；技术证件是否齐全；外观质量和包装是否完好。只有加强出库的复核工作，才能防止错发、漏发和重发等事故的发生。

（3）包装。出库商品的包装必须完整、牢固，标记必须正确清楚，如有破损、潮湿、捆扎松散等不能保障运输中安全的，应加固整理，破包破箱不得出库。各类包装容器上若有水渍、油迹、污损，也均不能出库。出库商品如需托运，包装必须符合运输部门的要求，选用适宜的包装材料，其重量和尺寸便于装卸和搬运，以保证商品在途的安全。包装是仓库生产过程的一个组成部分。包装时，严禁将互相影响或性能互相抵触的商品混合包装。包装后，要写明收货单位、商品、发货号、本批总件数、发货单位等。

（4）点交。出库商品经过复核和包装后，需要托运和送货的应由仓库保管机构移交调运机构；属于用户自提的，则由保管机构按出库凭证向提货人当面交清。

（5）登账。点交后，保管员应在出库单上填写实发数、发货日期等内容，并签名。然后将出库单连同有关证件资料及时交货主，以便货主办理货款结算。

（6）现场和档案的清理。经过出库的一系列工作程序之后，实物、账目和库存档案等都发生了变化。应按下列几项工作彻底清理，使保管工作重新趋于账、物、资金相符的状态。

① 按出库单核对结存数。

② 如果该批商品全部出库，应查实损耗数量，在规定损耗范围内进行核销，超过损耗范围的查明原因，并进行处理。

③ 一批商品全部出库后，可根据该批商品入出库的情况、采用的保管方法和损耗数量，总结保管经验。

④ 清理现场，收集苫垫材料，妥善保管，以待再用。

⑤ 代运商品发出后，收货单位提出数量不符时，属于重量短少而包装完好且件数不缺的，应由仓库保管机构负责处理；属于件数短少的，应由运输机构负责处理。若发出的商品品种、规格、型号不符，由保管机构负责处理。若发出商品损坏，应根据承运人出具的证明，分别由保管及运输机构处理。

⑥ 提货单位由于任务变更或其他原因要求退货时，可经有关方同意，办理退货。退回的商品必须符合原发的数量和质量，要严格验收，重新办理入库手续。当然，未移交的商品则不必检验。

在整个出库业务商品过程中，复核和点交是两个最为关键的环节。复核是防止差错的必不可少的重要措施，而点交则是划清仓库和提货方两者责任的必要手段。

三、在库作业

工作任务要求：熟悉商品在库作业的内容，理解在库作业的重点和难点及注意事项，能够全面、系统、清晰地描述商品在库的各项作业。

商品在库作业主要有三项内容：一是堆码；二是保管；三是盘点。

（一）堆码

商品堆码是指商品的堆放形式和方法，商品的合理堆码也是贮存中一项重要的技术工作。它对维护商品质量，充分利用库房容积和提高装卸作业效率，以及对采用机械作业和保证商品安全等具有重大影响。商品堆码要遵守合理、牢固、定量、整齐、节约、先进先出等项要求。

堆码应符合安全、方便、多储的原则。堆码形式要根据商品的种类性能、数量和包装情况以及库房高度、储存季节等条件决定，不同的商品，堆码的方法也应有所不同。

1. 堆码的方法

商品堆码方法有散堆法、货架堆码法、垛堆法。根据商品的特点选择不同的堆码方法，堆码商品常用的技术方法有重叠码、交叉码、压缝码、连环码、梅花码等，如图 3-12～图 3-14 所示。

图 3-12　重叠码

图 3-13　交叉码

图 3-14　压缝码

堆码时要根据商品的品种、性质、包装、体积、重量等情况，同时还要依照仓库的具体储存要求和有利于商品库内管理来确定商品的堆码形式，做到科学合理。

2. 堆码的原则

商品堆码的主要原则有以下 5 条。

（1）尽量利用库位空间，较多采取立体储存的方式。

（2）仓库通道与堆垛之间保持适当的宽度和距离，提高商品装卸的效率。

（3）根据商品的不同收发批量、包装外形、性质和盘点方法的要求，利用不同的堆码工具，采取不同的堆码形式。其中，危险品和非危险品的堆码，性质相互抵触的商品应该区分开来，不得混淆。

（4）不要轻易地改变商品存贮的位置，大多应按照先进先出的原则。

（5）在库位不紧张的情况下，尽量避免商品堆码的覆盖和拥挤。

（二）保管

入库商品完成堆码后，即进入正常的保管阶段，期间主要的工作是对存储的商品进行养护和管理。仓库内商品的保管包括以下七项原则。

（1）面向通道进行保管。为使商品出入库方便，容易在仓库内移动，基本是将商品面向通道保管。

（2）尽可能地向高处码放，提高保管效率。有效利用库内容积，尽量向高处码放，为防止破损，保证安全，应当尽可能使用棚架等保管设备。

（3）根据出库频率选定位置。出货和进货频率高的商品应放在靠近出入口、易于作业的地方；流动性差的商品放在距离出入口稍远的地方；季节性商品则依其季节特性来选定放置的场所。

（4）同一品种在同一地方保管。为提高作业效率和保管效率，同一商品或类似商品应放在同一地方保管。员工对库内商品放置位置的熟悉程度直接影响着出入库的时间，将类似的商品放在邻近的地方也是提高效率的重要方法。

（5）根据商品重量安排保管的位置。安排放置场所时，当然要把重的商品放在下边，把轻的商品放在货架的上边。需要人工搬运的大型商品则以到腰部的高度为基准。这对于提高效率、保证安全非常重要。

（6）依据形状安排保管方法。依据商品形状来保管也是很重要的，如标准化的商品应放在托盘或货架上来保管。

（7）依据先进先出的原则。保管的一条重要原则是对于易变质、易破损、易腐败的商品，易退化、老化的商品，应尽可能按先入先出的原则加快周转。由于商品的多样化、个性化，使用寿命普遍缩短，因此掌握这一原则是十分重要的。

配送中心应首先考虑出入库的时间和效率，因而较多地着眼于拣选和搬运的方便，保管方式必须与之协调。存储中心出入库的频率较低，应该重视保管，因而首先要考虑保管方式。

除上述一些问题以外，保管还应有温/湿度管理、防尘、防臭、防虫、防鼠、防盗等问题，另外仓库的建筑还应该非常注意企业形象。

（三）盘点

盘点是指定期或临时对库存商品的实际数量进行清查、清点的作业，即为了掌握商品的流动情况（入库、在库、出库的流动状况），对仓库现有商品的实际数量与保管账上记录的数量进行核对，以便准确地掌握实际库存数量。盘点单样式表如表 3-5 所示。现在，电商企业一般使用盘点机（见图 3-15）进行快速盘点。

表 3-5　　盘点单样式表

盘点单										
盘点单号										
仓库编号						制单日期				
货品信息										
库区	储位	货品编号	货品名称	规格	单位	库存数量	实际数量	盈亏数量	损坏数量	备注
制单人						盘点人				

1. 盘点的目的

每次盘点皆需投入大量的人力、物力和时间，同时也会带来一些负面影响，但它却是一项非常重要的工作，对于电商企业来说，盘点能达到下列目的。

图 3-15　盘点机

（1）了解商店在一定阶段的亏盈状况。

（2）了解目前商品的存放位置、缺货状况。

（3）了解商店的存货水平、积压商品的状况及商品的周转状况。

（4）发掘并清除滞销品、临近过期商品，整理库房环境，清除死角。

（5）根据盘点情况，可加强管理、防微杜渐，同时遏止不轨行为。

2. 盘点方式

盘点工作在电商企业里随处可见，因为货账合一是电商企业进行管理工作的最基本条件。依照进行的目的及方式不同，它被分为以下几种。

（1）抽样盘点：由审查单位或其他管理单位所发起的突击性质的盘点，目的是对仓储管理单位是否落实管理工作进行审核。抽样盘点可针对仓库、料件属性、仓库管理员等不同方面进行。

（2）临时盘点：因为特定目的对特定商品进行的盘点等。

（3）年终（中）盘点：定期举行大规模、全面性的盘点工作，根据相关的规定，一般企业每年年终应该实施全面的盘点，有的上市公司在年中还要实施一次全面的盘点。

（4）循环盘点：采用信息化管理的企业，为了确保货账随时一致，将商品依照重要性区分成不同等级后赋予不同循环盘点码，再运用信息工具进行周期性的循环盘点。

3. 盘点的结果

在进行财产清查时，一般有以下 3 种结果。

（1）账实相符，不需要调账。

（2）账面记录数大于实际拥有数，此为盘亏（如账面记录 300 实际只有 280）。

（3）账面记录数小于实际拥有数，此为盘盈（如账面记录 300 实际却有 320）。

那么无论是盘亏还是盘盈，都要依据实际拥有数来调整账面记录数。最终目的是达到账实相符。

（四）在库作业管理应注意的问题

在库作业管理应注意的问题有以下几个。

（1）库存商品要进行定位管理，其含义与商品配置图表的设计相似，即将不同的商品按分类、分区管理的原则来存放，并用货架放置。仓库内至少要分为 3 个区域：第一，大量存储区，即以整箱或栈板方式储存；第二，小量存储区，即将拆零商品放置在陈列架上；第三，退货区，即将准备退换的商品放置在专门的货架上。

（2）区位确定后应制作一张配置图，贴在仓库入口处，以便于存取。小量储存区应尽量固定位置，整箱储存区则可弹性运用。若储存空间太小或属冷冻（藏）库，也可以不固定位置而弹性运用。

（3）储存商品不可直接与地面接触。一是为了避免潮湿；二是由于生鲜保存的规定；三是为了堆放整齐。

（4）要注意仓储区的温/湿度，保持通风良好，干燥、不潮湿；应设有防水、防火、防盗等设施，以保证商品安全。

（5）商品储存货架应设置存货卡，商品进出要注意先进先出的原则。也可采取色彩管理法，如每周或每月使用不同颜色的标签，以明显识别进货的日期。

四、ABC 库存分类管理

工作任务要求：在了解库存作用及相关概念的基础上，掌握 ABC 库存控制原理和方法，运用 ABC 库存控制方法对电商企业的商品库存进行分类，并能根据 ABC 分类对不同的商品采用不同的库存管理策略。

（一）库存的作用

库存具有整合供给和需求、维持各项活动顺畅进行的功能。具体来讲库存的作用主要包括以下几部分。

1. 维持销售产品的稳定

销售预测型企业对最终销售产品必须保持一定数量的库存，其目的是应付市场的销售变化。这种方式下，企业预先并不知道市场真正需要什么，只是按对市场需求的预测进行生产，因而产生一定数量的库存是必然的。但随着供应链管理的形成，这种库存也在减少或消失。

2. 维持生产的稳定

企业按销售订单与销售预测安排生产计划，并制订采购计划，下达采购订单。由于采购的物品需要一定的提前期，这个提前期是根据统计数据或者是在供应商生产稳定的前提下制订的，但这样制订时间存在一定的风险，有可能会拖后而延迟交货，最终影响企业的正常生产，造成生产的不稳定。为了防止短缺或防止生产过程中断，企业会增加材料的库存量。

3. 平衡企业物流

企业在采购材料、生产用料、在制品及销售物品的物流环节中，库存起着重要的平衡作用。采购的材料会根据库存能力（资金占用等）协调来料收货入库。同时对生产部门的领料应考虑库存能力、生产线物流情况（场地、人力等）平衡物料发放，并协调在制品的库存管理。另外，对销售产品的物品库存也要视情况进行协调（各个分支仓库的调度与出货速度等）。

4. 平衡流通资金的占用

库存的材料、在制品及成品占用企业流通资金的主要部分，因而对库存量的控制实际上也是进行流通资金的平衡。例如，加大订货批量会降低企业的订货费用，保持一定量的在制品库存与材料会减少生产交换次数，提高工作效率，但这两方面需要寻找最佳控制点。

5. 储备功能

在价格下降时大量储存，减少损失，以应灾害等不时之需。

但库存的存在也有弊端，主要表现在以下几个方面。

（1）占用企业大量资金。

（2）增加了企业的产品成本与管理成本。库存材料的成本增加直接增加了产品成本，而相关库存设备、管理人员的增加也加大了企业的管理成本。

（3）掩盖了企业众多管理问题，如计划不周、采购不力、生产不均衡、产品质量不稳定及市场销售不力。

（二）库存的分类

1. 按库存在企业中的用途分类

（1）原材料库存。企业生产所需的原材料形成的库存，是用于支持企业内制造和加工过程的库存。

（2）在制品库存。原材料经过初步加工，但尚未完全完工，还需要进一步加工的中间产品和正在加工中的产品的库存。

（3）维修库存。企业的机器与设备在维修、维护过程中而存储的配件、零件和材料所形成的库存。

（4）产成品库存。已经制造完成并等待装运，可以对外销售的产成品的库存。

（5）包装物和低值易耗品库存。企业为了包装本企业产品而储备的各种包装容器和由于价值低、易损耗等原因而不能作为固定资产的各种劳动资料所形成的库存。

2. 按库存在企业经营中的作用分类

（1）周转库存。它是指生产企业或流通企业为生产或流通周转而进行的不断流转的储备，主要是用来缓冲采购和生产不一致、采购与投产不一致、上下加工环节不一致而形成的矛盾，用来满足确定条件下的需求，其生成的前提是企业能够正确地预测需求和补货时间。

（2）安全库存。它是指为了应付需求、生产周期或供应周期等可能发生的不测变化而设置的一定数量的库存。安全库存在零售业总库存中所占的比重高达 1/3 左右。

（3）调节库存。它是指用于调节需求或供应的不均衡、生产速度与供应速度不均衡、各个生产阶段的产出不均衡而设置的库存。

（4）在途库存。它是指企业已经取得商品的所有权，但尚处于运输、检验、待运过程中的商品。在没有到达目的地之前，可以将在途库存看作是周期库存的一部分。需要注意的是，在进行库存持有成本的计算时，应将在途库存看作是运输出发地的库存。因为在途的物品还不能使用、销售或随时发货。

（5）季节性库存。它是指为了调节商品的生产与销售在季节上的差异而建立的库存。这种库存只有在特定的季节出现，目的在于保证稳定的劳动力和稳定的生产运转。

（6）投资库存。投资库存是指不是为了满足目前的需求，而是出于其他原因，如由于价格上涨、物料短缺或是为了预防罢工等囤积的库存。

（7）闲置库存。它是指某些具体的时间内不存在需求的库存。

此外，企业中有的物品长期积压，这类物品的库存被称为积压库存。积压库存对企业是有害的，仓库管理中要尽量避免。

（三）库存成本的构成

不同类型库存的成本构成也不同，一般可以分为以下几个主要部分。

（1）购买成本与进货成本。购买成本是指某项物品的购入成本，包括单位购入价格或单位生产成本；进货成本是指进货途中所产生的全部费用，即运杂费，如运费、包装费、装卸搬运费、租赁费、货损货差等。

（2）订购成本。它是指向外部的供应商发出采购订单的成本（订货手续费、通信费、招待费等）或指内部的生产准备成本。这项成本通常和订购或生产准备次数有关，而和订货量和生产量无直接关系。

（3）储存成本。通常也叫持有成本，由多方面组成，主要包括资本成本、税金、保险、搬运、储藏、保管、损耗、陈旧和变质等项费用。这项成本与储存保管物资数量的多少和保管时间的长短有关。

（4）缺货成本。又称亏空成本，是由于外部和内部中断供应所产生的。当组织外的用户得不到全部订货时，叫作外部短缺；而当组织内部某一个班组或一个部门得不到全部订货时，叫作内部短缺。外部短缺将导致延期交货、当前利润损失（潜在销售量的损失）和未来利润损失（商誉受损）。内部短缺可能导致生产损失（人员和机器的闲置）和完工日期的延迟。

（四）ABC 库存控制方法

无论对于制造业还是流通业，原则上经常保持一定的库存是非常必要的，但库存的种类与数目往往纷繁芜杂，给管理带来了很大的困难。库存控制的无效不仅会带来缺货率高、补货不及时、成本增加、资金积压、库存周转不灵等后果，严重的甚至会导致企业破产。解决问题的关键就是采取一种有效的方法，抓住库存控制的重点，使库存成为企业获取利润的宝库。而这种有效的方法就是 ABC 分类法。

1. ABC 分析的来源

ABC 分析是从 ABC 曲线转化而来的一种管理方法。ABC 曲线又称帕累托（Pareto）曲线。意大利经济学家帕累托（Pareto）在 1879 年研究人口与收入的关系问题时，经过对一些统计资料的分析提出了一个关于收入分配的法则：社会财富的 80%是掌握在 20%的人手中，而余下 80%的人只占有 20%的财富。这种由少数人拥有最重要的事物而多数人拥有少量重要事物的理论，已扩大并包含许多的情况，并称为 Pareto 原则（Pareto Principle），即所谓“关键的少数和次要的多数”的哲理，也就是我们平时所提到的 80/20 法则。如果将此情况通过以横坐标为人口比例、纵坐标为收入比例的曲线加以描述，就得到图 3-16 所示的帕累托曲线。

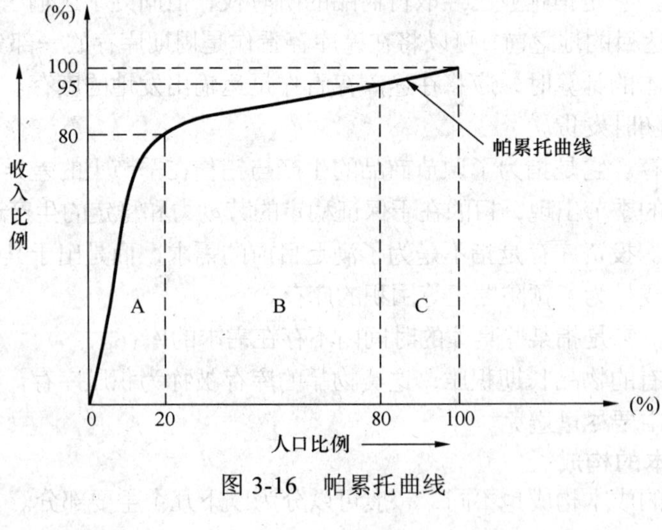

图 3-16　帕累托曲线

2. 库存管理 ABC 分类法

库存管理 ABC 分类法的要点是把企业的商品按其金额大小划分为 A、B、C 3 类，然后根据重要性分别对待。

（1）A 类商品是指品种少、实物量少而价值高的物资，其成本金额约占 70%，而实物量约占 20%。

（2）C 类商品是指品种多、实物量多而价值低的物资，其成本金额约占 10%，而实物量约占 50%。

（3）B 类商品介于 A 类、C 类商品之间，其成本金额约占 20%，而实物量约占 30%。

当企业存货品种繁多、单价高低悬殊、存量多寡不一时，使用 ABC 分类法可以分清主次、抓住重点、区别对待，使存货控制更方便有效。对 A 类商品特别注意，加以慎重处理；对 B 类也比较注重地加以处理；而对 C 类仅予以一般处理。这样，既保证了重点，掌握了影响经济活动的关键方面，又可以节省人力、物力、财力，因而能够收到事半功倍的效果。

3. ABC 分类法的应用

某电商企业现有库存商品品种数 5 123 个，某年全年商品销售总额 12 532 万元，按年度商品销售金额排列，如表 3-6 所示。

表 3-6　　某电商企业商品销售金额统计表

类别	年消耗额	品种数（种）	品种百分比（%）	销售额（万元）	销售额占例（%）
A 类	10≤x	215	4.2	3 225	25.7
	8≤x＜10	101	2	2 844	22.7
	6≤x＜8	232	4.5	1 624	13
	3≤x＜5	418	8.2	1 592	12.7
B 类	2≤x＜3	693	13.5	1 479	11.8
	1≤x＜2	829	16.2	978	7.8
C 类	x＜1	2 635	51.4	790	6.3
	总计	5 123	100	12 532	100

将 5 123 种库存物资按照 ABC 进行归类，结果如下。

A 类商品：共 966 种，品种数占比 18.9%，总销售额 9 285 万元，销售额占比 74.1%。

B 类商品：共 1 522 种，品种数占比 29.7%，总销售额 2 457 万元，销售额占比 19.6%。

C 类商品：共 2 635 种，品种数占比 51.4%，总销售额 790 万元，销售额占比 6.3%。

4. ABC 库存的管理方法

（1）A 类商品特征及相关策略：①对每件商品进行编号；②努力精确地预测需求量；③少量频繁地采购，减少平均库存量；④与下游经销商或零售商合作，利用会员制、促销等手段使出货量平均分配，降低需求变动，减少安全库存；⑤与上游供应商合作缩短前置时间；⑥采用定期订货方式，对其存货必须做定期检查；⑦严格执行盘点，每天或每周定期盘点，以提高库存精确度；⑧对交货期限须加强控制，对发货和收货设置严格标准；⑨商品放置于出入口附近；⑩实施商品包装标准化；⑪采购须经高层主管核准。

（2）B 类商品特征及相关策略：①采用定量订货方式，但对前置时间较长，或需求量有季节性变动趋势的商品宜采用定期订货方式；②每 2 ~ 3 周盘点一次；③中量采购；④采购须经中级主管核准。

（3）C 类商品特征及相关策略：①采用复仓制或定量订货方式，节省手续；②大量采购，以在进货价格上获得优惠；③简化库存管理手段，以最简单的方式管理；④每月盘点一次即可；⑤采购仅需基层主管核准。

五、最佳订货量计算

工作任务要求：理解经济订购批量的原理，掌握电商企业最佳订货量的计算方法，完成最佳订货量计算题。

企业为了生产产品，需向供应商订购所需要原料，应该使用什么标准来确定订购的数量呢？订购怎样的批量才能够获得最佳的投资效益呢？

雷蒙德·费尔菲尔德于 1931 年写了一本《论经济订购批量》的书，该书提出了 150 条以上的算式，以解决不同情况下的订购批量问题。

（一）经济订购批量的原理

经济订购批量（Economic Order Quality, EOQ）是存货维持与订货处理相结合以使成本降至最低的补给订货批量。这种批量的确定，是假设全年的需求和成本相对较稳定。既然 EOQ 是根据单一的产品进行计算的，那么，利用这些基本公式时可不考虑产品联合订货的影响。计算经济订货批量最有效的方法是数学方法。经济订货批量的计算原理可用图 3-17 来表示。

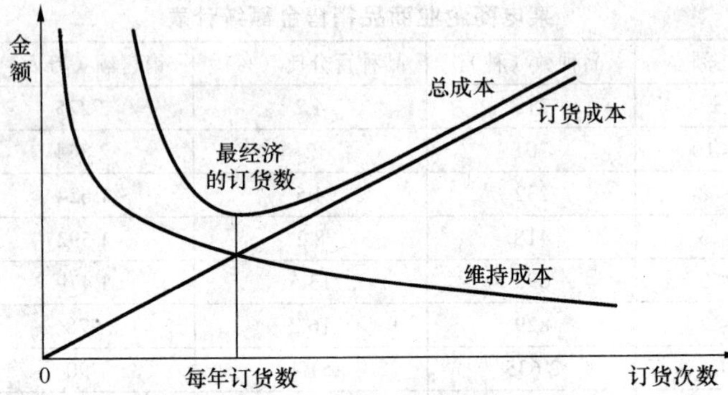

图 3-17　经济订货批量原理

（二）经济订购批量计算

1. 前提条件

不考虑缺货成本。

2. 计算逻辑

每次订购的数量越大，订货的成本越少，储存费用增加，相反也成立，所以需采用费用权衡法来确定经济定购批量。

3. EOQ 的假设条件

（1）需求量已知且稳定不变，库存量随时间均匀减少。

（2）库存补充瞬间完成。

（3）产品的单位价格为常数。

（4）储存费用以平均库存为基础计算。

（5）每次订货成本为常数。

（6）对产品的任何需求都能及时满足。

4. EOQ 公式

（1）年储存成本等于库存平均储存量与单位年储存成本的乘积，平均库存是单位订货批量 Q 的一半，设单位产品的存储价值为 V，存储费率为 I(%)，则每单位产品的年储存成本为 IV，所以有：

$$年储存成本 = (Q \div 2) \times IV$$

（2）订货批量增大，年订货成本就会下降，一般情况下，年订货次数等于 $D \div Q$，这里 D 为年总需求。订货成本不像储存成本，它对订货批量反应比较迟钝：无论订货批量是多少，特定活动都得照样进行，如确定需求量、定期评价供应源、准备发货单等。因此，订货成本一般是固定的，而年订货成本是年订货次数与每批订货成本（S）的乘积，为：

$$年订货成本 = (D \div Q) \times S$$

（3）年总成本由库存的年储存成本和年订货成本两部分组成，若每次订货 Q 单位，则有：

$$年总库存成本 = 年订货成本 + 年储存成本$$

即：

$$TC = (D \div Q) \times S + (Q \div 2) \times IV$$

其中，年总库存成本为 TC，年物资需求总量为 D，每次的订货批量为 Q，一次订货的成本为 S。

对公式求导，可得经济定购批量，即 TC 为最小值时：

$$Q_{\text{EOQ}} = \sqrt{\frac{2DS}{VI}}$$

年最佳订货次数 $N = D \div Q$

订货时间间隔 $t = 365 \div N$

与订货相关的年存货总成本为 $TC = \sqrt{2DSVI}$

（三）经济订购批量应用

【示例】某直销型电商企业对某原材料的年需求量为 8 000t，每次订货费用 2 000 元，每吨 100 元，存储费率为 8%。求经济定购批量、年订货次数和订货时间间隔及与订货相关的年总库存成本。

解：

$$Q = \sqrt{\frac{2DS}{VI}} = 2\ 000\text{t}$$

$$N = D \div Q = 4（次）$$

$$t = 365 \div 4 = 91（天）$$

$$TC = \sqrt{2DSVI} = 16\ 000（元）$$

习题 1：某电商企业年销售某种商品 40 000 箱，每箱商品的年储存费用为 4 元。每次进货费用 200 元，求平均储存量。

习题 2：假设某直销型电商企业年需物资 1 200 吨，单价 1 000 元/吨，年保管费率为 20%，每次订货成本为 300 元。求与订货相关的年总库存成本。

六、安全库存计算

工作任务要求：理解电商企业设置安全库存的目的与作用，掌握安全库存的计算方法，按照题目完成安全库存的计算。

安全库存（Safety Stock，SS）也称安全存储量，又称保险库存，是指为了防止不确定性因素（如大量突发性订货、交货期突然被延迟、临时用量增加、交货误期等特殊原因）而预计的保险储备量（缓冲库存）。安全库存用于满足提前期需求。

安全库存的确定是建立在数理统计理论基础上的，如图 3-18 所示。首先，假设库存的变动是围绕着平均消费速度发生变化的，大于平均需求量和小于平均需求量的可能性各占一半，缺货概率为 50%。

安全库存越多，电商企业出现缺货的可能性越低；但安全库存太多，会导致剩余库存的出现。应根据不同物品的用途以及客户的要求，将缺货保持在适当的水平上，允许一定程度的缺货现象存在。安全库存的量化结果可根据客户需求量固定、需求量变化、提前期固定、提前期发生变化等情况，利用正态分布图、标准差、服务水平等来求得。

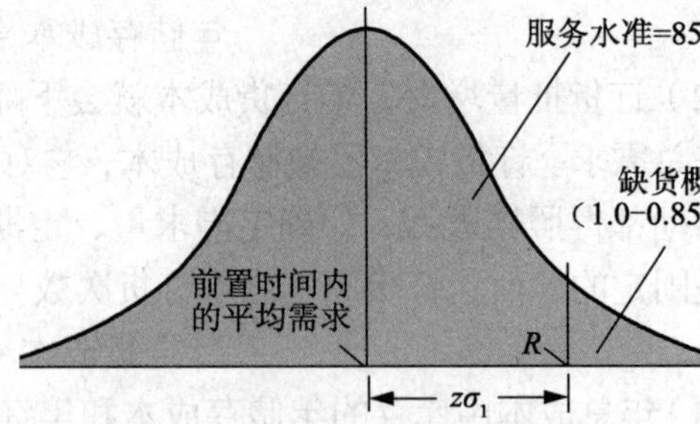

图 3-18　安全库存

（一）服务水平的计算

客户服务水平是指企业库存满足客户需求的程度，按照客户订货满足的次数与总订货次数之比来计算，计算公式为：

服务水平 =1−（年缺货次数 ÷ 年订货次数）× 100%

（二）安全库存计算公式一

假设客户的需求是变化的，提前期（客户发出订单到供应商把商品送达企业仓库的时间周期）为固定常数，则安全库存的计算公式为：

$$SS = Z \times \sigma_d \times \sqrt{L}$$

其中，SS 表示安全库存；Z 为一定客户服务水平下需求变化的安全系数，可以通过查询"标准正态分布函数数值表"获得；σ_d 为提前期内客户需求的标准差；L 为提前期的长短。

习题：假设某电商企业销售的一款电子产品平均日需求量为 10 个，并且该电子产品的需求服从标准差为 2 个/天的正态分布，如果提前期为 6 天，求满足 95%的客户服务水平的安全库存量。

已知客户服务水平和安全系数 Z 之间的关系为：

客服水平（%）：	90.3	94.5	96.0	98.9	99.5
Z 值的大小：	1.3	1.6	1.75	2.3	2.6

（三）安全库存计算公式二

假设客户的需求为固定常数，提前期是变化的，则安全库存的计算公式为：

$$SS = Z \times d \times \sigma_L$$

其中，Z 为一定客户服务水平条件下的安全系数；d 为提前期内的日需求量；σ_L 为提前期的标准差。

习题：假设某 B2B 型电商企业向一家网上零售企业每日定量供应一款电子设备，数量为 10 个，如果提前期平均值为 6 天，且提前期服从标准差为 2 个/天的正态分布，求满足 95%的客户服务水平的安全库存量。

已知客户服务水平和安全系数 Z 之间的关系为：

客服水平（%）：	90.3	94.5	96.0	98.9	99.5
Z 值的大小：	1.3	1.6	1.75	2.3	2.6

（四）安全库存计算公式三

假设客户需求情况和订货的提前期都是随机变化的，则安全库存的计算公式为：

$$SS = Z \times \sqrt{\sigma_d^2 \times \overline{L} + \overline{d}^2 \times \sigma_L^2}$$

其中，Z 为一定客户服务水平条件下的安全系数；σ_L 为提前期的标准差；σ_d 为提前期内客户需求的标准差；$\overline{d}$ 为提前期内的日平均需求量；$\overline{L}$ 为平均提前期。

习题：假设某电商企业销售的一款电子产品平均日需求量为 10 个，并且该电子产品的需求服从标准差为 2 个/天的正态分布，如果提前期平均值为 6 天，且提前期服从标准差为 2 个/天的正态分布，求满足 95%的客户服务水平的安全库存量。

已知客户服务水平和安全系数 Z 之间的关系为：

客服水平（%）：	90.3	94.5	96.0	98.9	99.5
Z 值的大小：	1.3	1.6	1.75	2.3	2.6

七、订货点计算

工作任务要求：理解订货点的概念，掌握电商企业确定订货点的方法，按照题目完成订货点的计算。

某种商品的库存量由于销售的原因而逐渐减少，当库存量减少到某一预先设定的点时，电商企业即开始发出订货单（采购单）来补充库存，直至库存量减少到安全库存时，发出的订单所定购的物料（产品）刚好到达仓库，补充前一时期的消耗，此一订货的数值点，即为订货点，订货点又称再订货点。

（一）订货点计算公式一

在客户需求量和提前期都确定的情况下，订货点的计算公式为：

$$R = d \times L$$

其中，订货点为 R，日需求量为 d，提前期为 L。

习题：假设某电商企业配送中心的某种商品的日需求量为 100 件，从订货到入库的时间间隔为 9 天，求订货点。

（二）订货点计算公式二

在客户需求量和提前期都不确定的情况下，订货点的计算公式为：

$$R = \overline{d} \times \overline{L} + SS$$

其中，订货点为 R，$\overline{d}$ 为日平均需求量，$\overline{L}$ 为平均提前期，SS 为安全库存。

习题：已知一电商企业某商品的平均日需求量为 50 件，平均提前期为 9 天，安全库存为 100，求再订货点。

【实践应用】

络捷斯特（LOGIS）仓储管理系统的应用

实践内容：在络捷斯特的 WMS 中完成仓储管理操作，包括仓库管理人员、设备、机构的设置，以及客户管理、合约管理和业务管理。

应用步骤：①登录络捷斯特的 WMS；②WMS 设置，包括组织结构、人员权限、设备等；

③开展客户管理；④开展合约管理；⑤开展仓储业务管理。

仓储管理系统选择的是北京络捷斯特科技发展有限公司的 Logis-Warehouse® For Windows 教学标准版。通过实践教学，首先要使得学生熟悉仓储管理系统，并在指导老师的演示下，在仓储管理系统软件上模拟练习，从而使学生能够熟练掌握仓储管理信息系统的操作方法，掌握商品的出入库、移库盘点等基本作业的操作方法，以及相应的库房管理、客户管理、财务管理方法。

（一）主要内容

（1）了解物流企业的组织结构、人员权限、设备组成及基本操作。

（2）了解不同方式入库操作的具体流程及实际操作。

（3）移库、盘点操作的具体流程。

（4）库存商品查询及财务管理等流程和操作。

（5）撰写仓储管理系统应用的实践报告。

（二）操作步骤

1. 登录 Logis-Warehouse 仓库管理系统

用户第一次运行 Logis-Warehouse 时可用系统管理员“admin”的身份登录，默认密码是“1”，如图 3-19 所示。

本系统主界面的左边按照不同的功能模块划分成不同的功能组，右边根据左边选项的不同而变化。主界面右边的操作是通过单击鼠标右键弹出菜单来完成的，如图 3-20 所示。

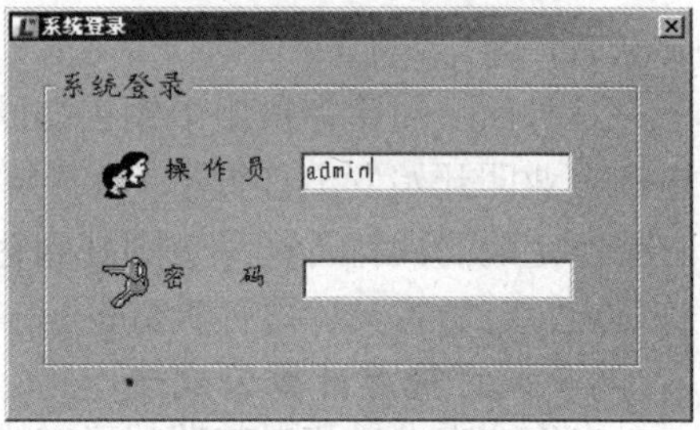

图 3-19 系统登录界面

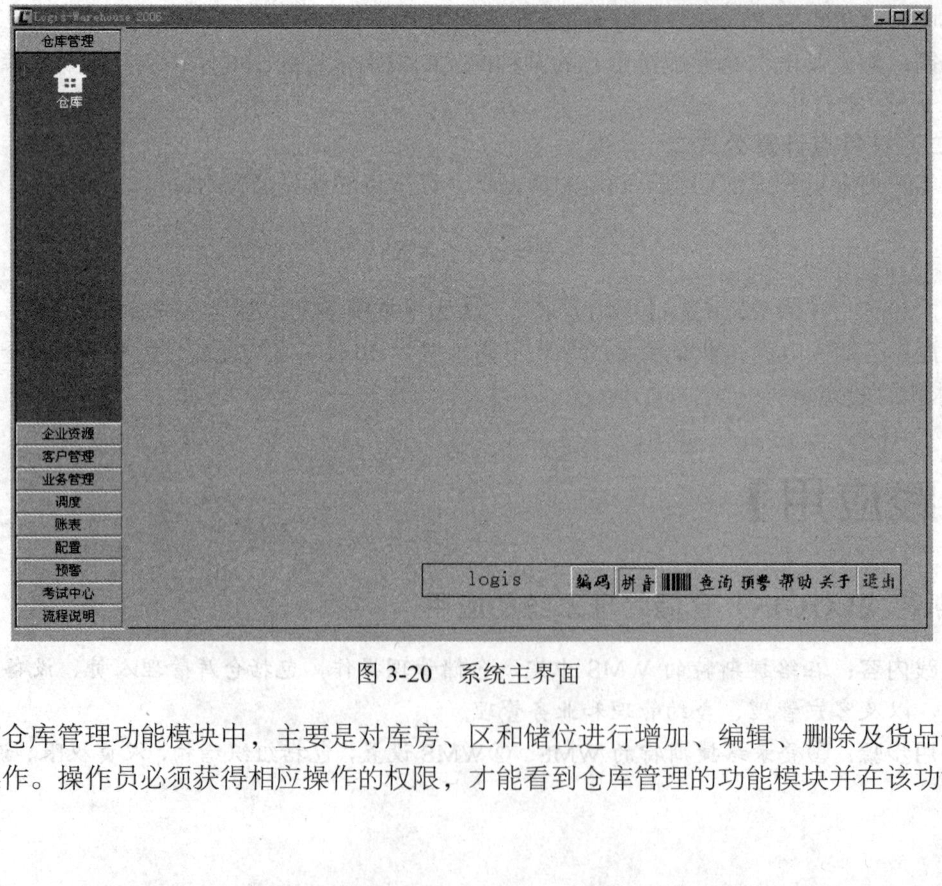

图 3-20 系统主界面

在仓库管理功能模块中，主要是对库房、区和储位进行增加、编辑、删除及货品信息查询等操作。操作员必须获得相应操作的权限，才能看到仓库管理的功能模块并在该功能模块中进行库房、区和储位等的增加、编辑和删除等工作。

2. 仓库人员管理

单击企业资源左边功能栏中的“人员管理”图标，在右侧空白区域便列出登录人员所在部门内的所有人员。在空白处单击鼠标右键，选择弹出菜单中的“增加人员”选项（见图 3-21）。

图 3-21 单击 “增加人员”选项

然后进入人员信息录入界面（见图 3-22），该界面有 4 个选项卡：一是人员信息；二是工种信息；三是操作客户；四是权限。在人员信息选项卡中建立新员工的个人信息档案，并设定该员工的登录密码及所属部门。

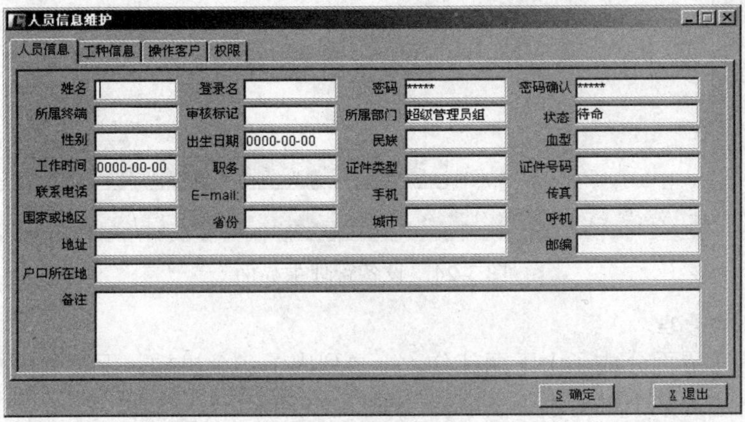

图 3-22 人员信息录入界面

权限：权限标签页面中左边是上述所增加的人员没有的、可以分配给该人员的权限，右边是该人员已有的权限，如图 3-23 所示。单击选择“可获得权限”中某一权限名称，使其高亮显示，单击“>>”按钮或双击该权限，便可将该权限加入到“已有权限”中。用同样的方式也可将该人员已有权限从“已有权限”列表中去除。

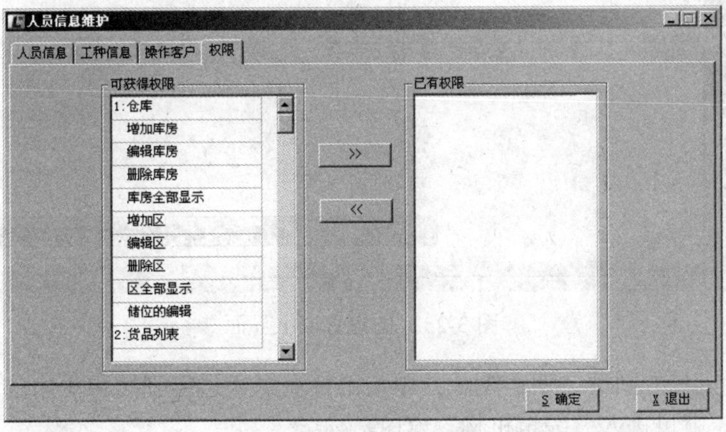

图 3-23 人员权限分配

3. 仓储设备管理

设备管理功能模块主要是对本单位内的设备信息进行管理，如叉车、运输车辆等。

单击企业资源左边功能栏中的“设备管理”图标，在右侧数据区中便出现当前系统中定义的所有状态正常的设备，如图 3-24 所示。

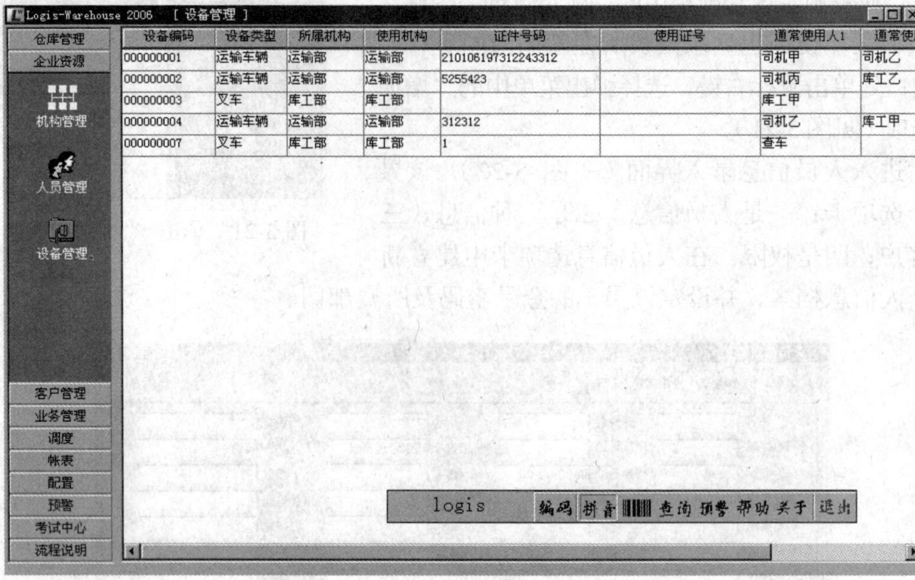

图 3-24　设备管理主界面

4. 仓库机构管理

机构管理的主界面分成了上下两部分，上边列出了各个机构，下边列出相应机构中的人员（必须选中上边的某个机构才可显示），如图 3-25 所示。

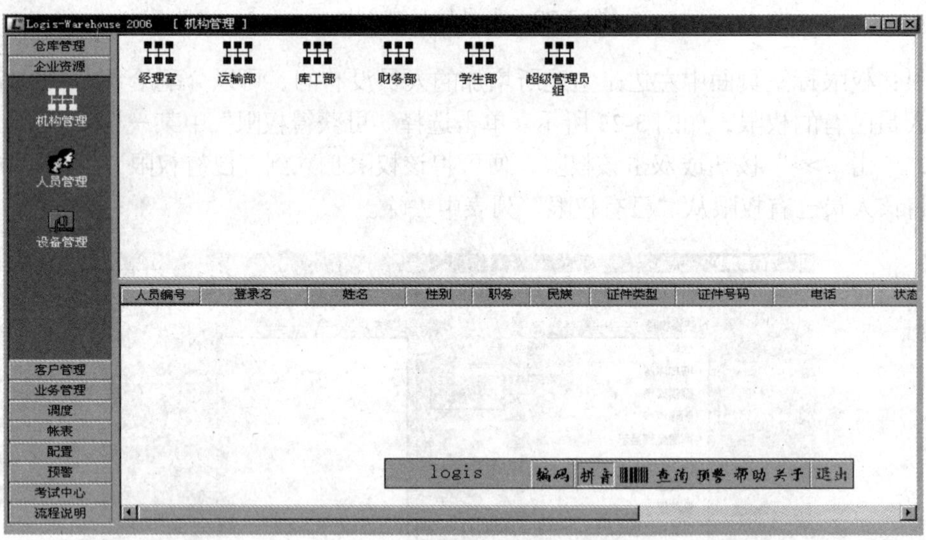

图 3-25　机构管理主界面

选中要编辑机构的图标，双击图标或单击鼠标右键，选中弹出菜单中的“编辑机构”选项（见图 3-26），就可进入“编辑机构”窗口。

机构权限的添加是在权限页中完成的，如图 3-27 所示。

在权限分配页中有左右两个列表，左边列出可分配权限列表，右边列出了已分配权限列表。操作员可以通过双击某项权限，使其移动到对应的列表中去；或选中某权限，单击

“> >”或“< <”按钮来移动它。需要注意的是，只有机构获得了某项权限，机构所属人员才有可能获得该项权限。

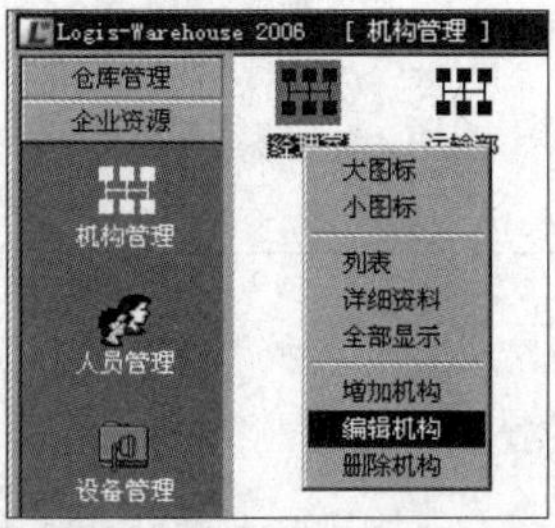

图 3-26 单击菜单中的“编辑机构”选项

图 3-27 机构权限界面

注意：人员所在部门（机构）的权限系统不会自动赋给人员，需要操作员手动操作，但如果部门的某项权限被取消，那么系统会自动剥夺部门中人员的该项权限。

5. 客户管理

客户管理功能模块主要是对与本公司有生意往来的商家信息进行管理。客户信息主要体现在入库作业时的货品来源信息中。出入库凭证制作中的“供应商”列表信息均由此处录入的客户信息生成。

单击左边客户管理功能栏中的“客户管理”图标，在右侧空白区域便显示出系统中所有已定义并且有效的客户，如图 3-28 所示。

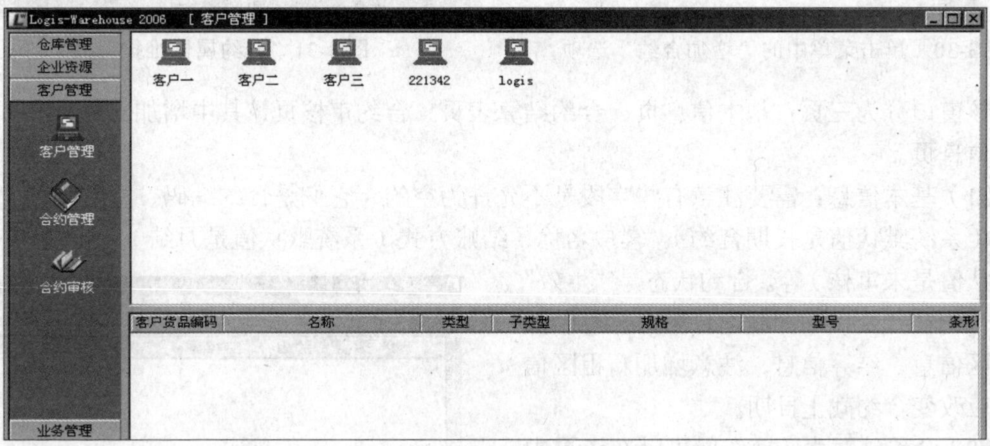

图 3-28 客户管理主界面

6. 合约管理

在合约管理功能模块中，列出了客户的合约信息（见图 3-29）。操作员可以增加、编辑、删除合约。但是，操作员必须获得增加合约、编辑合约、删除合约等合约管理权限，才能进行具体操作。

操作员可在合约列表中单击鼠标右键，然后从弹出的菜单中选择“增加合约”选项，如图 3-30 所示。

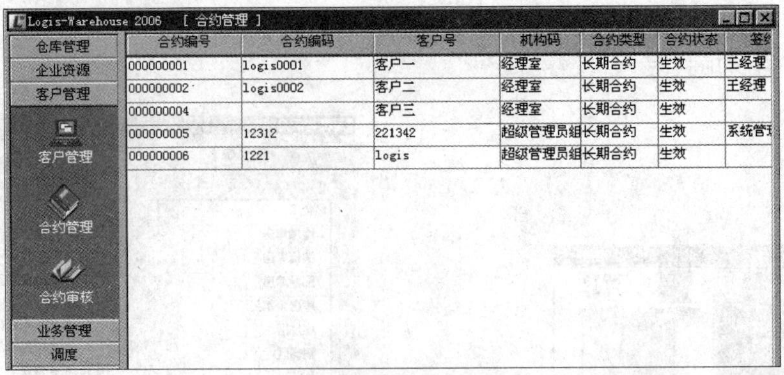

图 3-29　合约管理主界面

此时将显示“合约属性维护”窗口，如图 3-31 所示。

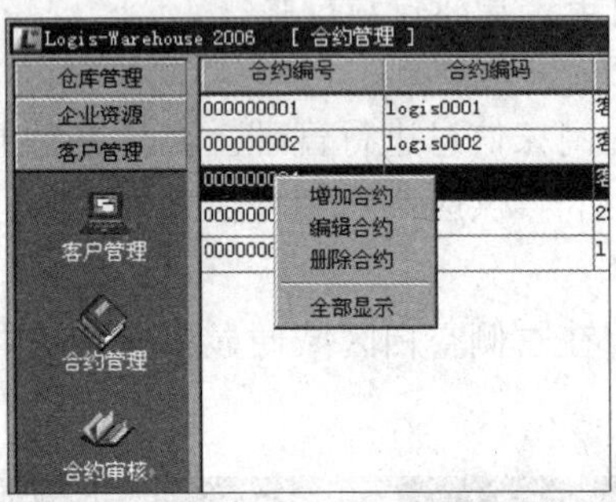

图 3-30　单击菜单中的“增加合约”选项

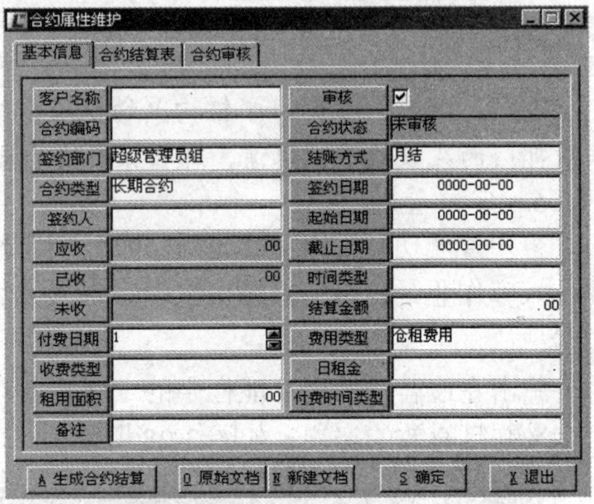

图 3-31　合约属性维护界面

该窗口分为三页：基本信息页、合约结算表页、合约审核页，其中增加合约时必须填写基本信息页。

（1）基本信息：需要注意有些字段是不允许为空的，它们是合约编码、签约部门、合约类型（系统默认值是长期合约）、客户名称、结账方式（系统默认值是月结）、合约状态（系统默认值是未审核）等。合约状态是“生效”时，合约在开始日期和截止日期内，可以插入租区信息、结算信息，注意增加新租区信息时应改变合约截止日期。

（2）合约结算表：操作员可以在该页中添加一些结算信息。要对合约进行核算按“生成合约结算”按钮，系统就会根据在合约编辑窗口中规定的结算金额和费用类型（系统默认是“仓租费用”）生成合约结算，如图 3-32 所示。

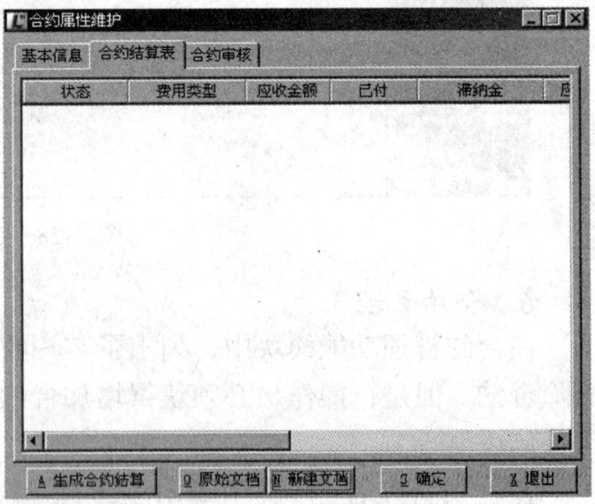

图 3-32　合约结算

（3）合约审核：合约审核在“合约管理”模块中是不能被编辑的。在初建合约时，系统会根据在“系统配置”的“审核人员配置”中指定的审核人员来初始化合约审核页，其中“审核结果”列初始值是“未审核”。

（4）在合约管理的窗口下方有一个“新建文档”按钮，如果在合约中有些信息是本系统无法表示出来且需要记录的，或操作员想把原始合约文档保存到计算机中，那么就可以将合约原始文档扫描进去，存放在到新建文档中。如果以后想查看该文档，就可以通过“新建文档”按钮左边的“原始文档”按钮来查看。

注意：在给某个客户增加合约时，该客户只能有一份合约状态是“生效”的合约。

7. 仓储业务管理

业务管理功能模块根据不同的操作流程分成了 3 个小的功能模块：客户凭证、出入库、库内作业。

客户凭证功能模块是入库、出库操作录入客户凭证并生成出入单的地方。工作人员只有拿着出库或入库单据才能进行具体的出库或入库操作，所以在真正的出入库之前，必须对客户凭证进行录入并按照系统提示来生成出库单或入库单。

在客户凭证的主界面中，分成了上下两部分，上半部分是入库的客户凭证，下半部分是出库的客户凭证，如图 3-33 所示。

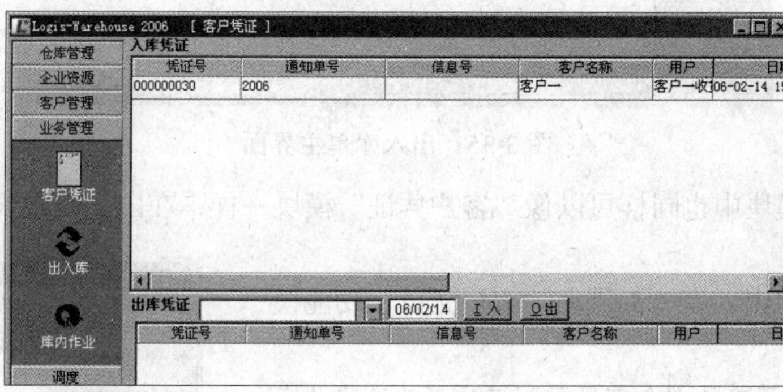

图 3-33 客户凭证主界面

（1）客户凭证

① 增加出库客户凭证。增加出库客户凭证的具体操作与“入库凭证”的增加相同，所不同的是操作是在出库客户凭证列表中进行的，如图 3-34 所示。

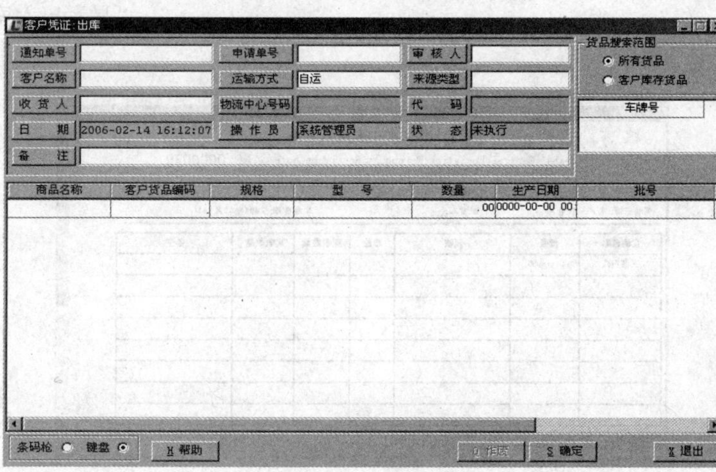

图 3-34 出库凭证编辑界面

② 编辑出库客户凭证。编辑出库凭证的操作方法与“编辑入库凭证”相同，这里不做过多说明。只有状态是“未执行”的出库凭证才可以被修改。

③ 删除出库客户凭证。出库凭证的删除方法与入库凭证删除方法相同。

④ 查询凭证状态。与入库凭证相同。

（2）出入库

这个功能模块的主界面同“客户凭证”模块的主界面十分相似，所不同的是这里系统默认列出的是状态为“下达”的出入库单，如图3-35所示。

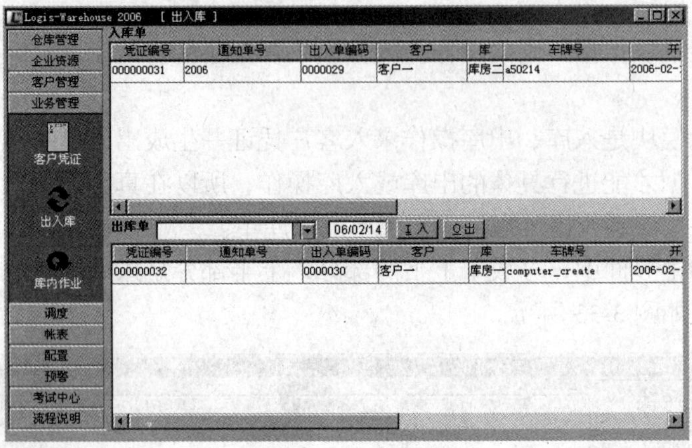

图3-35 出入库单主界面

在这个功能模块中也同样可以像“客户凭证”模块一样，在出入库列表中查找符合条件的出入库单。

在这里列出的出入库单都是在“客户凭证”功能模块里产生的。

注意：将弹出菜单的“全部显示”选项置为选中状态（即“全部显示”前有“√”），就可以查看全部出入库单。

① 显示出入库单。用鼠标右键单击要显示的出入库单，在弹出的菜单中选择“显示出入库单”选项（见图3-36），便可调出如图3-37所示的出入库单显示界面。

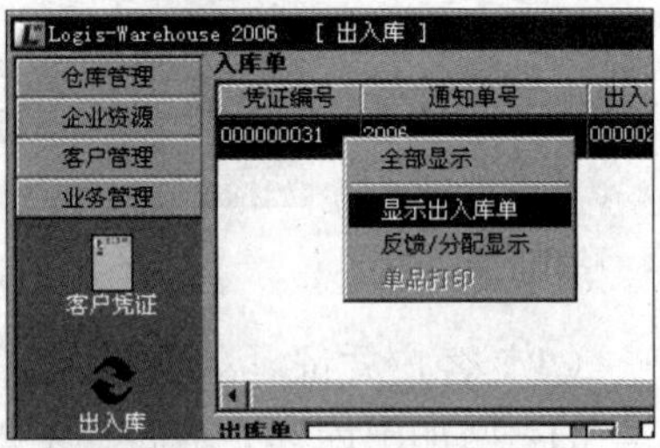

图3-36 单击菜单中的“显示出入库单”选项

注意：不同的客户可以拥有不同风格的出入库单（需要定制）。

图3-37 出入库单显示界面

② 反馈/分配显示。在这个模块中主要完成对入库单的反馈工作，即完成了实际入库操作后，对入库货品的情况（如实际入库数量、存放位置等）进行反馈。

用鼠标右键单击要反馈的出入库单，在弹出的菜单中选择“反馈/分配显示”选项（见图 3-38），便可调出如图 3-39 所示的出入库单反馈界面。

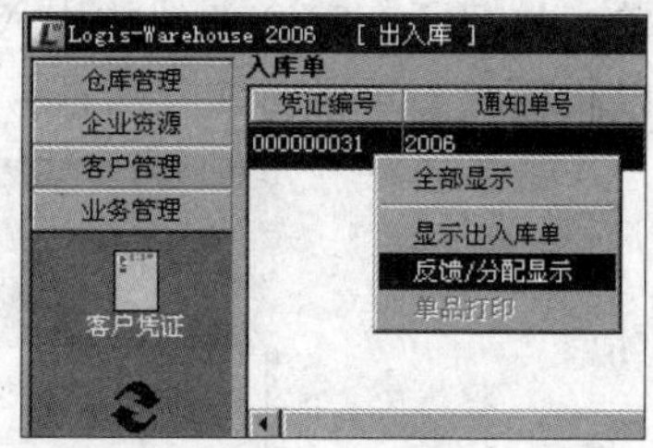

图 3-38 单击“反馈/分配显示”选项

在出入库单反馈界面中有两个标签页面：“出入库单”和“储位分配/拣货明细”。“出入库单”页面中主要是对货品的实际出入库数量进行反馈；“储位分配/拣货明细”页面中主要对货品的具体区和储位以及实际存放多少货品进行准确的反馈，这里反馈的准确性将会影响到以后在增加客户凭证（入或出）时系统为其指定区或储位的准确性。

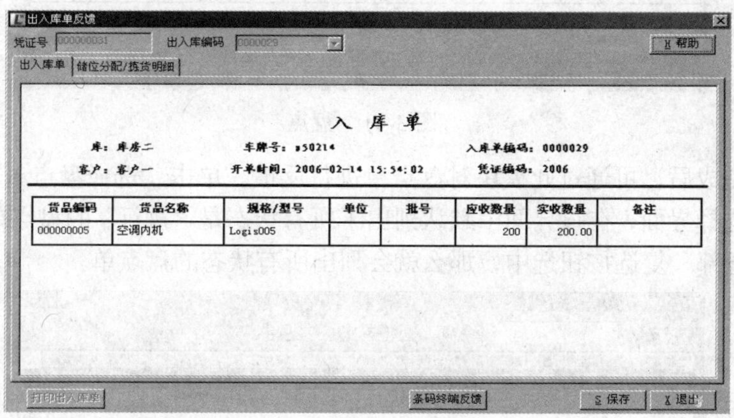

图 3-39 出入库单反馈界面

注意：入库单和出库单的反馈采用的界面形式相同。

反馈完成后单击“保存”按钮即可将当前反馈结果保存至系统。在日结之前反馈操作可多次进行，并以最后一次的操作结果为准。

注意：这里是对入库单的反馈，如果在增加客户凭证中指定了需要人工装卸或叉车装卸等操作，那么还需要在“调度”模块中对“派工”里的派工单等进行反馈。

（3）库内作业

库内作业中主要包括盘点、移库等模块，如图 3-40 所示。

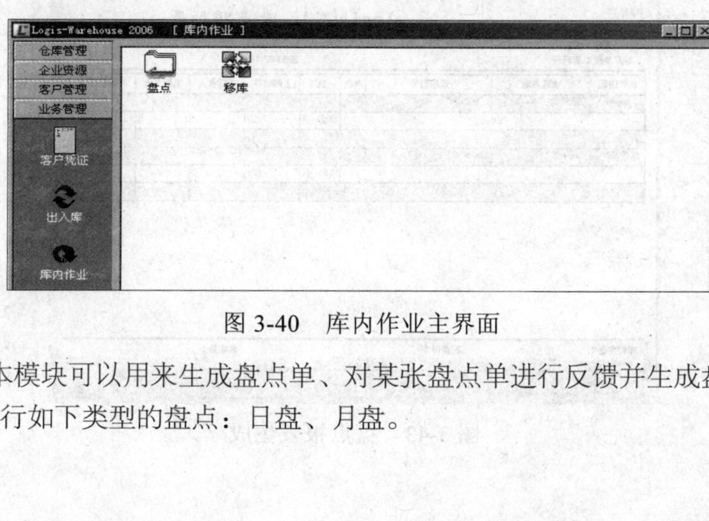

图 3-40 库内作业主界面

① 盘点。本模块可以用来生成盘点单、对某张盘点单进行反馈并生成盘点表。

系统中可进行如下类型的盘点：日盘、月盘。

在生成盘点单时必须指定盘点类型，操作员还可以指定客户名称、库房名称。

输入盘点条件的要求后，单击“计算盘点单”按钮，系统就会根据盘点条件生成盘点单，并把所有符合条件的出入库单的状态设置为“盘点中”，然后操作员打印盘点单，便可以根据盘点单进行实际盘点，如图 3-41 所示。

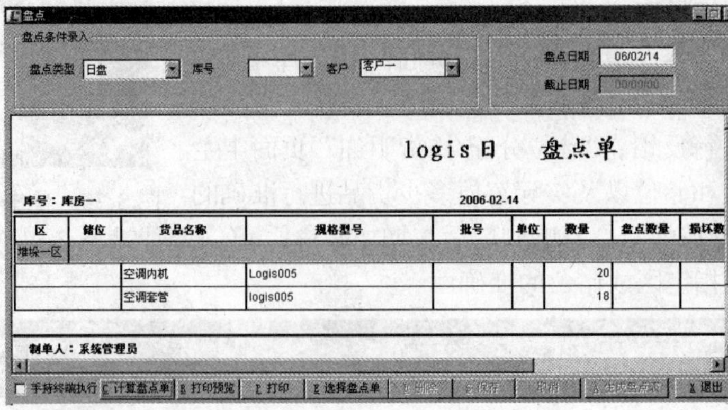

图 3-41　盘点

盘点操作完成后，可通过此模块对盘点单进行反馈。单击“选择盘点单”按钮，系统便会调出盘点单选择界面，在该界面中默认列出了所有状态是“执行”的盘点单，如图 3-42 所示。如果将“全部”复选按钮选中，那么就会列出所有状态的盘点单。

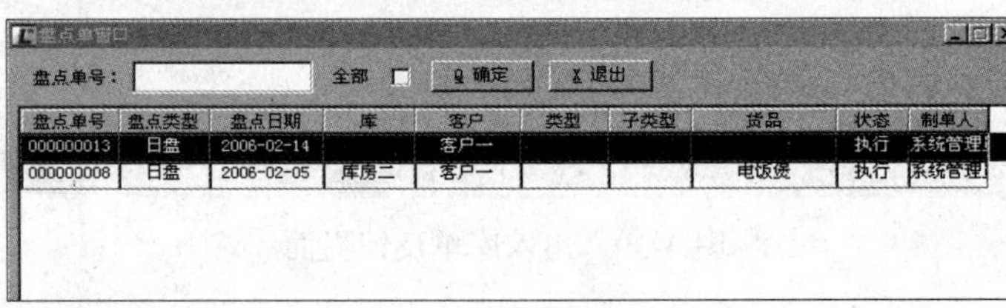

图 3-42　盘点图

双击选中要进行反馈的盘点单号，单击“确定”按钮，就会返回盘点界面，这时在盘点界面中就会列出选择盘点单中的信息。操作员输入实际的盘点数量后，单击“保存”按钮保存盘点信息。

盘点单反馈并保存后就可以生成盘点报表了。单击“生成盘点表”按钮，系统就会打开“盘点报表”窗口，如图 3-43 所示。

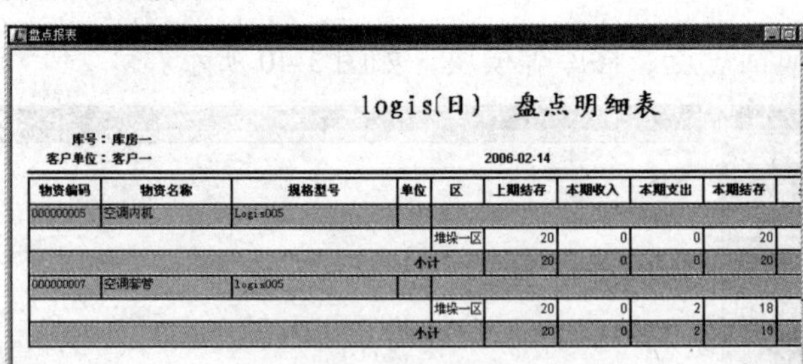

图 3-43　盘点报表生成

单击“生成”按钮即可生成盘点报表。

② 移库。进入“业务管理”页面，单击“库内作业”就可看到“移库”的图标，双击“移库”图标，便可进入移库操作的主界面，如图 3-44 所示。

界面左侧为移库的源信息，右侧为移库操作的目标信息。在源或目标的检索框中输入检索条件（仓库和货品），单击“检索”按钮，便会显示满足检索条件并且有货品存储的库、区、储位以及存储的货品名称、数量等信息。左侧源信息部分列出的是有货品存储的储位及相应货品信息，右侧目标信息部分列出的还包括空储位信息。

采用鼠标拖曳方式可将左侧货品拖曳至右侧储位中，输入要移动的货品数量后（见图 3-45），单击“确定”按钮完成移库操作。

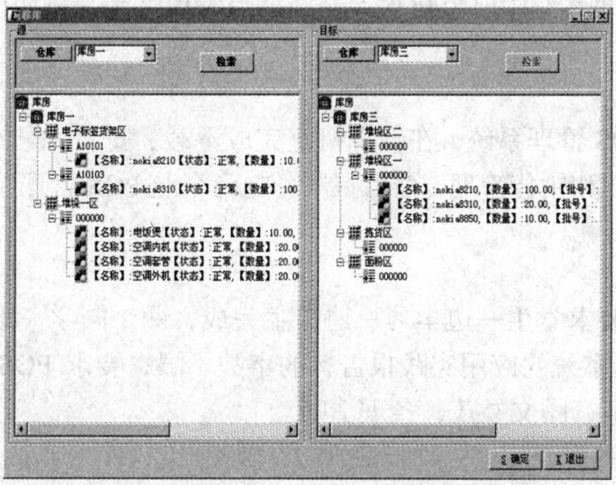

图 3-44　移库操作主界面

图 3-45　移动数量录入

注意：移库操作后，系统将自动产生相应的出入库凭证和出入库单据，并且生成的出入库凭证状态为“已入库”，生成的出入库单据状态为“完成”。

【任务拓展】

一、POS 管理系统的应用

（一）任务背景

POS 系统即销售时点信息系统，是指通过自动读取设备（如收银机）在销售商品时直接读取商品销售信息（如商品名、单价、销售数量、销售时间、销售店铺、购买顾客等），并通过通信网络和计算机系统将其传送至有关部门进行分析加工以提高经营效率的系统。POS 系统最早应用于零售业，以后逐渐扩展至其他如金融、旅游等服务行业，POS 系统的应用范围也从企业内部扩展到整个供应链。

POS 是一种多功能终端，把它安装在信用卡的特约商户和受理网点中与计算机联成网络，就能实现电子资金自动转账，它具有支持消费、预授权、余额查询和转账等功能，使用起来安全、快捷、可靠。

POS 系统包含前台 POS 系统和后台 MIS 系统两大基本部分。

（1）前台 POS 系统。前台 POS 系统是指通过自动读取设备（主要是扫描器）的系统，它在销售商品时直接读取商品销售信息（如商品名称、单价、销售数量、销售时间、销售店铺、购买顾客等）实现前台销售业务的自动化，对商品交易进行实时服务和管理，并通过通信网络和计算机系统传送至后台，通过后台计算机系统（MIS）的计算、分析与汇总等掌握商品销售的各项信息，为企业管理者分析经营成果、制定经营方针提供依据，以提高经营效率。

（2）后台 MIS 系统。后台 MIS 系统又称管理信息系统。它负责整个商场进、销、调、存系统的管理以及财务管理、库存管理、考勤管理等。它可根据商品进货信息对厂商进行管理，又可根据前台 POS 系统提供的销售数据，控制进货数量，合理周转资金，还可分析统计各种销售报表，快速准确地计算成本与毛利，也可以对售货员、收款员业绩进行考核，是给员工分发工资和奖金的客观依据。因此，商场现代化管理系统中前台 POS 系统与后台 MIS 系统是密切相关的，两者缺一不可。

（二）任务内容

选择一个适合电商企业应用的 POS 管理系统，在计算机上完成下载、安装、配置，然后按照业务流程开展采购管理、库存管理和销售管理，最后撰写《电商企业 POS 管理系统的应用实践报告》。

（三）任务要求

本任务是一个自主学习型任务，要求学生一边学习一边自主完成，两个同学一组，时间为一天。撰写的《电商企业 POS 管理系统的应用实践报告》的字数不限，要求 POS 管理系统操作流程正确，内容翔实，格式规范，图文并茂，条理清晰。

二、仓配物流解决方案应用

（一）任务背景

菜鸟网络科技有限公司（以下简称“菜鸟网络”）联合社会化的仓配（仓储与配送）资源，与合作伙伴一起，在大数据支撑下，为商家提供具有行业特色、电商特色的仓配服务，提高了商家的仓配执行效率，为商家节约了管理成本，同时通过打造多样、个性化的服务向客户提供更优质的物流服务体验。

菜鸟网络已覆盖全国 250 个城市，配送线路超过 90000 条，仓储面积（峰值）500 多万平方米，“次日达”覆盖全国 122 个城市，“当日达”覆盖全国 32 个城市，支持多行业不同产品的仓配管理需求特性，具有先进的管理平台与精细化管理标准及流程，支持全链路运营监控，给客户带来了优质的物流服务体验（注：此处数据均为 2016 年的数据）。

商家可在菜鸟网络提供的服务市场中无门槛地自主入驻、自主退出。菜鸟网络提供了多行业产品的仓配管理一站式解决方案。

（二）任务内容

了解经营网店所在行业仓配物流解决方案的服务范围、服务内容、服务价格，以及菜鸟网络的合作伙伴，分析菜鸟网络仓配物流服务的优势和劣势，在此基础上签约订购所在行业仓配物流解决方案，对入驻菜鸟网络后的物流绩效进行分析，撰写《仓配物流解决方案应用报告》。

（三）任务要求

本任务是一个自主学习型任务，要求学生一边学习一边自主完成，两个同学一组，时间为两周。撰写的《仓配物流解决方案应用报告》字数不限，要求整个应用过程描述清晰，内容翔实，格式规范，图文并茂，条理井然，物流绩效分析到位。

项目四　电子商务运输与配送管理

导　语

如果将B2C渠道与传统零售渠道两者进行比较，可以发现，B2C渠道的优势在于没有门店运营成本，商品展示与交易没有时空限制，传统零售渠道的优势在零拣工作由客户完成，无须支付包装成本和“最后一公里”配送成本。

可见，B2C渠道要想在竞争中胜出，一件非常重要的事情就是做好物流中心的配送工作。

学习目标

知识目标

- 理解运输和运输管理的基本概念
- 理解集装箱和集装箱运输的基本概念
- 理解多式联运的基本概念
- 理解物流配送的基本概念
- 理解电子商务环境下物流配送的特点
- 掌握 4 种运输方式的特点和特种货物运输技术
- 了解常见集装箱的类型和适用范围
- 掌握电子商务企业常用的物流配送模式

技能目标

- 熟知公路运输合同的主要条款
- 熟悉物流配送作业流程
- 具备填写运输货物托运单的能力
- 具备使物流运输合理化的能力
- 具备物流配送模式的选择与分析能力
- 具备 DRP 计算和应用能力
- 具备网店物流配送方案优化设计能力

【项目导入】

电商仓配模式

随着电商自建/整合物流的崛起，电商传统网络型配送模式（收件→转运→派件）向仓配模式（前置仓→派件）的转型已成大势所趋，而背后主要原因是，虽然电商平台逐步从C2C向B2C转型，从满足消费者价格需求向产品品质需求转型后，消费者又开始对物流体验（无论质量还是时效）提出了更高的要求，而电商自建/整合物流的仓配模式可充分满足消费者对物流体验的新需求，在这样的背景下，以自建物流为代表的京东、苏宁等一批电商平台能够迅速崛起，同时倒逼阿里组建菜鸟网络向仓配模式转型，如图4-1所示。

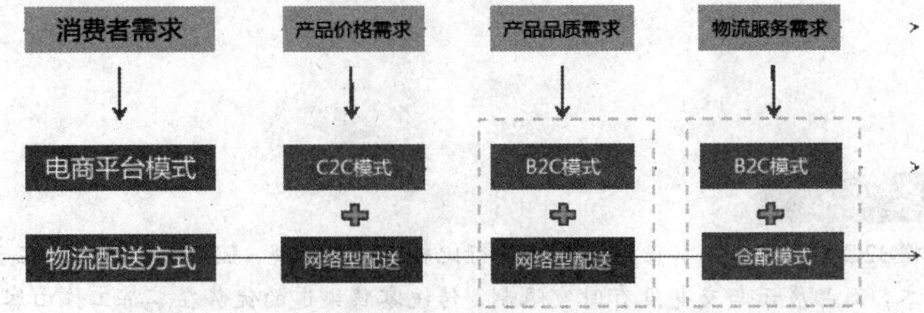

图 4-1　消费者需求推动电商平台配送模式转型

那么电商自建的仓配一体物流相比于传统物流，到底有什么过人之处呢？从数据上看，无论投递质量还是寄送时效，电商自建的仓配一体物流无疑都“完爆”传统网络型快递企业配送，而这主要是由两者模式的不同引起的。

1. 申诉率

首先从配送质量来看，即从邮政局公布的申诉率数据来看（见图4-2），近半年来（2017年上半年），京东和苏宁电商自建物流有明显的优势，百万件有效申诉件数在1以内，近乎完美，就算快递业界标杆的顺丰都无法望其项背。

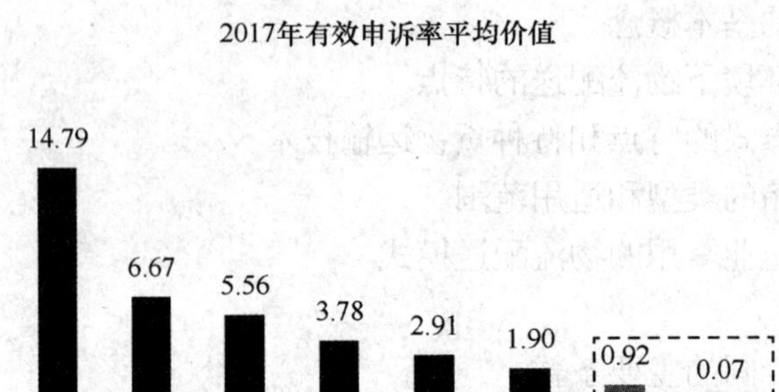

图 4-2　快递企业申诉率

虽然“通达系”的申诉率高于京东和苏宁自建物流的申诉率，但从2013年至2017年的4年时间里，已出现明显的下降，2013年5月进入菜鸟网络后，“通达系”的申诉率同比水平急剧下降，从之前的20%左右下降到目前的个位数（申通申诉率虽然仍在10%以上），但相比2013年也下降了一半，这与菜鸟网络管控快递企业不无关系，与仓配模式的渗透不无关系。

2. 时效性

另外从时效性来看，传统网络快递直配效率低，异地平均需3天以上时间，同城可达到一天左右，而电商物流当日达已成标配，正在向以小时为单位发展，并开始由“快”向“准”迈进。图4-3所示为中国消费者协会（以下简称“中消协”）对传统快递企业的时效调研（数据来源：中消协调研报告）。

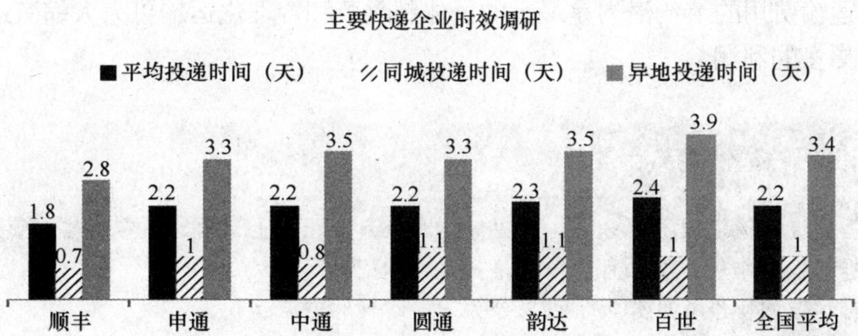

图 4-3 快递企业时效

例如，京东“京准达”时间越来越准，预约送达时间由2小时缩短至1小时，并已向半小时迈进。目前“京准达”服务已覆盖246个城市，占到全国城市数的近75%，成为继“211限时达”（当日达）后城市电商消费的标配，其中1小时精准配送服务覆盖超过30个城市，30分钟精准送达城市拓展至7个。

思考：

1. 网络配送模式存在哪些问题？
2. 电商仓配模式的优势体现在哪里？
3. 菜鸟的仓配模式与京东的仓配模式有哪些区别？

【知识准备】

一、运输与运输管理的基本概念

（一）运输的定义

运输是指运输主体（人或者货物）通过运输工具（或交通工具与运输路径）由甲地移动至乙地，完成某个经济目的的行为。因此，运输是一种“衍生的经济行为”，运输多半都是为了完成一定的经济目的。

运输的作用包含以下 3 个。

1. 运输是物流的主要功能要素之一

按物流的概念，物流是“物”的物理性运动，这种运动不但改变了物的时间状态，也改变了物的空间状态，而运输承担了改变空间状态的主要任务。运输是改变物的空间状态的主要手段，运输再配以搬运、配送等活动，就能圆满完成改变空间状态的全部任务。

2. 运输可以创造“空间效用”

同种“物”由于空间场所不同，其使用价值的实现程度就不同，其效益的实现也不同。由于改变场所而使得“物”能最大限度地发挥使用价值，最大限度地提高了投入/产出比，这就称为提高了“物”的“空间效用”。通过运输，将“物”运到场所效用最高的地方，就能发挥“物”的潜力，实现资源的优化配置。从这个意义来讲，运输也提高了物的使用价值。

3. 运输是“第三利润源”的主要源泉

从运输费用看，运输费用是全部物流费用中所占比例最高的，一般综合分析计算社会物流费用时会发现，运输费用在其中所占比重约为50%，有些产品的运输费用甚至高于产品的生产费用，因此，运输费用的节约潜力是最大的。体制改革和合理化运输可大大缩减运输费用，从而为企业创造更多的利润。

知识链接：运输方式分类

（1）根据物流运输领域不同分类，可以分为水上运输、陆上运输、航空运输、管道运输。

（2）根据运输的作用分类，可以分为集货运输和配送运输。

（3）根据运输的协作程度分类，可以分为一般运输和联合运输。

（4）根据运输中途是否换载分类，可以分为直达运输和中转运输。

（二）运输管理

运输管理是指按照运输的规律和规则，对整个运输过程所涉及的各种活动，对人力、运力、财力和运输设备，进行合理组织和平衡调整，监督实施，达到提高效率、降低成本的目的。

1. 铁路运输

铁路运输具有安全程度高、运输速度快、运输距离长、运输能力大、运输成本低等优点，且具有污染小、潜能大、几乎不受天气条件影响的优势，是公路、水运、航空、管道运输所无法比拟的。

（1）铁路运输的特点。铁路是国家的经济大动脉，铁路运输是物流运输方式中最主要的一种。在和其他运输工具的比较中，铁路运输具备以下特点。

① 铁路运输的准确性高，连续性强。铁路运输几乎不受气候影响，一年四季可以不分昼夜地定期地、有规律地、准确地进行。

② 铁路运输速度比较快。铁路运输速度一般可达100km/h，远远高于海上运输。

③ 运输量比较大。一列货运列车一般能运送3 000吨～5 000吨货物，远远高于航空运输和汽车运输。图4-4所示是我国大秦铁路线上运煤的两万吨重载列车。

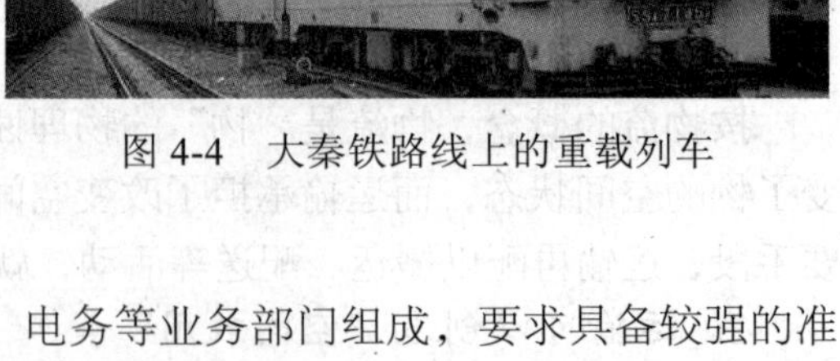

图4-4 大秦铁路线上的重载列车

④ 铁路运输成本较低。铁路运输费用仅为汽车运输费用的几分之一到十几分之一。

⑤ 铁路运输安全可靠。铁路运输的风险远比海上运输小。

⑥ 初期投资大。铁路运输需要铺设轨道、建造桥梁和隧道，建路工程艰巨复杂，需要消耗大量钢材、木材，其初期投资大大超过其他运输方式。

另外，铁路运输由运输、机务、车辆、工务、电务等业务部门组成，要求具备较强的准确性和连贯性，各业务部门之间必须协调一致，这就要求在运输指挥方面实行统筹安排，统一领导。

（2）铁路运输的种类。铁路运输分为3种：整车运输、零担运输、集装箱运输。此外，还包括快运、整列行包快运，但后二者现在开展的范围还不大。

一批货物的重量、体积或形状需要以一辆以上货车运输的，应按整车托运；不够整车运输条件的，按零担托运；符合集装箱运输条件的，可以按集装箱托运，集装箱适于运输精密、贵重、易损的货物。

（3）铁路运输的特种货物种类。铁路特种货物包括危险货物、鲜活货物和阔大货物。

① 危险货物：危险货物是指具有易燃易爆、毒害、腐蚀、放射性的货物，可分为以下九类：第一类为爆炸品，第二类为压缩气体和液化气体，第三类为易燃液体，第四类为易燃固体、自燃物品和遇湿易燃物品，第五类为氧化剂和有机过氧化物，第六类为毒害品和感染性物品，第七类为放射性物品，第八类为腐蚀品，第九类为杂类（尚未公布）。

② 鲜活货物：凡在铁路运输中需要采取特殊措施（冷藏、保温、加温等），以防止腐烂变质的货物，均属鲜活货物。鲜活货物分为易腐货物和活动物两大类，其中占比较大的是易腐货物。易腐货物是指在一般条件下保管和运输时，极易受到外界气温及湿度的影响而腐坏变质的货物。易腐货物主要包括肉、鱼、蛋、水果、蔬菜、鲜活植物等。活动物包括禽、畜、兽、蜜蜂、活鱼、鱼苗等。

③ 阔大货物：阔大货物包括超限货物、超长货物和集重货物等。超限货物是指一件货物装车后，车辆在平直线路上停留时，货物任何部位的高度或宽度超过机车车辆限界或特定区段装载限界的货物，或者是在平直线路上停留不超限，但行经曲线线路时，货物的宽度仍然超过机车车辆限界的货物。超长货物在我国系指一件货物的长度超过所装平车的长度，需要使用游车或跨装运送的货物。有些国家把由几辆平车组成的连挂车组跨装运送的货物称为长大货物。集重货物是指一件货物的重量大于应装平车负重面长度的最大容许载重量的货物。

2. 公路运输

公路运输是构成陆上运输的两种基本运输方式之一。所谓公路运输，是指以公路为运输线，利用汽车等陆路运输工具，进行跨地区或跨国的移动，以完成货物位移的运输方式。它是对外贸易运输和国内物流的主要方式之一，既是独立的运输体系，也是车站、港口和机场运行物资集散的重要手段。

（1）公路运输主要有以下几个特点。

① 机动灵活，适应性强。由于公路运输网一般比铁路网、水路网的密度要大很多，分布面也广，因此公路运输车辆可以“无处不到、无时不有”。公路运输在时间方面的机动性也比较高，车辆可随时调度、装运，各环节之间的衔接时间较短。尤其是公路运输对货运量的多少具有很强的适应性，汽车的载重吨位有小（0.25 吨 ~ 1 吨）有大（200 吨 ~ 300 吨），既可以单个车辆独立运输，也可以由若干车辆组成车队同时运输，这一点对抢险、救灾工作和军事运输具有特别重要的意义。

② 可实现“门到门”直达运输。由于汽车体积较小，中途一般也不需要换装，除了可沿分布较广的路网运行外，还可离开路网深入到工厂企业、农村田间、城市居民住宅等地，即可以把货物从始发地门口直接运送到目的地门口，实现“门到门”直达运输。这是其他运输方式无法与公路运输比拟的特点之一。

③ 在中、短途运输中，运送速度较快。在中、短途运输中，由于公路运输可以实现“门到门”直达运输，中途不需要倒运、转乘就可以直接将货物运达目的地，因此，与其他运输方式相比，货物在途时间较短，运送速度较快。

④ 原始投资少，资金周转快。公路运输与铁路、水路、航空运输方式相比，所需固定设施简单，车辆购置费用一般也比较低，因此，投资兴办容易，投资回收期短。据有关资料表明，在正常经营情况下，公路运输每年的投资回报率最高可达 300%。

⑤ 掌握车辆驾驶技术较易。相对火车司机或飞机驾驶员的培训要求来说，汽车驾驶技术比较容易掌握，公路运输对驾驶员的各方面素质要求相对也比较低。

⑥ 运量较小，运输成本较高。目前，世界上最大的汽车是美国通用汽车公司生产的矿用自卸车，长 20 多米，自重 610 吨，载重 350 吨左右，但仍比火车、轮船轻得多。由于汽车载重量小，行驶阻力比火车大 9 ~ 14 倍，所消耗的燃料又是价格较高的液体汽油或柴油，因此，除了航空运输，就数汽车运输成本最高了。

⑦ 运行持续性较差。据有关统计资料表明，在各种现代运输方式中，公路的平均运距是最短的，运行持续性较差。

⑧ 安全性较低，污染环境严重。据历史记载，自汽车诞生以来，已经有 3 000 多万人因汽车丧失生命，特别是 20 世纪 90 年代，死于大货车交通事故的人数急剧增加。货车所排出的尾气和引起的噪声也是最大的污染源之一。

（2）公路运输的种类。公路运输的种类包括整车运输、零担运输、特种车辆运输和集装箱运输。

① 整车运输：托运人一次托运的货物在 3 吨（含 3 吨）以上，或虽不足 3 吨，但因其性质、体积、形状需要一辆 3 吨以上汽车运输的，均为整车运输。

② 零担运输：托运人一次托运货物不足 3 吨的为零担运输。各类危险、易破损、易污染和鲜活等货物，除另有规定和有条件办理的以外，不办理零担运输。

③ 特种车辆运输：根据货物性质、体积或重量的要求，需要大型汽车或挂车（核定载重吨位为 40 吨及以上的）以及容罐车、冷藏车、保温车等车辆运输的，即为特种车辆运输。

④ 集装箱运输：即以集装箱为盛装器具，由专用汽车载运的运输方式。

知识链接：公路运输的货物的种类

公路运输货物分为：普通货物、特种货物和轻泡货物 3 种。

（1）普通货物是指对运输、装卸、保管没有特殊要求的货物。

（2）特种货物是指对运输、装卸、保管有特殊要求的货物。特种货物包括长/大/笨重货物、危险货物（需要特别防护的货物）、贵重货物（价值昂贵、在运输过程中承运人须承担较大经济责任的货物）、鲜活货物。

（3）轻泡货物是指每立方米重量不足 333 千克的货物。

3. 水路运输

水路运输是利用船舶、排筏或其他浮运工具，在江、河、湖泊、人工水道以及海洋上运送货物的一种运输方式。它是我国综合运输体系中的重要组成部分，并且正日益显示出它的巨大作用。

（1）水路运输的分类。水路运输按其航行的区域不同，大体上可划分为远洋运输、沿海运输和内河运输三种形式。

① 远洋运输通常是指除沿海运输以外所有的海上运输。具体来说，远洋运输是指以船舶为工具，从事跨越海洋运送货物的运输。远洋运输主要有集装箱运输（见图 4-5）和散货运输。

② 沿海运输是指利用船舶在沿海区域各地之间进行的运输。

③ 内河运输是指利用船舶、排筏或其他浮运工具，在江、河、湖泊、水库及人工水道上进行的运输。

图 4-5　集装箱运输

（2）水路运输的优缺点如下。

水路运输具有下列优点。

① 水路运输主要利用江、河、湖泊和海洋的“天然航道”来进行。水上航道四通八达，通航能力几乎不受限制。

② 水路运输可以利用天然的有利条件，实现大吨位、长距离的运输。因此，水路运输的主要特点是运量大，成本低，非常适合大宗货物的运输。

③ 水路运输是开展国际贸易的主要方式，是发展经济和友好往来的主要交通工具。

水路运输的缺点如下。

① 受自然条件的限制与影响大。水路运输受海洋与河流的地理分布及其地质、地貌、水文与气象等条件和因素的制约与影响明显。

② 对综合运输的依赖性较大。河流与海洋的地理分布有相当大的局限性，水路运输航线无法在广大陆地上任意延伸。

4. *航空运输*

航空运输是指利用飞机运送货物的现代化运输方式，如图 4-6 所示。近年来，航空运输日趋普遍，航空货运量越来越大，航空运输的地位日益提高。由于航空运输成本很高，一般适合运输价值较高的货物和紧急需要的物资。

图 4-6　航空运输

（1）航空运输的特点如下。

① 具有较快的运送速度。当今世界市场竞争十分激烈，行情瞬息多变，时间成本是企业需要考虑的重要因素，航空运输较快的运送速度已成为当前国际市场上商业竞争的有利因素。

② 适于鲜活、季节性商品。鲜活商品对时间的要求很高，运输延迟会使商品失去原有价值。采取航空运输可以保证商品新鲜成活，有利于开辟远距离的市场。对于季节性商品，航空运输能够保证在销售季节到来前使其应市，避免了由于错过季节导致商品无法销售而产生的费用。

③ 破损率低，安全性高。采用航空运输的货物本身价值较高，航空运输的地面操作流程环节比较严格，管理制度比较完善，这就降低了货物破损率，安全性较高。

④ 加快资金周转、节省包装等费用。航空运输速度快，商品在途时间短，交货速度快，可以减少商品的库存数量，减少仓储费、保险费和利息支出等。产品流通速度加快，也加快

了资金周转速度。另外，航空运输保管制度完善，货损货差较少，包装可相应地简化，降低了包装费用和保险费用。

航空运输的不足有投资大、运量小、运费比较高、易受天气的影响等。

（2）航空运输的主要形式。航空运输的主要形式包括班机运输、包机运输、集中托运和航空快递 4 种。

① 班机运输。班机是指在固定的航线上定期航行的航班，即有固定始发站、目的站和途经站的飞机。班机的航线基本固定，定期开航，收、发货人可以确切地掌握起运和到达时间，保证货物安全迅速地被运达目的地，对运送鲜活、易腐的货物以及贵重货物非常有利。不足之处是舱位有限，不能满足大批量货物及时运出的需要。

② 包机运输。包机运输可分为整架包机和部分包机。

- 整架包机是指航空公司或包机代理公司，按照与租机人双方事先约定的条件和运价，将整架飞机租给租机人，从一个或几个航空站装运货物至指定目的地的运输方式。运费随国际航空运输市场的供求情况而变化。
- 部分包机是指几家航空货运代理公司联合包租一架飞机，或者由包机公司把一架飞机的舱位分别分给几家航空货运代理公司的运输方式。这种运输方式适合一吨以上但不足装满一整架飞机的货物，运费较班机低，但运送时间则比班机要长。

③ 集中托运。集中托运是指航空货运代理公司把若干批单独发运的、发往同一站点的货物集中起来，组成一票货，向航空公司办理托运，采用一份总运单集中发运到同一站，由航空货运代理公司在目的地指定的代理人收货、报关并分拨给各实际收货人的运输方式。通过这种托运方式，货主支付的运费较低。集中托运的使用比较普遍，是航空货运代理的主要业务之一。

④ 航空快递。航空快递是指由一家专门经营该项业务的公司和航空公司合作，通常为航空货运代理公司或航空速递公司派专人以最快的速度在货主、机场和用户之间运送和交接货物的快速运输方式。该项业务是两家空运代理公司之间通过航空公司进行的、最快捷的一种运输业务。

航空快递的主要形式有以下 3 种。

- 门到门服务。发货人需要发货时，打电话给快递公司。快递公司派人到发货人所在地取件，根据不同的目的地进行分拣、整理、核对、制单、报关，利用最近的航班，通过航空公司将快件运往世界各地。发件地的快递公司将所发快件的有关信息通告中转站或目的地的快件公司。快件到达中转站或目的地机场后由中转站或目的地的快件公司负责办理清关、提货手续，将快件及时送交收货人手中，并将有关信息反馈到发件地的快递公司。
- 门到机场服务。快件到达目的地机场后，当地快件公司及时将有关到货信息告知收货人，清关、提货手续可由收货人自己办理，也可委托快件公司或其他代理公司办理。这种形式适用于货物价值较高或目的地海关当局对货物或物品有特殊规定的快件。
- 专人派送服务。这种方式是指发件的快递公司指派专人携带快件，在最短的时间内，采用最快捷的交通工具，将快件送交到收货人手中。

门到门服务是最方便、最快捷、使用最普遍的方式；门到机场服务简化了发件人的手续，但需要收货人办理清关、提货手续；专人派送服务是一种特殊服务，费用较高，使用较少。

知识链接：联邦快递

联邦快递隶属美国联邦快递集团（FedEx Corp.），是集团航空快递运输业务的中坚力量。联邦快递为遍及全球的顾客和企业提供涵盖运输、电子商务和商业运作等一系列的全面服务。作为一个久负盛名的企业品牌，联邦快递通过相互竞争和协调管理的运营模式，提供了一套综合的商务应用解决方案，使其年收入高达 320 亿美元。目前联邦快递是全球最具规模的快递运输公司，旗下员工超过 26 万名，快递服务范围涵盖 220 个国家及地区，每个工作日递送的包裹约 330 万件，公司拥有 677 架飞机。联邦快递设有环球航空及陆运网络，通常只需 1～2 个工作日，就能迅速运送时限紧迫的包裹，而且确保准时送达。

5. 管道运输

管道运输是一种以管道输送流体货物的方式，而货物通常是液体和气体，管道运输是统一运输网中干线运输的特殊组成部分。有时候，气动管（Pneumatic Tube）也可以完成类似工作，它以压缩气体输送固体舱，而内里装着货物。管道运输石油产品比水运费用高，但仍然比铁路运输便宜。管道运输的特点如下。

（1）运输量大。管道运输可省去水运或陆运的中转环节，缩短运输周期，降低运输成本，提高运输效率。当前管道运输的发展趋势是：管道的口径不断增大，运输能力大幅度提高；管道的运距迅速增加；运输物资由石油、天然气、化工产品等流体逐渐扩展到煤炭、矿石等非流体。我国目前已建成大庆至秦皇岛、胜利油田至南京等多条原油管道运输线。

（2）管道运输具有高度的机械化特征。

（3）有利于环境保护，减少环境污染。

（4）管道运输的局限性。管道运输不如其他运输方式（如公路运输）灵活，除承运的货物比较单一外，它也不容随便扩展管线。对一般用户来说，管道运输常常要与铁路运输或公路运输、水路运输配合才能完成全程输送。此外，运输量明显不足时，运输成本会显著增加。

（三）集装箱运输

集装箱运输是指以集装箱这种大型容器为载体，将货物集合组装成集装单元，以便在现代流通领域内运用大型装卸机械和大型载运车辆进行装卸、搬运作业和完成运输任务，从而更好地实现货物"门到门"运输的一种新型、高效率和高效益的运输方式。集装箱运输是一种现代化的先进运输方式，它是铁路货物运输的三大种类（整车、零担、集装箱）之一。集装箱运输使货物流通过程中各个环节发生了重大改变，所以又被称为 20 世纪的"运输革命"。集装箱运输可促使运输生产走向机械化、自动化。

集装箱是运输货物的一种大容器，是一种综合性的运输工具（见图 4-7），根据国家标准化组织的建议，集装箱应满足下列要求：具有足够的强度，可长期反复使用；适于一种或多种运输方式运送，途中转运时，箱内货物无须换装；使用快速装卸和搬运的装置，特别便于从一种运输方式转移到另一种运输方式；便于货物装满和卸空；具有 1 立方米及以上的容积。

集装箱这一术语不包括车辆和一般包装。

1. 集装箱运输的特点

（1）集装箱运输是一种高效益的运输方式。集装箱运输经济的高效益主要体现在以下几个方面。

① 简化包装，大量节约包装费用。传统运输方式为避免货物在运输途中受到损坏，必须

采用坚固的包装，而集装箱具有坚固、密封的特点，其本身就是一种极好的包装。使用集装箱可以简化包装，有的甚至无须包装，实现零件杂货无包装运输，可大大节约包装费用。

图 4-7　集装箱

② 减少货损货差，提高货运质量。由于集装箱是一个坚固密封的箱体，集装箱本身就是一个坚固的包装“盒”。货物装箱并铅封后，途中无须拆箱倒载，一票到底，即使经过长途运输或多次换装，也不易损坏箱内货物。集装箱运输可减少因被盗、潮湿、污损等引起的货损和货差，深受货主和船舶公司的欢迎。并且货损、货差率的降低，减少了社会财富的浪费，集装箱运输因此也具有很好的社会效益。

③ 减少营运费用，降低运输成本。由于集装箱运输装卸效率高，装卸时间短，对船舶公司而言，可提高航行率，降低船舶运输成本；对港口而言，可以提高泊位通过能力，从而提高吞吐量，增加收入。

（2）集装箱运输是一种高效率的运输方式。传统的运输方式具有装卸环节多、劳动强度大、装卸效率低、船舶周转慢等缺点，而集装箱运输完全改变了这种状况。

① 普通货船装卸，一般每小时为 35 吨左右，而集装箱装卸，每小时可达 400 吨左右，装卸效率大幅度提高。同时，由于集装箱装卸机械化程度很高，因而每班组所需装卸工人数很少，平均每个工人的劳动生产率大大提高。

② 由于集装箱装卸效率很高，受气候影响小，船舶在港停留时间大大缩短，因而船舶航次时间缩短，船舶周转加快，航行率大大提高，船舶生产效率随之提高，最终船舶运输能力得到提高，在不增加船舶艘数的情况下，可运输更多的货物，增加船舶公司的收入。

（3）集装箱运输是一种高投资的运输方式。集装箱运输是一种高效率的运输方式，同时它又是一种资本高度密集的行业。

① 船舶公司必须对船舶和集装箱进行巨额投资。根据有关资料表明，集装箱船每立方英尺（1 英尺=0.3 米）的造价为普通货船的 3.7 倍～4 倍。集装箱的投资相当大，开展集装箱运输所需的高额投资使得船舶公司的总成本中固定成本占有相当大的比例，高达 2/3 以上。

② 集装箱运输中的港口的投资也相当大。专用集装箱泊位的码头设施包括码头岸线和前沿、货场、货运站、维修车间、控制塔、门房以及集装箱装卸机械等，耗资巨大。

③ 为开展集装箱多式联运，还需有相应的内陆设施及内陆货运站等，为了配套建设，还需要兴建、扩建、改造、更新现有的公路、铁路、桥梁、涵洞等，这方面的投资更是惊人。可见，没有足够的资金开展集装箱运输业务，实现集装箱化是困难的，必须量力而行。

（4）集装箱运输是一种高协作的运输方式。集装箱运输涉及面广、环节多、影响大，是一个复杂的运输系统工程。集装箱运输系统包括海运、陆运、空运、港口、货运站以及与集装箱运输有关的海关、商检、船舶代理公司、货运代理公司等单位和部门。如果互相配合不当，就会影响整个运输系统功能的发挥，如果某一环节失误，必将影响全局，甚至导致运输停顿和中断。因此，要调整好整个运输系统各环节、各部门之间的高度协作关系。

（5）集装箱运输适于组织多式联运。由于集装箱运输在不同运输方式之间换装转运时，无须搬运箱内货物而只需换装集装箱，这就提高了换装作业效率，适于不同运输方式之间的联合运输。在换装转运时，海关及有关监管单位只需加封或验封转关放行，这大大提高了运输效率。

此外，由于国际集装箱运输与多式联运是一个资金密集、技术密集及管理要求很高的行业，是一个复杂的运输系统工程，这就要求管理人员、技术人员、业务人员等具有较高的素质才能胜任工作，才能充分发挥国际集装箱运输的优越性。

2. 集装箱的分类

集装箱的分类如下。

（1）集装箱按类型（用途）分，可分为通用型集装箱和专用集装箱。

① 通用型集装箱：通用型集装箱一般用来装运普通成件有包装的货物，如交电类、仪器仪表类、小型机械类、玻璃陶瓷建材类、工艺品类、文教体育用品类、医药类、烟酒食品类、日用品类、化工类、针纺织品类、小五金及其他适合集装箱装运的货物。

② 专用集装箱：专用集装箱用来装运特定的货物，具体有以下几种。

- 冷藏集装箱（Reefer Container）：主要用于运输易腐货物，分内置式和外置式两种。温度可在−28℃～26℃调整。内置式集装箱在运输过程中可随意启动冷冻机，使集装箱保持指定温度；而外置式则必须依靠集装箱专用车、船和专用堆场、车站上配备的冷冻机来制冷。这种箱体适合在夏天运输黄油、巧克力、冷冻鱼肉、炼乳、人造奶油等物品。
- 开顶集装箱（Open Top Container）：没有箱顶，可用起重机从箱顶上面装卸货物，装运时用防水布覆盖顶部。适合装载体积大的物体，如玻璃板等。
- 框架集装箱（Flat Rack Container）：没有箱顶和两侧，其特点是从集装箱侧面进行装卸。以超重货物为主要运载对象，还便于装载牲畜，以及诸如钢材之类可以免除外包装的裸装货。
- 牲畜集装箱（Pen Container）：是专为装运牲畜、家禽等活动物而制造的特殊集装箱，箱子的侧面采用金属网，箱内具有良好的通风设备及喂养设备。
- 罐式集装箱（Tank Container）：又称液体集装箱，主要用于运输液体货物，如酒类、牛奶、蜂蜜、化学品、糖浆等，也可用来运输压缩气体。其结构是在一个金属框架内固定上一个液罐。
- 平台集装箱（Platform Container）：形状类似铁路平板车，适宜装超重超长货物，长度可达 6 米以上，宽 4 米以上，高 4.5 米左右，重量可达 40 吨。且两台平台集装箱可以联结起来，装 80 吨的货，用这种箱子装运汽车极为方便。
- 通风集装箱（Ventilated Container）：箱壁有通风孔，内壁涂塑料层，适宜装新鲜蔬菜和水果等怕热、怕闷的货物。
- 保温集装箱（Insulated Container）：箱内有隔热层，箱顶又有能调节角度的进出风口，可利用外界空气和风向来调节箱内温度，紧闭时能在一定时间内不受外界气温影响。适宜装运对温湿度敏感的货物。
- 散装货集装箱（Bulk Container）：一般在顶部设有 2～3 个小舱口，以便装货。底部有升降架，可升高成 40°的倾斜角，以便卸货。这种箱子适宜装粮食、水泥等散货。如要进行植物检疫，还可在箱内熏舱蒸洗。
- 散装粉状货集装箱（Free Flowing Bulk Material Container）：与散装货集装箱基本相同，但装卸时需使用喷管和吸管。

此外，还有适合装运服装类商品的挂式集装箱（Dress Hanger Container）。随着国际贸易的发展，货物结构不断变化，今后还会出现各种不同类型的专用或多用集装箱。

知识链接：不同货物适用的集装箱（见表 4-1）

表 4-1 不同货物对集装箱的适用性

集装箱种类	货物种类
散装货集装箱	散装货、易腐货等
平台集装箱	超宽货、超重货、散件货、长件货、托盘货等
通风集装箱	冷藏货、动植物检疫货、易腐货、托盘货等
牲畜集装箱	动植物检疫货
罐式集装箱	液体货、气体货等
冷藏集装箱	冷藏货、危险货等
框架集装箱	超高货、超重货、袋装货、捆装货、长件货、箱装货等
开顶集装箱	超高货、超重货、清洁货、易腐货、长件货等

（2）集装箱按大小分，可分为大型、中型、小型集装箱。

① 大型集装箱：装载量在 20 吨以上的为大型集装箱（如 20 英尺集装箱、40 英尺集装箱）。

② 中型集装箱：即装载量在 5 吨 ~ 20 吨的为中型集装箱（如我国通用的 5 吨箱、10 吨箱）。

③ 小型集装箱：装载量在 5 吨以下的为小型集装箱（如我国通用的 1 吨箱）。

（3）集装箱按其结构不同分为封闭式、开顶式、活顶式、无顶式、两端开门式、折叠式等。

3. 集装箱运输货物交接方式

集装箱运输中，整箱货和拼箱货在船货双方之间的交接方式有以下几种。

（1）门到门（Door to Door）：由托运人负责装载的集装箱，在其货仓或工厂仓库交承运人验收后，由承运人负责全程运输，直到收货人的货仓或工厂仓库交箱为止。这种全程连线运输，称为“门到门”运输。

（2）门到场（Door to CY）：由发货人货仓或工厂仓库至目的地或卸箱港的集装箱装卸区堆场。

（3）门到站（Door to CFS）：由发货人货仓或工厂仓库至目的地或卸箱港的集装箱货运站。

（4）场到门（CY to Door）：由起运地或装箱港的集装箱装卸区堆场至收货人的货仓或工厂仓库。

（5）场到场（CY to CY）：由起运地或装箱港的集装箱装卸区堆场至目的地或卸箱港的集装箱装卸区堆场，承运人在装货港集装箱堆场接收整箱货物，并负责运至卸货港集装箱堆场，将整箱交付收货人。

（6）场到站（CY to CFS）：由起运地或装箱港的集装箱装卸区堆场至目的地或卸箱港的集装箱货运站。

（四）多式联运

多式联运是指使用多种运输方式，利用各种运输方式各自的内在特性，在最低的成本条件下提供综合性服务。这种设法把不同的运输方式综合起来的方式，也称“一站式”运输。最早的多式联运是铁路与公路相结合的运输方式，通常称作驮背式运输服务。现在，人们越来越强烈地意识到多式联运将成为一种提供高效运输服务的重要手段。

从技术上讲，在所有基本的运输方式之间都能够安排协调运输或多式联运。一些术语，如驮背式运输、卡车渡运、火车渡船和运货飞机等，已成为标准的运输业行话。对于每一种多式联运的组合，其目的都是要综合各种运输方式的优点，以实现最优化的绩效。例如，一种常见的多式联运组合是公铁联运，它把汽车跑短距离的灵活性与铁路跑长距离的低成本特点综合了起来。

陆空联运是火车、飞机和卡车联合运输的运输方式，简称 TAT（Train-Air-Truck），或火车、飞机的联合运输，简称 TA（Train-Air）。

1. 国际多式联运的优点

国际多式联运的产生和发展是国际间货物运输组织的革命性变化。随着集装箱运输的发展，以多式联运形式运输的货物越来越多。与传统运输相比，多式联运具有许多优点。

（1）手续简便，责任统一

在国际多式联运方式下，货物运程不论多远，不论由几种运输方式共同完成货物运输，也不论货物在途中经过多少次转运，所有运输事项均由多式联运承运人负责处理。而发货人只需办理一次托运，订立一份运输合同，支付一次运费，办理一次保险，并取得一份联运提单。与各运输方式相关的单证和手续上的麻烦被减少到最低。发货人只需与多式联运经营人进行交涉。

由于责任统一，一旦在运输过程中发生货物灭失或损坏时，多式联运经营人须对全程运输负责，而每一运输区段的分承运人仅对自己运输区段的货物损失承担责任。

（2）减少运输过程中的时间损失，使货物运输更快捷

国际多式联运作为一个单独的运输过程而被安排和协调运作，能减少在运转地的时间损失和货物灭失、损坏、被盗的风险。多式联运经营人通过通信联络和协调，使得在运转地各种运输方式的交接可连续进行，使货物被更快速地运输，从而弥补了货物与市场距离远和资金积压的缺陷。

（3）节省了运杂费用，降低了运输成本

国际多式联运使用了集装箱，集装箱运输的优点可以在多式联运中得到较好的体现。多式联运经营人一次性收取全程运输费用和保险费用。货物装箱后装上运输工具后即可用联运提单结汇，有利于加快货物资金周转，减少利息损失。同时也节省了人、财、物资源，从而降低了运输成本。这有利于减少货物的出口费用，提高了商品在国际市场上的竞争能力。

（4）提高了运输组织水平，实现了门到门运输，使合理运输成为现实

国际多式联运提高了运输的组织水平，改善了不同运输方式间的衔接工作，实现了各种运输方式的连续运作，可以把货物从发货人的工厂或仓库运到收货人的仓库或工厂，实现了门到门的运输，使合理运输成为现实。

在当前国际贸易竞争激烈的形势下，货物运输要求速度快、损失少、费用低，而国际多式联运适应了这些要求。因此，在国际上越来越多的企业采用多式联运。可以说，国际多式联运是当前国际货物运输的发展方向。我国地域辽阔，更具有发展国际多式联运的潜力。可以预料，随着我国内陆运输条件的改善，我国的国际多式联运必将蓬勃地发展起来。

2. 国内出口货物的联运方式

我国空运出口货物通常采用陆空联运方式。我国幅员辽阔，而国际航空港口岸仅有北京、上海、广州等，虽然省会城市和一些主要城市每天都有班机飞往上海、北京、广州等地，但

班机所带货量有限，费用比较高，如果采用国内包机，费用更高。因此，在货量较大的情况下，发货人往往采用陆运至航空口岸，再与国际航班衔接的方式。由于汽车具有机动灵活的特点，发货人在运送时间上更可掌握主动，因此一般都采用“TAT”方式组织出运。

知识链接：多式联运案例

我国长江以南的外运分公司目前办理陆空联运的具体做法是用火车、卡车将货物运至我国香港，然后利用我国香港航班多、到欧洲或美国运价较低的条件（普遍货物），把货物从我国香港运到目的地，或运到中转地，再通过当地代理，用卡车送到目的地。陆空联运货物在我国香港的收转人为合力空运有限公司。发运前，发货人要事前与他们联系，满足他们对单证的要求，便于提前订舱。各地发货时，可使用合力空运有限公司的航空分运单，也可使用“承运货物收据”。有关单据上要注明是转口货，要加盖“陆空联运”字样的标记，以加速周转和避免香港当局征税。

在我国长江以北的公司多用火车或卡车将货物送至北京、上海、天津等航空口岸出运。

二、配送的基本概念

（一）什么是配送

日本1991年版《物流手册》中有关配送的表述是：生产厂到配送中心之间的物品空间移动叫作“运输”，从配送中心到顾客之间的物品空间移动叫作“配送”。

美国《物流管理——供应链过程的一体化》中有关配送的表述是：实物配送这一领域涉及将制成品交给顾客的运输。实物配送过程可以使顾客服务的时间和空间的需求成为营销的一个整体组成部分。

我国出版的《现代物流学》中有关配送的表述是：配送是以现代送货形式实现资源最终配置的经济活动；按用户订货要求，在配送中心或其他物流节点进行货物配备并以最合理的方式送交用户。

据国家标准GB/T18354—2001，配送就是在经济合理的区域范围内，根据用户要求，对物品进行拣选、加工、包装、分割、组配等作业，并按时送达指定地点的物流活动。从这个定义中我们可以看到，配送作为物流过程中的一个环节，它起着十分重要的作用，它是实现顾客要求的过程，是实现可得性和达到顾客满意的手段，同时也是零售公司争取最大利润空间的有效途径。配送的含义有以下 4 个：第一，配送是从物流据点至用户的一种特殊送货形式；第二，配送是运输与其他活动共同构成的组合体；第三，配送是以供给者送货给用户为特征的服务性供应，是一种“门到门”的服务；第四，配送是“配”和“送”的有机结合。

知识链接：配送的分类

（1）按配送商品的种类和数量划分，配送分为少品种、大批量的配送；多品种、少批量、多批次配送；成套、配套配送。

（2）按配送时间及数量划分，配送分为定时配送、定量配送、定时定量配送、定时定量定点配送、即时配送。

（3）按配送组织的形式划分，配送分为集中配送、共同配送、分散配送。

（4）根据地点差异，配送分为配送中心配送、仓库配送、商业门店配送、厂矿企业配送。

（二）电子商务环境下物流配送的特点

1．物流配送信息化

物流配送信息化表现为物流配送信息的商品化、信息收集的数据库化和代码化、信息处理的电子化和计算机化、信息传递的标准化和实时化、信息存储的数字化等。条形码（Bar Code）技术、数据库（Database）技术、电子订货系统（Electronic Ordering System，EOS）、电子数据交换（Electronic Data Interchange，EDI）、快速反应（Quick Response，QR）及有效的客户反映（Effective Customer Response，ECR）、企业资源计划（Enterprise Resource Planning，ERP）等在物流管理中得到广泛应用。没有物流的信息化，任何先进的技术设备都不可能应用于物流领域，信息技术在物流中的应用将会彻底改变世界物流的面貌。

2．物流配送自动化

自动化的基础是信息化，自动化的核心是机电一体化，自动化的外在表现是无人化，自动化的结果是省力，另外，自动化还可以提高物流作业能力、提高劳动生产率、减少物流作业的差错等。物流自动化有条码/语音/射频自动识别系统、自动分拣系统、自动存取系统、自动导向车、货物自动跟踪系统等，这些设施已被普遍用于物流作业流程中。

3．物流配送网络化

物流领域网络化的基础也是信息化，这里的网络化有两层含义：一是物流配送系统的计算机通信网络，包括物流配送中心与供应商或制造商的联系要通过计算机网络，另外与下游顾客的联系也要通过计算机网络通信，如配送中心向供应商发出订单这个过程，就可以使用计算机，借助于增值网（Value- Added Network，VAN）上的电子订货系统和电子数据交换技术来自动实现，物流配送中心通过计算机网络收集下游顾客的订货的过程也可以自动完成；二是组织网络化及所谓的企业内部网，如我国台湾计算机业在20世纪90年代创造的“全球运筹式产销模式”，其基本点是按照顾客订单组织生产，生产采取分散形式，将全世界的计算机资源都利用起来，采取外包的形式将一台计算机的所有零部件、元器件、芯片外包给世界各地的制造商去生产，然后通过全球的物流网络将这些零部件、元器件和芯片发往同一个物流配送中心进行组装，由该物流配送中心将组装的计算机迅速发给订户。

物流配送的网络化是物流信息化的必然结果，是电子商务下物流配送活动的主要特征之一。全球网络资源的可用性及网络技术的普及为物流的网络化提供了良好的外部环境，物流网络化不可阻挡。

4．物流配送智能化

这是物流配送自动化、信息化的一种高层次应用。物流配送作业过程大量的运筹和决策，如库存数量的确定、运输搬运路径的选择、自动导向车的运行轨迹和作业控制、自动分拣机的运行、物流配送中心经营管理的决策支持等问题都需要借助大量的知识来解决。在物流自动化的进程中，物流智能化是不可回避的技术难题。目前专家系统、机器人等相关技术在我国已经有比较成熟的研究成果，物流智能化已经成为电子商务下物流发展的一个新趋势。

5．物流配送柔性化

柔性化原是生产领域为实现“以顾客为中心”而提出的，但要真正做到柔性化，即真正根据顾客需求的变化来灵活调节生产工艺，没有配套的柔性化的物流配送系统是不可能实现的。20世纪90年代以来，生产领域提出的FMS、CIMS、MRP、ERP等概念和技术的实质就是将生产、流通进行集成，根据需求端的需求组织生产，安排物流活动。柔性化物流正是适应生产、流通与消费的需求而发展起来的新型物流配送模式。它要求物流配送中心根据消费需求“多品种、小批量、多批次、短周期”的特点，灵活组织和实施物流作业。

（三）电子商务物流配送模式

在我国电子商务的实践中，从事电子商务的公司为解决物流配送的问题，主要采取了以下几种方式。

（1）自建物流配送模式。这是具有雄厚实力的电子商务公司常采取的物流策略。例如，海尔成立的电子商务有限公司，投资 1 亿多元，依靠雄厚的财力和以前形成的营销网络，建立了一套相对完善的配送体系，在完成对海尔服务的同时还能为其他企业提供配送服务。选择自营配送模式有两个基础：一是规模基础，即企业自身物流具有一定量的规模，完全可以满足配送中心建设发展的需要；二是价值基础，即企业自营配送是将配送创造的价值提升到企业的战略高度予以确定和发展。

（2）第三方物流配送模式。它是指电商企业委托专业物流配送机构完成商品配送，这是一种社会化、专业化的物流配送模式。这种模式比较适合我国国情，可进一步向独立第三方物流发展，但应解决好目前矛盾比较集中的商品配送价格等问题。

（3）协同配送模式。它是指电商企业与百货商店、连锁店、邮政快递等原有配送网络联合、协作，共同完成物流配送。这种方式将电子商务配送与传统物流配送一体化，有利于集中使用物流资源，优化物流配送网络，应提倡和鼓励。此种方式可进一步向供应链管理发展，但应解决传统企业信息化程度低、配送渠道和设施不完善等问题。

（4）自营与外包相结合的配送模式。使用这类配送模式的电子商务公司一般来说拥有一部分物流资源，但是不能满足商务扩展的需要。建立自己的配送体系投资太大而自身资金不足，对市场估计不足而害怕承担太大的风险，配送体系建设周期太长而不能满足自己的盈利期望等是导致电商企业采用此类配送模式的主要原因。

（5）共同配送模式。共同配送是指为使物流合理化，在几个有定期运货需求的需求方的合作下，由一个货车运输业者使用一个运输系统进行的配送。共同配送也就是把过去按不同货主、不同商品分别进行的配送，改为不区分货主和商品集中运货的“货物及配送的集约化”。

（6）落地配模式。“落地配”是指货物在到达城市落地后，由到达城市的物流公司实施配送操作，即物流公司只完成配送的最后一个物流程序。我国落地配发端于从事 B2C 电子商务的企业做代收货款的配送业务，也叫 COD（Cash on Delivery）配送。电子商务需要突出顾客的体验感，落地配能够为顾客提供个性化的服务，当当、卓越、京东等都已在使用落地配。

（7）综合物流代理模式。综合物流代理是第三方物流的模式之一，即由一家在物流综合管理经验、人才、技术、理念等方面均有一定优势的企业，对电子商务交易中供求双方的所有物流活动进行全权代理的业务活动。通过利用计算机和网络通信技术，该代理系统在互联网上建立了一个多对多的虚拟市场，根据物流一体化的原则，全面系统地整合企业内外部物流资源，优化物流业务流程和管理流程，对生产、流通过程中的各个环节实现全方位综合配送，充分提高产品在制造、流通过程的时空效应，从而实现有效地对供应链上下游企业进行系统管理。

（四）配送中心的功能

配送中心是指专门从事货物配送活动的经济组织。换个角度来说，它又是集加工、理货、送货等多种职能于一体的物流据点，“配送中心的功能实际上是集货中心、分货中心、加工中心功能的综合”。具体来说，配送中心有以下几个功能。

1. 储存功能

配送中心的服务对象是为数众多的企业和商业网点（如超级市场和连锁店），配送中心的职能和作用是按照用户的要求及时将各种配装好的货物送交到用户手中，满足生产需要和消费需要。为了顺利而有序地完成向用户配送货物（货物）的任务及更好地发挥保障生产和消费需要的作用，通常，配送中心都要兴建现代化的仓库并配备一定数量的仓储设备，储存一定数量的货物。某些区域性大型配送中心和开展“代理交货”配送业务的配送中心，不但要在配送货物的过程中储存货物，而且它所储存的货物数量更大、品种更多。上述配送中心所拥有的储存能力及其储存货物的事实表明，储存功能是这种物流组织的重要功能之一。

2. 分拣功能

作为物流节点的配送中心，其服务对象（即用户）是为数众多的企业（在国外，配送中心的服务对象少则有几十家，多则有数百家）。在这些为数众多的用户群中，彼此之间存在着很大差别，不仅各自的性质不尽相同，而且其经营规模也不一样。据此，为了有效地进行配送（即为了能同时向不同的用户配送很多种货物），配送中心必须采取适当的方式对货物进行拣选，并且在此基础上，按照配送计划分装和配装货物。这样，在商品流通实践中，配送中心除了具有储存功能外，它还有分拣货物的功能（图 4-8 所示为滑块式高速分拣机），能起到分拣中心的作用。

图 4-8　滑块式高速分拣机

3. 集散功能

在物流实践中，配送中心凭借其特殊的地位和其拥有的各种先进的设施和设备，能够将分散在各个生产企业的产品（即货物）集中到一起，然后，经过分拣、配装，向多个用户发运。与此同时，配送中心也可以做到把各个用户所需要的多种货物有效地组合（或配装）在一起，形成经济、合理的货载批量。也有人把配送中心在流通实践中所表现出的这种功能，即（货物）集散功能，称为“配货、分放”功能。集散功能是配送中心所具备的一项基本功能。实践证明，利用配送中心来集散货物，可以提高货车的满载率，由此可以降低物流成本。

4. 衔接功能

通过开展货物配送活动，配送中心能把各种工业品和农产品直接运送到用户手中，客观上可以起到媒介生产和消费的作用。这是配送中心衔接功能的一种重要表现。此外，通过集货和储存货物，配送中心又有平衡供求的作用，由此能有效地解决季节性货物的产需衔接问题。这是配送中心衔接功能的另一种表现。

5. 加工功能

为了扩大经营范围和提高配送水平，目前，国内外许多配送中心都配备了各种加工设备，由此具备了一定的加工（系初加工）能力。这些配送中心能够按照用户提出的要求和根据合理配送货物的原则，将组织进来的货物加工成一定的规格、尺寸和形状，由此而具备了加工功能。

加工货物是某些配送中心的重要活动。配送中心积极开展加工业务，不但大大方便了用户，省却了不少烦琐劳动，而且也有利于提高物质资源的利用效率和配送效率。此外，对于配送活动本身来说，加工货物在客观上也起到了强化其整体功能的作用。

【工作任务】

一、零担发货

工作任务要求：理解零担货物运输概念，能正确签署货物运输合同以及正确填写零担货物托运单，不违反相关注意事项。

近年来，越来越多的电商企业开始销售大件家电、家具等商品，对零担货运的需求不断增多。目前国内大型的公路零担货运企业有德邦、佳吉、华宇天地等。

零担货运是指托运人一次托运货物量不足 3 吨的货物运输。零担货物是指一次托运、计费重量不足 3 吨的货物。按件托运的零担货物，单件体积一般不小于 0.01 立方米（单件重量 10 千克以上的除外），不大于 1.5 立方米；单件重量一般不超过 200 千克；货物的长、宽、高度分别不超过 3.5 米、1.5 米和 1.3 米。易燃、易爆、剧毒及放射性等危险物品，以及易破损、易污染、易腐烂及鲜活物品一般不予办理零担货物运输。零担货物运价要高于整车货物运价。办理公路零担货物托运时，托运人先要与运输企业签订公路货物运输合同。

（一）签署公路货物运输合同

公路货物运输合同分为定期运输合同和一次性运输合同两种。定期运输合同适用于承运人、托运人之间商定的，在一定时期内的批量货物运输。公路承运人和托运人双方根据需要，可订立年度、季度、月度货物运输合同。一次性运输合同适用按次货物运输，按次运输的合同由托运人向公路承运人发出邀约，填写托运单并向公路承运人交付运送的货物，经公路承运人签字后合同生效。

1. 公路货物运输合同的主要条款

根据公路货物运输合同有关法规规章的规定，公路货物运输合同应当包括以下主要条款。

（1）货物的名称、性质、体积、数量及包装标准。货物名称要按规范的要求填写，不能使用通俗名称。货物的性质也要如实申明，避免因对货物性质的不同理解而导致在运输途中发生损失。包装标准应注明采用何种包装、包装适用的标准名称等内容。

（2）货物起运和到达地点、运距、收发货人名称及详细地址。

（3）运输质量及安全要求。运输质量主要是指货物在运输途中不能损坏，不能丢失，要保证运输中的安全。

（4）货物装卸责任和方法。如果货物的装卸有特殊要求，应在合同中予以明确。

（5）货物的交接手续。这直接关系到责任，因此托运人在托运货物时一定要与承运人一起清点清楚货物，必要时可对货物的具体情况加以说明。

（6）批量货物运输起止日期。

（7）年、季、月度合同的运输计划（文书、表式、电报）提送期限和运输计划的最大限量。

（8）运杂费计算标准及结算方式。

（9）变更、解除合同的期限。

（10）违约责任。

（11）双方商定的其他条款。

2. 公路货物运输合同的范本

公路货物运输合同范本

托 运 方：　　　　　　　　　　　　承 运 方：

地　　址：　　　　　　　　　　　　地　　址：

邮　　编：　　　　　　　　　　　　邮　　编：

电　　话：　　　　　　　　　　　　电　　话：

法定代表人：　　　　　　　　　　　法定代表人：

根据国家有关运输规定，经过双方充分协商，特订立本合同，以便双方共同遵守。

第一条　领货凭证

领货时凭托运人提货单（或提货单复印件）加之指定收货方身份证并签字。如收货方是企业公司，还应出示单位提货证明，提货时须当面验收货物，事后货物出现短损，承运方概不负责。

第二条　包装要求

托运方必须按照国家主管机关规定的标准包装；没有统一规定包装标准的，应根据保证货物运输安全的原则进行包装，否则承运方有权拒绝承运。

第三条　提货期限

货物到达目的公司后，承运方电话告知收货方提货。收货方必须在三日内提取，如货物存放超过七日未提，每超过一日将收取货物运费的5%作仓储费；超过30天无人认领按无主处理，此时承运方有权将货物拍卖抵扣仓储费。

第四条　保价运输

保价运输费：按保价额的＿＿＿＿＿＿‰向托运方收取。

托运方可自愿向承运方提出采用保价运输的方式，如同一批托运的货物价值不同，托运方应对此批货物进行分别保价（运单上另行注明），否则视为平均保价；保价货物遭受损失时，承运方按照托运方的保价额折合实际造成的损失向托运方赔偿。如低于货物实际价值保价或高于货物实际价值保价，如出现意外承运方不予承担这部分经济损失，如不保价遇有丢失、货物受损、被盗、被抢、雨淋、火灾、交通肇事损坏货物或承运方被诈骗造成收货方整件提货不着，承运方最多赔偿托运该批货物实际短缺部分运费的两倍。

第五条　保价期限

自托运方将货物交给承运方之日起至提货期限内有效。托运方应在货物起运之前支付保价费，如只在运单上注明保价金额或声明价值，视同未保价。

第六条　责任划分

货单上所记载的货物名称、数量和价值是托运方提供的，托运方应对其真实性负责。承运方在接收货物时只按件数接，收并检查和清点每件货物内装数量是否有短损，所以承运方不承担内装货物数量和货物是否完好的经济责任。如需确认请在发货时双方当面开箱验收，并在运单上注明。

第七条　查禁或扣留

运输途中如遇检查部门（公安、工商、税务、海关）对货物有异议而被扣留或罚款，均由托运方负责处理，并提供有关有效证件，并承担由此给承运方带来的一切经济损失。

第八条　违法责任

托运方不准假报货名，不准托运国家禁运物品，不准夹带危险品，否则后果自负。

第九条　各方的权利义务

一、托运方的权利义务

1. 托运方的权利：要求承运方按照合同规定的时间、地点，把货物运输到目的地。货物托运后，托运方需要变更到货地点或收货方，或者取消托运时，有权向承运方提出变更合同的内容或解除合同的要求。但必须在货物未运到目的地之前通知承运方，并应按有关规定付给承运方所需费用。

2. 托运方的义务：按约定向承运方交付运杂费。否则，承运方有权停止运输，并要求对方支付违约金。托运方对托运的货物，应按照规定的标准进行包装，遵守有关危险品运输的规定，按照合同中规定的时间和数量交付托运货物。

二、承运方的权利义务

1. 承运方的权利：向托运方、收货方收取运杂费用。如果收货方不交或不按时缴纳规定的各种运杂费用，承运方对其货物有扣压权。查不到收货方或收货方拒绝提取货物，承运方应及时与托运方联系，在规定期限内负责保管并有权收取保管费用，对于超过规定期限仍无法交付的货物，承运方有权按有关规定予以处理。

2. 承运方的义务：在合同规定的期限内，将货物运到指定的地点，按时向收货方发出货物到达的通知。对托运的货物要负责安全，保证货物无短缺，无损坏，无人为的变质；如有上述问题，应承担赔偿义务。在货物到达以后，按规定的期限负责保管。

三、收货方的权利义务

1. 收货方的权利：在货物运到指定地点后有以凭证领取货物的权利。必要时，收货方有权向到达站或中途货物所在站提出变更到达站或变更收货方的要求，签订变更协议。

2. 收货方的义务：在接到提货通知后，按时提取货物，缴清应付费用。超过规定时间提货时，应向承运方交付保管费。

第十条　违约责任

一、托运方责任

1. 由于在普通货物中夹带、匿报危险货物、错报笨重货物重量等招致吊具断裂、货物摔损、吊机倾翻、爆炸、腐蚀等事故的，托运方应承担赔偿责任。

2. 由于货物包装缺陷产生破损，致使其他货物或运输工具、机械设备被污染、腐蚀、损坏，造成人身伤亡的，托运方应承担赔偿责任。

3. 在托运方专用线或在港/站公用线、专用线自装的货物，在到达站卸货时，出现货物损坏、缺少，在车辆施封完好或无异状的情况下，托运方应赔偿收货人的损失。

4. 罐车发运货物，因未随车附带规格质量证明或化验报告，造成收货方无法卸货时，托运方应偿付承运方卸车等费用及违约金。

二、承运方责任

1. 承运方如将货物运至错误的到货地点或收货方，应无偿运至合同规定的到货地点或收货方处。如果货物逾期到达，承运方应偿付逾期交货的违约金。

2. 运输过程中货物灭失、短少、变质、污染、损坏，承运方应按货物的实际损失（包括包装费、运杂费）赔偿托运方。

3. 联运的货物发生灭失、短少、变质、污染、损坏，应由承运方承担赔偿责任的，由终点阶段的承运方向负有责任的其他承运方追偿。

4. 在符合法律和合同规定条件下的运输，由于下列原因造成货物灭失、短少、变质、污染、损坏的，承运方不承担违约责任。

① 不可抗力。

② 货物本身的自然属性。

③ 货物的合理损耗。

④ 托运方或收货方本身的过错。

第十一条　争议解决

因本合同引起的或与本合同有关的任何争议，双方可友好协商解决；协商不成，双方同意将争议提请至当地仲裁委员会进行仲裁。

第十二条　生效

本合同经双方授权代表签字并加盖公章或合同专用章后生效，本货物运输合同的有效期至__________年__________月________日。

货物经收货方签收后则表明此合同已完结，承运方不承担签收后货物短损等问题的责任。

附属：货物托运单为本合同不可分割的一部分，与本合同具有同等的法律效应。

本合同正本一式两份，合同双方各执一份；合同副本一式_________份，送以下单位____各留一份。

（二）填写托运单

托运人托运货物时，应在起运地货运站办理托运手续，并在运输合同成立后填写货物托运单（或运单）作为书面申请。托运单载明了托运货物的名称、规格、货物装卸地点以及承托双方有关货运事项等。托运单是托运人托运货物的原始依据，也是货运站承运货物的原始凭证，它明确规定了承托双方在货物运输过程中的权利、义务和责任。因此，货物托运单是公路货物运输合同的基本文件，它证明了运输合同具有证据文书的性质。托运单的证约性质在于它所记载的内容是运输合同的主要内容，并由承托双方签章。

1. 托运单的主要内容

托运单由承运人和托运人本着平等、自愿、公平、诚实、信用的原则签订。托运单主要包括以下内容。

（1）发货人信息，如姓名、电话、公司名称、详细地址、邮编、城市。

（2）收货人信息，如姓名、电话、公司名称、详细地址、邮编、城市。

（3）货物描述及包装，填写货物的大类名称及外包装的种类和数量。

（4）总毛重、总净重及总体积，按实际填写。

知识链接：托运单填写注意事项

（1）重量的单位为 kg，体积单位为 m^3；

（2）托盘货要分别注明托盘的重量、尺寸和货物本身的重量、尺寸；

（3）运费付款方式：一般为运费预付和运费到付；

（4）托运日期：按受理托运日期填写；

（5）托运单不得空项，不得涂改，要字迹清晰，符合财务要求；

（6）公路货物运输费用的计算

运费：$F=k\times l\times p$

其中，F 为运费，k 为计费重量，l 为计费里程，p 为运价。

2. 公路运输货物托运单范本如表 4-2 所示

表 4-2　　　　　　　　　　　　　公路运输货物托运单范本

<table>
<tr><td colspan="14">×××货运公司公路运输货物托运单</td></tr>
<tr><td colspan="14">单号：　　　　　　　　　　　　货号：　　　　　　　　　　托运日期：　　　年　　月　　日</td></tr>
<tr><td rowspan="11">托运人必填项目</td><td colspan="2">发站</td><td colspan="2"></td><td colspan="2">到站</td><td colspan="2"></td><td>经由</td><td></td><td colspan="2">中转至</td><td></td></tr>
<tr><td rowspan="2">托运人</td><td>单位</td><td colspan="6"></td><td>联系人</td><td></td><td colspan="2">电话</td><td></td></tr>
<tr><td>地址</td><td colspan="8"></td><td colspan="2">手机</td><td></td></tr>
<tr><td rowspan="2">收货人</td><td>单位</td><td colspan="6"></td><td>联系人</td><td></td><td colspan="2">电话</td><td></td></tr>
<tr><td>地址</td><td colspan="8"></td><td colspan="2">手机</td><td></td></tr>
<tr><td colspan="2">货物名称</td><td>件数</td><td>包装</td><td>货物等级</td><td colspan="2">托运人申报重量（kg）</td><td colspan="2">托运人申报体积（m^3）</td><td>货物保价（元）</td><td colspan="2">承运人核定计费重量（kg）</td><td>承运人核定计费体积（m^3）</td></tr>
<tr><td colspan="2"></td><td></td><td></td><td></td><td colspan="2"></td><td colspan="2"></td><td></td><td colspan="2"></td><td></td></tr>
<tr><td colspan="2"></td><td></td><td></td><td></td><td colspan="2"></td><td colspan="2"></td><td></td><td colspan="2"></td><td></td></tr>
<tr><td colspan="2"></td><td></td><td></td><td></td><td colspan="2"></td><td colspan="2"></td><td></td><td colspan="2"></td><td></td></tr>
<tr><td>委托事项</td><td colspan="12">1．送货方式：□自提　□送货上门
2．是否急件：□急件
3．回单签收要求：□签托运单回执　□签客户送货回执　□收货人必须盖章
4．其他</td></tr>
<tr><td colspan="13"></td></tr>
<tr><td rowspan="4">承运人填写项目</td><td rowspan="3">运费</td><td rowspan="2">保险费</td><td rowspan="2">直送费</td><td colspan="7">其他费用</td><td colspan="3">付款方式</td><td>票据类型/号码</td></tr>
<tr><td>手续费</td><td>进仓费</td><td>装卸费</td><td>提货费</td><td>理货费</td><td>铲吊费</td><td>合计</td><td>现付</td><td>欠付</td><td>提货付款</td><td>收据号码</td></tr>
<tr><td></td><td></td><td></td><td></td><td></td><td></td><td></td><td></td><td></td><td></td><td></td><td></td><td></td><td></td></tr>
<tr><td>承运记载事项</td><td colspan="14">到站代收事项：
1．代收运费金额＿＿＿＿＿元；附发票号码＿＿＿＿＿
2．直送并代收要求：□先直送后收款　□先收款后送货
3．代收货款金额＿＿＿＿＿元；附送货单＿＿＿＿＿份
4．收货方式：□自送　□上门提货
5．发站应付到站直送费＿＿＿＿＿元，中转费＿＿＿＿＿元
6．出车单号码：＿＿＿＿＿
7．其他＿＿＿＿＿</td></tr>
<tr><td colspan="3">特别提示：内容及背面《托运合同》条款已阅！

托运人签章：</td><td colspan="12">特别提示：填写本托运单前，请托运人认真阅读本运单背面的《托运合同》，若认可并同意按《托运合同》的各项条款履行，请托运人在本运单上签章确认；若有不完全同意的条款，由双方另行协商后重新约定相关条款或增订新的条款！

承运方受理员：　　　　　　　　入库员：　　　　　　　收银员：
业务员：　　　　　　　　　　　装车制单员：</td></tr>
</table>

二、运输合理化

工作任务要求：在理解运输合理化五要素和掌握运输合理化措施的基础上，为某经营大家电的电商企业将货物发往菜鸟在全国设置的 5 个中心仓库（CDC）的这一运输行为提出运输合理化措施，并将其商品发往 5 个菜鸟中心仓库（CDC）的运输量问题转变成一个产销平衡运输问题，运用表上作业法进行优化。

电子商务的优势是跨时间和跨空间，电商企业可以将货物销往全国各地，这也就意味着电商企业需要将货物运往全国各地。运输合理化是指从物流系统的总体目标出发，选择合理的运输方式和运输路线，即运用系统理论和系统工程原理及方法，选择合理的运输工具，优化运输路线，以最短的路径、最少的环节、最快的速度和最少的劳动消耗，组织好运输活动，以获取最大的经济效益。

由于运输是物流中最重要的功能要素之一,物流合理化在很大程度上依赖于运输合理化。运输合理化的作用表现在以下4个方面。

（1）加速社会再生产的过程。

（2）节约运输费用，降低物流运输成本。

（3）缩短运输时间。

（4）节约运力，缓解运力紧张状况。

（一）影响运输合理化的“五要素”

影响物流运输合理化的因素有很多，起决定作用的有5个，被称作合理运输的“五要素”。

（1）运输距离。运输过程中，运输时间、运输运费等若干技术经济指标都与运输距离有一定的关系，运距长短是运输是否合理的一个最基本的因素。

（2）运输环节。每增加一个运输环节，势必增加运输的附属活动，如装卸、包装等，各项技术经济指标也会因此发生变化，因此，减少运输环节对提高物流效率和运输合理化程度有一定的促进作用。

（3）运输工具。各种运输工具都有其优势领域，对运输工具进行优化选择能最大限度地发挥运输工具的作用，它是运输合理化的重要一环。

（4）运输时间。在全部物流时间中，运输时间占绝大部分，尤其是远距离运输。因此，运输时间的缩短对整个流通时间的缩短起决定性的作用。此外，缩短运输时间，还可加速运输工具的周转，充分发挥运力效能，提高运输线路通过能力，改善运输不合理的状况。

（5）运输费用。运费在全部物流费用中占很大的比例，运费的高低在很大程度上决定整个物流系统竞争能力的强弱。实际上，运费的相对高低，无论对货主还是对物流企业都是运输是否合理化的一个重要标志。运费的高低也是各种合理化措施是否行之有效的最终判断依据之一。

物流运输合理化的原则有4个：一是要综合考虑全局利益；二是要精心组织运输方式；三是要优化运输线路和运输工具；四是要充分考虑各种可能的条件。

（二）运输合理化措施

1. 提高运输工具实载率

实载率有两层含义：一是车船实际载重与运距之乘积和标定载重与行驶里程之乘积的比率，在安排单车、单船运输时，它是判断装载合理与否的重要指标；二是车船的统计指标，即一定时期内车船实际完成的货物周转量（以公里/吨计）占车船载重吨位与行驶公里之乘积的百分比。在计算时，车船行驶的公里数不但包括载货行驶时的公里数，也包括空驶时的公里数。提高实载率的意义在于：充分利用运输工具的额定能力，减少车船空驶和不满载行驶的时间，减少浪费，从而求得运输合理化。

2. 减少动力投入、增加运输能力

其要点是，少投入，多产出，走高效益之路。运输的投入主要在能耗和基础设施的建设

上，在设施建设已定型和完成的情况下，尽量减少能源消耗，是少投入的核心。做到了这一点就能大大节约运费，降低单位货物的运输成本，达到合理化的目的。国内外在这方面的有效措施有：在机车能力允许情况下，多加挂车皮；水运拖排和拖带法；内河驳船的顶推法；汽车挂车等。

3. 发展社会化的运输体系

运输社会化的含义是发展运输的大生产优势，实行专业分工，打破一家一户自成运输体系的状况。一家一户的运输小生产，车辆自有，自我服务，不能形成规模，且一家一户运量需求有限，难于自我调剂，因而经常容易出现空驶、运力选择不当（因为运输工具有限，选择范围太小）、不能满载等浪费现象，且配套的接、发货设施，装卸搬运设施也很难有效地运行，所以浪费颇多。实行运输社会化，可以统一安排运输工具，避免对流、倒流、空驶、运力不当等多种不合理现金的出现，不但可以实现组织效益，而且可以实现规模效益，所以发展社会化的运输体系是运输合理化的重要措施。

4. 开展中短距离铁路公路分流，"以公代铁"的运输

这一措施的要点是在公路运输经济里程范围内，或者在经过论证超出通常平均经济里程范围内，也尽量利用公路。这种运输合理化的表现主要有两点：一是用公路分流后，比较紧张的铁路运输局面可以得到一定程度的缓解，从而加大这一区段的运输通过能力；二是充分利用公路"从门到门"和在中途运输中速度快且灵活机动的优势，实现铁路运输服务难以实现的目标。

知识链接：以公代铁

我国"以公代铁"现象目前在杂货、日用百货运输及煤炭运输中应用得较为普遍，"以公代铁"的运营里程一般在200公里（1公里=1千米）以内，有时可达700公里～1 000公里。山西煤炭外运经过认真的技术经济论证发现，用公路代替铁路把煤炭等运至河北、天津、北京等地是合理的。

5. 尽量发展直达运输

直达运输是追求运输合理化的重要形式，其对合理化的追求要点是通过减少中转、过载、换载，从而提高运输速度，省却装卸费用，降低中转货损。直达运输的优势，尤其是在一次运输批量或用户一次需求量达到了一整车时表现最为突出。此外，在生产资料、生活资料运输中，通过直达运输建立稳定的产销关系和运输系统，也有利于提高运输的计划水平，有助于用最有效的技术来实现这种稳定运输，从而大大提高运输效率。

6. 配载运输

配载运输是充分利用运输工具的载重量和容积，合理安排装载的货物及载运方法以求得合理化的一种运输方式。配载运输也是提高运输工具实载率的一种有效形式。配载运输往往是轻重货物的混合配载，在以重质货物运输为主的情况下，同时搭载一些轻泡货物，如在运送海运矿石、黄沙等重质货物时，在仓面捎运木材、毛竹等，在运矿石、钢材等重物时搭运轻泡农、副产品等，这种运输方式在基本不增加运力投入、不减少重质货物运输量的情况下，解决了轻泡货物的搭运问题，因而效果显著。

7. "四就"直拨运输

"四就"直拨运输是减少中转运输环节、力求以最少的中转次数完成运输任务的一种形式。一般批量到站或到港的货物，首先要进分配部门或批发部门的仓库，然后按程序分

拨或销售给用户。这样一来，往往会出现不合理运输的情况。“四就”直拨运输，首先是由管理机构预先筹划，然后就厂或就站（码头）、就库、就车（船）将货物分送给用户，而无须再入库。

（三）产销平衡运输合理化

产销平衡运输问题的线路优化主要采用表上作业法,它是属于线性规划的一种求解方法。当某些线性规划问题采用图上作业法难以进行直观求解时，就可以将各元素列成相关表，作为初始方案，然后采用检验数来验证这个方案，否则就要采用闭合回路法、位势法等方法对相关方案进行调整，直至得到最优的运输线路。这种列表求解方法就是表上作业法。

1. *表上作业的西北角法*

通过列表的方式找出初始基本可行解（初始调运方案），常采用西北角法，具体方法如下。

（1）从西北角（左上角）格开始，在表格内的右下角标上允许取得的最大数。

（2）然后按行（列）标出下一格的数。若某行（列）的产量（销量）已满足，则把该行（列）的其他格划去。

（3）如此进行下去，直至得到一个基本可行解。

2. *表上作业法示例*

某公司有 3 个产地：甲、乙、丙；有 4 个销地：A、B、C、D。现从 3 个产地将 48 个单位的货物运往 4 个销地，要使得运输总成本最小。已知产地甲的库存量为 25 个单位，产地乙的库存量为 18 个单位，产地丙的库存量为 5 个单位。销地 A 的需求量为 16 个单位，销地 B 的需求量为 20 个单位，销地 C 的需求量为 5 个单位，销地 D 的需求量为 7 个单位。产销运输平衡情况如表 4-3 所示。

表 4-3　　产销运输平衡表

销地 / 运价 / 产地	A	B	C	D	运出量
甲	60	40	160	20	25
乙	40	20	50	140	18
丙	180	200	60	120	5
运入量	16	20	5	7	48

首先绘制产销运输平衡表，然后采用西北角法进行计算。

步骤一：从西北角（左上角）格开始，在格内的右下角标上允许取得的最小数为 20，位置是“乙 B”，标上数值是“18”；

步骤二：行“乙”的产量已满足，则该行的其他格划去；“列 B”的需求量满足 18，还缺“2”个单位。

重复步骤一和步骤二，一直到所有销地的需求都得到满足，最终的计算结果如表 4-4 所示。需要注意的是，采用“西北角法”求得的未必是最优解，需要采用“闭合回路法”进行最优解的判定。

表 4-4　　　　产销运输平衡计算结果

产地＼运价＼销地	A	B	C	D	运出量
甲	60 / 16	40 / 2	160 / 0	20 / 7	25
乙	40	20 / 18	50	140	18
丙	180	200	60 / 5	120	5
运入量	16	20	5	7	48

三、配送作业

工作任务要求：熟悉 B2C 型电商企业物流配送的一般作业流程，要求按照图示清晰描述电商企业物流配送作业的流程。

当用户在网店上下单后，电商企业的物流配送作业就开启了。物流配送作业实际上是化零为整和化整为零，使产品通过它迅速流转。常见的电商企业物流配送作业流程分为一般作业流程、越库作业流程。

（一）一般作业流程

物流配送的一般作业流程适用于以干货为主的配送，如服装、鞋帽、日用品等小百货，家用电器等机电产品，图书和印刷品及其他杂品的配送。这类产品的特点是有确定的包装，商品的尺寸不大，可以对它们进行混装、混载，而且这类产品还具有多品种、小批量、多批次和多用户的配送特点。

物流配送的一般流程比较规范，如图 4-9 所示。但并不是所有配送流程都是一样的，不同产品的配送流程可能有独特之处，如有些商品需要进行流通加工，而流通加工又可能在不同环节中出现。

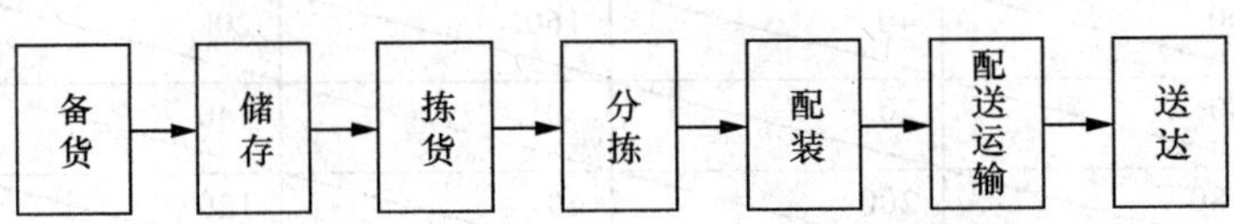

图 4-9　物流配送的一般作业流程

1. 备货

备货是配送的准备工作或基础工作，工作内容包括筹集货源、订货或购货、集货、进货及有关的质量检查、结算、交接等。配送的优势之一就是可以集中用户的需求进行一定规模的备货。备货是决定配送成败的初期工作，如果备货成本太高，会大大降低配送效益。

2. 储存

配送中的储存有储备及暂存两种形式。储备是按一定时期的配送经营要求形成的、对配送的资源保证。这种类型的储备数量较大，储备结构也较完善，视货源及到货情况，可以有计划地进行储备周转，保证储备的结构完整与数量稳定。配送的储备保证有时也可在配送中心附近单独设库解决。另一种储存形式是暂存，它是指在具体执行日配送时，按分拣配货要求，在理货场地所做的少量储存准备。由于总体储存效益取决于储存总量，所以，这部分暂存数量只会对工作方便与否造成影响，而不会影响储存的总效益，因而在数量上控制并不严格。

还有另一种形式的暂存，即在分拣、配货之后形成的发送货载的暂存，这种暂存主要是调节配货与送货的节奏，暂存时间不长。

3. 拣货及分拣

拣货及分拣是配送不同于其他物流形式的、有特点的功能要素，也是配送成败的一项重要支持性工作。拣货及分拣可以完善送货并支持送货工作，是不同配送企业在送货时进行竞争和提高自身经济效益的必然延伸，所以，也可以说是送货向高级形式发展的必然要求。有了分拣及配货就会大大提高送货服务水平，因地，分拣及配货是决定整个配送系统水平的重要因素。

知识链接：拣货方式

拣货分为“摘果”式拣货和“播种”式拣货两种。

1.“摘果”式拣货

以出货单为准，每位拣货员以品类顺序或储位顺序为动线，至每种品类储位下层的拣货区拣取该出货单内指定数量的该品类货物堆码在托盘上，再继续拣取下一个品类，一直到完成该出货单上所有货物的拣取工作后，将拣好的货物与出货单放置于待运区指定位置，由出货验放人员接手。

（1）“摘果”式拣货的优点：以出货单为单位，每人一单，出错的机会较少而且易于追查。

（2）“摘果”式拣货的缺点：动线的重复太多，易于在热门品类集中的区域造成进出交通拥塞和补货不及时等现象；人力负荷重。

2.“播种”式拣货

先按照“拣货总表”的品类总数量，到指定储位下层的拣货区一次一项地取货，取完一个品类后，拖至待验区，按照出货单的代码将该品类应出货的数量备好。

“播种”式拣货需要相当大的空间做待验区，且出货时间也有一定的间隔。如果出货单数量不多，这两种方式的效率与效果差别不大。

如果多品种、大批量出货，“播种”式拣比“摘果”式拣误差小、处理时间短。

4. 配装

在单个用户配送数量不能达到车辆的有效载运负荷时，就存在如何集中不同用户的配送货物，进行搭配装载以充分利用运能、运力的问题，这就需要配装。在配送中心的作业流程中安排配载，把同一线路多个用户的多种货物合理地装载于同一运输工具上，不仅可以大大提高送货服务水平、降低送货成本、提高企业经济效益，而且能够减少车流量，改善交通拥挤状况。配装也是配送系统中有现代特点的功能要素，也是现代配送不同于以往送货的重要区别之处。

5. 配送运输

配送运输属于运输中的末端运输、支线运输，和一般运输形态的主要区别在于，配送运输是较短距离、较小规模、较高额度的运输形式，一般以汽车为运输工具。与干线运输的区别是，配送运输的路线选择问题是一般干线运输所没有的，干线运输的干线是唯一的运输线路，而配送运输由于配送用户多，一般城市交通路线又较复杂，因此如何配装构成最佳搭配，如何选择构成最佳路线等是配送运输的特点，也是难度较大的工作。

6. 送达

配好的货物运输到用户手中还不算配送工作的完结，送达服务是配送流程最后的重要环节。通过送达服务要圆满地实现货物的移交，并有效地、方便地处理相关手续并完成结算。

知识链接：某电商企业物流配送流程图（见图 4-10）

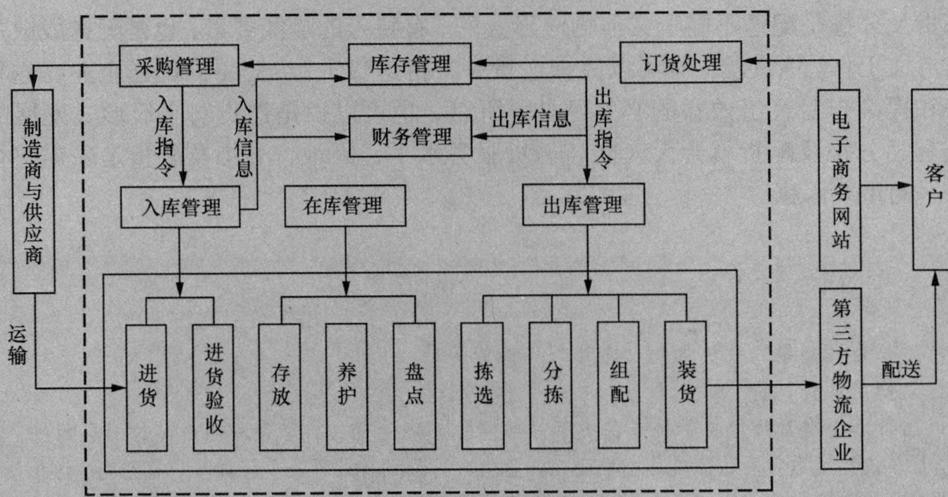

图 4-10　某电商企业物流配送流程图

（二）越库作业流程

越库（Cross Docking）作业是在收货和发货之间直接地运送商品，取消了商品储存和选择的步骤。在发货区域，商品经过一个传送带直接流向发货车辆；在收货区域，产品从卡车上直接移到分拣区。一般认为，在越库作业物流系统中，仓库是库存的协调点而不是库存的储存点。越库作业有以下几点显著的特征。

（1）越库作业以“零库存”为最终目标，是一种基于 JIT 的先进的现代库存管理系统。

（2）越库作业以更精确的顾客需求预测为基础，是一种需求驱动的“拉动”系统。

（3）越库作业以供应链上各方的积极参与为基础，旨在追求和提高供应链的整体系统性能和效率。

（4）越库作业以成本——效益分析为基础，是一种先进的配送战略。

（5）越库作业是一个遵循 PDCA 循环（计划——实施——检查——行动）的连续改进过程。

对于越库作业的上述五个显著特征进行充分理解并达成共识，是任何公司成功运作越库的基础。成功运作越库的困难不在于技术方面，重要的是它体现了与以往截然不同的运作方式。

成功的越库运作要求可以归纳为以下六个。

（1）必须与供应链上的其他成员建立伙伴关系。当供应链的一个成员实施越库作业时，通常引起其他成员的成本增加。因此，通过与供应链上的其他成员建立密切的伙伴关系，对发生的额外成本进行合理的分担，是成功运作越库的一个基本前提和要求。

（2）对产品的质量和可获得性的绝对信任。越库作业是要求产品的流动没有中断的实时运作，必须确保在需要的时候，能够获得满足质量要求的正确的产品。

（3）供应链上各成员之间的交流要及时。因为越库是实时的运作，供应链上各成员之间的信息交流必须是即时的。

（4）越库运作的内部交流和控制。一旦实施越库运作，产品必须迅速而无中断地流经越库作业设施。为了完成内部的交流任务，一个带有条形码和无线通信的仓库管理系统（WMS）

是必不可少的。

（5）人员、设备和设施。由于越库作业取消了或者极大地减少了储存和分拣工作，因而增加了产品收货和发货的要求。成功的越库运作需要对这些要求有一个清楚的了解，进而配置相应的资源以保证这些要求得到满足。通常，越库运作实施项目需要启动一个很大的投资。

（6）越库运作的管理。国外的越库作业实践表明，越库运作的日常管理是相当复杂的和重要的，但也是容易被忽视的，这已成为越库成功运作实施的一个障碍。越库运作的复杂性对管理者的计划、协调提出了更高的要求。

【实践应用】

一、沃尔玛优化物流运输成本

实践内容：运用运输合理化的方法分析沃尔玛优化物流运输成本的措施，分组讨论沃尔玛物流运输成本优势在转战电商时是否还有效。

应用步骤：①了解沃尔玛的公司背景；②讨论分析沃尔玛优化物流运输成本的措施；③了解沃尔玛发展电子商务的状况；④分组讨论沃尔玛转战电商时原来的物流优势是否还有效。

沃尔玛是世界上最大的零售企业，2016 年的销售额已高达 4 821 亿美元，跃居世界 500 强企业第一名，在零售行业几乎没有对手。

（一）沃尔玛简介

沃尔玛百货有限公司（以下简称“沃尔玛”）由美国零售业的传奇人物山姆 · 沃尔顿先生于 1962 年在阿肯色州成立。经过五十多年的发展，沃尔玛已经成为世界最大的私人雇主和连锁零售商，多次荣登《财富》杂志世界 500 强榜首及当选最具价值品牌。沃尔玛致力通过实体零售店、在线电子商店以及移动设备移动端等不同平台、不同方式来帮助世界各地的人们随时随地地节省开支，并生活得更好。每周，超过 2.6 亿名顾客和会员光顾沃尔玛在 28 个国家和地区拥有的超过 63 个品牌下的约 11 500 家分店以及遍布 11 个国家和地区的电子商务网站。其 2016 财政年度（2015 年 2 月 1 日至 2016 年 1 月 31 日）的营业收入近 4 821 亿美元，全球员工总数约 230 万名。一直以来，沃尔玛坚持创新思维和服务领导力，一直在零售业界担任领军者的角色；更重要的是，沃尔玛始终履行“为顾客省钱，从而让他们生活得更好”的这一企业重要使命。

沃尔玛之所以能够迅速成长，并且成为著名公司之一，是因为沃尔玛在节省成本以及在物流配送系统与供应链管理方面取得了巨大的成功。

（二）沃尔玛优化物流运输成本的措施

沃尔玛的成功不是偶然的，这与其一直追求的法则“控制成本，使其低于竞争对手”有着密切的关系，但要做到这一点并不容易。在我国，沃尔玛百分之百地采用公路运输，所以如何降低卡车运输成本，是沃尔玛物流管理面临的一个重要问题，为此他们主要采取了以下措施。

（1）沃尔玛使用一种尽可能大的卡车，大约有 16 米加长的货柜，比集装箱运输卡车更长或更高。沃尔玛把卡车装得非常满，产品从车厢的底部一直装到顶部，这样非常有助于节约成本。

（2）沃尔玛的车辆都是自有的，司机也受雇于本公司。沃尔玛的车队大约有 3 700 多名司机，还有 5 000 名非司机员工，车队每周每一次运输里程可以达 7 000 公里～8 000 公里。沃尔玛知道，卡车运输是比较危险的，有可能发生交通事故。因此，对于运输车队来说，保证安全是节约成本最重要的环节。沃尔玛的口号是“安全第一，礼貌第一”，而不是“速度第一”。在运输过程中，卡车司机们都非常遵守交通规则。沃尔玛定期在公路上对运输车队进行调查，卡车上面都带有公司的号码，如果看到司机违章驾驶，调查人员就可以根据车上的号码向相关部门报告，以便于进行惩处。沃尔玛认为，卡车不出事故，就是节省公司的费用，就是最大限度地降低物流成本。由于狠抓了安全驾驶，运输车队已经创造了300万公里无事故的纪录。

（3）沃尔玛安装了公司专用的卫星通信系统，该系统的应用使得总部、分销中心和各商店之间可以实现双向的声音和数据传输，全球各地的沃尔玛分店都能够通过自己的终端与总部进行实时的联系，从而帮助员工更有效地工作，更好地做出决策，以提高生产率和降低成本。

（4）沃尔玛采用全球定位系统对车辆进行定位，因此在任何时候，调度中心都可以知道这些车辆在什么地方，离商店有多远，还需要多长时间才能到达商店，这种估算可以精确到小时。沃尔玛知道卡车在哪里、产品在哪里，就可以提高整个物流系统的效率，这有助于降低成本。

（5）沃尔玛连锁商场的物流部门24小时工作，无论白天或晚上，都能为卡车及时卸货。另外，沃尔玛的运输车队利用夜间进行从出发地到目的地的运输，从而做到了当日下午进行集货，夜间进行异地运输，翌日上午即可送货上门，保证在15～18小时内完成整个运输过程，这是使沃尔玛在速度上取得优势的重要措施。

（6）沃尔玛的卡车把产品运到商场后，商场可以整车卸货，而不用对产品逐个检查，这样就可以节省很多时间和精力，加快了沃尔玛物流的循环过程，从而降低了成本。这里有一个非常重要的先决条件，就是沃尔玛的物流系统能够确保商场所得到的是与发货单完全一致的产品。

（7）沃尔玛的运输成本比供货厂商自己运输产品的成本要低，所以厂商也使用沃尔玛的卡车来运输货物，从而可以把产品从工厂直接运送到商场，大大节省了产品流通过程中的仓储成本和转运成本。

沃尔玛的集中配送中心把上述措施有机地组合在一起，做出最经济合理的安排，从而使沃尔玛的运输车队能以最低的成本高效率地运行。

（三）沃尔玛运输合理化分析

沃尔玛的物流运输成本优化措施，如采用大尺寸、大容量的运输工具，24小时全天候装卸货，其目的是提高运输效率，使得运送成本最经济。其实，沃尔玛不仅在运输时间和成本上下功夫，同时还注重物流信息技术的应用，真正通过运输合理化经营，减少了运输的中间环节，降低了运输费用，缩短了运输时间，实现了全物流系统成本的降低。

知识链接：沃尔玛在我国的电子商务

全球最大零售企业沃尔玛在我国电子商务市场发展快速，目前沃尔玛山姆会员网上商店已经在深圳、上海、北京、广州、福州、杭州、大连、苏州八个城市上线。对于这家全球最大零售企业来说，其进军电子商务在供应链领域拥有巨大的优势，那就是它强大的全球采购体系、供应链整合能力和价格优势，这不仅是零售企业，也是任何电子商务公司都无法跨越的门槛。而在我国，沃尔玛的电子商务战略却被赋予了更重要的意义。

沃尔玛在我国将电子商务业务作为独立部门运作，由沃尔玛中国CFO直接负责。山姆会员网上商店为线上企业提供仓储服务，双方共用山姆会员网上商店的仓库，货物从山姆会员网上商店由第三方物流公司配送到用户手中。目前，沃尔玛网上商城的配送和客服都外包给第三方，而产品价格与实体店差距不大，品类涉及日用百货、食品饮料、母婴用品、办公用品、文体以及3C，而比较有特色的是酒类和有机食品。

二、电商企业选择的物流配送模式

实践内容：分析影响京东、当当网和亚马逊中国3家自营电商平台选择的是哪种物流配送模式？影响它们选择该种物流配送模式的主要因素有哪些？评价3家自营电商平台选择的物流配送模式是否合理。

应用步骤：①了解京东、当当网和亚马逊中国3家自营电商平台的发展概况；②确定3家自营电商平台选择了哪种物流配送模式；③分析影响3家电商企业选择该种物流配送模式的主要因素有哪些；④梳理电商企业选择物流配送模式的过程，绘制成图；⑤评价3家自营电商平台选择的物流配送模式是否合理。

国内电商企业物流发展的基本状况是产业整体的物流需求规模较大，单一订单相对很小，并且地域分散，很难发挥规模经济效应。在库存方面，要求SKU品类要多，同时拣选面积要能够满足多品类的储存，还需要很多的拆零选位，单个SKU数量很少；以隔板式货架为主，以箱为单位，而不是以托盘为单位；由于SKU更新很快，需要动态随机的拣货位。以上诸多问题对整个物流作业的正确性和实时性要求都很高。

（一）电商企业的物流配送难度大

电商企业想要通过物流来提高服务质量，需要从物流的软硬件两个方面下功夫，“两手抓，两手都要硬”，但并非所有的电商企业都有这种实力或能达到这样的水平。

首先，电子商务物流必须保证较低的物流损害率。不同的包装技术、分拣技术、储藏技术所产生的物流损害率是不一样的，而电子商务物流的特点是以小件为主，产品的单价很高，如电子产品、高档化妆品、金银饰品、奢侈品等，因为该类商品一般利润较高，所以在包装上付出的成本相应地也非常大。而图书音像类产品因为单价低，配送成本大，利润较低，所以包装要相对差一点。不同的包装所导致的物流缺损状况是不同的。同时由于企业销售的产品不同，对于配送服务的要求也不同。不同的物流服务水平也导致了物流的缺损状况有很大的差异。

其次，电商物流必须有较高的物流服务弹性，要适应小批量、多批次的要求，拼货能力要增强，要尽量降低配货差错率。电商企业配送和传统零售企业配送的最大区别，就是小批量、多批次、个性化的物流要求。而传统的企业由于能够有效地集中销售人群，如大型的百货零售企业经营多年，对于某个地区顾客的购物需求已有基本的把握，在采购产品时会考虑较集中的大批量、少批次的采购，这对于物流强度和包装的要求较低。

然而电商企业的顾客分散，顾客的需求千差万别。这不但对商品的采购、库存管理和配送都有很高的要求，还要求有较全的物流配送网络，以便缩短物流配送时间，降低物流的配送成本。

（二）电商企业物流配送模式的选择

电子商务企业与传统企业竞争打的就是低价牌，所以单个产品的利润率极低，有的甚至“赔本赚吆喝”，同时为了不影响顾客体验，又需要快速配送，物流成本如果不能降低，企业的发展将举步维艰。因此，电商企业在开展电子商务的过程中，必须根据自身的实际情况选择适合自己的物流配送模式。

目前，国内电商企业的物流配送模式主要有自营模式、第三方物流配送模式、自营为主和第三方物流为辅的物流配送模式。每家企业的行业性质和特点不同，所以在发展模式上差异较大。由于本文的研究主要以B2C型电商企业展开论述，所以下面主要集中介绍国内早期的3家B2C型电商企业物流发展状况。具体内容如表4-5所示。

表 4-5　　　　　　　B2C 型电商企业物流配送模式

	当当网	京东	亚马逊中国
公司目标	全国最大的综合性中文网上购物商城	做中国最大、全球前五的电子商务公司	做全球最大的电子商务公司
成立之初主营业务	以图书、音像制品为主，兼营小百货	以 3C 电子产品为主	以图书为主，经营小百货业
物流对企业的重要程度	一般，图书影和音制品对配送的要求不高	依赖性强，电子产品对物流的安全性要求很高	一般，图书和音像制品对配送的要求不算太高
企业经营物流的能力评估	一般，图书的利润较低，企业成长速度慢，自建物流风险大，资金占用多，不利于企业的发展	利润较高，资金充裕，企业成长快，自建物流比较合适	一般，图书的利润较低，企业成长速度慢，自建物流风险大，资金占用多，不利于企业的发展
物流模式	以第三方为主	以下自建物流为主	以第三方为主

这 3 家企业成立之初商品品类都很少，在选择物流配送模式的时候主要是从企业的盈利能力和对配送的安全性要求两个方面来考虑的。但是随着业务规模的扩大，我国电子商务的大环境也在变化，这 3 家企业的业务逐渐趋于同质化，3 家企业都开始进军零售百货业，在物流的供应链管理上也发生了重要的变化，主要以仓储和配送环节最为显著，表现如下。

1．京东

京东成立之初就选择自建物流和组建大型配送中心，并在配送中心辐射范围内建立城市配送站，由京东的配送人员负责配送。同时根据业务发展的需要，在一些偏远的城市选择和第三方物流合作，形成了以自营物流为主和第三方物流为辅的布局结构。此外，在一些高校还建立了自提点，以方便学生取货。在配送过程中，京东采用了自己开发的 GIS 包裹跟踪系统，该系统通过给全部配送人员配备 PDA 设备，顾客可以通过电子地图实时跟踪所购商品的位置、投递的情况。

京东提供的物流配送服务有 211 限时达、次日达、极速达、隔日达、定时达、夜间配、自提柜等。

2．当当网

在仓储运营方面：当当网在成立之初选择第三方物流，随着业务的增长，当当网开始在全国兴建仓储中心，自己运营仓储环节，当当网采用多个仓储分仓和供应商优化管理的经营方式。IT 系统将前台下的订单自动分配给离顾客最近的仓库，并对供货商的供货周期都会设定补货提示，以提高拣货效率，达到库存的最优化。但当当网并没有建立城市配送中心，各地的城市配送中心仍由第三方供应商，如各地的出版机构和新华书店负责仓储和配送。当当网有效地利用了供应商的仓储中心，降低了自己的运营成本。同时当当网控股的第三方配送公司成立了独立的物流开发平台，该平台提供商品分拣、包装及货到付款服务。虽然该平台由第三方物流公司组建运营，但通过共同确立的服务标准和严格的服务考核制度，完全可以确保当当网的服务质量。

在物流配送方面：当当网采用灵活的物流服务标准。若是普通快递则需要购物满 39 元才能免运费。北京、上海、天津、广州、深圳、廊坊 6 个城市地区的用户，在“送货方式”上可以根据自身的需求部分选择加急快件或夜间送货上门服务。

3．亚马逊中国

亚马逊中国和当当网很类似但略有不同，它选择在大型城市布局自己的仓储中心和相应的配送中心，采用以自身配送为主、在物流高峰期与第三方物流合作配送的模式。亚马逊中国在大中城市开通了送货上门服务，对于大中城市的配送来说，亚马逊中国在库房配好货以后，会通过物流货运公司运到当地的配送站点，再由业务员送货上门，而配送站一般没有仓库。

在电子商务时代企业所面临的挑战中，最复杂且付出成本较高的情形往往与订单履行有关，包括缺乏库存规划、库存不准确、仓储管理效率低下、发错货或配送延误等。所有这些问题不仅会影响客户体验，更会给企业带来高昂的成本。亚马逊以其领先的大数据供应链以及先进的物流体系在全球享有盛誉，建立了高效的仓储物流体系。同时，亚马逊中国推出"亚马逊物流+"服务，为我国企业提供全方位的仓储物流解决方案。"亚马逊物流+"让所有希望提高物流效率的国内企业可以借助亚马逊在仓储物流方面的专长帮助其管理仓储物流或进行产品配送。

综上所述我们发现，国内电商企业在物流配送模式的选择上差异较大。有些企业选择第三方物流配送模式，有些企业选择自建物流和第三方物流相结合的物流发展模式，这完全取决于企业的物流目标和内部优势。每种物流配送模式有其自身的运行特点，企业在不同的发展阶段对于物流的需求也会发生很大变化，因此没有一种模式对企业是最优的，企业需要根据自身的发展选择合适的物流配送模式。

【任务拓展】

一、DRP 应用

（一）任务背景

货通天下是每一个商家的愿望，在传统的销售模式中，企业往往需要花费十多年才能建立起一套成熟的销售渠道，企业品牌的建立也需要一点一滴的耕耘。而电子商务的出现拉近了商家与消费者的距离，颠覆了传统的销售模式，利用先进的 DRP 分销系统则能使企业业务迅速扩展，真正实现货通天下。配送需求计划（Distribution Requirement Planning，DRP）是一种既保证有效地满足市场需要，又使得物流资源配置费用最低的计划方法，是 MRP 原理与方法在物品配送中的运用。它是流通领域中的一种物流技术，是 MRP 在流通领域应用的直接结果。它主要解决分销物资的供应计划和调度问题，达到既保证有效地满足市场需要又使得配置费用最低的目的。

DRP 在两类企业中可以得到应用。一类是流通企业，如储运公司、配送中心、物流中心、流通中心等。这些企业的基本特征是，不一定开展销售业务，但一定有储存和运输的业务，它们的目标是在满足用户需要的原则下，有效利用资源（如车辆等），使总费用最低。另一类企业既搞生产又搞流通，产品全部或一部分由自己销售，企业中设有流通部门承担分销业务，具体组织储、运、销活动。DRP 的原理如图 4-11 所示，输入 3 个文件，输出 2 个计划。

1. 输入文件

（1）社会需求文件。包括所有用户的订货单、提货单和供货合同，以及下属子公司、企业的订货单，此外企业还要进行市场预测，确定一部分需求量，并将所有需求按品种和需求时间进行统计，整理成社会需求文件。

（2）库存文件。对自有库存物资进行统计，以便针对社会需求量确定必要的进货量。

（3）生产厂资源文件。包括可供应的物资品种和生产厂的地理位置等，地理位置和订货提前期有关。

2. 输出计划

（1）送货计划。为了保证按时送达，对用户的送货计划要考虑作业时间长短和路程远近，提前一定时间开始作业。对于大批量需求可实行直送，而对于数量众多的小批量需求可以进行配送。

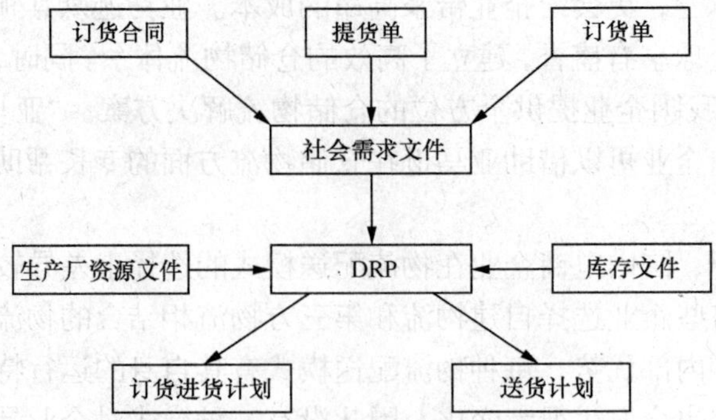

图 4-11　DRP 原理

（2）订货进货计划。它是指从生产厂订货的计划。对于需求物资，如果仓库内无货或者库存不足，则需要向生产厂订货。当然，也要考虑一定的订货提前期。

以上两个计划是 DRP 的输出结果，是组织物流的指导性文件。

（二）任务内容

DRP 的主要考虑因素有 4 个，分别是当前库存量、安全库存量、订货批量和前置期。具体应用过程如下。

假设某全国分销配送中心有 3 个地区分销中心，分别位于杭州、北京和广州。

1．杭州地区分销中心的 DRP 如表 4-6 所示

表 4-6　　杭州地区分销中心的 DRP 表

当前库存量 BOH=230　　前置期　LT = 2 周

安全库存量　SS=50　　订货批量　Q = 400

	当前库存量（个）	周 1	2	3	4	5	6	7	8
预计需求（个）		60	50	60	70	80	70	60	50
计划收货（个）					400				
余额预期（个）	230	170	120	60	390	310	240	180	130
计划订单（个）			400						

2．北京地区分销中心的 DRP 如表 4-7 所示

表 4-7　　北京地区分销中心的 DRP 表

当前库存量 BOH=180　　前置期　LT = 2 周

安全库存量　SS=105　　订货批量　Q = 600

	当前库存量（个）	周 1	2	3	4	5	6	7	8
预计需求（个）		110	90	120	100	110	120	130	100
计划收货（个）		600						600	
余额预期（个）	180	670	580	460	360	250	130	600	500
计划订单（个）						600			

3. 广州地区分销中心的 DRP 如表 4-8 所示

表 4-8　　广州地区分销中心的 DRP 表

当前库存量 BOH=150　　前置期　LT = 2 周

安全库存量　SS=40　　订货批量　Q = 200

	当前库存量（个）	周							
		1	2	3	4	5	6	7	8
预计需求（个）		20	30	20	15	20	25	15	20
计划收货（个）							200		
余额预期（个）	150	130	100	80	65	45	220	205	185
计划订单（个）					200				

已知全国分销中心的当前库存量为 950 个，前置期为 3 周，安全库存量为 390 个，订货批量为 2 000 个，请绘制全国分销中心的 DRP 表。

（三）任务要求

本任务是一个自主学习型任务，要求学生一边学习一边自主完成，两个同学一组，时间为一天。撰写的《DRP 应用实践报告》的字数不限，要求计算正确，格式规范，条理清晰。

二、网店配送方案优化设计

（一）任务背景

“种类多，投资少，价格便宜”是网店的最大优势。若顾客订购商品后，“掌柜”们怎样才能选择最佳的配送方式，及时、准确而又价格合理地把物品送到顾客手中呢？这就需要店主们选择一种合适的配送方案。

一般来说，网店销售的配送方式是“大件走物流，小件走快递”。物流快运一般基于大件的货物或者比较多的货物，其主要特点是基本上按体积和重量计算运费，所以如果网店有货要快运公司托运，快运公司就会问是轻货还是重货等。物流快运的保险费率基本上是千分之三，但是保丢不保损，价格相对比较便宜，但是缺点是运输比较慢。另外物流的起点比快递高，而且需要商家去物流公司发货，物流公司一般不上门取货，就算取货也要另外加钱；对于买家，东西到了目的地一般也是要到物流公司自己取货；如果要求送货上门，买家必须加钱。快递公司一般基于小件货物或单件货物比较多，运费基本上也比较稳定，而且支持上门取货或者送货上门，信息也比较丰富，买家可以查到送货员的手机号码，有时候直接可以跟送货员联系，看看货物的运送情况。由于现在快递公司竞争激烈，运费上有讨价还价的空间。市场上的快递公司主要有圆通快递、申通快递、天天快递、韵达速递、顺丰速运等，运费稳定而且服务网络庞大。

（二）任务内容

选择一家网店，了解该网店当前的物流配送方案，收集网店经营情况和物流配送相关资料，然后结合所学的专业知识，对该网店物流配送方案实施优化设计，并绘制网店物流配送作业流程图，撰写《×××网店配送方案优化设计》。

（三）任务要求

本任务是一个自主学习型任务，要求学生一边学习一边自主完成，两个同学一组，时间为三天。撰写的《×××网店配送方案优化设计》的字数不限，要求方案设计合理，优化前后有对比分析，方案内容格式规范，条理清晰。

项目五　电子商务物流信息管理

导　语

电商企业物流活动连接着销售和采购，要实现将合适的产品，以适当的数量、合适的价格、在合适的时间送达到合适的地点，没有强大信息系统的支持是无法完成的。

现代信息技术改变了世界，也改变了物流管理。

学习目标

知识目标

- 了解物流信息系统的构成
- 了解条码、EDI、射频、EPC、GIS、GPS 等物流信息技术
- 理解物流信息的概念和特点
- 理解物流信息技术的概念
- 理解物流信息系统的基本概念
- 了解物流信息的作用和特点
- 掌握物流信息系统的功能和原理

技能目标

- 熟悉 RFID 技术的原理和应用
- 具备 EAN·UCC-13 条码的识别能力
- 具备 EAN·UCC-128 条码的识别能力
- 具备 EAN·UCC-14 条码的识别能力
- 具备应用 SAAS 物流信息管理系统的能力
- 具备智能供应链分析能力
- 具备电子面单的应用能力
- 具备企业物流信息电子化方案设计能力

【项目导入】

宝供物流信息化制胜

宝供物流企业集团（以下简称“宝供集团”）的前身是汕头供销储运公司设在广州的一个

转运站。1990年，宝供集团创始人刘武在转运站经营不善、出现亏损的情况下将其承包了下来，从此开始了宝供集团的成长之路。1994年，宝供集团一举拿下进入中国的宝洁公司的运输单，并由此开始了围绕服务宝洁、发展壮大自己的快速增长阶段。宝供集团的货物运作可靠性生产达到99%，运输残损率为万分之一，远远优于国家有关货物运输标准，信息化是其制胜的最有力武器。宝供集团信息化发展基本上实现了每三年到四年上一个大的台阶。从支持运作管理到与客户协同管理，从信息平台管理上升到支持企业全面经营管理不断进行创新和跨越。宝供集团的信息化发展历程大致如下。

起步阶段，从1997年到1999年，宝供集团实现了利用基于INTERNET的物流信息系统取代人工单证管理的创新应用，并支持企业物流运输、仓储和核算等基本管理需求。该信息系统为宝供集团带来了一个新的营运模式，摆脱了过去传统的手工操作，通过数据库网络、网络传递等计算机辅助手段实现对数据的核对和整理，使宝供集团的营运质量有了很大提高。以前货物从广州到北京需要15天，采用物流管理信息系统后只要10天，铁路运输的时间可靠性能达到95%，公路的达到99%。

第二阶段，从2000年到2002年，宝供集团成功通过与客户系统EDI进行对接，实现了从支持企业内部运作到与客户系统协同管理，与客户动态分享物流信息的突破。

第三阶段，从2003年到2006年，宝供集团成功实现从物流信息管理系统到物流信息管理平台的升级，建立了以宝供ERP系统为核心的宝供物流信息管理平台，将平面仓库管理系统（SMS）、立体仓库管理系统（WMS）、全程订单管理系统（TOM）、运输管理系统（TMS）、多元化多门户数据平台（EDI）、ERP财务系统（FMS）、客户关系管理系统（CRM）等各模块动态集成，实现信息共享和协同处理。宝供物流信息管理平台如图5-1所示。

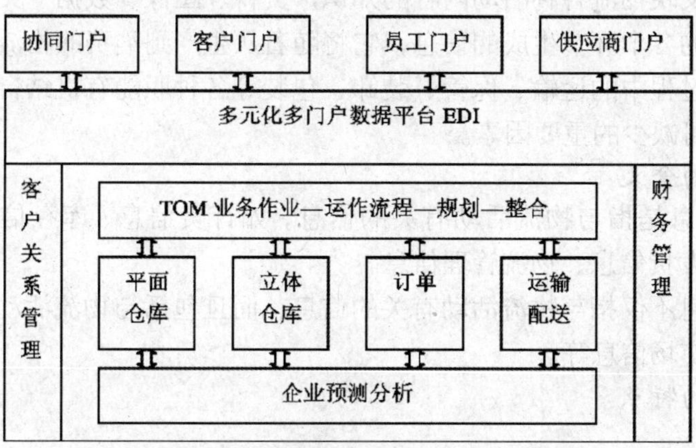

图 5-1　宝供物流信息管理平台

第四阶段，从2007年到2010年，宝供集团成功实现从全面运作管理到物流精益管理的飞跃，对外使信息平台实现支持全球供应链双向一体化的现代物流服务平台和支持行业供应链一体化的专业物流服务平台的功能；对内全面支持企业的经营决策管理。

当前阶段，从2011年开始，宝供集团与中国移动广东公司合作，以运输全程供应链智能定位跟踪模式的合作研发应用为核心，整合宝供物流管理平台和中国移动的定位技术、先进的移动通信网络以及MAS短/彩信等多项服务，为物流客户提供货运预达通知、货物在途运输实时查询、运输路径的智能规划及客户订单的实时电子流转等服务，利用信息化手段降低物流运营成本和能源损耗，实现“智慧物流”。

宝供集团物流信息化的价值不是简单地推广应用信息系统，而是通过信息化发展推动企业运营管理模式的发展升级，从支持运作管理走向支持经营决策。经营的本质就是开源和节流。在开源方面，宝供集团已总结形成日化、食品、家电、服装、汽车零配件等行业基于系统管理的物流行业解决方案，并全面参与新业务从方案规划到系统实施、客户服务的全过程。在节流方面，宝供集团通过系统已经能全面监控每票运营成本。

现代物流是经济、社会和技术发展到一定阶段的产物，其核心是突出系统整合、优化的理念，对分散的运输、储存、装卸、搬运、包装、流通加工、配送、信息处理等基本功能，运用信息技术和供应链管理手段实施一体化运作，以达到降低成本、提高效率、优化服务的目的。

思考：

1. 宝供集团的物流采用了哪些现代信息技术？请你说说这些信息技术。
2. 这些现代信息技术的应用为宝供集团创造了哪些价值？
3. 宝供集团董事长刘武提出“信息驱动业务的运营管理”，谈谈你对此的理解。

【知识准备】

一、物流信息与物流信息系统

（一）物流信息

物流信息是指与物流活动（商品包装、商品运输、商品储存、商品装卸等）有关的一切信息。物流信息是反映物流各种活动内容的知识、资料、图像、数据、文件的总称。物流信息是在物流活动中的各个环节生成的信息，它将随着从生产到消费的物流活动的产生而产生的信息流，与物流过程中的运输、保管、装卸、包装等各种职能有机结合在一起，是整个物流活动顺利进行不可缺少的重要因素。

1. 物流信息的含义

狭义的物流信息是指与物流活动有关的信息，如订货信息、库存信息、采购指示信息（生产指示信息）、发货信息、物流管理信息。

广义的物流信息不仅指与物流活动有关的信息，而且包括与物流活动有关的其他信息，如商品交易信息和市场信息等。

2. 物流信息的特点

知识链接：物流活动需要及时准确的信息

及时而又准确的信息对有效率的物流活动非常关键，原因如下。

（1）顾客了解有关订货状况、产品可得性、交货计划表以及发票等信息是满足顾客需求、为顾客提供服务的必要依据。

（2）为了达到减少整个供应链存货的目的，信息能够有效地减少企业对存货和对人力资源的需要。

（3）对有关从战略优势出发考虑的何时、何地及如何利用各种资源的问题，信息可以增加其灵活性。

在电子商务时代，随着人们的需求向着个性化的方向发展，物流过程也在向着多品种、少量生产和高频度、小批量配送的方向发展，因此，物流信息在物流的过程中也表现出很多不同的特征。和其他领域信息比较，物流信息的特殊性主要表现在以下几个方面。

（1）由于物流是一个大范围的活动，物流信息源也分布于一个大范围内，信息源点多、信息量大。如果在这个大范围中未能实现统一管理或标准化，则信息便缺乏通用性。

（2）物流信息动态性特别强，信息的价值衰减速度很快，这就对信息工作的及时性要求较高。在大系统中，强调及时性，信息收集、加工、处理的速度要快。

（3）物流信息种类多，不仅本系统内部各个环节有不同种类的信息，而且由于物流系统与其他系统，如生产系统、销售系统、消费系统等密切相关，因而还必须收集这些类别的信息。这就使物流信息的分类、研究、筛选等难度增加。

不同类别的物流信息有着不同的特点，例如，物流系统产生的信息，由于需要向社会提供，因而收集信息应力求全面、完整。而收集的其他系统信息，则要根据物流要求予以选择。

（二）物流信息系统

物流信息系统（Logistics Information System，LIS）与物流作业系统一样都是物流系统的子系统，是指由人员、设备和程序组成的，为后勤管理者执行计划、实施、控制等职能提供相关信息的交互系统。

物流信息系统作为企业信息系统中的一类，可以被理解为通过对与物流相关信息的加工处理来达到对物流、资金流的有效控制和管理，并为企业提供信息分析和决策支持的人机系统。物流信息系统以物流信息传递的标准化和实时化、存储的数字化、物流信息处理的计算机化等为基本内容。

1. 物流信息系统的构成

（1）硬件。硬件包括计算机、网络、必要的通信设施等，如计算机主机、外存、打印机、服务器、通信电缆、通信设施。它是物流信息系统的物理设备、硬件资源，是构建物流信息系统的基础，它构成系统运行的硬件平台。

（2）软件。在物流信息系统中，软件一般包括系统软件、实用软件和应用软件。

① 系统软件主要有操作系统（DOS）、网络操作系统（NOS）等，它控制、协调硬件资源，是物流信息系统必不可少的软件。

② 实用软件的种类很多，对于物流信息系统而言，实用软件主要有数据库管理系统（DBMS）、计算机语言、各种开发工具、国际互联网上的浏览器、群件等，主要用于开发应用软件、管理数据资源、实现通信等。

③ 应用软件是面向问题的软件，与物流企业业务运作相关，具有辅助企业管理的功能，如运输管理软件、仓储管理软件、配送管理软件、客户管理软件等。不同的企业可以根据应用的要求来开发或购买软件。

知识链接：物流行业的过程管理

物流行业的过程管理简单地说可以分成几部分：业务受理、仓储管理、配送管理、客户管理和决策支撑等，另外还涉及人事、部门、分公司、代办点、配货、车辆、货运调度、仓库调拨，有的公司还会涉及条形码、GPS、拣货等过程，所以，物流行业的过程管理是一个比较复杂的管理过程。

实施信息化建设，必须将物流企业业务运作的各个过程进行数据化，并将相关的过程用数据相互联结起来，将工作过程管理转化为数据流管理，同时将关键数据指标转换为决策数据。

（3）数据库与数据仓库。数据库与数据仓库用来存放与应用相关的数据，是实现辅助企业管理和支持决策的数据基础。目前，大量的数据存放在数据库中，随着物流信息系统应用的深入，采用数据挖掘技术的数据仓库也应运而生。

知识链接：数据仓库

数据仓库之父比尔·恩门认为，数据仓库是一个面向主题的、集成的、相对稳定的、反映历史变化的数据集合，用于支持管理决策。数据仓库技术是为了有效地把操作型数据集成到统一的环境中以提供决策型数据访问的各种技术和模块的总称。数据仓库与数据库的区别表现在以下几个方面：一是数据库是面向事务设计的，数据仓库是面向主题设计的；二是数据库一般存储在线交易数据，数据仓库存储的一般是历史数据；三是数据库设计尽量避免冗余，一般采用符合范式的规则来设计数据库，数据仓库设计是有意引入冗余，采用反范式的方式来设计数据仓库。数据库是为捕获数据而设计的，数据仓库是为分析数据而设计的，它的两个基本元素是维表和事实表。以银行业务为例，数据库是事务系统的数据平台，客户在银行进行的每笔交易都会被写入数据库，被记录下来，这可以简单地理解为用数据库记账。数据仓库是分析系统的数据平台，它从事务系统获取数据，并做汇总、加工，是为决策者提供决策的依据。例如，某银行某分行一个月发生多少交易，该分行当前存款余额是多少？如果存款和消费交易都很多，那么就需要在该地区设立ATM机。

（4）相关人员。系统的开发涉及多方面的人员，如企业高层领导、信息主管、中层管理人员、业务主管、业务人员、终端用户等，还有系统分析员、系统设计员、程序设计员、系统维护人员等，他们是从事企业物流信息资源管理的专业人员。不同的人员在物流信息系统开发过程中起着不同的作用。

随着数据库存储需求越来越多，企业需要运用相关数据（内部、外部）来满足企业决策的需要，所以信息分析人员将成为企业急需的人才。

（5）物流企业管理思想和理念、管理制度与规范流程、岗位制度。这是物流信息系统成功开发和运行的管理基础和保障，是构造物流信息系统模型的主要参考依据，制约着系统硬件平台的结构、系统计算模式、应用软件的功能。

2. 物流信息系统的功能

物流信息系统是把各种物流活动与某个整合过程连接在一起的通道。而这个整合过程应建立在4个功能层次上：交易系统、管理控制、决策分析以及制订战略规划，如图5-2所示。

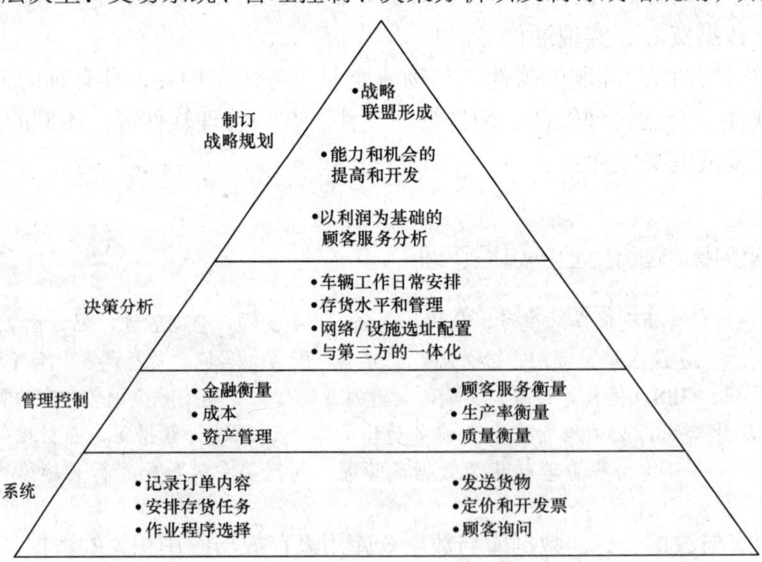

图5-2　物流信息系统的4个功能层次

（1）第一层次是交易系统，用于启动和记录最基本的个别物流活动。交易活动包括记录订货内容、安排存货任务、作业程序选择、装船、定价、开发票，以及顾客查询等。交易系统的特征是：格式规则化、通信交互化、交易批量化以及作业程序化。结构上的各种过程和大批量的交易相结合主要强调了信息系统的效率。物流信息管理系统管理控制、决策分析以及战略计划制订的强化需要以强大的交易系统为基础。

（2）第二层次是管理控制，要求把主要精力集中在功能衡量和报告上。功能衡量对于提供有关服务水平和资源利用等的管理反馈来说是必要的。因此，管理控制涉及评价过去的功能和鉴别各种可选方案。当物流信息系统有必要报告过去的物流系统功能时，物流信息系统是否能够在其被处理的过程中鉴别出异常情况也是很重要的。

（3）第三层次是决策分析，主要把精力集中在决策应用上，协助管理人员鉴别、评估和比较物流战略和策略的可选方案上。决策分析与管理控制不同的是，决策分析的主要精力集中在评估未来策略的可选方案上，并且它需要相对的灵活性，以便作范围更广的选择。典型分析包括车辆日常工作安排和计划、存货管理、设施选址，以及有关作业比较和安排的成本—收益分析。

（4）第四层次是制订战略规划，主要精力集中在信息支持上，以期开发和提炼物流战略。这类决策往往是决策分析层次的延伸，但是，通常更加抽象、松散，并且注重于长期的需求。

3. 物流信息系统的原理

物流信息系统 4 个层次的特点与理由如图 5-3 所示，其最终是要形成企业的竞争优势。而形成企业的竞争优势离不开物流信息系统的 6 条原理，这样才能满足物流信息管理的需要。物流信息系统的 6 条原理如下。

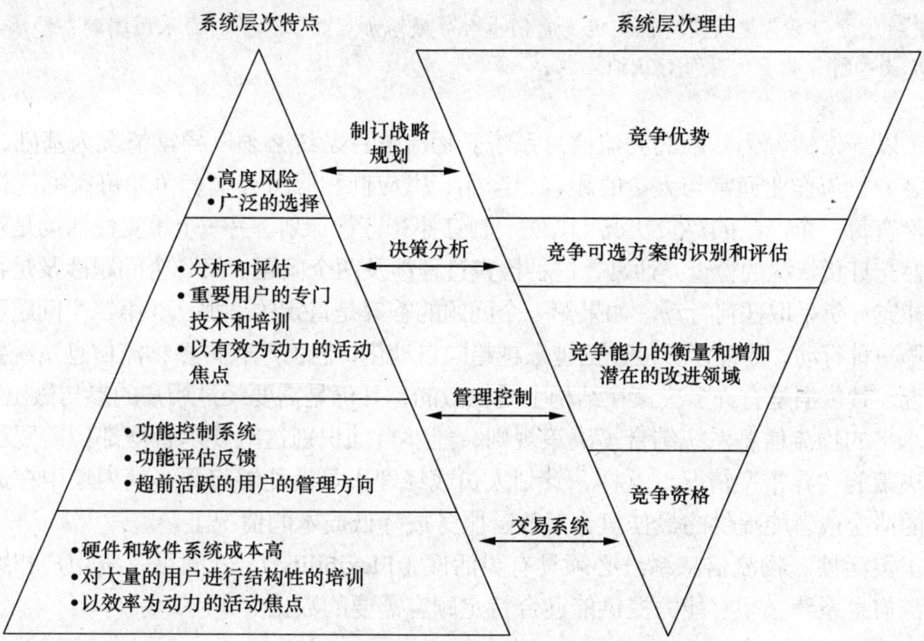

图 5-3 物流信息系统层次的特点与理由

（1）可得性。物流信息系统必须拥有容易而又始终如一的可得性（Availability）。所需信息的例子中包括订货和存货状况。但在企业有可能获得有关物流活动的重要数据时，却往往是以书面信息为基础的，或者很难从计算机系统中重新得到。而迅速的可得性对于对顾客做出反应以及改进管理决策是很有必要的。因此，可得性需要能够自动存取存货状况和订货状态方面的信息，这一点是至关重要的。可得性的另一方面是存取的信息必须能够得到及时的更新。例如，订货信息由于物流作业分散化的性质存储在很多地方，但在物流信息系统中的订货信息都必须能从国内甚至世界范围内的任何地方得到更新。这样，信息的可得性就能减少作业和制订计划的不确定性。

（2）精确性。物流信息必须精确地反映当前状况和定期活动，以衡量顾客订货和存货水平。精确性（Accuracy）可以解释为物流信息系统报告的存货与实际状况相比所达到的程度。例如，平稳的物流作业要求实际的存货与物流信息系统报告的存货相吻合的精确性最好在99%以上。当实际存货和信息系统之间存在较低的一致性时，就有必要采取缓冲存货或其他安全的方式来适应这种不确定性。正如信息可得性那样，增加信息的精确性，可减少存货需要量。

（3）及时性。物流信息必须及时地提供快速的管理反馈。及时的管理控制是指在还有时间采取正确的行动或使损失减少到最低的时候提供信息。概括地说，及时的信息减少了不确定性并识别了种种问题，于是减少了存货需要量，提高了决策的精确性。

知识链接：物流信息及时性案例

在某些情况下，系统要花费几个小时或几天才能将一个新订货看作为实际需求，因为该订货可能不会直接进入现行的需求量数据库。因此，在认识实际需求量时就出现了耽搁，这种耽搁会使计划制订的有效性减少，而使存货量增加。

再如，当产品从“在制品”进入“制成品”状态时，存货量需要更新。尽管实际存在着连续的产品流，但是，信息系统的存货状况也许是按每小时、按每工班或按每天进行更新的。显然，实时更新或立即更新更具及时性，但是它们也会导致增加记账工作量。而采用编制条形码、扫描和EDI技术则有助于及时而有效地记录。

（4）以异常情况为基础的物流信息系统。物流信息系统必须以异常情况为基础，突出问题和机会。物流作业通常与大量的顾客、产品、供应商和服务公司竞争。每家物流企业都必须定期检查每一个产品的存货状况，以便于制订补充订货计划。另一个重复性活动是对于非常突出的补充订货状况的检查。通常，这种检查过程涉及两个问题。第一个问题涉及是否应该对产品或补充订货采取任何行动。如果第一个问题的答案是肯定的，那么，第二个问题就涉及应该采取哪一种行动。尽管存货检查正越来越趋向自动化，但仍然有许多物流信息系统要求手工完成检查，其依据是有许多决策在结构上是松散的，并仍是需要经过用户的参与做出判断的。

高水平的物流信息系统结合了决策规则，能够自动识别这些要求管理部门需要注意并据以做出决策的“异常”情况。这样，计划人员或经理人员就能够将更多精力集中在最需要引起注意的情况或者能提供的最佳机会来改善服务或降低成本的情况上。

（5）灵活性。物流信息系统必须具有灵活性（Flexibility），以满足系统用户和顾客的需求。物流信息系统必须有能力提供能迎合特定顾客需要的数据。

知识链接：物流信息系统灵活性案例

有些用户也许想要把订货发票跨越地理或部门界限进行汇总。例如，零售商A也许想要每一个店的单独的发票，而零售商B却可能需要所有商店汇总的总发票。一个灵活的物流信息系统必须有能力同时适应这两类要求。

（6）适当形式化。物流报告应该以适当的形式（Appropriate Format）加以显现，这意味着采用正确的结构和顺序展现正确的信息，这有利于更快、更好、更便捷地获取所需的物流信息。

知识链接：物流信息适当形式化案例

物流信息系统往往包含一个配送中心存货状态显示屏，每个显示屏展示一个产品和配送中心的信息。这就要求顾客服务代表在试图给存货定位时，必须检查每一个配送中心的存货状况。换句话说，如果有 5 个配送中心，就需要检查和比较这 5 个计算机显示屏上的信息。企业可以单独提供 1 个显示屏，展现所有 5 个配送中心的存货状况。这种组合显示平时的一个顾客代表会更容易地识别产品的最佳来源。

二、物流信息技术

（一）什么是物流信息技术

物流信息技术是指运用于物流各环节中的信息技术。根据物流的功能以及特点，物流信息技术包括计算机技术、网络技术、信息分类编码技术、条码技术、射频识别（RFID）技术、EPC（电子产品代码）技术、电子数据交换技术、全球定位系统（GPS）、地理信息系统（GIS）、物联网技术等。

物流信息技术是物流现代化的重要标志，也是物流技术中发展最快的领域，从数据采集的条形码系统，到办公自动化系统中的计算机、互联网，各种终端设备等硬件以及计算机软件都在不断地发展。同时，随着物流信息技术的不断发展，产生了一系列新的物流理念和新的物流经营方式，推进了物流的变革。在供应链管理方面，物流信息技术的发展也改变了企业应用供应链管理获得竞争优势的方式，成功的企业通过应用信息技术来支持它的经营战略并选择它的经营业务，通过利用信息技术来提高供应链活动的效率，增强整个供应链的经营决策能力。

（二）物流信息技术的组成

1. 条码技术

条码技术是 20 世纪中叶发展并被广泛应用的集光、机、电和计算机技术于一体的高新技术。它解决了计算机应用中数据采集的“瓶颈”，实现了信息的快速、准确获取与传输，是信息管理系统和管理自动化的基础。

条码符号具有操作简单、信息采集速度快、信息采集量大、可靠性高、成本低廉等特点。以商品条码为核心的国际物品编码协会（Globe Standard 1，GS1）系统已经成为事实上的服务于全球供应链管理的国际标准。

2. EDI 技术

EDI（Electronic Data Interchange）是指通过电子方式，采用标准化的格式，利用计算机网络进行结构化数据的传输和交换。构成 EDI 系统（见图 5-4）的 3 个要素是 EDI 软硬件、通信网络以及标准化数据。

EDI 工作方式大体如下：用户在计算机上进行原始数据的编辑处理，通过 EDI 转换软件（Mapper）将原始数据格式转换为平面文件（Flat File），平面文件是用户原始资料格式与 EDI 标准格式之间的对照性文件。接着通过翻译软件（Translator）将平面文件变成 EDI 标准格式文件。然后在文件外层加上通信信封（Envelope），通过通信软件（EDI 系统交换中心邮箱

Mailbox）发送到增值服务网络（VAN）或直接传送给对方用户，对方用户则进行相反的处理，最后使之成为用户应用系统能够接收的文件格式。

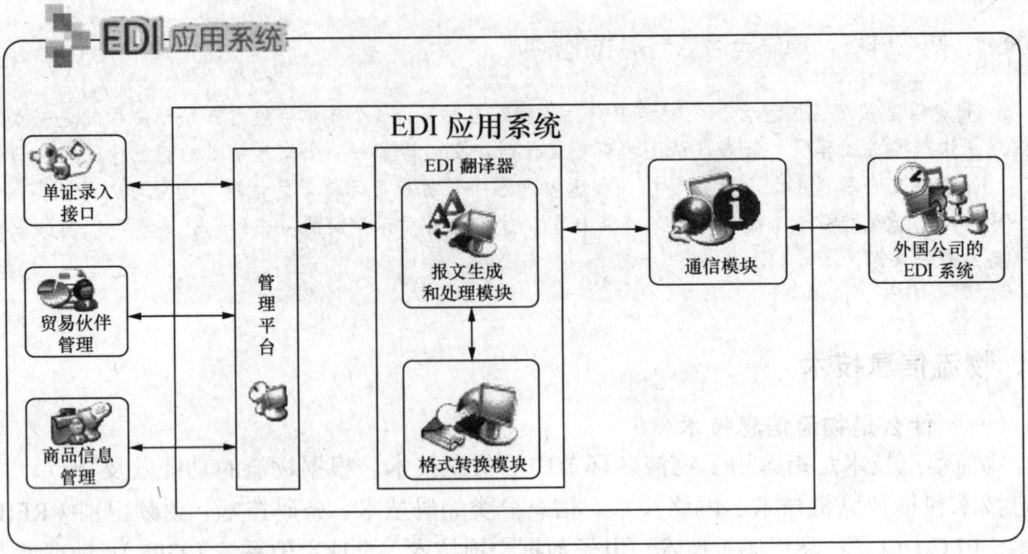

图 5-4　EDI 系统

3. 射频识别（RFID）技术

射频识别（RFID）技术是一种非接触式的自动识别技术，它通过射频信号自动识别目标对象来获取相关数据。识别工作无须人工干预，可工作于各种恶劣环境中。短距离射频产品不怕油渍、灰尘污染等，可以替代条码，如用在工厂的流水线上跟踪物体。长距射频产品多用于交通领域，识别距离可达几十米，如自动收费或识别车辆身份等。

4. EPC（产品电子代码）技术

EPC 的载体是 RFID 电子标签，EPC 借助互联网来实现信息的传递。EPC 标签是产品电子代码的载体，当我们将 EPC 标签贴在物品上或内嵌在物品中的时候，即将该物品与 EPC 标签中的唯一代码（产品电子代码）建立起了一对一的对应关系。EPC 系统充分利用了射频识别技术和网络技术的优点，对每一件产品建立全球的、开放的、唯一的标识标准，实现全球范围内对单件产品的跟踪与追溯，从而有效提高供应链管理水平、降低物流成本。EPC 是全球广泛使用的 EAN · UCC 全球统一标识系统的重要组成部分，是对条码应用的拓展和延续。

产品电子标签（EPC 标签）是由一个大小不超过大米粒 1/5 的电子芯片和一个软天线组成的，电子标签像纸一样薄，可以做成邮票大小，或者更小。EPC 标签可以在 10 米内被读写器探测到。

EPC 标签具有全球统一标准、无接触读取、远距离读取、动态读取、多数量和多品种读取、标签无源、海量存储等优势，这些都是条码无法比拟的，因此采用 EPC 标签技术，可以实现数字化库房管理。配合使用 EPC 编码技术，可使得库存货品真正实现网络化管理。

5. GIS 技术

地理信息系统（Geographical Information System，GIS）是多种学科交叉的产物，它以地理空间数据为基础，采用地理模型分析方法，适时地提供多种空间的和动态的地理信息，是一种为地理研究和地理决策服务的计算机技术系统。其基本功能是将表格型数据（无论它来自数据库、电子表格文件还是直接在程序中输入）转换为地理图显示，然后对显示结果进行浏览、操作和分析。其显示范围可以从洲际地图到非常详细的街区地图，显示对象包括人口、销售情况、运输线路和其他内容。

6. GPS 技术

全球定位系统（Global Positioning System，GPS）具有在海、陆、空进行全方位实时三维导航与定位的能力，如图 5-5 所示。GPS 在物流领域可以应用于汽车自定位、跟踪调度、铁路运输管理等。

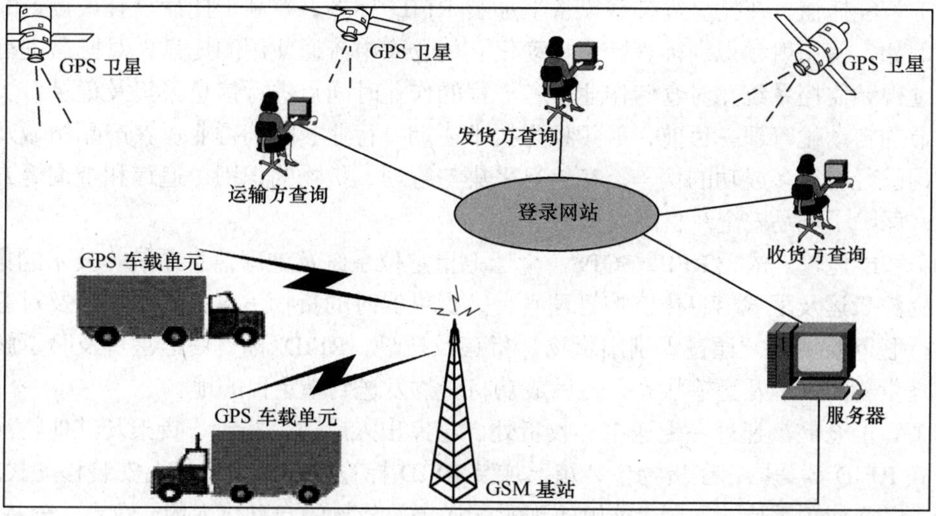

图 5-5　全球定位系统

GPS 系统包括 3 大部分：空间部分为 GPS 卫星星座，地面控制部分为地面监控系统，用户设备部分为 GPS 信号接收机。

（1）GPS 卫星星座：GPS 卫星星座由 2 万公里高空的 21 颗工作卫星和 3 颗在轨备用卫星组成。在用 GPS 信号导航定位时，为了计算三维坐标必须观测 4 颗 GPS 卫星，即定位星座。这 4 颗卫星在观测过程中的几何位置分布对定位精度有一定的影响。对于某地某时甚至不能精确测量的点位坐标，会产生某个时间段上的“间隙段”。但这种时间间隙段是很短暂的，并不影响全球绝大多数地方的全天候、高精度、连续实时的导航定位测量。

（2）地面监控系统：地面监控系统的一个重要作用是观测卫星上的各种设备是否正常工作，以及卫星是否一直沿着预定轨道运行。地面监控系统的另一重要作用是保持各颗卫星处于同一时间标准——GPS 时间系统上。这需要地面站监测各颗卫星的时间求出钟差，然后由地面注入站将其发给卫星，卫星再用导航电文发给用户设备。GPS 工作卫星的地面监控系统包括 1 个主控站、3 个注入站和 5 个监测站。

（3）GPS 信号接收机：GPS 信号接收机的任务是捕获按一定的卫星截止高度角所选择的待测卫星的信号并跟踪这些卫星的运行，对所接收到的 GPS 信号进行变换、放大和处理以便测量出 GPS 信号从卫星到接收机天线的传播时间，解译出 GPS 卫星所发送的导航电文，实时地计算出监测站的三维位置，甚至三维速度和时间。

GPS 卫星发送的导航定位信号是一种可供无数用户共享的信息资源。对于陆地、海洋和空中的广大用户来说，只要用户拥有能够接收、跟踪、变换和测量 GPS 信号的接收设备，即 GPS 信号接收机，就可以在任何时候用 GPS 信号进行导航定位测量。根据使用目的的不同，用户要求的 GPS 信号接收机也各有差异。目前世界上已有几十家工厂生产 GPS 接收机，产品也有几百种。这些产品可以按照原理、用途、功能等来分类。

7. 物联网技术

为了对物流中的“物”进行识别、定位、追踪、监控、计数、分类、拣选，现代物流信息系统综合应用各种物联网感知技术，如射频识别技术（RFID）、全球卫星定位系统（GPS）、传感器技术、红外技术、蓝牙技术、激光技术、视频识别与监控技术等，使得物流变得更加智能。

（1）智能托盘。在托盘等装载设备上加装 RFID 标签，有利于托盘等装载设备的管理及监控。例如，使用射频识别标签标识自动化立体仓库中流通使用的托盘，对托盘进行动态跟踪，通过视频监控系统，对仓储作业中各流程的作业时间点进行信息采集及记录，实现仓储作业环节的自动化管理。目前，射频识别技术在烟草行业、医药行业、农产品领域及食品行业的应用已经有很多成功的例子，在信息采集与管理、货物的识别、追踪和查询等方面发挥着作用，保障了药品安全及食品安全。

（2）智能运输。依托 RFID、GPS、全球卫星定位系统及地理信息系统等技术的集成，可以构建物流货运及配载信息化监控管理平台，提供实时的货物信息、导航信息及对返程配货信息进行联网监测等。通过识别出货物、货箱及托盘，RFID 标签使运营者及时了解销售环节，知晓货物的来源及运输状态，最后成功将货物发送到指定目的地。

（3）智能仓储。通过在配送中心收货处、仓库出入库口、托盘、货架及其他物流关卡安装固定式 RFID 读写器，在货物包装箱上加装 RFID 标签并在搬运设备上安装移动式的 RFID 读写器，以及使用手持读写器，能够实现对配送中心货物的自动化入库、盘点、分拣、出库，实现货物库存的信息化管理。企业能够实时掌握货物的库存信息，结合自动补货系统及时进行货物的补充，从而提高库存管理能力。另外，RFID 技术使装车智能化，当运输车辆来到月台时，扫描车辆上的射频识别设备会自动获取车辆当天配送的任务并将订单信息下载到车载终端，最后将暂存区货物调度到月台进行装车。

（4）智能搬运。目前在我国汽车物流系统、烟草物流系统、医药物流系统等先进的物流系统中都使用了智能机器人。在我国物流业中，智能机器人主要有两种，分别是从事自动化搬运的无人搬运小车 AGV 及从事堆码垛物流作业的码垛机器人。这些智能机器人执行自动化搬运作业指令和堆码垛作业指令。而激光和红外也应用于物流系统中对智能搬运机器人进行导引。随着信息技术和传感技术的发展，AGV 在向着智能搬运车的方向发展，可实现智能作业与管理。而码垛机器人将具备远程遥控、温感、光感等新型智能特性，将来可作为物联网作业中的执行者，进行高效的分拣及堆垛作业。

【工作任务】

一、EAN 条码识别

工作任务要求：熟悉条码的码制、代码结构、编码原则，正确识别 EAN UCC-13、EAN UCC-14 和 UCC/EAN-128 三种一维条码，以及堆叠式和矩阵式两种二维条码。

EAN/UPC 条码包括 EAN-13、EAN-8、UPC-A 和 UPC-E。通过零售渠道销售的贸易项目必须使用 EAN/UPC 条码进行标识。同时这些条码符号也可用于标识非零售的贸易项目。

条码（Bar code）又称条形码，是由一组按一定编码规则排列的条、空符号，用以表示一定的由字符、数字及符号组成的信息，如图 5-6 所示。条码系统是由条码符号设计、制作及扫描阅读组成的自动识别系统。

图 5-6　条码

条码是将线条与空白按照一定的编码规则组合起来的符号，用以代表一定的字母、数字等资料。在进行辨识的时候，用条码阅读机扫描，得到一组反射光信号，此信号经光电转换后变为一组与线条、空白相对应的电子信号，经解码后还原为相应的数字，再传入计算机。条码辨识技术已相当成熟，其读取的错误率约为百万分之一，首读率约为 98%，是一种可靠性高、输入快速、准确性高、成本低、应用面广的资料自动收集技术。

知识链接：常见的一维条码

世界上约有 225 种以上的一维条码，每种一维条码都有自己的一套编码规则，规则规定每个条码是由几个线条（Bar）及几个空白（Space）组成，以及字母的排列方式。一般较流行的一维条码有 39 码、EAN 码、UPC 码、128 码，以及 ISBN、ISSN 等。

（一）条码的分类

1. 按照码制，条码可以分为以下几类

（1）UPC 码。1973 年，美国率先在国内的商业系统中应用 UPC 码，之后加拿大也在商业系统中采用 UPC 码。UPC 码是一种长度固定的连续型数字式码制，其字符集为数字 0 ~ 9。它采用 4 种元素宽度，每个条或空是 1 倍、2 倍、3 倍或 4 倍单位元素宽度。UPC 码主要有两种类型，即 UPC-A 码和 UPC-E 码。

（2）EAN 码。1977 年，欧洲经济共同体各成员国按照 UPC 码的标准制定了欧洲物品编码 EAN 码，EAN 码与 UPC 码兼容，而且两者具有相同的符号体系。EAN 码的字符编号结构与 UPC 码相同，也是长度固定的、连续型的数字式码制，其字符集是数字 0 ~ 9。它采用 4 种元素宽度，每个条或空是 1 倍、2 倍、3 倍或 4 倍单位元素宽度。EAN 码有两种类型，即 EAN-13 码和 EAN-8 码。

（3）交叉 25 码。交叉 25 码是一种长度可变的连续型自校验数字式码制，其字符集为数字 0 ~ 9。它采用两种元素宽度，每个条和空是宽或窄元素。编码字符个数为偶数，所有奇数位置上的数据以条编码，偶数位置上的数据以空编码。如果为奇数个数据编码，则在数据前补一位 0，以使数据为偶数个数位。

（4）39 码。39 码是第一个字母数字式码制，1974 年由 Intermec 公司推出。它是长度可比的离散型自校验字母数字式码制。其字符集为数字 0 ~ 9、26 个大写字母和 7 个特殊字符（–、。、Space、/、%、+、¥），共 43 个字符。每个字符由 9 个元素组成，其中有 5 个条（2 个宽条，3 个窄条）和 4 个空（1 个宽空，3 个窄空），是一种离散码。

（5）库德巴码。库德巴码（Code Bar）出现于 1972 年，是一种长度可变的连续型自校验数字式码制。其字符集为数字 0 ~ 9 和 6 个特殊字符（–、:、/、。、+、¥），共 16 个字符，常用于仓库、血库和航空快递包裹中。

（6）128 码。128 码出现于 1981 年，是一种长度可变的连续型自校验数字式码制。它采用 4 种元素宽度，每个字符有 3 个条和 3 个空，共 11 个单元元素宽度，又称（11，3）码。它有 106 个不同条形码字符，每个条形码字符有 3 种含义不同的字符集，分别为 A、B、C。它使用这 3 个交替的字符集可对 128 个 ASCII 码进行编码。

（7）93 码。93 码是一种长度可变的连续型字母数字式码制。其字符集为数字 0 ~ 9、26 个大写字母和 7 个特殊字符（–、。、Space、/、+、%、¥），以及 4 个控制字符。每个字符有 3 个条和 3 个空，共 9 个元素宽度。

（8）49 码。49 码是一种多行的连续型、长度可变的字母数字式码制，出现于 1987 年，主要用于小物品标签上。49 码采用多种元素宽度。其字符集为数字 0 ~ 9、26 个大写字母和 7 个特殊字符（–、。、Space、/、+、%、¥）、3 个功能键（F1、F2、F3）和 3 个变换字符，共 49 个字符。

（9）其他码制。除上述码外，还有其他的码制。例如，25 码出现于 1977 年，主要用于电子元器件标签；矩阵 25 码是 11 码的变形；Nixdorf 码已被 EAN 码所取代；Plessey 码出现于 1971 年 5 月，主要用于图书馆等。

2. 按照维数，条码可以分为以下几类

（1）普通的一维条码。普通的一维条码自问世以来，很快得到了普及和广泛应用。但是由于一维条码的信息容量很小，如商品上的条码仅能容纳 13 位阿拉伯数字，更多的描述商品的信息只能依赖数据库的支持；离开了预先建立的数据库，这种条码就变成了无源之水、无本之木，因而条码的应用范围受到了一定的限制。

（2）二维条码。二维条码是指在一维条码的基础上扩展出另一维具有可读性的条码，它使用黑白矩形图案表示二进制数据，被设备扫描后其所包含的信息将会在设备中被呈现出来。一维条码的宽度记载着数据，而其长度没有记载数据。二维条码的长度、宽度均记载着数据。除具有普通条码的优点外，二维条码还具有信息容量大、可靠性高、保密防伪性强、易于制作、成本低等优点。

二维条码/二维码可以分为堆叠式/行排式二维条码和矩阵式二维条码。堆叠式/行排式二维条码形态上是由多行短截的一维条码堆叠而成；矩阵式二维条码以矩阵的形式组成，在矩阵相应元素位置上用“点”表示二进制“1”，用“空”表示二进制“0”，由“点”和“空”的排列组成代码。

堆叠式/行排式二维条码又称堆积式二维条码或层排式二维条码，其编码原理是建立在一维条码基础之上的，按需要堆积成两行或多行。它在编码设计、校验原理、识读方式等方面继承了一维条码的一些特点，识读设备与条码印刷与一维条码技术兼容。但由于行数的增加，需要对行进行判定，其译码算法与软件也不完全等同于一维条码。有代表性的行排式二维条码有：Code 16K、Code 49、PDF417 等。

PDF417 条码是美国 Symbol 公司于 1991 年正式推出的二维条码，即“便携式数据文件”，如图 5-7 所示。PDF417 条码是一种高密度、高信息含量的便携式数据文件，是实现证件及卡片等大容量、高可靠性信息自动存储、携带并可用机器自动识读的理想手段。

矩阵式二维条码又称棋盘式二维条码。它是在一个矩形空间通过黑、白像素在矩阵中的不同分布进行编码。在矩阵相应元素位置上，用点（方点、圆点或其他形状）的出现表示二进制“1”，点的不出现表示二进制的“0”，点的排列组合确定了矩阵式二维条码所代表的意义。矩阵式二维条码是建立在计算机图像处理技术、组合编码原理等基础上的一种新型图形符号自动识读处理码制。具有代表性的矩阵式二维条码有：Code One、Maxi Code、QR Code、Data Matrix 等。我国火车票上的 QR Code 二维码如图 5-8 所示。

图 5-7　PDF417 二维条码

图 5-8　火车票上的 QR Code 二维码

（3）多维条码。20 世纪 80 年代以来，人们围绕如何提高条形码符号的信息密度，进行了研究工作，多维条形码和集装箱条形码成为研究、发展与应用的方向。

（二）EAN·UCC-13 条码

1．代码符号

代码为“6901234567892”的 EAN · UCC-13 码如图 5-9 所示。

图 5-9　代码为 6901234567892 的 EAN · UCC-13 码

（1）左侧空白区：位于条码符号最左侧的与空的反射率相同的区域，其最小宽度为 11 个模块宽。

（2）起始符：位于条码符号左侧空白区的右侧，是表示信息开始的特殊符号，由 3 个模块组成。

（3）左侧数据符：位于起始符右侧，是表示 6 位数字信息的一组条码字符，由 42 个模块组成。

（4）中间分隔符：位于左侧数据符右侧，是平分条码字符的特殊符号，由 5 个模块组成。

（5）右侧数据符：位于中间分隔符右侧，是表示 5 位数字信息的一组条码字符，由 35 个模块组成。

（6）校验符：位于右侧数据符的右侧，是表示校验码的条码字符，由 7 个模块组成。

（7）终止符：位于条码符号校验符的右侧，是表示信息结束的特殊符号，由 3 个模块组成。

（8）右侧空白区：位于条码符号最右侧的、与空的反射率相同的区域，其最小宽度为 7 个模块宽。

（9）供人识别字符：位于条码符号的下方，是与条码字符相对应的供人识别的 13 位数字。供人识别字符优先选用 OCR-B 字符集，字符顶部和条码底部的最小距离为 0.5 个模块宽。标准版商品条码供人识别字符中的前置码印制在条码符号起始符的左侧。

2. 代码结构

EAN · UCC-13 码由 13 位数字组成，根据 EAN 规范，这 13 位数字被分别赋予了不同的含义，如表 5-1 所示。

表 5-1　EAN · UCC-13 码代码结构

结构种类	厂商识别代码	商品项目代码	校验码
结构一	$X_{13}X_{12}X_{11}X_{10}X_9X_8X_7$	$X_6X_5X_4X_3X_2$	X_1
结构二	$X_{13}X_{12}X_{11}X_{10}X_9X_8X_7X_6$	$X_5X_4X_3X_2$	X_1
结构三	$X_{13}X_{12}X_{11}X_{10}X_9X_8X_7X_6X_5$	$X_4X_3X_2$	X_1

（1）厂商识别代码。厂商识别代码由 7 ~ 9 位数字组成，是对厂商的唯一标识。厂商识别代码是 EAN 编码组织在 EAN 分配的前缀码（X_{13} X_{12} X_{11}）的基础上分配给厂商的代码。前缀码是标识 EAN 所属编码组织成员的代码，由 EAN 统一管理和分配，以确保前缀码在国际范围内的唯一性。

（2）商品项目代码。商品项目代码由 3 ~ 5 位数字组成，用以标识商品的代码。商品项目代码由厂商自行编制。在编制商品项目代码时，厂商必须遵守商品编码的基本原则：对同一商品项目的商品必须编制相同的商品项目代码；对不同的商品项目必须编制不同的商品项目代码；保证商品项目与其标识代码一一对应，即一个商品项目只有一个代码，一个代码只标识一个商品项目。

（3）校验码。校验码用以校验条码代码的正误，是根据条码字符的数值按一定的数学算法计算得出的。校验码由 1 位数字构成。通常企业使用条码时，无须自己计算校验码。

由于 EAN 规范采用了以上三层次的代码结构，即：① 由 EAN 组织向各 EAN 会员国（地区）编码机构分配前缀码，② 由会员国（地区）的编码机构向商品生产厂家分配厂商识别代码，③ 再由商品生产厂家对自己的产品分配商品项目代码，从而在全球范围内保证了 EAN · UCC-13 码的唯一性。

国际物品编码协会分配给中国物品编码中心使用的前缀码为 690、691、692、693、694、695。其中以 690、691 为前缀码的 EAN · UCC-13 码的代码结构如图 5-10 所示。

以 690、691 为前缀码的 EAN · UCC-13 码只能分别对 1 万个制造厂商进行编码（因其制造厂商识别代码只有 4 位，制造厂商识别代码只能从 0 000 ~ 9 999 这一万组数字中进行分配）。而每一个制造厂商则可以对自己生产的 10 万种商品进行编码（因商品项目代码为 5 位，商品项目代码可以从 00 000 ~ 99 999 这 10 万组数字中进行分配）。

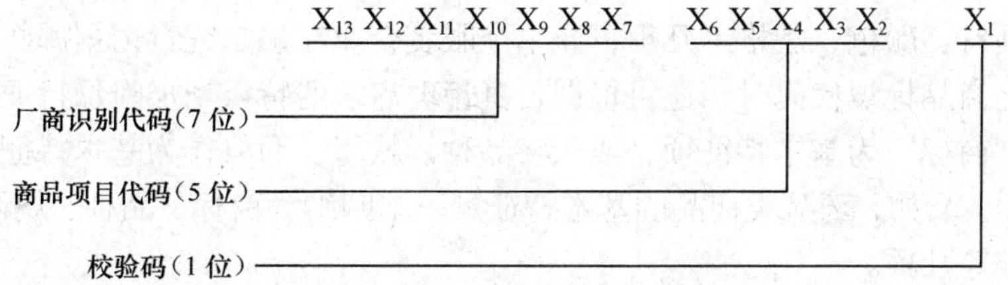

图 5-10 前缀码为 690、691 的 EAN · UCC-13 码的代码结构图

中国物品编码中心代表中国内地（不包括中国香港、中国澳门和中国台湾地区）加入国际物品编码协会以来，在中心及其分支机构的大力宣传和推动下，我国商品条码技术推广应用工作取得了很大成就，社会对商品条码的认识越来越深入，制造厂商申办商品条码的积极性日益高涨。到 1995 年下半年，继 690、691 之后，国家编码协会又将 692 这一前缀码分配给中国物品编码中心，同时，根据我国的实际情况，并参照国际编码协会的建议，中国物品编码中心决定对商品条码的结构进行调整，即将原 7 位厂商识别代码调整为 8 位，原商品项目代码由 5 位调整为 4 位。这样，前缀码为 692 的 EAN · UCC-13 码的厂商识别代码的编码容量由 1 万家扩大到 10 万家,可在较长的一段时期内满足国内商品制造商积极申办商品条码的需要，而不必再启用新的前缀码。具体调整如图 5-11 所示。

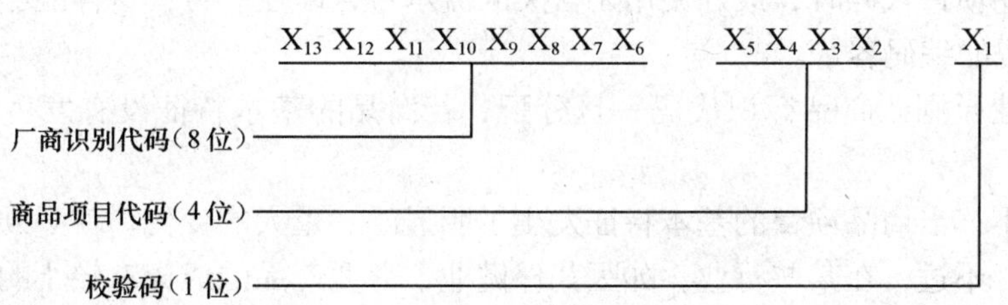

图 5-11 前缀码为 692 的 EAN · UCC-13 码代码结构图

3. 商品标识代码编码原则

商品标识代码（Identification Code for Commodity）是由国际物品编码协会（EAN）和统一代码委员会（UCC）规定的、用于标识商品的一组数字，包括 EAN · UCC-13、EAN · UCC-8 和 EAN · UCC-12 3 种代码结构。

厂商在编制商品代码时，应选择适宜的代码结构，遵循 3 项基本的编码原则，即唯一性原则、无含义性原则、稳定性原则，编制商品标识代码，这样就能保证商品标识代码在全世界范围内是唯一的、通用的、标准的，它也可以作为全球贸易信息交换、资源共享的关键字和“全球通用的商业语言”。编码原则具体如下。

（1）唯一性原则。唯一性原则是商品编码的基本原则，也是最重要的一项原则。在商业 POS 自动结算销售系统中，不同商品是靠不同的代码来识别的。假如把两种不同的商品用同一代码来标识，违反唯一性原则，就会导致商品管理信息系统的混乱，甚至给销售商或消费者造成经济损失。

① 对同一商品项目的商品必须分配相同的商品标识代码。基本特征相同的商品被视为同一商品项目，基本特征不同的商品被视为不同的商品项目。

标准规定：商品的基本特征主要包括商品名称、商标、种类、规格、数量、包装类型等。但需要说明的是，不同行业的商品，其基本特征往往不尽相同，且不同的单个企业，还可根据自身的管理需求，设置不同的基本特征项。例如，服装行业可以把服装的基本特征归纳为品种、款型、面料、颜色、规格等几项；而单个服装企业在确定究竟依据哪些基本特征项来为服装产品分配商品标识代码时，还可根据自身管理需求的特点增加附加特征项或做适当的修改，如增加“商标”为基本特征项，或只将品种、款型、面料作为基本特征项，而不必考虑颜色、规格项。又如，药品类商品的基本特征可基本归纳为商标、品种、规格、包装规格、剂型、生产标准等几项。

应特别注意，商品的基本特征项是划分商品所属类别的关键因素，往往对商品的定价起主导作用，因此它不同于为商品流通跟踪所设置的附加信息项，如净重、面积、体积、生产日期、批号、保质期等。这些附加信息项与商品相关联，必须与商品标识代码一起出现才有意义。EAN · UCC 规范规定，这些附加信息项通过应用标识符 AI[14]（见 GB/T 16986—2009《EAN · UCC 系统条码应用标识符》）以及 UCC/EAN-128 条码来表示。

② 对不同商品项目的商品必须分配不同的商品标识代码。商品的基本特征一旦确定，只要商品的一项基本特征发生变化，就必须分配一个不同的商品标识代码。例如，某服装企业将商标、品种、款型、面料、颜色作为服装的 5 个基本特征项，那么只要这 5 个基本特征项中的一项发生变化，就必须分配不同的商品标识代码来标识商品。

（2）无含义性原则。商品标识代码中的每一位数字不表示任何与商品有关的特定信息。厂商在编制商品项目代码时，最好使用无含义的流水号，即连续号。这样能够最大限度地利用商品项目代码的编码容量。

（3）稳定性原则。商品标识代码一旦分配，若商品的基本特征没有发生变化，就应保持不变。

一般情况下，当商品项目的基本特征发生了明显的、重大的变化，就必须分配一个新的商品标识代码。不过，在某些行业，如医药保健业，只要产品的成分有较小的变化，就必须分配不同的商品标识代码。总之，原则上是尽可能地减少商品标识代码的变更，保持其稳定性，否则将导致很多不必要的繁重劳动，如打印并粘贴条码标签、修改系统记录等。

知识链接：产品条码的变更

如果不清楚产品的变化是否需要变更代码，可从以下几个角度考虑。

（1）产品的新变体是否取代原产品。

（2）产品的轻微变化对销售的影响是否明显。

（3）是否因促销活动而将产品做暂时性的变动。

（4）包装的总重量是否有变化。

（三）UCC/EAN-128 条码

UCC/EAN-128 条码（见图 5-12）由起始符号、数据字符、校验符、终止符、左侧空白区、右侧空白区及供人识读的字符组成，用以表示 GS1 系统中的应用标识符字符串。UCC/EAN-128 条码可表示变长的数据，条码符号的长度依字符的数量、类型和放大系统的不同而变化，并且能将若干信息编码在一个条码符号中。该条码符号可编码的最大数据字数为 48 个，包括空白区在内的物理长度不能超过 165mm。

(02) 6 6901234 00004 9 (17) 050101 (37) 10 (10) ABC

应用标识符

图 5-12　UCC/EAN-128 条码示例

UCC/EAN-128 条码不用于 POS 零售结算，而用于标识物流单元。

UCC/EAN-128 条码是一种连续型、非定长、有含义的高密度、高可靠性、两种独立的校验方式的代码。ISO、CEN 和 AIM 标准定义紧跟在起始字符后面的功能字符 1（FNC1）专门用于表示 UCC/EAN 应用标识符数据。

1. 应用标识符

UCC/EAN-128 条码是唯一能够表示应用标识的条码符号。UCC/EAN-128 可编码的信息范围包括项目标识、计量、数量、日期、交易参考信息、位置等。

应用标识符（AI）是一个 2～4 位的代码，用于定义其后续数据的含义和格式。使用 AI 可以将不同内容的数据表示在一个 UCC/EAN-128 条码中。不同的数据间不需要分隔，这既节省了空间，又为数据的自动采集创造了条件。图 5-12 所示的 UCC/EAN-128 条码符号示例中的（02）、（17）、（37）和（10）即为应用标识符。

2. UCC/EAN-128 条码符号特点

（1）UCC/EAN-128 条码是由一组平行的条和空组成的长方形图案。

（2）除终止符（stop）由 13 个模块组成外，其他字符均由 11 个模块组成。

（3）在条码字符中，每 3 个条和 3 个空组成一个字符，终止符由 4 个条和 3 个空组成。条或空都有 4 个宽度单位，其宽度范围从 1 个模块宽到 4 个模块宽。

（4）UCC/EAN-128 条码有一个由字符 START A（B 或 C）和字符 FNC1 构成的特殊的双字符起始符，即 START A（B 或 C）+ FNC1，如图 5-13 所示。

（5）符号中通常采用符号校验符。符号校验符不属于条码字符的一部分，也区别于数据代码中的任何校验码。

（6）符号可从左、右两个方向阅读。

（7）符号的长度取决于编码字符的个数，编码字符可从 3 位到 32 位（含应用标识符）。

（8）对于一个特定长度的 UCC/EAN-128 条码符号，符号的尺寸可随放大系数的变化而变化。放大系数的具体数值可根据印刷条件和实际印刷质量确定。一般情况下，条码符号的尺寸是指标准尺寸（放大系数为 1）。放大系数的取值范围为 0.25～1.2。

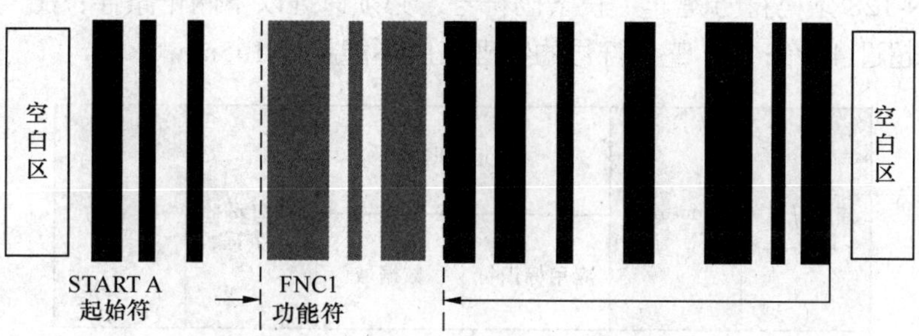

图 5-13 UCC/EAN-128 条码字符

3. UCC/EAN-128 条码符号结构

UCC/EAN-128 条码是 128 条码（Code 128）的子集，Code 128 无固定数据结构，而 UCC/EAN-128 是通过应用标识符定义数据的，可用于开放的供应链，如图 5-14 和图 5-15 所示。

图 5-14 Code 128 的数据结构

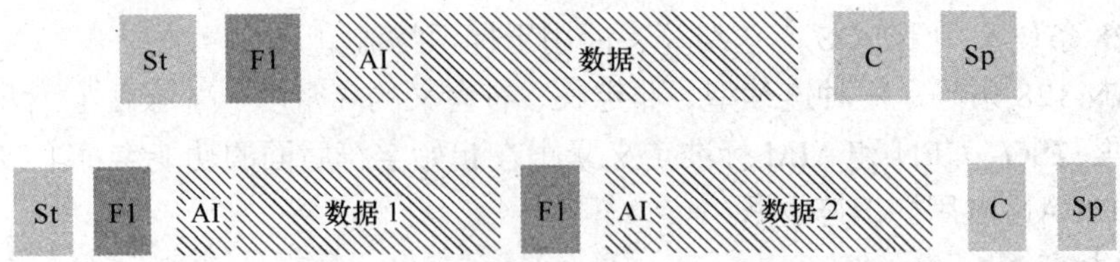

图 5-15　UCC/EAN-128 条码符号的结构

UCC/EAN-128 条码符号的结构要求如表 5-2 所示。表中阿拉伯数字为模块数，*N* 为数据字符与辅助字符个数之和。

表 5-2　　条码符号的构成

左侧空白区	双字符起始符	数据字符（含应用标识符）	符号检验符	终止符	右侧空白区
10	22	11*N*	11	13	10

4．UCC/EAN-128 条码的校验符

UCC/EAN-128 条码的符号校验符总是位于终止符之前。校验符的值是按模 103 的方法，通过对终止符外的所有符号代码值的计算得来的。计算方法如下。

（1）从起始字符开始，赋予每个字符一个加权因子。

（2）从起始符开始，每个字符的值（见 GB/T 15425—2002）与相应的加权因子相乘。

（3）将上一步中的积相加。

（4）将上一步的结果除以 103。

（5）第四步的余数即为校验符的值。

校验符的条码表示见 GB/T 15425—2002。如果余数是 102，那么校验符的值与功能符 FNC1 的值相等，这时功能符 FNC1 只能充当校验符。数据代码必须以眼睛可读的形式标在条码符号的上方或下方。校验符不属于数据字符的一部分，因此不以人眼可读的形式标出。

5．UCC/EAN-128 条码符号的基本结构如图 5-16 所示

UCC/EAN-128 条码符号是非定长条码符号，必须保证以下两个条件：① 编码的数据字符的数量不能超过 48 个；② 整个符号的物理长度不能超过 165mm。

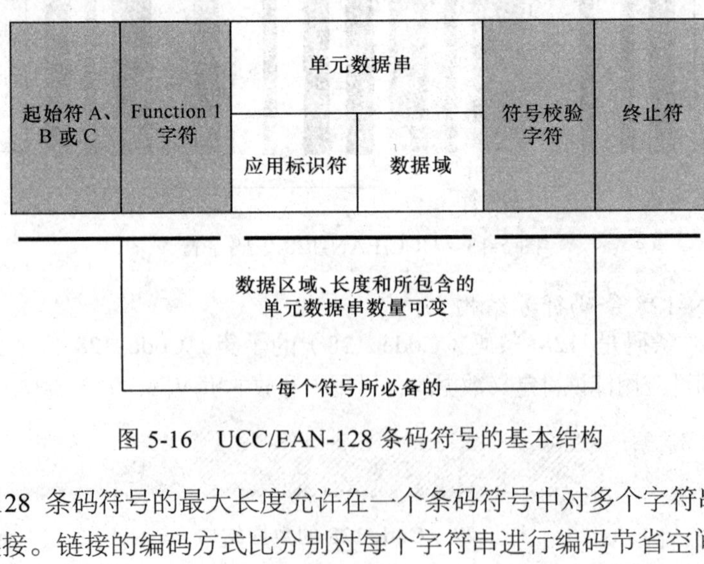

图 5-16　UCC/EAN-128 条码符号的基本结构

UCC/EAN-128 条码符号的最大长度允许在一个条码符号中对多个字符串进行编码，这种编码方式称为链接。链接的编码方式比分别对每个字符串进行编码节省空间，因为只使用一

次符号控制字符。同时，一次扫描也比多次扫描的准确性更高，不同的元素串可以以一个完整的字符串从条码扫描器中传送。

从链接的条码符号中传送的不同字符串需要进行分析和加工，为简化操作并缩减符号的长度，对一些字符串的长度可进行预先设定（见表 5-3）。

表 5-3　　预定义长度标识符集

AI 的前 2 位	字符数（AI 和数据域）	AI 的前 2 位	字符数（AI 和数据域）
00	20	17	8
01	16	18	8
02	16	19	8
03	16	20	4
04	18	31	10
11	8	32	10
12	8	33	10
13	8	34	10
14	8	35	10
15	8	36	10
16	8	41	16

表 5-3 中没有出现的字符串如果不是处于符号的最后（校验符之前）时，必须在其后紧跟一个 FNC1 字符，用来标识字符串的边界并与后面的字符串区分开来。

（1）预定义长度的应用标识符。表 5-3 中包含了所有已被预定义长度，并且不需要分隔符的应用标识符。表 5-3 中所列的字符数是限定的字符长度，并且永远不变，括号中的数字是预留的尚未分配的应用标识符。

（2）应用标识符（23n）。前 2 位为 23 的应用标识符是一个特例，紧跟其后的一位数字指示了字符串的长度，因此，当应用标识符 23n 与其他字符串一起使用时，不需要分隔符。

（3）链接。应用 UCC/EAN-128 条码符号时，可以将多个字符串链接起来。不变的预定义长度（字符数）说明前 2 位为应用标识符有关的字符串的总长度（包括应用标识符）。应用标识符前 2 位没有列在表 5-3 中的数据，即使其应用标识符说明的数据是定长的，也要视为可变长度的数据。

① 预定义长度字符串的链接。构造一个由预定义长度的应用标识符链接的字符串时，无须使用数据分隔字符。每个字符串后紧跟下一个应用标识符，最后是校验符及终止符。

例如，将 UCC/EAN 全球贸易项目标识代码（GTIN）95012345678903 与净重 4.00kg（见图 5-17、图 5-18）链接就不需要使用数据分隔字符，从表 5-3 中可见。

图 5-17 表示 UCC/EAN 物品编码 95012345678903 和净重 4.00kg。

(01)95012345678903　　(3102)000400

图 5-17　物品编码与净重的分别表示

图 5-18 表示 UCC/EAN 物品编码 95012345678903+净重 4.00kg。

(01)95012345678903(3102)000400

图 5-18　物品编码与净重的链接表示

01 表示预定义字符串长度为 16 位。

31 表示预定义字符串长度为 10 位。

② 可变长度字符串。对于可变长度字符串的链接（指所有应用标识符的前 2 位不包含在表 5-3 中的情况），需要使用数据分隔字符。数据分隔符使用 FNC1 字符。FNC1 紧跟在可变长度数据串最后一个字符的后面，FNC1 后紧跟下一个字符串的应用标识符。如果字符串为编码的最后部分，则其后不用 FNC1 分隔符，而是紧跟校验符和终止符。

例如，将每个计量单位的价格（365 个货币单位）与批号（123456）（见图 5-19、图 5-20）链接时，需要在每个计量单位的价格后面使用数据分隔字符。

每个计量单位的价格 365 元　　批号 123456

(8005)000365　　(10)123456

图 5-19　每个计量单位的价格与批号的分别表示

FN

图 5-20　每个计量单位的价格与批号的链接表示

③ 预定义长度和可变长度字符串。当预定义长度字符串与其他字符串混合链接时，建议将预定义长度字符串放在可变长度字符串的前面，这样可以减少链接所需的条码字符。

④ 分隔字符。在译码的数据串中分隔字符以<GS>（GB/T 1988 7 位编码字符集，ASCII 字符 29）出现，所有的非预定义字符串后面都要跟一个 FNC1 分隔符，但在以 UCC/EAN-128 条码符号表示的最后一个字符串的后面无须用 FNC1 字符。

EAN · UCC-14：16901234000044
EAN · UCC-13：6901234000054

图 5-21　一个厂商可混合采取的两种编码方案

（四）EAN · UCC-14 条码符号

EAN · UCC-14 代码是在贸易项目的 EAN · UCC-13 前再加上指示符。一个厂商可混合采取两种编码方案，如图 5-21 所示。

表 5-4 为 EAN · UCC-14 的编码结构。

表 5-4　　　　EAN · UCC-14 的编码结构

	N_1	N_2 N_3 N_4 N_5 N_6 N_7 N_8 N_9 N_{10} N_{11} N_{12} N_{13}	N_{14}
EAN · UCC-14 编码结构	指示符	内含贸易项目的 EAN · UCC 标识代码（不含校验码）	校验码

指示符只在 EAN · UCC-14 中使用。指示符的赋值区间为 1 ~ 9，其中 1 ~ 8 用于定量贸易项目；9 用于变量贸易项目。最简单的编码方法是从小到大依次分配指示符的数字，即将 1，2，3，……分配给贸易单元的每个组合。

（五）条码识别装置

条码识别装置应用于各种光电扫描设备中，广泛使用的主要有以下几种。

1. 光笔条码扫描器

光笔条码扫描器（见图 5-22）是一种轻便的条形码读入装置。在光笔内部有扫描光束发生器及反射光接收器。使用时，操作者需将光笔条码扫描器接触条码表面，通过光笔条码扫描器的镜头发出一个很小的光点，当这个光点从左到右划过条码时，在“空”部分，光线被反射，在“条”的部分，光线将被吸收，因此光笔内部会产生一个变化的电压，该电压通过放大、整形后用于译码。

2. 台式条码扫描器

台式条码扫描器又称平板式条码扫描器，目前在市面上大部分的条码扫描器都属于台式条码扫描器，是现在的主流条码识别装置。这类条码扫描器的光学分辨率在 300 ~ 8 000 dpi，色彩位数从 24 位到 48 位，扫描幅面一般为 A4 纸或者 A3 纸大小。台式条码扫描器的好处在于像使用复印机一样，只要把条码扫描器的上盖打开，不管是书本、报纸、杂志还是照片、底片都可以放上去扫描，相当方便，而且扫描出的效果也是所有常见类型条码扫描器中最好的。

3. 手持式条码扫描器

手持式条码扫描器（见图 5-23）是 1987 年推出的产品，外形很像超市收款员拿在手上使用的条码扫描器。手持式条码扫描器绝大多数采用 CIS 技术，光学分辨率为 200dpi，有黑白、灰度、彩色多种类型，其中彩色类型一般为 18 位彩色。也有个别高档产品采用 CCD 作为感光器件，可实现位真彩色，扫描效果较好。

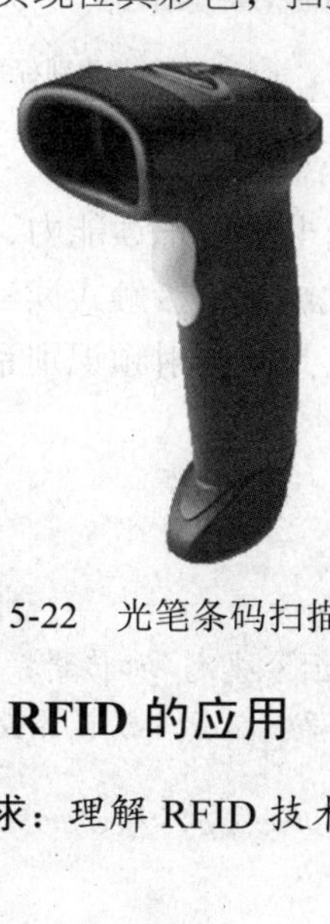

图 5-22　光笔条码扫描器

图 5-23　手持式条码扫描器

二、物流领域 RFID 的应用

工作任务要求：理解 RFID 技术的概念与原理，分析 RFID 技术的优缺点，了解 RFID 的类型，熟悉 RFID 的常见应用。

无线射频识别技术（RFID）是 20 世纪中叶进入实用阶段的一种非接触式自动识别技术。射频识别系统包括射频标签和读写器两部分。射频标签是承载识别信息的载体，读写器是获取信息的装置。射频识别的标签与读写器之间利用感应、无线电波或微波，进行双向通信，实现标签存储信息的识别和数据交换。

（一）RFID 的原理

RFID 技术系统由电子标签、阅读器、天线以及主机系统三部分组成。电子标签相当于现在的条码技术中的条形码，里面储存有货物的唯一标识码，包含有产地、日期等关键的供应信息。与条形码不同的是，标签能够储存大量的信息，并且能够自动或在外力的作用下，以无线信号的形式把货物信息发送出去，发送距离与电子标签的种类相关，从十几厘米到几十米不等，做到非接触式作业。阅读器是无线信号的接收装置，根据电子标签的不同，复杂程度有很大差异。阅读器接收到标签发送来的信息后，对其进行翻译和校验，判断无误后指导发射器停止工作，做到在短时间、小空间内读取多个标签，批量获取货物信息。电子标签和阅读器之间传输数据的发射和接收工作由天线完成，主机系统负责处理这些数据。

RFID 技术的基本原理是电磁理论。射频系统的优点是不局限于视线，识别距离比光学系统远，射频识别标签具有非接触可读写的能力，并具有可携带大量数据、难以伪造和智能化的特点等。

射频识别技术是一种非接触的自动识别技术，天线发射电波形成磁场，电子标签进入磁场后，其内的线圈能够感应磁场产生电流，在电流的能量供应下，存储的产品信息被转换成射频信号，发送给阅读器。阅读器读取信息并解码后，通过天线，送至主机系统进行有关数据处理。

射频识别中的标签是射频识别标签芯片和标签天线的结合体，如图 5-24 所示。使用时首先是将特殊的信息编码进电子标签，然后将标签粘贴在需要识别或追踪的物品上，如货架、汽车、自动导向的车辆等。RFID 阅读器（读写器）通过天线与 RFID 电子标签进行无线通信，可以实现对标签识别码和内存数据的读出或写入操作。典型的阅读器包含有高频模块（发送器和接收器）、控制单元以及阅读器天线。

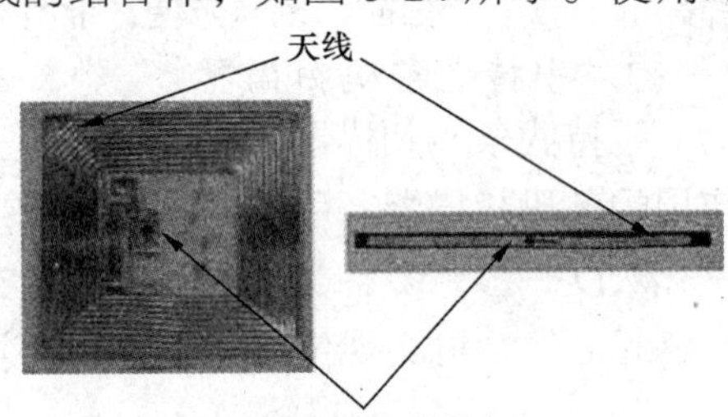

图 5-24　电子标签内部结构

一些射频识别系统是只读的，另一些则允许增加或更改标签中现有的信息。所有的射频识别系统都具有非接触识读能力，识读距离从 2.54 厘米到 254 厘米或更大。由于恶劣的环境可能会给接触式或近于接触式读写器造成损坏或使其失调，所以非接触式识读器的应用将会十分广泛，尤其是某些射频识别系统已经具有高达 1M 的记忆力，这给数据处理带来了极大的方便。

知识链接：射频识别系统的影响因素

射频识别系统是非接触读写的，其无线传送距离由许多因素决定，如传送频率、天线设计等。对于应用射频识别技术的特定情况应考虑传送距离、工作频率、标签的数据容量、尺寸、重量、定位、响应速度及选择能力等。

（二）RFID 的特点

（1）射频识别标签抗恶劣环境，防水、防磁、耐高温，使用寿命长，要比条码标签更具有放置方面的灵活性，而且几乎不需要任何保养，尘土、油漆和其他不透明的物质都不会影响射频标签的识读性。

（2）RFID 标签是非接触识读，无须像条码标签那样瞄准读取，不会被强磁场洗去信息，只要被置于读取设备形成的电磁场内就可以准确读到信息，错误率极低。因此，它更加适合与各种自动化的处理设备配合使用，同时能减少甚至排除因人工干预数据采集而带来的人力资源浪费、效率降低和产生差错以及纠错的成本。

（3）RFID 每秒钟可进行上千次的读取，能同时处理许多标签，高效且高度准确，从而使企业能够在既不降低（甚至提高）作业效率，又不增加（甚至减少）管理成本的前提下，大幅度提高管理精细度，让整个作业过程实时透明，创造巨大的经济效益。

（4）RFID 标签上的数据可反复修改，既可以用来传递一些关键数据，也使得 RFID 标签能够在企业内部进行循环重复使用，将一次性成本转化为长期摊销的成本，在进一步节约企业运行成本的同时，降低企业采用 RFID 技术的风险成本。

（5）RFID 标签的识读，不需要以目视可见为前提，因为它不依赖于可见光，因而可以在那些条码技术无法适应的恶劣环境下使用，如高粉尘污染、野外等，这样能进一步扩大射频识别技术的应用范围。

（6）射频识别系统还可以识别快速运动的物品，附有射频标签的物品在识读过程中不需要处于静止状态。

（7）RFID 标签保密性强，安全性高。RFID 芯片是非常不易被伪造的。黑客需要对无线工程、编码演算以及解密技术等各方面有深入了解才能破解它。此外，在标签上可以对数据采取分级保密措施，使得数据在供应链上的某些点可以读取，而在其他点上却不行。一些 RFID 标准还规定了额外的安全措施。

射频识别技术适用的领域很广，如物料跟踪、运载工具和货架识别、交通运输工具的识别、路桥收费、保安进出的控制、追踪、汽车的自动导向、自动存储、工具识别、人员监控、包裹和行李分类、车辆监控等方面。

（三）RFID 标签的类型

射频识别标签的类型很多。可植入的标签只有一颗米粒大小，而为远距离通信（甚至全球定位系统）使用的大型标签大小如同一部手持式电话。

标签根据其工作模式不同而分为主动标签和被动标签。主动标签自身携带电池为其提供读写器通信所需的能量；被动标签则采用感应耦合或反向散射工作模式，即通过标签天线从读写器中发出的电磁场或者电磁波获得能量激活芯片，并调节射频识别标签芯片与标签天线的匹配程度，将储存在标签芯片中的信息反馈给读写器。

电子标签依据频率的不同可分为低频电子标签、高频电子标签、超高频电子标签和微波电子标签。

电子标签依据封装形式的不同可分为信用卡标签、线形标签、纸状标签、玻璃管标签、圆形标签及特殊用途的异形标签等。

（四）RFID 技术在物流领域的常见应用

目前，国内外将射频识别技术广泛应用于对访问者控制、店铺防盗系统、物品和库存跟踪、自动收费、追踪、制造流程管理、联运集装箱和空运货物跟踪等方面，尤其是在现代物流管理和军事后勤保障中的应用更为广泛。将射频识别技术与便携式数据终端（PDT）结合起来应用，可以把那些采集到的有用数据存储起来或传送至一个管理信息系统。把它与适当的扫描器相连可有效地用于许多自动识别应用中。现在射频识别技术被广泛地应用在以下领域。

1. 车辆的自动识别

实现车号的自动识别是铁路人由来已久的梦想。RFID 技术问世后，很快受到铁路部门重视，从国外实践看，北美铁道协会 1992 年年初批准了采用 RFID 技术的车号自动识别标准，到 1995 年 12 月为止，通过 3 年时间在北美 150 万货车、1 400 个地点安装了 RFID 装置，首次在大范围内成功地建立了自动车号识别系统。此外，欧洲一些国家，如丹麦、瑞典也先后以 RFID 技术建立了局域性的自动车号识别系统。澳大利亚近年来也开发了自动识别系统，用于矿山车辆的识别和管理。

2. 高速公路收费及智能交通系统（ITS）

高速公路自动收费系统是 RFID 技术最成功的应用之一，它充分体现了非接触识别的优势。在车辆高速通过收费站的同时自动完成缴费，解决交通瓶颈问题，避免拥堵，同时也防止了现金结算中贪污路费等问题。美国 Amtch 公司、瑞典 Tagmaster 公司等都开发了用于高速公路收费的成套系统。

3. 非接触识别卡

国外的各种交易大多利用各种卡完成，即所谓非现金结算，如电话卡、会员收费卡、储蓄卡、地铁及汽车月票等，以前此类卡大多为磁卡或 IC 卡，由于磁卡、IC 卡采用接触式识读，在抗机械磨损及外界强电、磁场干扰等方面能力差，且磁卡易伪造，目前，大有被非接触识别卡替代的势头。从日本 AIM 提供的资料看，日本经营磁卡电话的公司计划投资 5 亿日元，从 2017 年开始，在两年时间内，替换掉原有的磁卡电话；日本经营地铁、游戏机公司也都投入大量资金，取消原有磁卡设备，代之以非接触识别卡。

4. 生产线的自动化及过程控制

RFID 技术用于生产线实现自动控制，监控质量，改进生产方式，提高生产率，如用于汽车装配生产线。国外许多著名轿车，如奔驰、宝马都可以按用户要求定制，也就是说从流水线开下来的每辆汽车都是不一样的。上万种内部及外部选项所决定的装配工艺是各式各样的，没有一个高度协调、复杂的控制系统很难胜任这样复杂的任务。德国宝马公司在汽车装配线上配有 RFID 系统，以保证汽车在流水线各位置分毫不差地完成装配任务，如图 5-25 所示。

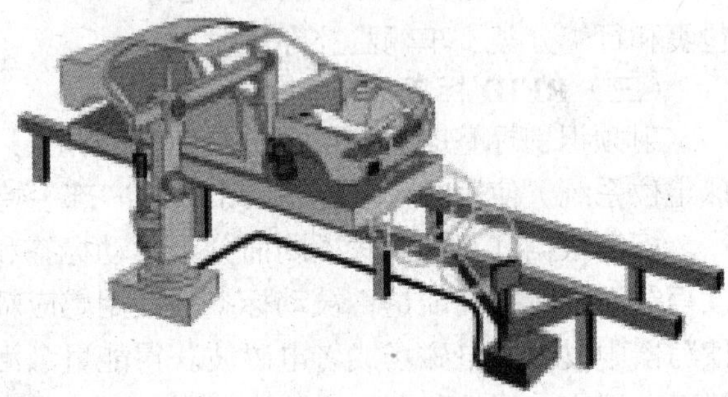

图 5-25　德国宝马公司配有 RFID 系统的汽车装配线

在工业过程控制中，很多恶劣的、特殊的环境都采用了 RFID 技术，MOTOROLA、SGSTHOMSON 等集成电路制造商采用加入了 RFID 技术的自动识别工序控制系统，满足了半导体生产对于超净环境的特殊要求，而像其他自动识别技术，如条码技术，在如此苛刻的化学条件和超净环境下就无法工作了。

5. 货物的跟踪及物品监视

很多货物运输需要准确地知道货物位置，如危险品等，沿线安装的 RFID 设备可跟踪运输的全过程，有些还结合 GPS 系统实施对货物的有效跟踪。RFID 技术用于商店，可防止某些贵重物品被盗，如电子物品监视系统 EAS。

知识链接：便携式数据终端（PDT）

近年来，便携式数据终端（PDT）的应用多了起来，PDT可把那些采集到的有用数据存储起来或传送至一个管理信息系统。便携式数据终端一般包括一个扫描器、一个体积小但功能很强并带有存储器的计算机、一个显示器和供人工输入的键盘。在只读存储器中装有常驻内存的操作系统，用于控制数据的采集和传送。PDT存储器中的数据可随时通过射频通信技术传送到主计算机中。操作时先扫描位置标签，货架号码、产品数量就都输入到PDT中，再通过RFID技术把这些数据无线传送到计算机管理系统，就可以得到客户产品清单、发票、发运标签、该地所存产品代码和数量等信息。

（五）RFID技术在电商中的应用

电子商务利用互联网技术把企业与顾客联系在一起，整个供应链由企业、物流中心和顾客组成，减少了中间环节。与传统商务相比，物流中心的作用变得越来越突出，物流中心既是企业的仓库，又是顾客的供应仓库，物流中心的效率直接决定整个供应链的效率，利用RFID技术可以提高物流中心的管理水平，有效地改善电子商务的供应链速度。

1. 自动入库作业

物流中心的仓库在接到进货清单后，开始验收整理。货物入库之前，需要在RFID电子标签内预先写入货物名称、规格、生产商等相关数据，把制作好的标签安装在货物、包装箱或托盘表面。与此同时，主机系统给该批次货物分配货位，生成入库指令。叉车上安装有阅读器和平板电脑，入库指令由主机系统通过天线发送到平板电脑上，上叉车取货时，叉车上的阅读器读取标签信息并与平板电脑上的入库指令对比，保证操作的正确性。库门入口处也安装有阅读器，当货物入库时，阅读器自动批量读取货物信息、计数以及记录入库时间，并把信息发送到主机系统。叉车到达目标货位后，阅读器读取货位标签，确认与指令的目标货位一致后，把货物放入货架，发送确认信息到主机系统。主机系统确认入库并更新数据库，将最终的入库结果和进货清单对比，确认无误后，入库工作完成。

利用RFID技术的无线实时传输，把入库作业的各种单证从人工录入变成自动读取，实现无纸化作业；通过主机系统自动核对，从源头减少了操作差错，提高了速度和准确率。当然也可在每一辆叉车上装置RFID标签，主机系统就能够随时确定叉车位置，在分派入库任务时，挑选离仓库较近的空闲叉车工作，提高叉车的利用率，并能记录叉车手的工作量，为考核员工绩效提供客观依据。

2. 快速盘点

电商物流中心的仓库面积较大，库位数量也多。一名理货员每天理货的库位位置量大，难以记清每个位置的货物存放情况，盘点时耗时较长、错误率高；另外，传统的盘点工作需要扫描条形码，多次翻检货物后，货物上的条形码会出现磨损现象，给后续工作造成困难。RFID可以很好地解决盘点的难题。

入库时，货物已经装入RFID标签，理货员手持移动的阅读器，在走过货架的时候，阅读器读取货物信息，实时向主机系统传输，短时间内就完成了货物的盘点工作。通过RFID非接触式的工作，盘点速度得以加快，盘点核库时间是传统条码识别时间的1/20，同时减少了翻检过程，解决了条形码磨损问题。手持式阅读器能够在一定距离内识别货物，即使货物放置得比较分散，也不影响盘点效率，特别是货物放置在较高货位时，避免了工作人员爬高盘点的麻烦。

3. 高效拣货和出库作业效率高

电商物流面对的是个性化、多样化的需求，商品订单量大而拆零率非常高，甚至要拣选一本书、一瓶药。拣货工作是物流中心的一个关键环节，其效率直接影响整个中心的效率。这两年出现的爆仓问题，原因就在于拣货效率太低，拣货员无法应对突然增加的拣货工作量，而出现了严重的货物积压。应用 RFID 技术可以提高拣货速度和准确率，显著地改善物流效率。

拣货时，主机系统挑选离出库区较近的空闲叉车，把出库指令发送到叉车的平板电脑上，叉车手到达目标货位后，阅读器读取货位标签及货物标签，与出库指令对比，确认后取走货物。出库门同样安装有阅读器，当全部货物拣好之后，从库门经过时，阅读器读取货物信息，主机系统自动录入出货数量、品名、叉车号等信息，与出库指令对比，无误后更改数据系统。如果数量、品种等与出库指令不符，主机系统会发出报警提示命令，一般在库门上方有 LED 灯，当货物等信息与出库指令不符时，此灯亮起并发出警示音，提示工作人员复核。整个拣货出库过程流畅无停顿，减少了传统拣货过程的开箱复核、人工点数记录的过程，时间短，准确性高。

【实践应用】

一、菜鸟电子面单的应用

实践内容：在了解菜鸟电子面单服务的基础上，实现电子面单服务的开通和应用。

应用步骤：①了解菜鸟电子面单服务；②理解菜鸟电子面单服务的价值；③在淘宝平台订购电子面单服务；④开通物流发货软件的电子面单服务；⑤在物流发货软件中完成仓库发货地址的设置，并开启服务；⑥准备打印机和耗材。

（一）电子面单服务介绍

菜鸟电子面单，是由菜鸟网络和快递公司联合向商家提供的一种通过热敏纸打印输出纸质物流面单的物流服务。商家可在淘宝天猫的卖家中心申请开通服务，菜鸟会把服务申请流转给快递公司，快递公司审核通过后会给商家提供电子面单热敏打印纸。

具体实现流程是由快递公司向菜鸟预发物流单号，在快递公司预发的物流单号范围内，快递公司授权菜鸟向开通此项服务并通过物流宝系统向菜鸟申请物流单号的卖商下发物流单号。当商家产生销售订单并产生物流需求时，商家再通过发货软件与菜鸟网络系统交互并获得菜鸟生成的面单号等打印信息，并通过热敏打印机完成电子面单打印，并交付快递公司揽收派送。

电子面单与目前传统的纸质面单相比，最直接的区别在于电电子面单子面单是通过热敏纸、热敏打印机进行面单的打印的，没有复写联，只有上下联。

电子面单模板如图 5-26 所示。

图 5-26　电子面单模板

（二）电子面单服务价值

电子面单与传统纸质面单相比，其价值体现在两个方面。

（1）加快打印速度。电子面单的打印速度是普通纸质面单的打印速度的 5 ~ 10 倍，平均每单打印只需花费 1 ~ 2 秒，高效率的打单大大缓解了电商等客户的大批量打单压力，使其能轻松应对大型促销活动的发货问题，如图 5-27 所示。

类型	打印速度（张/分钟）	机器成本（元/台）	噪音（高低）	出错率（高低）
普通纸质面单	4-6	800-1200 元	高	中
电子面单	30-40	800-1500 元	低	低

图 5-27　电子面单的价值

（2）提高发货效率。在传统发货模式下，操作员需要将已打出的快递单和订单信息匹配后再发货，电子面单不需要对快递单和订单信息逐一进行匹配操作，在订单信息申请快递单号的时候就已完成了订单匹配；商家无须再安排人员专门抽取“发货联”，操作效率进一步提高。

（三）电子面单服务使用流程

目前支持电子面单发货的物流软件有万里牛、富润、伯俊软件等，这里以万里牛 ERP 电子面单开通及使用流程为例进行介绍。

（1）在淘宝平台开通店铺电子面单服务流程：“卖家中心—物流管理—物流服务”，订购“电子面单”服务，单击进入【服务商设置】，如图 5-28 所示。

（2）选择物流公司，单击【开通服务商】进行电子面单的开通申请，如图 5-29 所示。

图 5-28　服务商设置

图 5-29　开通服务商

（3）设置快递网点与发货地址，提交后等待快递公司进行审核，如图 5-30 所示。

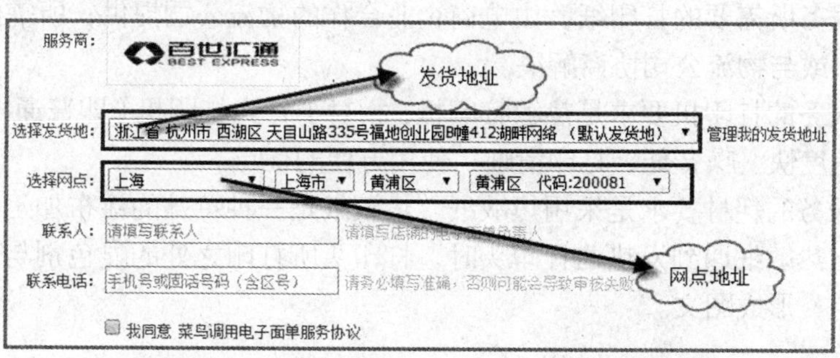

图 5-30　设置快递网点与发货地址

（4）审核通过后，在万里牛 ERP 系统【基础信息】—【仓库】，设置仓库发货地址，发货地址必须与快递设置的发货地址完全一致，否则系统将无法获取面单号。如果是多个店铺申请电子面单，发货地址都不同的话，每个面单要多添加一个相同的发货地址，发货地址和系统里的仓库发货地址一样即可，如图 5-31 所示。

（5）在【基础信息】—【快递公司】界面，新增相应的快递公司，开启电子面单开关即可，如图 5-32 所示。

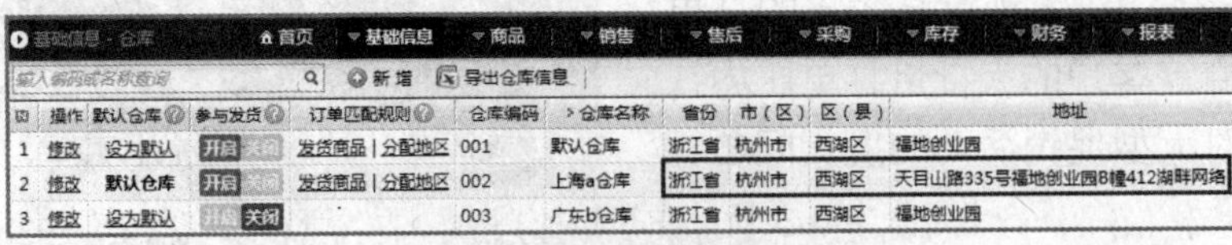

图 5-31 设置仓库发货地址

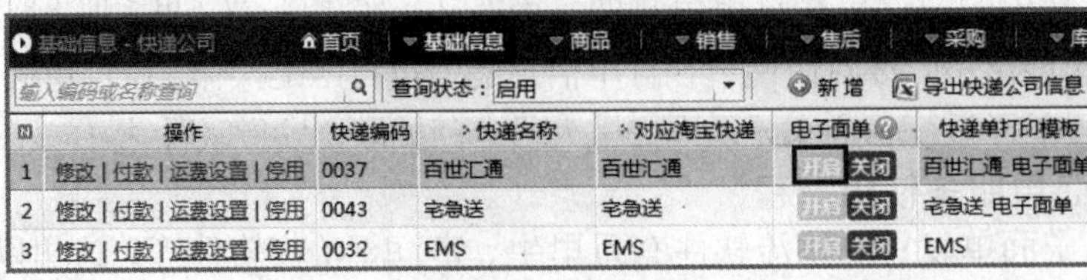

图 5-32 开启电子面单

（6）在打单配货环节，勾选该仓库下的订单，单击“批量生成快递单”，选择相应快递，确定生成即可，如图 5-33 所示。

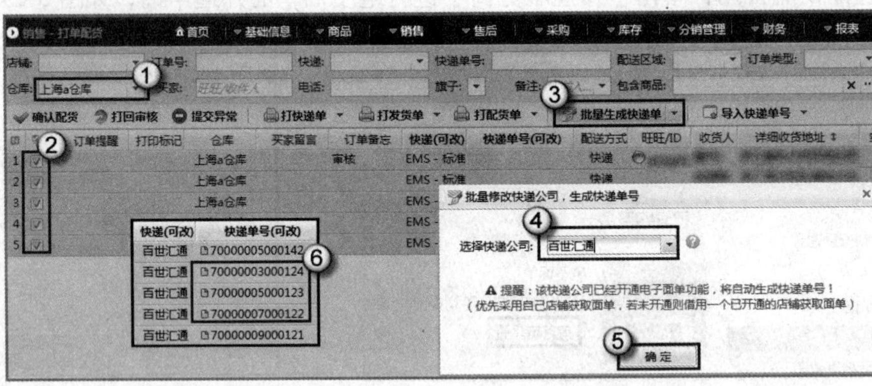

图 5-33 打单配货

（四）打印机及耗材准备

电子面单服务所需要的打印纸，由电商企业合作的物流公司提供；所需的打印机，由电商企业自行购买或与物流公司协商解决。

电子面单服务的打印机要求是热敏打印机，相对于针式打印机（即普通打印机），热敏打印机具有打印速度快、噪音低、打印清晰、使用方便的优点。

电子面单服务的耗材要求是采用热敏纸。热敏纸是一种特殊的涂布加工纸，其外观与普通白纸相似。当热敏纸遇到发热的打印头时，打印头所打印之处的显色剂与无色染料即发生化学反应而变色，形成图文。

二、智能供应链系统分析

实践内容：熟练描述基于 EPC 网络的供应链系统的运作过程及其具备的优势。

应用步骤：①通过网络了解 EPC 的概念及其与 RFID 的关系；②分组讨论分析基于 EPC 网络的供应链系统构成；③小组合作熟练描述基于 EPC 网络的供应链系统的运作过程；④分析基于 EPC 网络的供应链系统具备的优势。

随着经济全球化步伐的加快，企业面临的竞争越来越激烈，产品的生命周期越来越短，产品的种类和数量越来越多，客户对服务的要求也越来越高，如何快速满足客户的需求、提高市场占有率、降低成本就成为企业发展的关键问题。而供应链管理的发展和应用，就是从物流的全过程的角度，统一考虑物流各环节之间的连贯、协调，通过业务流程的集成与供应商以及客户建立协同的业务伙伴关系，从而大大提高企业的竞争力。

供应链的形成与运转需要一个协同的工作平台，特别是产品信息与物流信息实现共享的平台。现在采用的条形码信息容量小、读取效率低，这直接导致供应链的物流与信息流不匹配。目前，国际物品编码协会组建了全球物品信息实时共享的产品电子代码（Electronic Product Code，EPC）网络，在这个网络中利用全球统一标识系统编码技术给每一单品一个全球唯一的代码（EPC 产品电子代码），产品信息和物流信息储存在制造商的物理标记语言（Physical Markup Language，PML）服务器中，采用射频识别技术（RFID）可以非接触地自动识别和高效读取产品的电子代码，然后通过对象名解析服务（Object Naming Service，ONS），系统在互联网上找到存储该产品文件的 PML 服务器，获取产品的相关信息，从而实现产品信息在全球范围内的传递与共享。

（一）基于 EPC 网络的供应链

EPC 网络的系统成员大体分为两类：终端成员和系统服务商。终端成员是指在供应链中有物流活动的组织，包括制造商、零售商、批发商、运输企业和政府组织。而系统服务商是指那些给终端用户提供供应链物流服务的组织机构，包括软件和硬件厂商、系统集成商和培训机构等。每家企业成为 EPC 网络的系统成员后可获得唯一的厂商识别代码。

EPC 网络能够对全球所有的单品即时、准确、自动地进行识别和跟踪，这样对于加入 EPC 网络的制造商、零售商、批发商和运输企业来说，就可以共同组建基于 EPC 网络的供应链，从而提高供应链上产品信息和物流信息的透明度，促进供应链管理的一体化。

基于 EPC 网络的供应链系统主要由 5 个子系统构成：RFID 系统、Savant 系统、ONS 系统、PML 系统、企业信息系统（见图 5-34）。

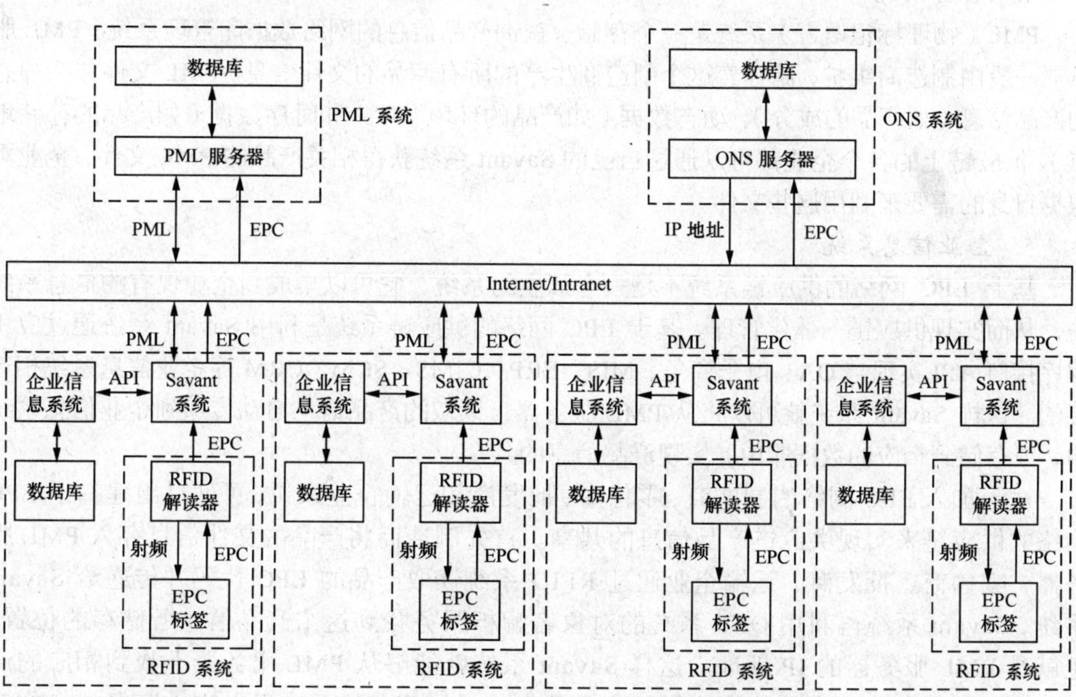

图 5-34　基于 EPC 网络的供应链

项目五　电子商务物流信息管理

1. RFID 系统

射频识别系统由 RFID 解读器和 EPC 标签构成。EPC 标签的芯片中存有 96 位或者 64 位 EPC 编码，EPC 编码是由版本号、厂商识别代码、对象分类代码和序列号等数据字段组成的一组数字，用于标识供应链中的产品，它是产品的全球唯一标识。EPC 标签有主动型和被动型 2 种类型。主动型标签主要用于追踪高价值产品，低成本的产品一般采用被动型标签。RFID 解读器能够与 EPC 标签交互信息，在近距离非接触的情况下可以自动读取 EPC 标签上的编码，然后传送给 Savant 系统。

2. Savant 系统

Savant 是由 Auto-ID 中心开发的软件技术，主要负责管理和传送产品电子代码相关数据，是 EPC 网络的神经中枢。Savant 系统应用于制造商、零售商、批发商和运输企业的各个物流环节。Savant 系统首先对 RFID 解读器传送过来的数据进行校对，确保捕获的产品电子代码是正确的。处于两个解读器重叠区域上的信号可能会被重复读取，产生相同且多余的产品电子代码。Savant 系统能够自动分析读取的信息并且删除这些冗余的产品电子代码，并负责产品电子代码及其相关数据在 EPC 网络上的传送、储存、监控和管理。

3. ONS 系统

对象名解析服务（ONS）是一个自动的网络服务，类似于域名解析服务（DNS）。ONS 服务器中存储着厂商识别代码，以及这个厂商所维护的 PML 服务器的 IP 地址。当 RFID 解读器读取一个 EPC 标签的信息时，EPC 代码就传递给了 Savant 系统， Savant 系统从局域网或 Internet 的 ONS 服务器上找到存储这个产品文件的 PML 服务器的 IP 地址。Savant 系统再根据这个 IP 地址找到 PML 服务器，从服务器中读取产品文件，并将产品的相关信息传递回 Savant 系统，从而实现整个供应链产品信息的共享与管理。

4. PML 系统

PML（物理标记语言）系统是一个存储、查询产品信息的网络数据库管理系统。PML 服务器一般由制造商维护，储存着这个制造商生产的所有商品的文件信息。PML 文件包括静态的产品信息（如产品的成分）、动态数据（如产品的环境温度）和时序数据（如产品的存储地点）。供应链上的各个企业都可以通过自己的 Savant 系统获得相关产品的 PML 文件，企业再根据自身的需要来利用这些文件。

5. 企业信息系统

基于 EPC 网络的供应链系统不是一个孤立的系统，它可以集成到企业现有的信息系统中，从而实现供应链一体化管理。基于 EPC 网络的供应链系统是利用 Savant 系统通过应用程序接口 API 实现与 OA、电子商务、MIS、ERP、CIMS、SCM、CRM 等企业信息系统相连接的。这样 Savant 系统就可以将从 PML 服务器上读取的产品信息自动传递到企业信息系统中，或存储到相应的数据库中，实现产品信息的共享。

对于加入 EPC 网络的制造商、零售商、批发商和运输企业来说，可通过组建基于 EPC 网络的供应链来实现供应链产品信息的共享。首先制造商将产品的文件信息存入 PML 服务器，零售商、批发商、运输企业通过 RFID 系统读取产品的 EPC 代码并传递给 Savant 系统，Savant 系统再利用 ONS 系统的对象名解析服务找到这个产品信息所储存的位置，也就是 PML 服务器的 IP 地址。这样 Savant 系统就能够从 PML 服务器上找到相应的产品信息文件，并将这个文件中的相关产品信息传递回来，从而实现供应链产品信息的实时共享。

（二）EPC 网络的优势

基于 EPC 网络的智能供应链是一个敏捷的供应链，与目前基于条形码标准化的供应链相比，EPC 网络有着明显的优势。

（1）当集装箱、托盘或包装箱通过 RFID 解读器时，RFID 系统能自动迅速读取所有的 EPC 标签，这可以大大降低劳工成本，提高库存处理的效率，并减少出入库作业的差错。

（2）通过 EPC 网络，制造商、零售商、批发商和运输企业能够实现库存信息共享，做到库存的实时可视化管理，这有利于各方加强库存控制，减少缺货情况并降低库存及成本。

（3）通过 EPC 网络可以对商品进行实时追踪，不仅可以防止假冒商品，而且可以提高货物运输的安全性，提高配送的可靠性和效率，从而改善服务质量，提高客户服务水平。

（4）通过 EPC 网络，客户与企业之间的联系不再局限于客户与零售商的联系，而是客户与整个供应链之间的联系，从而形成与客户更加紧密的交流方式，并真正为客户提供了一对一的个性化服务。

（5）通过 EPC 网络，供应链中的商品的数量、商品的位置、商品的历史记录等信息变得更加透明、及时和准确，这使得整个供应链能更快地对客户需求做出响应，从而提高供应链的运行效率。

【任务拓展】

一、企业物流信息电子化方案设计

（一）任务背景

某大型计算机制造企业在实施电子商务之前，与签约代理商之间的沟通使用的是传统沟通方式，即电话加传真，后来又采用了语音信箱（一种语音提示的传真自动提取系统），但效果并不理想，主要原因是环节太多、层层沟通相当麻烦。当产品种类越来越多时，需要传递的产品信息也随之迅速增加，企业与代理商之间的联系与沟通就变得很慢、不及时。例如，商品报价单的更新需要通知到每个代理商，这就成了一项繁杂的工作。首先，政策制定部门将通知发给北京总部的相关部门，然后通知各个大区；各个大区再通知业务代表，业务代表再一家一家通知代理商。结果是有的代理商早就知道消息了，而有的代理商要等顾客问了才知道报价单变动这回事，于是回头再去问上级部门，很是被动。

（二）任务内容

首先为该计算机制造企业设计一个 B2B 物流信息电子化方案，物流信息电子化方案要求包括以下内容。

（1）与代理商之间的信息沟通，如产品动态、市场政策、供货信息等。

（2）代理商的订货，制造企业内部的订单分配、配送时间安排、商品库存查询、在途情况追踪等。

（3）代理商的信用状况和资金状况查询等。

然后为其设计一个实施方案，采用引导的方式逐渐让代理商熟悉物流信息电子化管理模式，帮助代理商将管理模式从传统的物流信息管理模式转变为物流信息电子化管理模式。

（三）任务要求

本任务是一个自主学习型任务，要求学生一边学习一边自主完成，两个同学一组，时间为两天，任务完成后撰写《企业物流信息电子化方案设计》，字数不限，要求方案设计合理，具备可行性，方案内容格式规范，条理清晰。

二、SAAS 模式的 WMS 应用

（一）任务背景

仓储管理系统（WMS）是一个实时的计算机软件系统，它能够按照运作的业务规则和运算法则，对信息、资源、行为、存货和分销运作进行更完美的管理，使其最大化地满足有效产出和精确性的要求。这里所称的“仓储”包括生产和供应领域中各种类型的储存仓库和配送中心，当然也包括普通仓库、物流仓库以及货代仓库。仓储管理系统包括软件、硬件和管理经验等内容。仓储管理系统中的软件指的是支持整个系统运作的软件部分，包括收货处理、上架管理、拣货作业、月台管理、补货管理、库内作业、越库操作、循环盘点、RFID 操作、加工管理、矩阵式收费等。仓储管理系统中的硬件指的是利用自动识别技术和无线传输提高数据的精度和传输的速度。仓储管理系统中的管理经验指的是开发商根据其开发经验将对客户的管理方式和理念进行整合而形成的一套管理理念和流程，帮助企业实现真正的管理。

SAAS 是 Software-As-A-Service（软件即服务）的简称，它是随着互联网技术的发展和应用软件的成熟，在 21 世纪开始兴起的一种完全创新的软件应用模式。它与“On-Demand Software”（按需软件）、the Application Service Provider（ASP，应用服务提供商），Hosted Software（托管软件）具有相似的含义。它是一种通过 Internet 提供软件的模式，厂商将应用软件统一部署在自己的服务器上，客户可以根据自己的实际需求，通过互联网向厂商定购所需的应用软件服务，按定购的服务多少和时间长短向厂商支付费用，并通过互联网获得厂商提供的服务。用户不用再购买软件，而改用向提供商租用基于 Web 的软件，来管理企业经营活动，且无须对软件进行维护。服务提供商会全权管理和维护软件，它在向客户提供互联网应用的同时，也提供软件的离线操作和本地数据存储，让客户随时随地都可以使用其定购的软件和服务。对于许多小型企业来说，SAAS 是采用先进技术的最好途径，它解决了企业购买、构建和维护基础设施和应用程序等方面的费用负担。

在现代社会，仓储的功能不再是原来的储存和保管，仓储的管理越来越趋于多样化、复杂化，仓储管理难度也理所当然地上升了不少，仓储也已不再是单靠人工经验就能管理的了，所以很多企业都有了对 WMS 的需求，但是 WMS 软件高昂的价格也成了一只拦路虎。即使经过这些年来国内软件行业的发展，WMS 的价格也下降了不少，但企业级仓库解决方案还是有比较高昂的成本，外加服务器、技术人员的要求，很多企业不得不畏葸不前。这时 SAAS 模式的仓储管理软件应运而生。

（二）任务内容

从网上选择一个 SAAS 模式的 WMS 软件，注册账号，然后根据仓储管理的业务流程实施入库作业、盘点作业、出库作业、库存管理以及打单发货作业等应用，并撰写《×××SAAS 模式的 WMS 应用实践报告》。

（三）任务要求

本任务是一个自主学习型任务，要求学生一边学习一边自主完成，两个同学一组，时间为一天。撰写的《×××SAAS 模式的 WMS 应用实践报告》的字数不限，要求 WMS 仓储管理操作流程正确，内容翔实，格式规范，图文并茂，条理清晰。

项目六　电子商务与第三方物流

导　语

第三方物流是物流专业化的一种形式，物流专业化意味着更高的效率、更低的成本和更优质的服务，可是当前我国很多网络零售企业却开始自建物流系统，这是为什么？

这说明我国物流专业化的程度还不高，无法满足电商快速发展的需求，但我们不应选择让电商企业来做物流，而是应该加快第三方物流的发展，这才符合社会发展的趋势。

学习目标

知识目标

- 了解第三方物流创造利润的来源
- 了解促进第三方物流发展的因素
- 了解我国第三方物流发展的现状
- 理解第三方物流的基本概念
- 理解第四方物流的基本概念
- 了解第三方物流的特征
- 知道第四方物流的三种模式

技能目标

- 具备选择第三方物流服务商的能力
- 具备操作第三方物流管理软件的能力
- 懂得如何与第三方物流服务商建立良好的合作关系
- 具备考核评估第三方物流服务质量的能力
- 具备采取合理措施降低物流成本的能力
- 具备为京东电商选择合适合作模式的能力
- 具备分析物流平台 App 的能力

【项目导入】

麦当劳的第三方物流

在麦当劳（见图6-1），物流质量永远是权重最大、被考虑最多的因素。麦当劳重视品质的精神，在每一家餐厅开业之前便可见一斑。餐厅选址完成之后，麦当劳的首要工作是在当地建立生产、供应、运输等一系列的“网络系统”，以确保餐厅得到高品质的原料供应。无论何种产品，只要进入麦当劳的采购和物流链，必须经过一系列严格的质量检查。

图 6-1　在中国某城市的麦当劳店

谈到麦当劳的物流，不能不说到夏晖公司，这家几乎是麦当劳的“御用”物流公司，它们与麦当劳的合作，至今在很多人眼中还是一个谜。麦当劳没有把物流业务分包给不同的供应商，夏晖公司也从未“移情别恋”，这种独特的合作关系，不仅建立在“忠诚”的基础上，还在于夏晖为麦当劳提供了优质的服务。

而麦当劳对物流服务的要求是比较严格的。在食品供应中，除了基本的食品运输之外，麦当劳还要求物流服务商提供其他服务，如信息处理、存货控制、贴标签、生产和质量控制等许多方面，这些“额外”的服务虽然成本比较高，但它使麦当劳在竞争中获得了优势。“如果你提供的物流服务仅仅是运输，运价是一吨4角，而我的价格是一吨5角，但我提供的物流服务当中包括了信息处理、贴标签等工作，麦当劳也会选择我做物流供应商的。”为麦当劳服务的一位物流经理说。

另外，麦当劳要求夏晖公司提供一条龙式的物流服务，包括生产和质量控制在内。夏晖公司设在台湾的面包厂，就全部采用了统一的自动化生产线，制造区与熟食区加以区隔，厂区装设空调与天花板，以隔离落尘，易于清洁，遵循严格的食品与作业安全标准。在专门设立的加工中心，物流服务商为麦当劳提供所需的切丝、切片生菜及混合蔬菜，拥有生产区域全程温度自动控制、连续式杀菌及水温自动控制功能的生产线，生产能力为每小时1 500千克。此外，夏晖还负责为麦当劳上游的蔬果供应商提供咨询服务。

麦当劳利用夏晖公司设立的物流中心，为其各个餐厅完成订货、储存、运输及分发等一系列工作，使得整个麦当劳系统得以正常运作，通过它的协调与连接，每一个供应商与每一家餐厅都形成了畅通和谐的合作关系，这为麦当劳餐厅的食品供应提供了最佳的保证。目前，夏晖公司在北京、上海、广州都设立了食品分发中心，同时在沈阳、武汉、成都、厦门建立了卫星分发中心和配送站，与设在香港和台湾的分发中心一起，斥巨资建立起全国性的服务网络。

例如，为了满足麦当劳冷链物流的要求，夏晖公司在北京地区投资5500多万元人民币，建立了一个占地面积达12000平方米、世界领先的多温度食品分发物流中心。该物流中心配有先进的装卸、储存、冷藏设施，多种温度控制运输车40余辆，还配有计算机调控设施用以控制温度。

“物流中的浪费很多，不论是人的浪费、时间的浪费还是产品的浪费都很多。而我们靠信息系统的管理来创造价值。”夏晖公司大中华区总裁白雪李很自豪地表示，夏晖公司的平均库存远远低于竞争对手，麦当劳物流产品的损耗率也仅有万分之一。

麦当劳前高级副总裁赖林胜说，麦当劳全国终端复制的成功，与其说是各个麦当劳快餐店的成功，不如说是麦当劳对自己运营的商业环境复制的成功，而尤其重要的是其供应链复制的成功。离开供应链的支持，规模扩张只能是盲目的。

夏晖公司的特别之处在于，它不仅扮演了第三方物流公司的角色，而且还承担着供应商的责任。一方面可以说是麦当劳采用了委托第三方物流代理的方式为其制造、库存、配送及管理；另一方面，麦当劳完全采用了供应商代理的形式，由供应商掌握麦当劳的库存，采购也由夏晖公司来完成。麦当劳和其供应商夏晖公司的关系也就完全成为伙伴型关系，不管夏晖公司是作为第三方物流公司，还是作为供应商，无疑都在整个物流运作过程中起到了不可忽视的作用。

思考：

1. 请分析麦当劳与夏晖公司的物流合作关系。
2. 夏晖公司在物流运作方面有哪些好的做法？
3. 麦当劳要求夏晖公司提供的一条龙式物流服务，具体包括哪些？

【知识准备】

一、第三方物流的基本概念

（一）第三方物流的定义

第三方物流（Third Party Logistics，TPL 或 3PL）是物流专业化的一种形式，指物流活动和配送工作由商品供方和需方之外的第三方提供，第三方不参与商品的买卖，而是提供从生产到销售整个流通过程的物流服务，包括商品运输、储存、配送以及包装加工等一系列增值服务。第三方物流服务是建立在现代电子信息技术基础上的。

第三方物流是一个新兴的领域，已受到越来越多的关注。像许多流行的术语一样，第三方物流这一术语的含义常因人因地不同。此外，还有一些别的术语，如合同制物流、物流外协、全方位物流服务公司、物流联盟等，也基本能表达与第三方物流相同的概念。

1. 广义与狭义的第三方物流

广义的第三方物流是相对于自营物流而言的。凡是由社会化的专业物流企业，按照货主的要求所从事的物流活动，都可以包含在第三方物流范围之内。至于第三方物流企业所从事的是哪一个阶段的物流活动，物流服务的深度怎样，服务水平的如何，这与货主的要求有密切关系。

狭义的第三方物流是指社会化物流企业所提供的现代化和系统的物流服务活动。

目前，提供这类狭义第三方物流服务的公司数量大增，并有继续增加的趋势。在这一行业中有很多知名的大公司存在，如美国的 Fedex Logistics Service、UPS Worldwide Logistics，德国的 Deutsche Post World Net，丹麦的 Maersk Sealand，荷兰的 TNT Post Group，我国的中国远洋物流有限公司、中铁快运股份有限公司、中邮物流有限责任公司、浙江传化物流基地有限公司和宝供物流企业集团有限公司等。

宝供物流企业集团有限公司

宝供物流企业集团有限公司（以下简称“宝供集团”）创建于1994年，总部设在广州，是国内第一家经国家工商总局批准以物流名称注册的企业集团，是中国最早运用现代物流理念为客户提供物流一体化服务的专业公司，也是目前我国最具规模、最具影响力、最领先的第三方物流企业。2004年，宝供集团取得广州←→上海行邮特快专列的独家经营权，为客户提供行李、包裹等货物的铁路快速运输、储存、包装、装卸、配送、流通加工、信息咨询等一体化的综合性物流服务。宝供集团的货物运输可靠性达到99%，运输残损率为万分之一，已形成覆盖全国并开始向美国、澳大利亚、泰国等地延伸的服务网络。

2. 第三方物流的含义

生产经营企业之所以选择第三方物流是为了集中精力搞好主业，把原来属于自己处理的物流活动以合同方式委托给专业物流服务企业，同时通过信息系统与物流企业保持密切联系，以实现对物流全程管理的控制。

第三方物流既不属于第一方，也不属于第二方，而是通过与第一方或第二方的合作来为客户提供专业化的物流服务，它是以合同为约束、以结盟为基础的系列化、个性化、信息化的物流代理服务，如图 6-2 所示。最常见的 3PL 服务包括设计物流系统、EDI 能力、报表管理、货物集运、选择承运人、货代人、海关代理、信息管理、仓储、咨询、运费支付、运费谈判等。

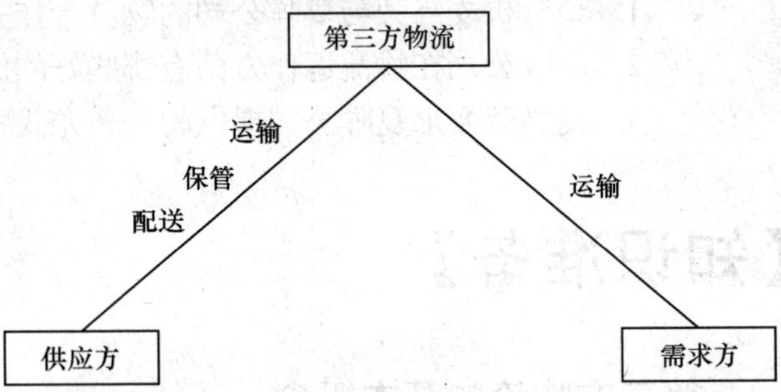

图 6-2　第三方物流与供应方和需求方的关系

第三方物流服务要求物流服务提供者为托运人的整个物流链提供服务，供求双方在协作中建立交易关系或长期合同关系。这两种关系间还可以有多种不同的选择，如短期合同、部分整合或合资经营。物流服务供求双方的关系既可以只限于一种特定产品（如将汽车零部件配送给汽车经销商），也可以包括一组特定的物流活动，甚至还可以有更大的合作范围（如进出库运输、仓储、最终组装、包装、标价及管理）。在电子商务领域中，物流服务提供者还可提供超出一般范围的物流服务，如产品测试、商品验收、代收货款等。

（二）第三方物流的特征

第三方物流在发展的过程中逐渐形成鲜明的特征，归纳起来表现在以下几个方面。

1. 第三方物流是合同导向的一系列服务

首先，第三方物流是通过契约形式来规范物流企业和货主企业之间关系的。物流企业根据契约规定的要求，提供多功能甚至全方位一体化的物流服务，并以契约来管理所有提供的物流服务活动及其过程。第三方物流有别于传统的外包，传统的外包只限于一项或数项独立的物流功能如运输公司提供运输服务、仓储公司提供仓储服务等。第三方物流则根据合同条款规定的要求，而不是临时需要，提供多功能甚至全方位的物流服务。一般来说，第三方物流公司能提供仓库管理、运输管理、订单处理、产品回收、搬运装卸、物流信息系统、产品安装装配、运送、报送、运输谈判等近 30 种物流服务。依照国际惯例，服务提供者在合同期内按提供的物流成本加上需求方毛利额的 20%收费。

其次，第三方物流发展物流联盟也是通过契约的形式来明确各物流联盟参加者之间的责、权、利相互关系的。依靠现代电子信息技术，第三方物流企业之间可以充分共享信息，双方相互信任所达到的效果比单独从事物流活动所能取得的效果更好。而且，从物流服务提供者的收费原则来看，它们之间是共担风险、共享收益的。在行为上，各自不完全采取导致自身利益最大化的行为，也不完全采取导致共同利益最大化的行为，只是在物流方面通过契约结成优势互补、风险共担、要素双向或多向流动的中间组织。

2. 第三方物流是专业化、个性化的物流服务

第三方物流是独立于厂家、商家系统之外的专有资产的经济实体。第三方物流所提供的是专业的物流服务。从物流设计、物流操作过程、物流技术工具、物流设施到物流管理，必须体现专门化和专业水平。这既是货主企业的需要，也是第三方物流自身发展的基本要求。

另一方面，第三方物流提供个性化的物流服务。首先，不同的货主企业存在不同的物流服务需求，第三方物流需要根据不同货主企业在其企业形象、业务流程、产品特征、顾客需求特征、竞争需要等方面的不同要求，提供针对性强的个性化物流服务和增值服务。第三方物流服务的对象一般都较少，只有一家或数家，服务时间却较长，这是因为需求方的业务流程各不相同，而物流、信息流是随价值流流动的，因此，第三方物流服务应按照客户的业务流程来确定，这也表明物流服务从产品推销发展到了市场营销阶段，第三方物流正从过去的面向社会提供服务的传统外包进化到面向企业的个性化服务阶段。其次，从事第三方物流的物流企业也因为市场竞争、物流资源、物流能力的影响需要形成自己的核心业务，不断强化所提供物流服务的个性和特色，以增强在物流市场上的竞争能力。

3. 第三方物流是建立在现代电子信息技术基础上的物流服务

信息技术的发展是第三方物流发展的必要条件。信息技术实现了数据的快速、准确传递，提高了仓库管理、装卸运输、采购、订货、配送发运、订单处理的自动化水平，使订货、包装、保管、运输、流通、加工实现一体化。企业可以更方便地使用信息技术与物流企业进行交流和协作，企业间的协调和合作有可能在短时间内迅速完成。同时，物流管理软件的飞速发展，使混杂在其他业务中的物流活动的成本能被精确计算出来，还能有效管理物流渠道中的商流，这就使企业有可能把原来在内部完成的作业，交由独立的物流公司来运作。用于支撑第三方物流的信息技术包括实现信息快速交换的 EDI（Electronic Data Interchange）技术、实现资金快速支付的 EFT（Electronic Finance Transfer）技术、实现信息快速输入的条形码技术和实现网上交易的电子商务技术等。物流服务过程中，信息技术的发展实现了信息实时共享，促进了物流管理的科学化，极大地提高了物流效率和物流效益。

4. 第三方物流配送拥有灵活性

第三方物流配送，是用合同方式建立起来的物流服务者与用户的关系，因此使用起来非常灵活。通常，把物流业务外包给第三方物流公司，可以使企业将无法避开的固定成本转化为可变成本。企业仅向“第三方”支付服务费用，而无须自己内部维持物流基础设施来满足这些需求。尤其对于那些业务量呈现季节性变化的企业来讲，外包物流对企业盈利的影响就更为明显。例如，对于一家业务“季节性”变化明显的大零售商来说，如果要年复一年地在旺季聘用更多的物流和运输管理员，到淡季再开除他们是很困难、低效的。若和第三方物流结成伙伴关系，零售商就不必担心业务的季节性变化。

5. 第三方物流拥有系统化管理特色

第三方物流具有系统的物流功能，第三方物流建立的现代管理系统能满足运行和发展的

基本要求。与一般的物流运作方式相比，第三方物流整合了多个物流功能，能使货主企业集中精力专注于生产与经营，减少雇佣人员并节省在物流方面的开支。并且，物流企业由于集中为多家专门的客户提供全方位的物流服务，也可凭借自身的优势，最大限度地优化物流路线，选择最合适的运输工具，并围绕客户的需要提供诸如存货管理、生产准备等特殊服务。

（三）第三方物流创造利润的来源

第三方物流发展的推动力就是要为客户及自己创造利润。第三方物流公司必须以有吸引力的服务来满足客户需要，服务水平必须符合客户的期望，要使客户在物流方面得到利润，同时自己也要获得收益，因此，第三方物流公司必须通过自己物流作业的高效化、物流管理的信息化、物流设施的现代化、物流运作的专业化、物流量的规模化来创造利润。

1. *作业利益*

第三方物流服务首先能为客户提供“物流作业”改进利益。一方面，第三方物流公司可以通过第三方物流服务，提供给客户自己不能自我提供的物流服务或物流服务所需要的生产要素，这是产生物流外包并获得发展的重要原因。在企业自行组织物流活动的情况下，或者局限于组织物流活动所需要的专业知识，或者局限于自身的技术条件，企业内部物流系统难以满足自身物流活动的需要，而企业自行改进或解决这一问题又往往是不经济的。另一方面，第三方物流可以改善客户企业内部管理的运作表现，增加作业的灵活性，提高质量和服务、速度和服务的一致性，使物流作业更具效率。

2. *经济利益*

第三方物流服务为客户提供经济或与财务相关的利益是第三方物流服务存在的基础。一般低成本是由于低成本要素和规模经济的经济性而创造的，其中包括劳动力要素成本。通过物流外协，企业既可以将不变成本转变成可变成本，又可以避免盲目投资而将资金用于其他用途从而降低成本。

稳定和可见的成本也是影响物流外协的积极因素，稳定成本时的规划和预算手续更为简便。一般来讲，一个环节的成本难以清晰地与其他环节区分开来，但通过物流外协，使用第三方物流服务，供应商就可以明晰成本和费用，成本的明晰性就提高了。

知识链接：Penske 物流公司帮助通用汽车优化供应物流

在美国的 14 个州中，美国通用汽车公司大约有 400 个供应商，它们负责把各自的产品送到 30 个装配工厂进行组装，由于卡车满载率很低，使得库存和配送成本急剧上升。为了降低成本，改进内部物流管理，提高信息处理能力，通用汽车公司委托 Penske 物流公司为它提供第三方物流服务。Penske 物流公司在调查了解半成品的配送路线之后，建议通用汽车公司在 Cleveland 使用一家有战略意义的配送中心，配送中心负责接受、处理、组配半成品，由 Penske 物流公司派员工管理，同时 Penske 物流公司也提供 60 辆卡车和 72 辆拖车。除此之外，还通过 EDI 系统帮助通用汽车公司调度供应商的运输车辆以便实现 JIT 送货。为此，Penske 物流公司设计了一套最优送货路线，增加供应商的送货频率，减少库存，改进外部物流活动，运用全球卫星定位技术，使供应商随时了解行驶中的送货车辆的方位。与此同时，Penske 物流公司通过在配送中心组配半成品后对装配工厂实施共同配送的方式，既降低了卡车空载率，也减少了通用汽车公司的运输车辆，只保留了一些对 Penske 物流公司所提供的车队有必要补充作用的车辆，这样也减少了通用汽车公司的运输单据处理费用。

3. 管理利益

第三方物流服务给客户带来的不仅是作业的改进及成本的降低，还可以给客户带来与管理相关的利益。如前所述，物流外包可以使用企业不具备的管理专业技能，也可以将企业内部管理资源用于别的更有利可图的领域中去，并与企业核心战略相一致。物流外包可以使企业的人力资源更集中于企业的核心活动，而同时获得的是别的企业（第三方物流企业）的核心经营能力。

此外，单一资源和减少供应商数目所带来的利益也是物流外包的潜在原因，单一资源减少了公关等费用，并减轻了企业在运输、搬运、仓储等几个服务商间协调的压力。第三方物流服务可以给客户带来的管理利益还有很多，如订单的信息化管理、避免作业中断、运作协调一致等。

二、第三方物流的发展概况

（一）促进第三方物流发展的因素

第三方物流从 20 世纪 80 年代开始迅速发展，其中促进第三方物流发展的主要因素包括以下个。

（1）市场对第三方物流需求的不断增加，使得物流业的地位不断提高。

（2）运输业规章制度的不断建立和完善，为物流一体化提供了良好的环境。

（3）全面质量管理的推广和即时系统 JIT 的零库存、零缺陷、零故障理念的应用，也为物流服务带来了新的生机。

（4）物流技术设施在不断更新和发展，而企业的物流部门不可能保证有足够的资源、先进的技能、充足的时间去更新设备，相反，作为专门从事物流的第三方物流企业，却有可能更新设备，因此企业的物流部门愿意外购物流企业的物流服务。

（5）信息技术的高速发展，也给物流活动带来了新的转机。电子订货系统 EOS、全球定位系统 GPS 等新技术的出现，使物流信息传递加快，物流作业执行可靠，物流服务水平提高。尤其是互联网的出现，电子商务时代的到来，更是改变了物流模式，网络化使物流能实现跨区域、跨国界的活动，使物流的功能更为强大。企业与运输公司之间的物流运输业务的协调，企业与仓储公司之间的物流保管业务的安排，企业与配货部门之间物流配送计划的落实，这一系列的与物流相关的工作都会大大地加强。

一家企业自已开展物流活动，无论是在同一国家的不同地区展开，还是在不同国家或地区之间展开，都需要经过许多环节，通过许多道作业，花费较高的费用。而第三方物流能够使这些难题得到较好的解决，它能够提供物流总承包的服务，从运输、保管、配送到装卸、包装、流通加工，实现物流的合理化，减少中间环节，在方便客户的同时也降低了物流成本，促进了企业的发展。

（二）我国第三方物流的发展现状

目前，我国现代物流产业的发展速度和专业化程度在不断提高，我国社会物流效率有所改进，物流市场环境不断转好。行业内普遍以全社会物流总费用占 GDP 的比例来评价整个经济体的物流效率。社会物流总费用占 GDP 的比例越低，代表该经济体物流效率越高，物流产业越发达。2010—2016 年期间，我国社会物流总费用从 7.1 万亿元上升到 11.1 万亿元，年复合增长率为 7.73%，体现出我国物流行业在需求旺盛的情况下，物流总费用也在不断增加。

知识链接：2016年全国物流运行情况通报

在国民经济稳中提质的同时，2016 年社会物流总额增速小幅回升，社会物流总费用与 GDP 的比率稳步下降。

2016 年全国社会物流总额 229.7 万亿元，按可比价格计算，比上年增长 6.1%，增速比上年提高 0.3 个百分点。分季度看，一季度 50.7 万亿元，增长 6.0%，提高 0.4 个百分点；上半年 107.0 万亿元，增长 6.2%，提高 0.5 个百分点；前三季度 167.4 万亿元，增长 6.1%，提高 0.3 个百分点；全年社会物流总额呈现稳中有升的发展态势。从构成看，工业品物流总额 214.0 万亿元，按可比价格计算，比上年增长 6.0%，增速比上年回落 0.1 个百分点；进口货物物流总额 10.5 万亿元，增长 7.4%，提高 7.2 个百分点；农产品物流总额 3.6 万亿元，增长 3.1%，回落 0.8 个百分点；再生资源物流总额 0.9 万亿元，增长 7.5%，回落 11.5 个百分点；单位与居民物品物流总额 0.7 万亿元，增长 42.8%，提高 7.3 个百分点。

2016 年社会物流总费用 11.1 万亿元，比上年增长 2.9%，增速虽比上年提高 0.1 个百分点，但明显低于社会物流总额、GDP 增速。其中，运输费用 6.0 万亿元，增长 3.3%，提高 0.2 个百分点；保管费用 3.7 万亿元，增长 1.3%，回落 0.3 个百分点；管理费用 1.4 万亿元，增长 5.6%，提高 0.6 个百分点。2016 年社会物流总费用与 GDP 的比率为 14.9%，比上年下降 1.1 个百分点。

2016 年物流业总收入 7.9 万亿元，比上年增长 4.6%。

1. 我国物流企业的形成

从形成结构来看，我国的第三方物流企业大体分有 4 种类型。

第一是传统仓储、运输企业经过改造转型而来的物流企业，其占主导地位，占据较大市场份额。中远国际货运公司、中国对外贸易运输（集团）总公司（简称中外运）、中国储运总公司等，凭借原有的物流业务基础和在市场、经营网络、设施、企业规模等方面的优势，不断拓展和延伸其他物流服务，向现代物流企业逐步转化。

第二是新创办的国有或国有控股的新型物流企业，它们是现代企业改革的产物，管理机制比较完善，发展比较快。例如，中海物流公司成立于 1993 年 11 月，从仓储开始发展物流业务，现已发展成能为国际大型知名跨国公司提供包括仓储、运输、配送、报关等多功能物流服务的第三方物流企业。

第三是外资物流企业，它们一方面为原有客户——跨国公司进入中国市场提供延伸服务，另一方面用它们的经营理念、经营模式和优质服务吸引中国企业，逐渐向中国物流市场渗透，如丹麦有利物流公司主要为马士基船运公司及其货主企业提供物流服务，深圳的日本近铁国际物流公司主要为日本的在华企业服务。

第四是民营物流企业，它们由于机动灵活、管理成本低等特点，发展迅速，是中国物流行业中最具朝气的第三方物流企业。例如，广州的宝供物流集团，它从 1992 年承包铁路货物转运站开始开展业务，1994 年成立广东宝供储运公司，当年承接世界上最大的日用消费品生产企业——美国宝洁公司在中国市场的物流业务，经过几年的开拓创新，宝供物流集团已在澳洲、泰国以及我国主要城市设有 40 多个分公司或办事处，为 40 多个跨国公司和一批国内企业提供国际性物流服务。

2. 我国物流行业供求状况

物流行业供求状况主要受到国民经济发展和波动的影响， 行业需求侧来源于实体经济的各行各业，行业需求端的变动带动供给侧的转型。

总体上，我国物流需求不断增多，需求结构继续优化。自 2008 年到 2015 年，单位 GDP 的物流需求系数从 2.9 上升到 3.24，单位 GDP 产出对单位物流总额的需求增加了 14.1%，国民经济的发展对社会物流的需求不断增多。

从结构看，传统产业转型升级步伐加快，2015 年高技术产业物流需求同比增长 10.2%。随着供应链体系向着标准化方向发展，行业需求已经从装备更新换代向物流供应链优化，物流服务标准化、可视化、透明化等多领域、多角度发展。

以化工为例，在化工物流细分领域，我国石油化工产业的发展带动化工物流的需求。一方面，化工品大量进出口需要专业的化工跨境物流服务商提供服务；另一方面我国化工品的生产和消费存在区域不平衡，这使得国内化工品运输需求较大。与此同时，化工行业市场竞争加剧，将物流环节从生产企业剥离出来实现整体外包，继而推行第三方物流以及供应链管理，这是化工企业增强市场竞争力的另一突破口，因此采用第三方物流服务成为越来越多化工企业的选择。目前我国已建成的国家级、省级大型化工园区达 200 多个。化工物流虽然近年来发展迅速，仓储建设不断增加，但是资质健全、提供规范服务的综合物流服务商数量和物流设施总量供给依旧不能满足行业发展的需要。

3. 我国物流行业市场集中度

我国物流产业近年来通过兼并重组、战略调整、联盟合作等多种方式，市场集中度显著提高。2016 年，50 强物流企业物流业务收入共达 8 299 亿元，按可比口径计算，比上年增长 6.9%；与此同时，50 强物流企业门槛达到 28.5 亿元，比上年增加 6 亿元；汽车、医药等重点领域企业收入规模快速增长。截至 2015 年年底，我国 A 级物流企业总数已达 3 500 多家。其中，5A 级企业 214 家，具有标杆作用的领先物流企业群体成长壮大。

4. 我国物流基础设施建设状况

国内交通运输业的持续发展为物流行业奠定了坚实基础。截至 2016 年年底，全国铁路营业里程达到 12.4 万千米，公路总里程 469.63 万千米，内河航道通航里程 12.71 万千米，港口拥有生产用码头泊位 30 388 个，颁证民用航空机场 218 个。2015 年，全国港口完成货物吞吐量 132.01 亿吨、集装箱吞吐量 2.20 亿集装箱量，分别比上年增长 3.5%和 4.0%，全国完成铁路公路水路固定资产投资 27 902.63 亿元，比上年增长 4.7%。基础交通的逐步完善，可以进一步降低物流成本，提高物流效率。

5. 我国物流行业景气指数

物流行业属于生产性服务行业，承运货品涉及各个产业领域，其发展需要由制造业、零售业带动，物流行业的景气程度会受到需求端波动的影响。从 2014 年至 2017 年的中国物流业景气指数（LPI）来看，现代物流行业并未显现出明显的周期性变化和季节性特征，如图 6-3 所示。

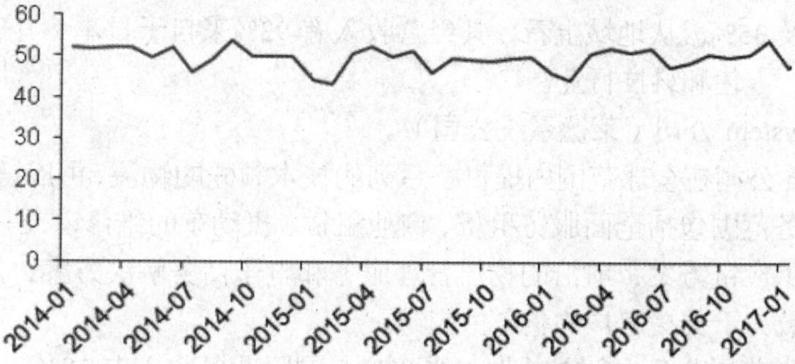

图 6-3　中国物流业景气指数

6. 世界十大物流公司

（1）UPS（联合包裹速递服务公司）

UPS 是全球最大的速递机构和包裹递送公司，同时也是世界上一家主要的专业运输和物流服务商。每个工作日，该公司为 180 万客户送邮包，收件人数高达 600 万。该公司的主要业务范围是在美国国内并遍及其他 200 多个国家和地区。该公司已经建立规模庞大、可信度高的全球运输基础设施，开发出全面、富有竞争力并且有担保的服务组合，并不断利用先进技术支持这些服务。该公司提供物流服务，其中包括一体化的供应链管理。

UPS 的业务收入按照地区和运输方式的不同呈现出不同的分布特点。从地区来看，美国国内业务收入占总收入的 89%，欧洲及亚洲业务收入占 11%。从运输方式来看，国内陆上运输收入占总收入的 54%，国内空运收入占 19%，国内延迟运输收入占 10%，对外运输收入占 9%，非包裹业务收入占 4%，其他业务收入占 4%。

（2）FedEx（联邦快递公司）

FedEx 公司的前身为 FDX 公司，是一家环球运输、物流、电子商务和供应链管理服务供应商。该公司通过各子公司的独立网络，向客户提供一体化的业务解决方案。其子公司包括 FedExExpress（经营速递业务）、FedExGround（提供包装与地面送货服务）、FedExCustomCritical（提供高速运输投递服务）、FedExGlobal（提供综合性的物流、技术和运输服务）以及 VikingFreight（美国西部的小型运输公司）。

从地区来看，FedEx 的美国国内业务收入占总收入的 76%，国际业务收入占 24%。从运输方式来看，空运业务收入占总收入的 83%，公路业务收入占 11%，其他占 6%。

（3）DeutschePostWorldNet（德国邮政世界网）

德国邮政是德国的国家邮政局，是欧洲地区领先的物流公司。近期更换了品牌（改名为 DertschePostWorldNet，简称 DPWN）。DPWN 有四个自主运营的部门，即邮政、物流、速递和金融服务。从净收入来看，DPWN 的四大业务邮政、速递、物流和金融服务的净收入分别占总收入的 49%、21%、18%和 12%。

（4）Maersk/A.P.Moeller（马士基集团）

马士基集团旗下的 MaerskSealand 是世界上最大的航运公司，拥有 250 艘船舶，其中包括集装箱船舶、散货船舶、供给和特殊用途船舶、油轮等，该集团还拥有大量的装卸码头，并提供物流服务。

（5）NipponExpress（日本运通公司）

日本运通公司的业务主要分为汽车运输、空运、仓库及其他，其收入分别占总收入的 44%、16%、5%及 35%。从地域上看，其经营收入有 93%来自于日本。其客户主要分布在电子、化学、汽车、零售和科技行业。

（6）Ryder System 公司（莱德系统公司）

Ryder System 公司在全球范围内提供一系列的技术领先的物流、供应链和运输管理服务。该公司提供的服务范围包括全面服务租赁、商业租赁、机动车的维修以及一体化服务。此外，还提供全面性的供应链方案、前沿的物流管理服务和电子商务解决方案，从输入原材料供应到产品的配送，致力于支援客户的整条供应链。

从地区来看，美国业务收入占总收入的 82%，国际业务收入占 18%。从业务板块来看，运输服务收入占总收入的 57%，物流收入占 32%，其他收入占 11%。

（7）TNTPostGroup（TNT 快递公司）

TNTPostGroup（TPG）为全球超过 200 个国家和地区提供邮递、速递及物流服务，并拥有 Postkantoren（经营荷兰各邮局的机构）50%的股权。TPG 利用 TNT 品牌提供速递发送及物流服务（TNT 的物流业务主要集中在汽车、高科技以及泛欧洲领域），其物流领域现有 137 间仓库，共占地 155 万平方米。

按业务类型来看，TPG 的三大业务——邮递、速递和物流（净收入）分别占总收入的 42%、41%及 17%，而从地域表现来看（净收入），欧洲地区的收入占总收入的 85%，澳洲、北美、亚洲及其他地区分别占 6%、4%、2%和 3%。

（8）Expeditors（康捷国际公司）

该公司注册地为美国，是一家提供全球物流服务的公司。公司的服务内容包括空运、海运（拼货服务）及货代业务。在美国的每个办事处以及许多海外办事处都提供报关服务，另外还提供包括配送管理、拼货、货物保险、订单管理以及以客户为中心的物流信息服务。

从业务类型来看，业务主要集中在空运、海运和货代方面，按照收入划分分别占总收入的 63%、25%和 12%。而从地区分布来看，其业务收入主要集中在远东，占总收入的 56%，美国、欧洲和中东、南美、澳大利亚的收入分别占 26%、15%、2%和 1%。

（9）Panalpina（泛亚班拿）

Panalpina 是世界上最大的货运和物流集团之一，在 65 个国家和地区拥有 312 个分支机构。Panalpina 的核心业务是综合运输业务，所提供的服务是一体化、适合客户的解决方案。通过一体化货运服务，Panalpina 将自身定位于标准化运输解决方案和传统托运公司之间。除了处理传统货运以外，该集团还专长于为跨国公司提供物流服务，尤其是汽车、电子、电信、石油及能源、化学制品等领域的公司。

从总利润来看，Panalpina 的四大业务即空运、海运、物流及其他的收入分别占总收入的 44.9%、31.3%、20.3%及 3.5%。而在地域上，欧洲/非洲的业务收入占总收入的 52.7%，美洲的占 33.9%，亚太地区的占 13.4%。

（10）Exel（英运物流）

2005 年 9 月 19 日德国邮政对外宣布，该公司以 36 亿英镑（合 65 亿美元）的价格，将英国物流巨头英运物流顺利收购。2000 年 7 月 26 日，Ocean Group 与 NFC 公司合并后更名为“Exel”。Exel 分为 5 大业务部门（消费品/零售/医疗）欧洲部、（消费品/零售/医疗）美洲部、开发和自动化部、技术和全球管理部以及亚太部。该公司全球网点达到 1 300 个，拥有 50 000 多名员工。

从业务种类来看，Exel 主要集中在配送、运输管理和环境服务三个方面，这几项业务的收入按照净收入划分分别占总收入的 58%、39%和 3%，如果按照运营利润划分，这几项业务的收入分别占总收入的 62%、28%和 10%。从地理分布来看，业务主要集中在英国与爱尔兰，同时遍及美洲、欧洲大陆和非洲以及亚太地区，按照净收入划分，这些地区的业务收入分别占总收入的 39%、30%、21%和 10%，如果按照运营利润划分则分别占 54%、27%、10%和 9%。

三、第四方物流

（一）什么是第四方物流

第四方物流（Fourth Party Logistics）是 1998 年美国埃森哲咨询公司率先提出的，是专门为第一方、第二方和第三方提供物流规划、咨询、物流信息系统、供应链管理等活动的。第四方物流并不实际承担具体的物流运作活动。

第四方物流是一个供应链的集成商，是供需双方及第三方物流的领导力量。它不是物流的利益方，而是通过拥有的信息技术、整合能力以及其他资源提供一套完整的供应链解决方案，以此获取一定的利润。它帮助企业实现降低成本和有效整合资源的目标，并且依靠优秀的第三方物流供应商、技术供应商、管理咨询以及其他增值服务商，为客户提供独特的和广泛的供应链解决方案。这些新型的服务供应商是通过其影响整个供应链的能力来为客户提供更为复杂的供应链解决方案和价值的。因此，第四方物流可以使快捷、高质量、低成本的产品运送服务得以实现，更能实现零库存的目标。

第四方物流与第三方物流的区别表现在以下两点。

（1）第三方物流供应商为客户提供部分供应链物流服务，以获取一定的利润。第四方物流供应商则是一个供应链的集成商，它对公司内部和具有互补性的物流服务供应商所拥有的不同资源、能力和技术能进行整合和管理，并提供一整套供应链解决方案。

（2）第四方物流最大的附加值是自身特有的信息和知识，而不是提供最低价格的一般性的无差异的服务。第三方物流的主要利润来自"效率的提高"及"货物流动时间的减少"。然而，在实际的运作中，大多数第三方物流公司缺乏对整个供应链进行运作的战略性专长和真正整合供应链流程的相关技术，第四方物流依靠业内最优秀的第三方物流供应商、技术供应商、管理咨询顾问和其他增值服务商，为客户提供独特的和广泛的供应链解决方案，这是任何一家第三方物流公司所不能单独提供的。

（二）第四方物流的优势和功能

第四方物流与第三方物流相比，其服务的内容更多，覆盖的地区更广，对从事货运物流服务的公司要求更高——要求它们必须开拓新的服务领域，提供更多的增值服务。第四方物流最大的优越性是它能保证产品得以"更快、更好、更廉"地送到需求者手中。在当今经济形式下，货主/托运人越来越追求供应链的全球一体化以适应跨国经营的需要，跨国公司由于要集中精力于其核心业务，因而必须更多地依赖于物流外包。基于此，它们不只是在操作层面上进行外协，而且在战略层面上也需要借助外界的力量，以便得到"更快、更好、更廉"的物流服务。

第四方物流基本功能如下。

（1）供应链管理功能，即管理从货主、托运人到用户、顾客的供应全过程。

（2）运输一体化功能，即负责管理运输公司、物流公司之间在业务操作上的衔接与协调问题。

（3）供应链再造功能，即根据货主/托运人在供应链战略上的要求，及时改变或调整战略战术，使其经常处于高效率的运作状态。第四方物流的关键是以"行业最佳的物流方案"为客户提供服务与技术。

第三方物流要么独自提供服务，要么通过与自己有密切关系的转包商来为客户提供服务，它不大可能提供技术、仓储和运输服务的最佳整合。因此，第四方物流成了第三方物流的"协助提高者"，也就是货主的"物流方案集成商"。

（三）第四方物流的 3 种模式

第三方物流是无法胜任传统的生产和仓储企业供应链管理的，只有第四方物流才能更好地适应供应链管理的需要。第四方物流存在 3 种可能的模式。

1. 协助提高者

第四方物流与第三方物流共同开发市场，第四方物流向第三方物流提供一系列的服务，包括技术、供应链策略、进入市场的能力和项目管理的能力。第四方物流在第三方物流内部工作，其思想和策略通过第三方物流这样一个具体实施者来实现，以达到为客户服务的目的。

第四方物流与第三方物流一般会采用商业合同的方式或战略联盟的方式进行合作。

2. 方案集成者

在这种模式下，第四方物流为客户提供运作和管理整个供应链的解决方案。第四方物流对本身和第三方物流的资源、能力和技术进行综合管理，借助第三方物流为客户提供全面的、集成的供应链方案。第三方物流通过第四方物流的方案为客户提供服务，第四方物流作为一个枢纽，可以集成多个服务供应商的能力和客户的能力。

3. 行业创新者

在这种模式下，第四方物流为多个行业的客户开发和提供供应链解决方案，以整合整个供应链的职能为重点，第四方物流将第三方物流加以集成，向下游的客户提供解决方案。在这里，第四方物流的责任非常重要，因为它是上游第三方物流的集群和下游客户集群的枢纽。

【工作任务】

一、电商企业选择物流服务商

工作任务要求：在了解我国物流市场格局的基础上，比较分析国内各家快递公司的优势和劣势，再根据网店经营的商品和客户分布确定最优的物流服务商。

目前物流配送这一环节已经成为国内 B2C 型电商企业发展的瓶颈，虽然有电商选择自建物流系统，但大多数电商企业并不具备这种实力，因此 B2C 型电商企业或采用第三方物流配送模式，或选择物流联盟配送模式，这都需要在市场上众多的物流快递公司中寻找与自身需求相符合的供应商。即使那些选择自营物流模式的 B2C 企业，也要考虑当自身物流配送供给能力不足时，如何从物流市场选择合适的物流服务商。

（一）快递业现状分析

快递是指文件、包裹和物品的快速递送服务。快递企业收取寄件人托运的快件后，按照寄件人要求，以最快的速度将其运到另一地点，递交指定的收件人。同时，快递企业要掌握运输、派送过程的全部情况并能向有关人员提供即时信息查询的“门到门”服务。

通常快递企业承运的主要是对时间敏感的小件物品，重量一般在 100 克 ~ 20 千克，强调快速和门到门服务；与快递相联系的还有快运，快运物品重量一般在 10 千克以上，强调速度和费用的均衡。当前快递企业不仅承接商务文件、小件物品的快递服务，同时也涉及大件物品的快递业务，与快运之间的区别逐渐模糊，在业务上趋向融合。

1. 快递业市场格局

20 世纪 80 年代，中国邮政开创我国快递业的先河，但我国快递业真正进入全面发展时期是在 20 世纪 90 年代，由于民营资本的进入，顺丰速运、中通快递、申通快递、宅急送等民营快递企业纷纷成立，发展势头迅猛。进入 21 世纪以来，外资快递巨头也纷纷抢占我国快递物流市场。

目前我国快递业内存在着三股力量：一是外资快递巨头企业，主要包括联合包裹（UPS）、敦豪（DHL）、联邦快递（FedEx）、天地快运（TNT）等，它们具有覆盖全球的物流配送网络、雄厚的资金实力以及丰富的运作经验；二是国有快递企业，拥有国家背景优势和比较发达的国内物流网络，如中国邮政（EMS）、民航快递（CAE）、中铁快运（CRE）等；三是经营灵活的民营快递企业，如顺丰、韵达、申通、圆通、中通等。当前，国有、民营、外资快递企业多元共存、相互竞争的市场格局已经形成。

2. 快递业务的基本特征

电子商务的快速发展对快递业的运营水平和服务水准提出了很高的要求，与在物流企业占据绝对规模的大宗货运相比，更凸显“快、多、杂、繁”等特征。

（1）快。电子商务强调速度和时效性，这成了快递业务的基本要求和主要特征。“快”充分体现在收、送件的全过程，同城当日达、次日达，省际次晨达、次日达或隔日达，国际间次日达或隔日达，所有快递服务都紧扣“快”来开展。然而，盲目求“快”容易导致“丢、错、漏、损”等现象的发生。

（2）多。它是针对数量而言的，快递业务主要围绕 B2B、B2C 及 C2C 领域开展，其业务特点是票件重量小、分散且数量多。伴随着互联网的快速发展和电子商务的异军突起，递送需求快速上升，导致快递业务量更是成倍增加。

（3）杂。它是针对配送品类而言的，说明快递业务派送物件品类的繁杂。快递需要极大程度地满足电商企业对物流服务的差异化、个性化的需求，小到一份合同，大到一辆汽车，都可以成为快递的派送货品。部分高价值、防震、易碎等精贵物品有特殊的运输要求，这就要求快递企业提供更加安全、贴切、精准的配送服务。

（4）繁。电商客户一般都要求将货物送到家里，而快递提供的门到门服务流程比普通站到站的物流流程更加繁杂。从客户处取件到各级分拨中心再到客户处送件，整个过程需要经过若干次分拨处理。部分快件一天的分拨频率高达 6 次之多。如此繁杂的快递流程，需要超强的责任意识和精准细致的工作。

（二）快递企业比较分析

目前我国市场上快递公司发展水平不一，众多快递公司纷纷成立，其服务质量良莠不齐。下面对当前的中国邮政快递、国有快递、民营快递和国际快递的优劣势进行分析。

1. 中国邮政快递分析

经过几十年的建设和发展，邮政物流已经建立起了结构较为合理的以邮航为主的航空快速网、以火车专列为主的物流集散网、以汽车为主的区域和省内快速网及市县投递配送网，初步形成了覆盖全国的邮政物流实物运输网络。中国邮政物流综合信息平台实现了物流生产全过程的信息化，并且能提供邮件全程实时动态跟踪查询服务，邮政物流正在加快建设一个面向客户、涉及供应链全环节、全国大集中的信息系统。

经过多年的积累和发展，邮政物流已经形成规模，同时初步建立起适应市场多元化需求的产品服务体系，并具备相当的品牌效应。然而我国邮政物流配送服务质量不高，配送周期较长，响应比较迟缓。一是邮政物流还没有建立起适应市场发展的专业化经营体制，对市场变化的反应不灵敏；二是能力不足的瓶颈问题严重制约发展，邮政物流的服务能力不足问题尤为突出，特别是在重点城市的核心竞争力明显不足；三是服务品质的市场竞争力减弱，邮政物流的运行质量不稳定，时限慢且不稳定，及时妥投率低且有货损货差的存在，这使邮政物流的服务品质未能与其市场领先地位相匹配；四是特快专递价格比较昂贵，这些问题使电子商务本身具有的快速、便捷、低价等优势无法发挥。

2. 国有快递分析

我国国有快递企业除了国有性质的邮政快递企业，还有一批比较有活力的企业，包括民航快递、中铁快运、中外运等，它们凭借着网络、品牌、稳定的市场和货源等优势，在中国快递市场迅速崛起。

2004 年 10 月，中外运进军国内快递市场，推出“外运发展 E 速”。虽然成立时间并不长，但从一开始就确定了走电子商务与现代快递相结合的路线，并依靠其在 B2C 电子商务物流配送的代收货款、派送服务、信息系统建设等方面的实力，吸引了包括麦考林、清华紫光在内的众多电子商务客户。而民航快递和中铁快运依靠其在运空和陆运方面的优势，也在向网购快递市场渗透。

国有快递企业大多资金实力雄厚，可以保证物流基础设施的投资和建设；在信息系统建设、硬件实力方面优于民企，甚至不逊于外资快递企业；国有快递企业管理相对规范，在保障财产安全上有优势。除此之外，国有快递企业还有一个最大的优势——覆盖全国的物流网络。目前中铁快运、民航快递等都已建立起了全国网络，并且都可以提供“门到门”的服务。但是国有快递企业自身物流资源比较有限，市场规模占有率不足，国际业务匮乏，同时，自身技术实力和业务运作水平不高等制约着企业的发展。

3. 民营快递分析

在民营快递业中，顺丰、中通、申通、圆通、韵达在民营快递企业中居前五位。随着网络购物的日益普及，基于电子商务的产业链迅速形成，民营快递公司的业务量呈爆炸式的增长。虽然民营快递企业发展迅猛，但其发展过程面临一系列的机遇和挑战，由于民营快递企业起步比较晚，国家没有相关的法律政策保护，生存环境相对混乱；同时新《邮政法》的推行，承认快递行业的法律地位，规范了快递行业市场，为民营快递企业提供了公平的发展机遇。

在五家民营快递企业中，顺丰一家为直营制模式，其他四家为直营+加盟制模式。当然“三通一达”的直营在一定程度上仍然可被视为加盟模式，虽然有些企业在省会或重要城市成立了直营机构，但当地市场的开发及运营仍然由所在地区加盟商完成，直营机构作为分支机构只是总部功能的“前移”，并没有改变加盟的本质属性。在业务构成方面，顺丰的主要业务为高附加值的商务件，“通达”系为低附加值的电商件。

4. 外资快递分析

著名外资快递巨头有敦豪快递（DHL）、联邦快递公司（FedEx）、联合包裹速递公司（UPS）以及天地快运公司（TNT）。这些外资巨头资金实力雄厚，全球运作经验丰富，覆盖全球的物流网络比较发达，能够提供高质量的“门到门”的物流配送服务，品牌认知度高，是公认的市场领导者，具有稳定的客户群。它们有很大的地域覆盖市场和分销能力，国际网络完备；它们同许多公司建立了战略联盟和合资公司。凭借着其专业的客户服务和及时有效的在线查询预定系统，它们在国际快递市场上有着极高的市场份额。但在进军中国市场的过程中也面临一些问题，如本土化进程有限，难以按严格的全球统一标准推广服务；国内网络建设有限，通过代理形式难以保障服务等，表 6-1 所示为我国快递企业竞争状况。

表 6-1　　我国快递企业竞争状况

物流企业类型	竞争优势	竞争劣执	占据市场
外资物流企业	管理理念先进，操作规范，资金雄厚，全球网络发达，人才多，决策高效灵活，激励机制激励效果强，技术和服务水平高	对中国市场不熟悉，网点分布少，成本高，水土不服，文化差异大，本土化较慢，面临一些政策限制	大部分国际快递市场
国有物流企业	独特的政府背景，熟知国内市场特点，强大的国内网络，资金实力雄厚，硬件设施齐备，网点覆盖范围广，操作较为规范，车辆揽投安全性高，运营成本较低	管理体制僵化，快递价格较高，配送速度较慢，服务项目单一，信息技术水平落后，缺乏现代物流知识和专业物流管理人才	部分国际市场和大部分国内异地市场
民营物流企业	经营灵活，配送速度快，价格优势明显，市场反应速度快，适应性强，人才机制灵活性高，更新速度高，决策高效，管理机制创新	融资困难，资金不足，政策有限制，服务质量参差不齐，物流人才不足，企业发展的外部环境存在不公平现象	大部分电商快递市场

（三）选择物流服务商的标准

电商企业选择物流服务商通常有10项标准，具体包括：（1）价格；（2）交货期；（3）出货和递送的准时性；（4）差错率；（5）财务稳定性；（6）管理水平；（7）满足或超越其承诺的能力；（8）必要情况下高层管理的有效性；（9）对未预见问题和突发事件的反应能力；（10）满足绩效和质量要求的能力。

除了价格之外，电商企业非常看重物流服务商提供满足绩效和质量要求的物流服务所需的资源和能力以及财务稳定性。

知识链接：某电商企业选择运输型物流企业的评估指标（见表6-2）

表6-2　运输型物流企业评估指标

评估指标		级别				
		AAAAA级	AAAA级	AAA级	AA级	A级
经营状况	1．年货运营业收入（元）	15亿以上	3亿以上	6000万以上	1000万以上	300万以上
	2．营业时间	3年以上	2年以上		1年以上	
资产	3．资产总额（元）	10亿以上	2亿以上	4000万以上	800万以上	300万以上
	4．资产负债率	不高于70%				
设备设施	5．自有货运车辆（辆）（或总载重量/吨）	1500以上（7500以上）	400以上（2000以上）	150以上（750以上）	80以上（400以上）	30以上（150以上）
	6．运营网点（个）	50以上	30以上	15以上	10以上	5以上
管理服务	7．管理制度	有健全的经营、财务、统计、安全、技术等机构和相应的管理制度				
	8．质量管理	通过ISO 9001：2000质量管理体系认证				
	9．业务辐射面	国际范围	全国范围	跨省区	省内范围	
	10．顾客投诉率（或顾客满意度）	≤0.05%（≥98%）	≤0.1%（≥95%）		≤0.5%（≥90%）	
人员素质	11．中高层管理人员	80%以上具有大专以上学历或行业组织物流师认证	60%以上具有大专以上学历或行业组织物流师认证		30%以上具有大专以上学历或行业组织物流师认证	
	12．业务人员	60%以上具有中等以上学历或专业资格	50%以上具有中等以上学历或专业资格		30%以上具有中等以上学历或专业资格	
信息化水平	13．网络系统	货物经营业务信息全部网络化管理			物流经营业务信息部分网络化管理	
	14．电子单证管理	90%以上	70%以上		50%以上	
	15．货物跟踪	90%以上	70%以上		50%以上	
	16．客户查询	建立自动查询和人工查询系统			建立人工查询系统	

注：货运营业收入包括货物运输收入、运输代理收入、货物快递收入；运营网点是指在运营覆盖范围内，由本企业自行设立、可以承接并完成企业基本业务的分支机构；顾客投诉率是指在年度周期内对不满意业务的投诉总量与企业业务总量的比率；顾客满意度是指在年度周期内企业对顾客满意情况的调查统计

二、电商企业与物流服务商的合作

工作任务要求：结合具体的电商企业，讨论在电商企业与物流企业建立良好合作伙伴关系的过程中，电商企业应该如何采取措施降低物流成本，提高物流服务的安全性和稳定性。

物流活动的广泛性、多样性和复杂性，使得电商企业不可能完成所有的物流活动，因此越来越多的企业选择将非核心的物流业务进行外包，以期能够优质、高效地完成物流活动，提高供应链的效率。现代物流服务不同于一般的服务，它本身具有很强的专业性和技术性。双方合作时，要有一定的投入，而且双方都有进一步发展的需求，需要进一步拓展合作领域，因此，双方需要建立长期良好的合作伙伴关系，实现“双赢”。

（一）基于降低物流成本的合作

在电商企业与物流服务商合作的过程中，有的企业一味压低物流服务价格，使得物流企业不得不降低服务质量，从而使得电商企业的服务水平得不到保障，增加了企业的运营风险。

有的电商企业则采取不同的策略，例如，在包裹的配送成本上没有利用自己的送货量大与快递公司讨价还价，而是与快递公司探讨如何共同创造降本空间——双方合作延长了电商的包装生产线，在电商仓库就按区域分类，转运到快递公司，直接装车发运。提前集包优化了流程，一个包裹可省成本 3 元。其他策略还有对各种货物进行运输需求整合及运输路线优化，在不影响运输质量的前提下进行并车混装，通过这些方式，电商企业与物流服务商达到了整合的目的，实现规模经济。

（二）基于物流服务安全性的合作

电商企业对物流过程中的安全问题也很关注。例如，在配送高价值物资时会担心遗失或损坏，在配送冷冻产品时会担心运输过程中的温度是否合适。要想成功解决此类问题，通过物流监督工具使物流全程可视化是目前最先进的做法。电商企业可运用移动互联网、GPS、GIS、RFID、温控传感器等技术，使物流全程透明化，处于可监控状态。企业可将 3PL 是否拥有这样的管理硬件作为首选标准。

（三）基于物流服务稳定性的合作

电商企业对 3PL 服务的稳定性也很看重。例如，想要车的时候物流企业没车派，承诺的车不能准时到指定地点装货，于是好多企业只好通过找“备胎”来解决问题，A 家没车找 B 家，B 家没车找 C 家，但在发货旺季，如法定节假日前后或月末时，可能发生 A、B、C 都没有车的情况。可见“备胎”不是良策，规避与预防才是王道。除了前期合同约束、停车场位置要求外，重要的就是要有一个共享的车辆需求计划，企业可让运输部门制订出未来一段时间的用车计划。例如，美国 HA 公司一定会为主要合作伙伴提供未来一周滚动的车辆资源计划，在当天 12:00 前确定次日具体的用车计划，如果有调整，也只是在主计划基础上微调，影响不会太大。

【实践应用】

第三方物流模拟软件的应用

实践内容：分角色在第三方物流模拟软件上完成管理中心、调度中心、运输中心和仓储中心的各项业务操作。

应用步骤：①查看和分析第三方物流的运作流程；②注册物流公司；③购买物流公司运作资源；④物流服务报价；⑤运输与仓储基本设置；⑥完成公路运输业务流程管理。

在第三方物流教学模拟平台上完成第三方物流公路运输业务，内容包括注册物流公司、购买物流公司运作资源、公路运输报价、广告发布管理、接收公路运输订单、订单分拣、制订汽车运输的配送方案、运输车辆管理、运输业务管理、出库管理、入库管理和结算管理。

（一）注册物流公司

1. 登录 3PL 教学模拟平台注册物流公司

步骤一：登录 3PL 教学模拟平台，输入用户名、密码，选择用户类型：学生。登录界面如图 6-4 所示。

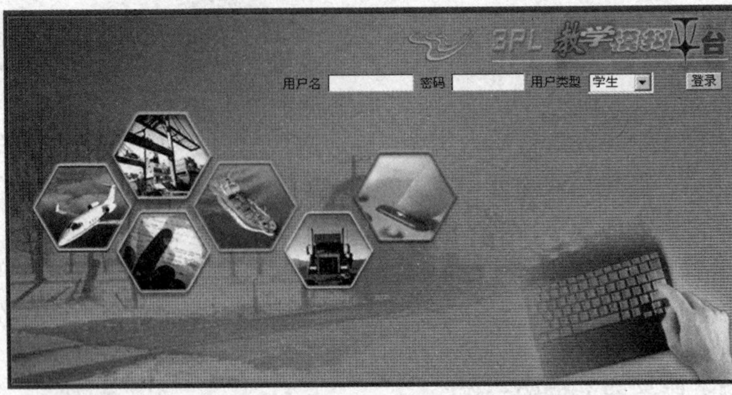

图 6-4　3PL 教学模拟平台登录界面

步骤二：注册一家物流公司（已注册物流公司的用户直接进入主页），界面如图 6-5 所示，填入公司名称、电话、地址等相关信息，从下拉框中选择公司所在地点，填好后单击“提交”按钮完成注册。

物流公司名称：	test物流公司	所在地点：	福建
公司电话：	0592-2521011	公司邮编：	361005
公司邮箱：	test@test.com.cn	公司传真：	2521011
公司联系人：	林进	公司地址：	厦门思明
公司URL：	www.test.com.cn		
公司简要介绍：			
公司描述：			
提交　取消			
* 注册物流公司相当于到工商所注册公司，请认真填写物流公司的各项资料。			

图 6-5　注册物流公司

步骤三：注册完物流公司后开始分配角色，页面如图 6-6 所示。

物流公司注册成功，现在请选择将要扮演物流公司不同部门角色的学生	
管理中心	扮演者：stu0001
调度中心	扮演者：stu0001
车队中心	扮演者：stu0001
仓储中心	扮演者：stu0001
提交　取消	
* 物流公司共有四个角色，你可以把所有的角色都分配给自己扮演，或者把角色分配给别的同学，共同合作管理公司。	
* 分配角色完毕后，你将进入你注册公司的主页，请你确记进入到管理中心后去物流市场购买物流公司运作所需的资源。然后进行报价，否则你将接不到任何订单！	

图 6-6　分配角色

步骤四：分配好角色后，公司需进行认证，申请证书并安装，页面如图 6-7 所示。

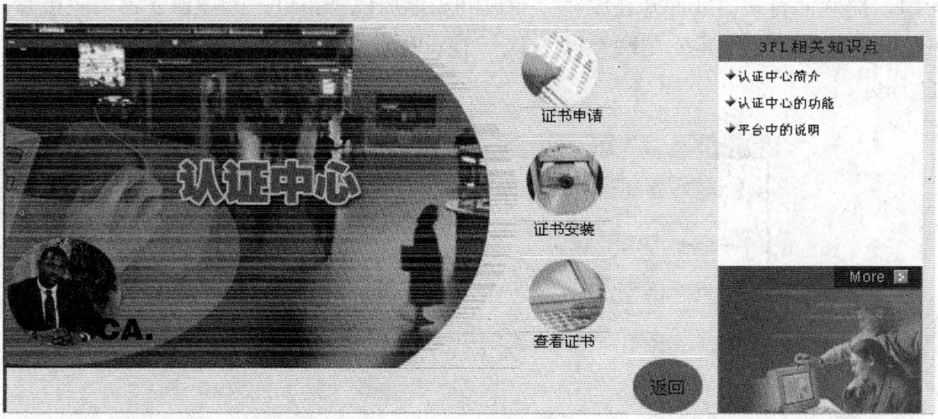

图 6-7　申请安装证书界面

步骤五：申请数字证书，如图 6-8 所示。

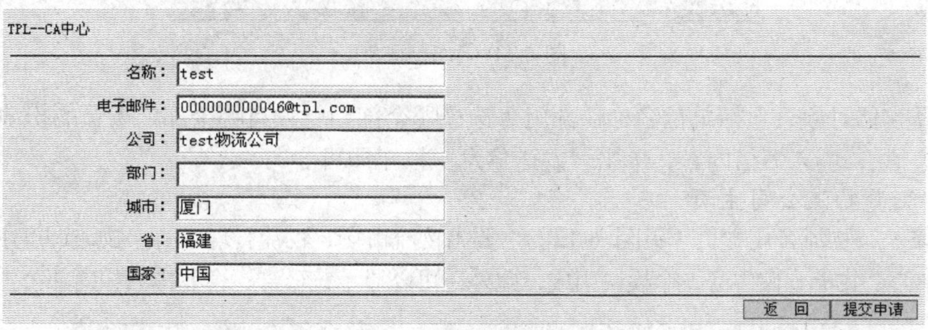

图 6-8　申请数字证书

步骤六：申请完单击“安装证书”，进行证书安装，如图 6-9 所示。

图 6-9　安装数字证书

安装完成后，单击“查看证书”按钮可以查看已申请安装的证书，单击“返回”按钮进入物流公司的主页（如果用户是第二次登录就直接进入到该主页）。

2. 查看物流公司消息窗口

进入物流公司的主页时会弹出一个即时通知的窗口。

步骤一：即时通知窗口是用来查看一些通知和短信的，通知窗口的界面如图 6-10 所示。

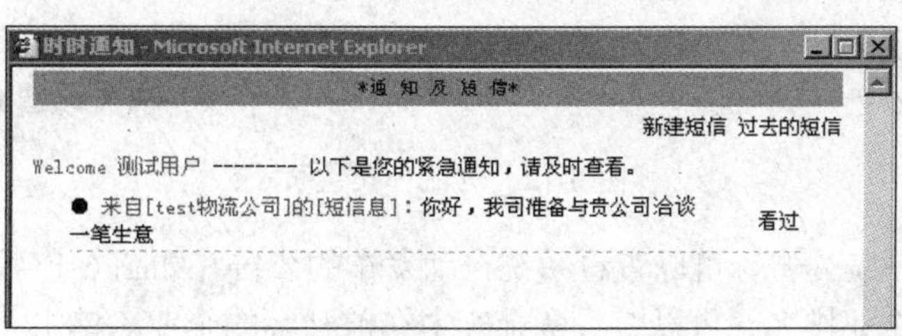

图 6-10　通知窗口

通知和短信都会显示在此，看完后单击“看过”按钮，该短信将不再显示，否则系统会时时弹出该窗口，提醒你有短信或通知还没看。看过的短信可以在“过去的短信”窗口中被查找到。

步骤二：通过短信与某公司联系或洽谈。在即时通知窗口中新建短信，新建短信的界面如图 6-11 所示。

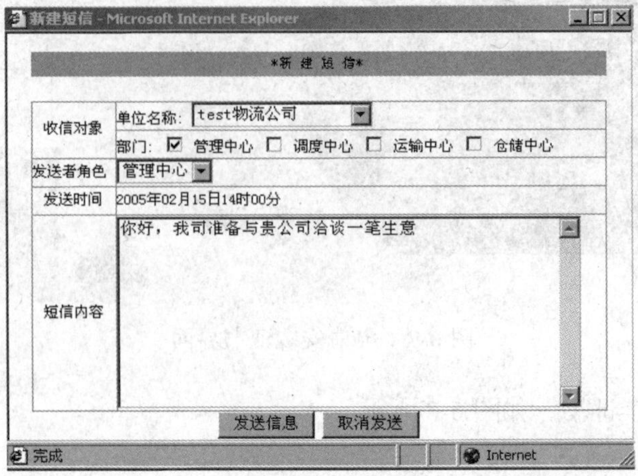

图 6-11　新建短信

选择收信对象，包括单位名称、部门（选择哪个部门就只有哪个部门人员的扮演者可以看到该短信），填入短信内容，单击“发送信息”按钮即可。

3. 浏览物流公司主页

步骤一：物流公司主页（见图 6-12）主要由物流市场、物流管理中心、物流调度中心、物流运输中心、物流仓储中心 5 个模块组成，此外还可以显示统公告、企业排名和内部公告等。

图 6-12　物流公司主页

步骤二：查看系统公告，可以查看系统自动发布的公告，如图 6-13 所示。

步骤三：查看企业排名，可以查看资金实力在前几名的企业。单击“more”按钮可以查看所有企业的信息，如图 6-14 所示。

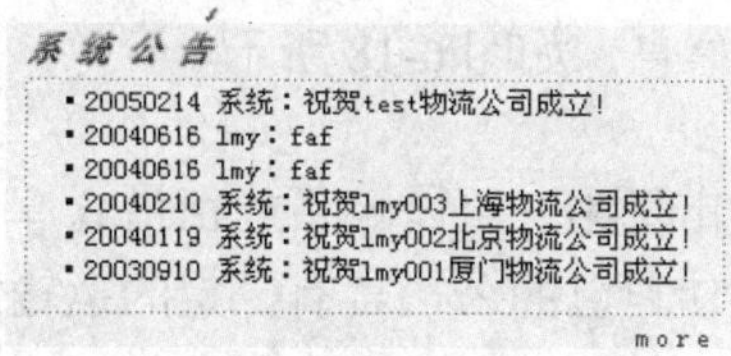

图 6-13　系统公告

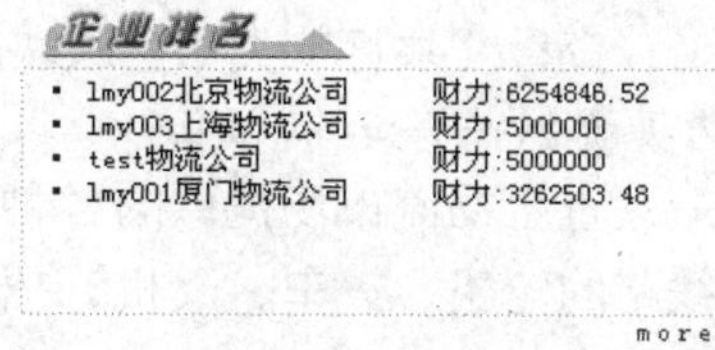

图 6-14　企业排名

步骤四：查看内部公告，可以查看短信息和通知（与实时通知窗口一样）。单击“内部公告”按钮可以查看所有公告，如图 6-15 所示。

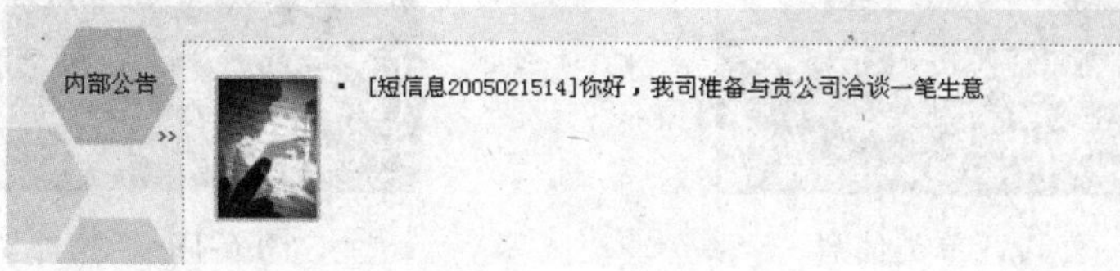

图 6-15　内部公告

页面左下角显示的是系统当前的虚拟时间，右下角有 3 个按钮，如图 6-16 所示。

图 6-16　系统当前时间

步骤五：修改密码，可以修改用户登录的密码。

步骤六：查看测评成绩，学生可以查看自己的测评成绩。

步骤七：退出系统，返回物流模拟平台登录界面。

（二）购买物流公司运作资源

1. 查看物流市场各个版块

步骤一：物流公司注册完后，需到物流市场购买一些公司运作时需要的资源。物流市场的主要功能有：购买资源、接收散单（短期和外包订单）、查看企业发布的广告等，如图 6-17 所示。

图 6-17　物流市场

步骤二：查看公共订单类信息版块的公共订单类信息，如图 6-18 所示。

2．购买资源——车辆租售

步骤一：查看物流市场提供的各种资源。在物流市场中，可以购买或租借仓库、车辆，租借各条线路的轮船、火车、飞机，招聘人员，从而使自己的公司具有一定的运输能力和仓储能力，如图 6-19 所示。

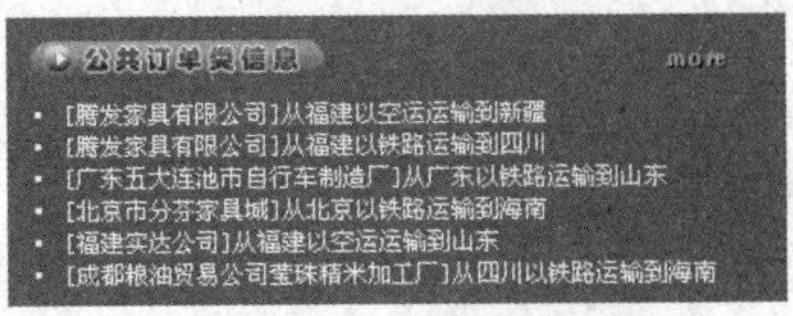
公共订单类信息　more

- [腾发家具有限公司]从福建以空运运输到新疆
- [腾发家具有限公司]从福建以铁路运输到四川
- [广东五大连池市自行车制造厂]从广东以铁路运输到山东
- [北京市分芬家具城]从北京以铁路运输到海南
- [福建实达公司]从福建以空运运输到山东
- [成都粮油贸易公司莹珠精米加工厂]从四川以铁路运输到海南

图 6-18　公共订单类信息

图 6-19　物流资源市场

步骤二：查看物流市场的车辆信息。物流市场上有各种车辆，购买、租借时要选择合适的车辆。不同车辆的耗用、需要的司机等级不一样，选择时要考虑到每月的成本，如图 6-20 所示。

步骤三：单击车辆类型名称进入购买或租借页面，如图 6-21 所示。

车辆信息列表：

类型名称	载重(吨)	速度(km/h)	耗用(元/公里)	人力需求	购买价格（元）	租借价格（元/天）
S-I东风货车	1	80	5	初级司机	10000	50
S-II东风货车	2	80	8	初级司机	18000	80
S-III东风货车	3	80	10	初级司机	24000	120
M-I东风货车	5	70	12	中级司机	40000	160
M-II东风货车	8	70	15	中级司机	68000	180
M-III东风货车	10	70	18	中级司机	82000	210
L-I东风货车	12	60	20	高级司机	98000	230
L-II东风货车	14	60	24	高级司机	110000	270
L-III东风货车	15	60	28	高级司机	115000	300

图 6-20　车辆信息列表

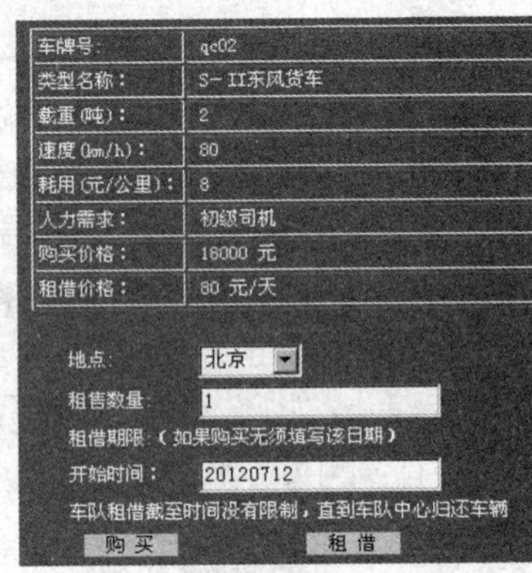
车牌号：	qc02
类型名称：	S-II东风货车
载重(吨)：	2
速度(km/h)：	80
耗用(元/公里)：	8
人力需求：	初级司机
购买价格：	18000 元
租借价格：	80 元/天

地点：北京

租售数量：1

租借期限：（如果购买无须填写该日期）

开始时间：20120712

车队租借截至时间没有限制，直到车队中心归还车辆

购买　租借

图 6-21　购买或租借车辆

图 6-21 所示为车辆的相关信息，从下拉框中选择车辆放置的地点，填入租售数量。租借还需填写开始时间，默认为当前系统虚拟时间。购买/租借完车辆，要为车辆招聘相应等级的司机。

3．购买资源——仓库租售

步骤一：单击“仓库租售”后将显示各种仓库类型及相关信息，如图 6-22 所示。

市场上有各种规格的仓库，购买时要选择合适的仓库规模。另外，购买的仓库需要招聘保管员，租用的仓库没有月耗，也不需要保管员。

步骤二：单击“仓库类型”名称进入购买或租借。

图 6-23 为仓库的信息，从下拉框中选择仓库所在地点，填入要租售的数量，租用仓库要填入开始时间、结束时间、租借的体积，并为购买的仓库招聘保管员，如图 6-23 所示。

4．购买资源——人员招聘

步骤一：单击“人员招聘”，此时将显示各种人员种类及相关信息，如图 6-24 所示。

购买完仓库、车辆就要招聘一些人员，包括司机、保管员、搬运工。人员有不同的等级，司机要按照所购买、租借的车辆类型需要来招聘，保管员、搬运工的等级会影响到风险事故的发生概率，招聘时要考虑成本和业务情况。

仓库类型	仓库规格（平方米）	仓库耗费（元/月）	人力需求	购买价格（元）	租借价格（元/天）
S号平房型仓库	1000	100	100	100000	12
S号二层楼房型仓库	2000	180	200	180000	12
S号多层楼房型仓库	4000	360	400	340000	12
S号地下仓库	3000	280	300	260000	10
S号立体仓库	5000	450	500	410000	14
L号平房型仓库	2500	210	250	210000	10
L号二层楼房型仓库	3500	320	350	310000	12
L号多层楼房型仓库	5500	510	550	490000	15
L号地下仓库	4500	420	450	400000	10
L号立体仓库	6500	580	650	570000	15

图 6-22　仓库信息列表

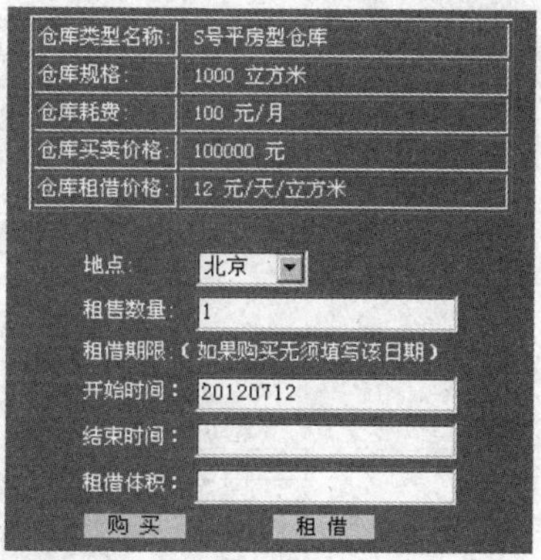

图 6-23　仓库信息

步骤二：单击“人员种类”进入招聘界面，填写要招聘的数量即可，如图 6-25 所示。

人员种类	人员级别	人员工资（元/月）	人力值	备注
司机	初级	2000	100	
司机	中级	3000	200	
司机	高级	4000	300	
搬运工	初级	1000	100	
搬运工	中级	1500	150	
搬运工	高级	2000	200	
保管员	初级	1000	100	
保管员	中级	1500	150	
保管员	高级	2000	200	

图 6-24　人员信息列表

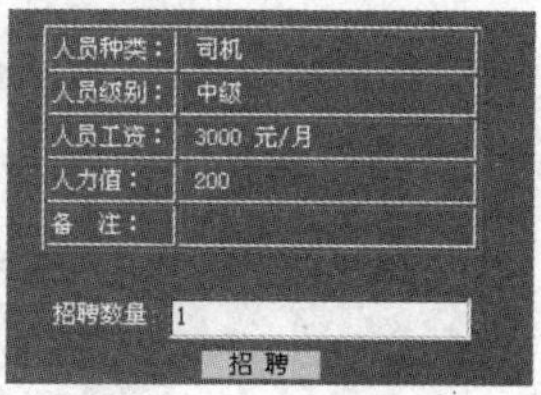

图 6-25　招聘司机

（三）公路运输报价

步骤一：单击“管理中心”的物流报价，报价可以提高竞争力，完成所有的报价才可以申请长期合作者。在报价类型中选择“公路运输报价”，如图 6-26 所示。

页面上方为报价的类型，下方的表格是已经完成的报价。还没报价的类型可以选择进入报价，已报过的类型可以选择进入重新报价。

步骤二：公路运输报价，首先计算公路运输的成本，如图 6-27 所示。

单击“下一步”按钮，进入“报价”的第二步，如图 6-28 所示。

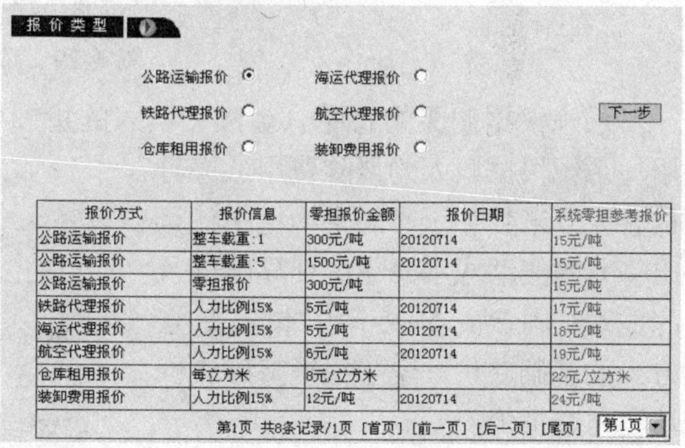

报价方式	报价信息	零担报价金额	报价日期	系统零担参考报价
公路运输报价	整车载重:1	300元/吨	20120714	15元/吨
公路运输报价	整车载重:5	1500元/吨	20120714	15元/吨
公路运输报价	零担报价	300元/吨		15元/吨
铁路代理报价	人力比例15%	5元/吨	20120714	17元/吨
海运代理报价	人力比例15%	5元/吨	20120714	18元/吨
航空代理报价	人力比例15%	6元/吨	20120714	19元/吨
仓库租用报价	每立方米	8元/立方米		22元/立方米
装卸费用报价	人力比例15%	12元/吨	20120714	24元/吨

第1页 共8条记录/1页 [首页] [前一页] [后一页] [尾页] 第1页

图 6-26　选择报价类型

系统根据填入的折旧年数计算出每月的折旧费用→系统根据公司的司机情况计算出每月固定成本费用→系统根据填入的风险费用，预估每月运输吨数和车辆的平均耗用，计算出每月的变动成本→系统计算出每月的成本（固定成本+变动成本）、每吨的基础底价→学生根据基础底价填写零担报价、整车报价。

步骤三：在报价类型中选择“仓库租用报价”，然后进行仓库租赁成本的计算，如图 6-29 所示。

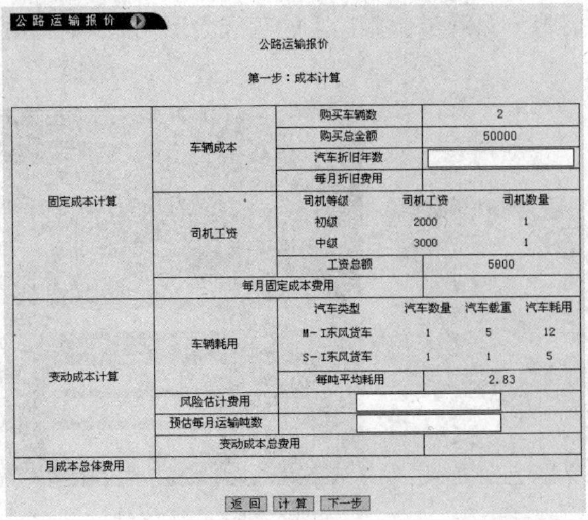

图 6-27　公路运输报价

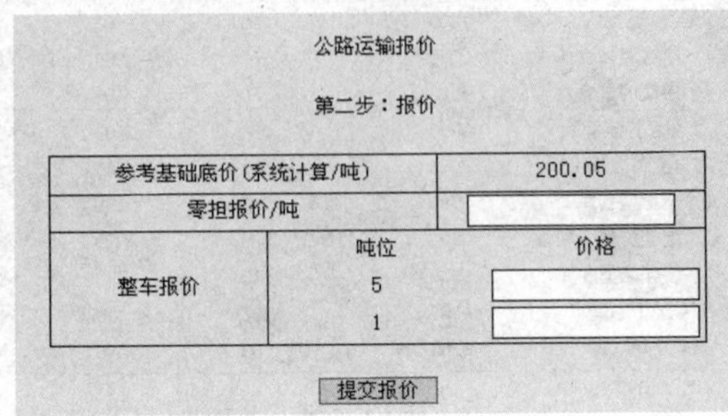

图 6-28　公路运输报价

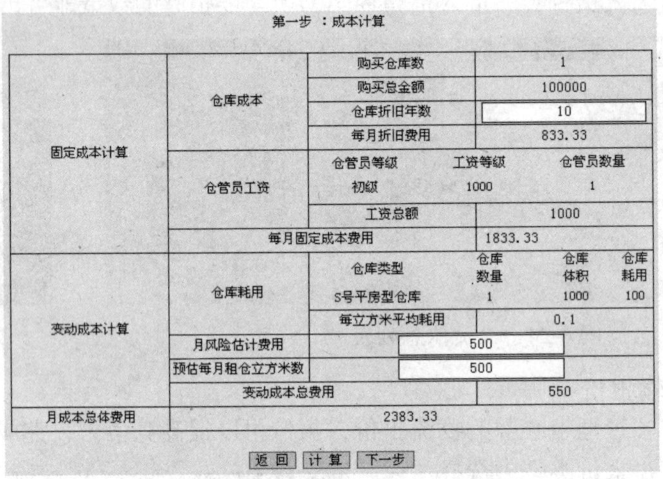

图 6-29　成本计算

系统根据购买的仓库总金额、填入的折旧年数计算出折旧费用→计算每月固定成本费用→系统根据填入的风险费用、每月租仓立方米数和仓库的平均耗用计算出每月的变动成本→系统计算出每月的成本（固定成本+变动成本）、每立方米的基础底价→学生根据基础底价填写租仓报价。

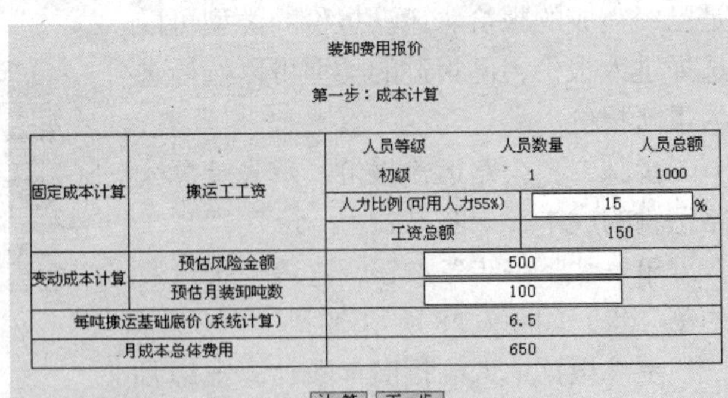

图 6-30　装卸费用报价

步骤四：在报价类型中选择“装卸费用报价”,然后进行装卸成本的计算，如图 6-30 所示。系统根据填入的人力比例、风险金额、月装卸吨数计算出成本费用、每吨搬运基础底价→学生根据基础底价填写装卸费用报价。

（四）广告发布管理

步骤一：单击“广告发布”按钮，如图 6-31 所示。

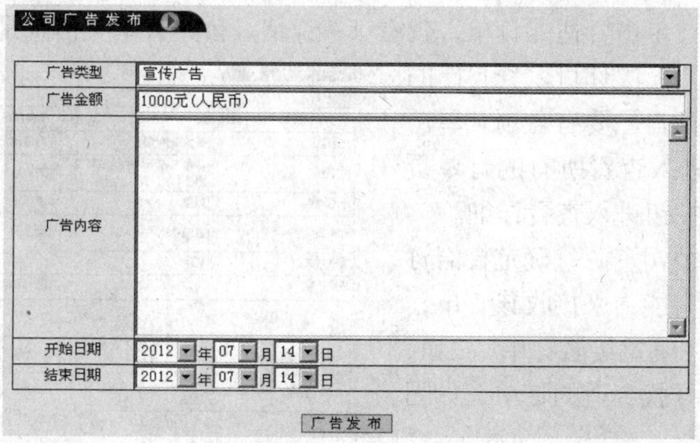

图 6-31　广告发布

步骤二：为了宣传你的公司，可以发布广告。填入要发布的内容和广告的开始、结束时间，发布即可（广告类型由老师或管理员规定）。

（五）接收公路运输订单

浏览物流管理中心的步骤如下。

步骤一：单击“物流管理中心”按钮，浏览物流管理中心界面，如图 6-32 所示。

图 6-32　物流管理中心界面

步骤二：查看角色信息。页面右上角显示扮演角色的一些信息，如图 6-33 所示。

步骤三：查看市场信息。物流市场上有一些散单（短期订单和外包订单），学生可以根据自己公司的资源情况接收一些订单，如图 6-34 所示。

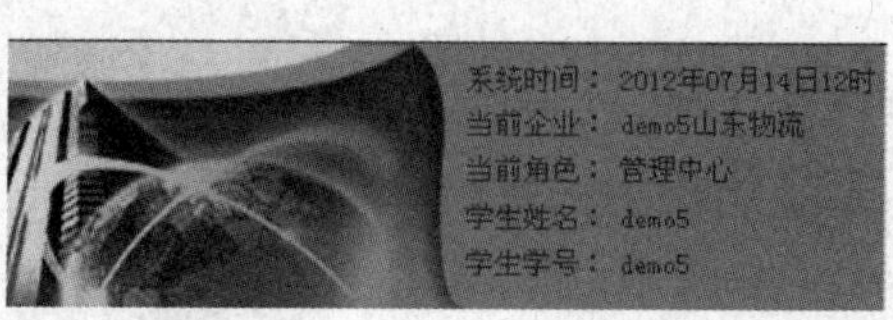

图 6-33　角色信息

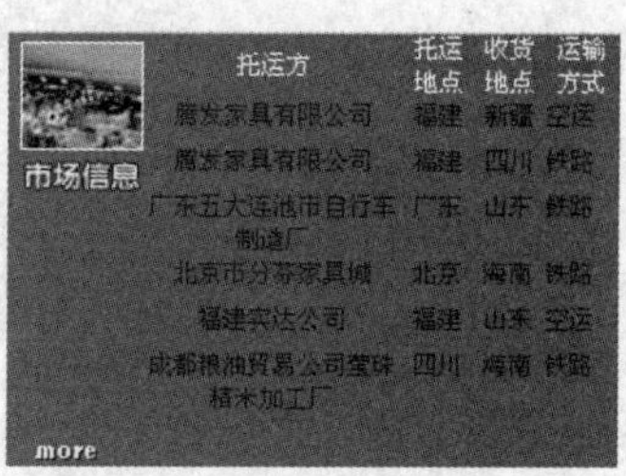

图 6-34　查看订单

步骤四：选择并单击合适的订单，查看订单详情。公共订单类信息是市场上发布的一些散单（短期、外包订单），你可以凭自己的能力接单，注意保证自己要有盈利。单击“more”按钮可以进入查看所有的订单页面，单击“订单”按钮进入查看详细。

步骤五：查看公司资源，确定接洽订单。查看公司是否有能力来接收该订单，确定要接单则单击“确定接洽订单”按钮，否则可以返回继续寻找合适的订单，如图6-35所示。

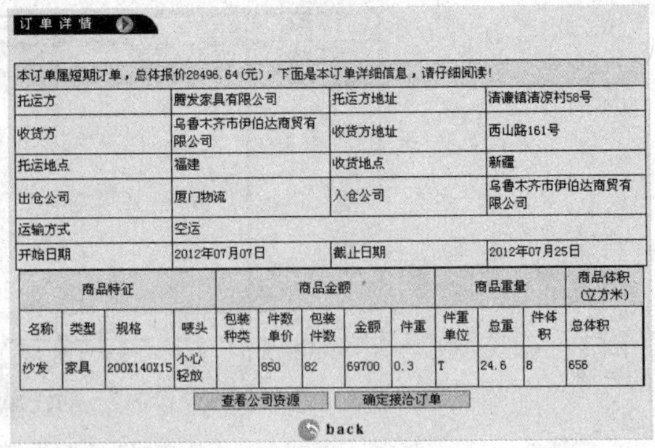

图6-35　接洽订单

注意：接单时要注意货物出仓/入仓的物流公司，运输时需在该物流公司进行出库/入库操作。如果出仓/入仓的公司是厂商或零售商，则无须进行出库/入库操作。

（六）订单分拣

1. 浏览物流调度中心

步骤一：单击“物流调度中心”按钮，浏览物流调度中心界面，如图6-36所示。

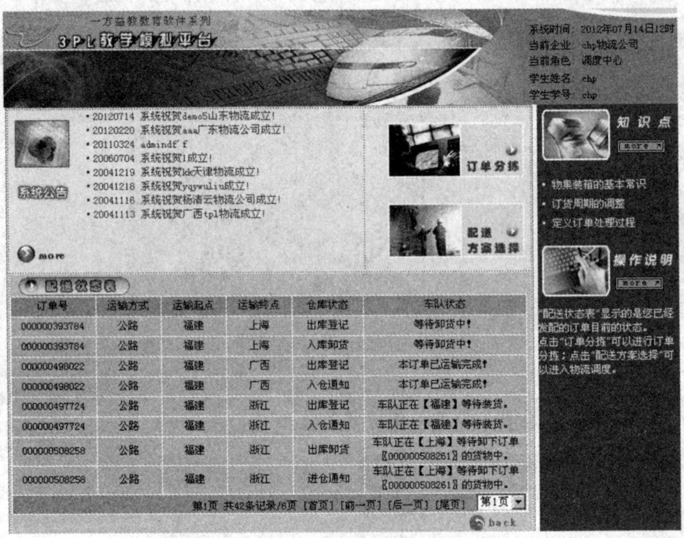

图6-36　物流调度中心界面

步骤二：查看角色信息。页面右上角显示扮演角色的一些信息，如图6-37所示。

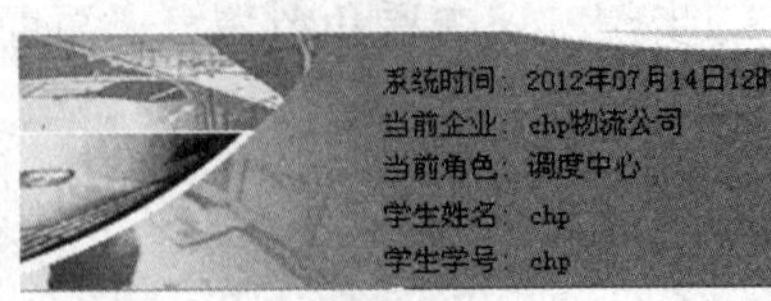

图6-37　角色信息

步骤三：查看系统公告。查看系统发布或老师发布的公告，单击“more”按钮查看所有，如图6-38所示。

2. 订单分拣

步骤一：单击“订单分拣”图标，选择订单分拣功能，如图6-39所示。

步骤二：进入订单分拣界面。对所接收的订单按各种方式进行分拣（即把一些订单合并在一个集合方案里，配送时可以一起配送），如图6-40所示。

步骤三：订单查询。表格上面的一排按钮可以在订单较多的情况下，使操作者对订单按一定方式排序。操作者也可以在查询框里输入条件，查询某些订单。

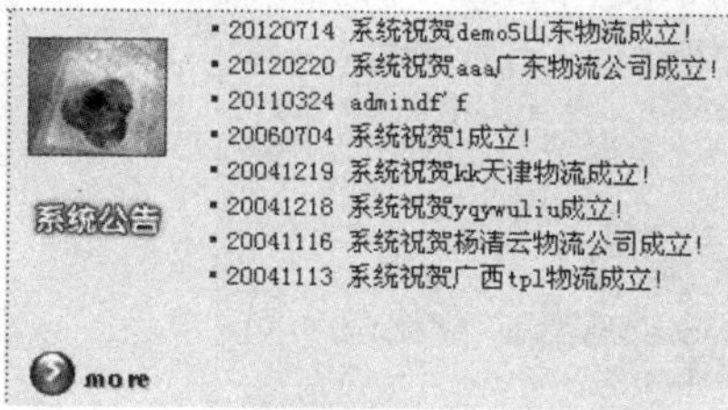

图 6-38　系统公告

图 6-39　选择订单分拣

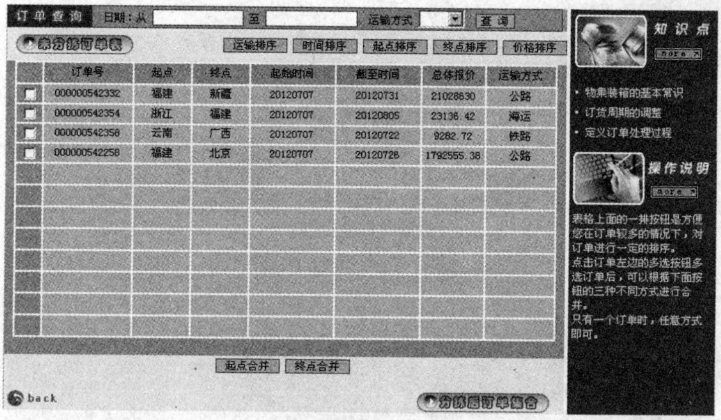

图 6-40　订单分拣界面

步骤四：订单合并（见图 6-41）。订单合并的方式有起点合并、终点合并两种，也可进行自行合并，这主要考虑到合并的有效性，合理的合并可以为公司带来更多的利润。合并时选中要合并的订单（可选多条，也可只有一条），单击“合并方式”按钮，输入集合名称。

步骤五：分拣后订单集合。分拣后订单集合页面的列表中显示已分拣的集合记录。

步骤六：查看订单集合信息。选择一个分拣好的订单集合，单击“详细信息”按钮，查看集合的详细信息。

（七）制订汽车运输的配送方案

步骤一：单击“配送方案选择”，如图 6-42 所示。选已分拣订单集合进行配送。

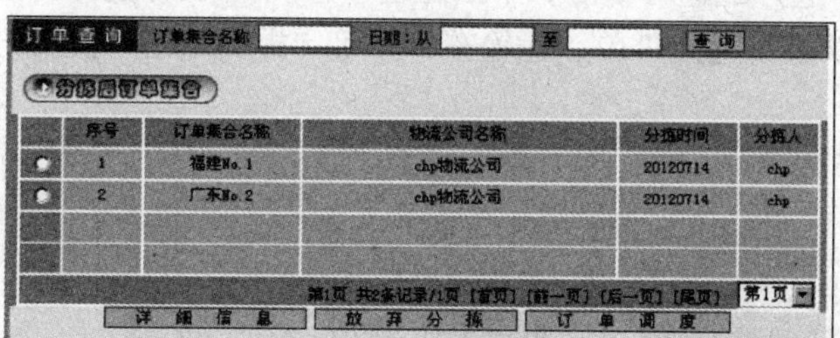

图 6-41　订单合并

图 6-42　配送方案选择

步骤二：选择要配送的订单。选择一个订单集合进行订单调度，如图 6-43 所示。

步骤三：订单配送。选择集合中的一个订单开始配送，如图 6-44 所示。

步骤四：设计运输方案。配送时要填写具体运输方案，如公路运输的运输方案，如图 6-45 所示。

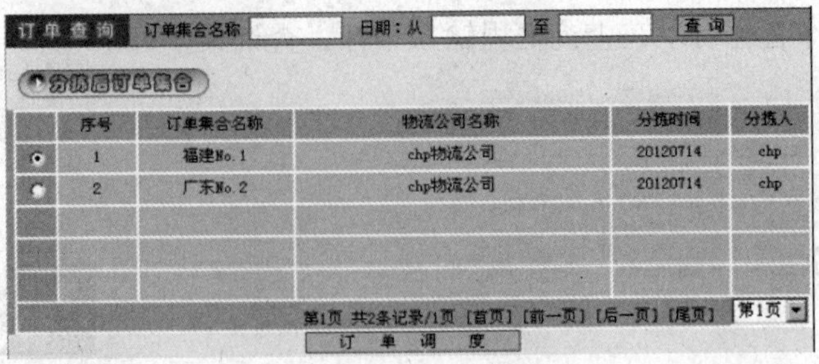

图 6-43　订单调度

图 6-44　订单配送

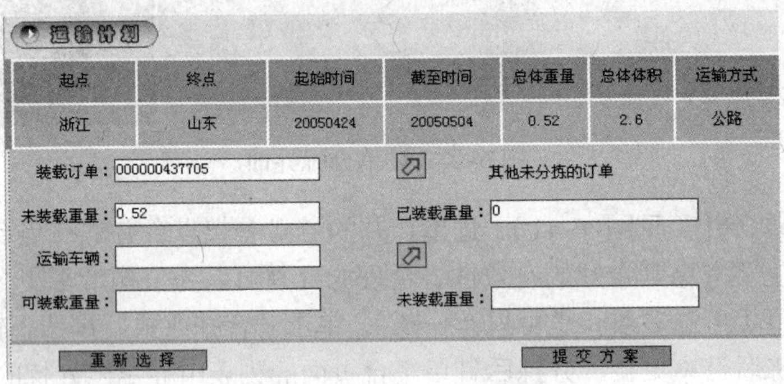

图 6-45　设计运输方案

页面显示的是所选择要配送的订单信息，可以单击装载订单的图标选择集合内其他的订单，或可以单击“其他未分拣的订单”选择未分拣的订单一起配送。

步骤五：选择合适的运输车辆。选好配送订单后，单击运输车辆的图标选择合适的运输车辆。单击“重新选择”按钮可以重新选择订单、运输车辆，确定提交单击“提交方案”按钮进入运输计划界面。

步骤六：填写运输计划，如图 6-46 所示。

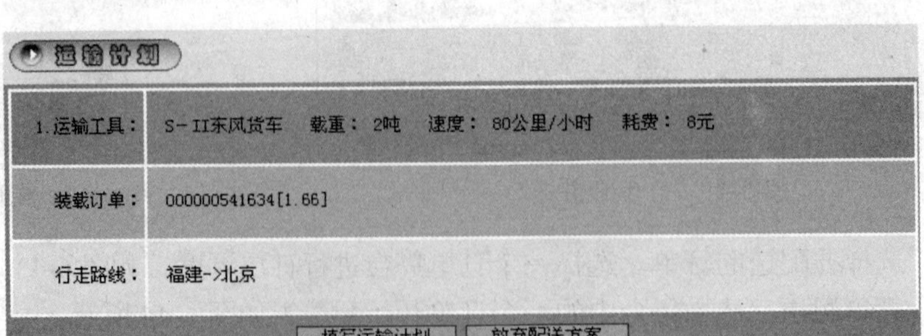

图 6-46　填写运输计划

步骤七：提交运输计划，如图 6-47 所示。

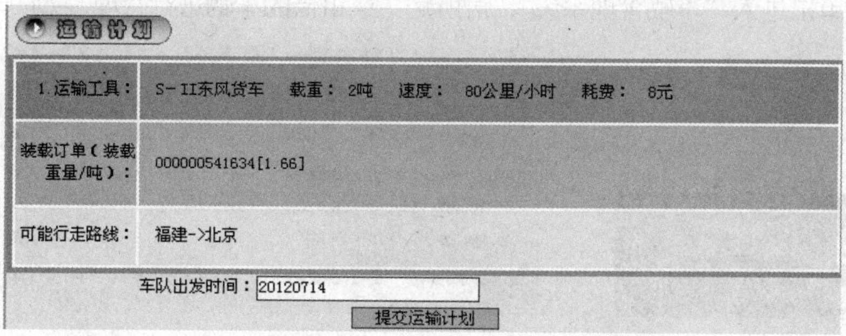

图 6-47　提交运输计划

步骤八：提交进出仓计划。填写运输计划时要输入车队出发时间（默认为当前的系统虚拟时间），提交运输计划后要提交进出仓计划，如图 6-48 所示。

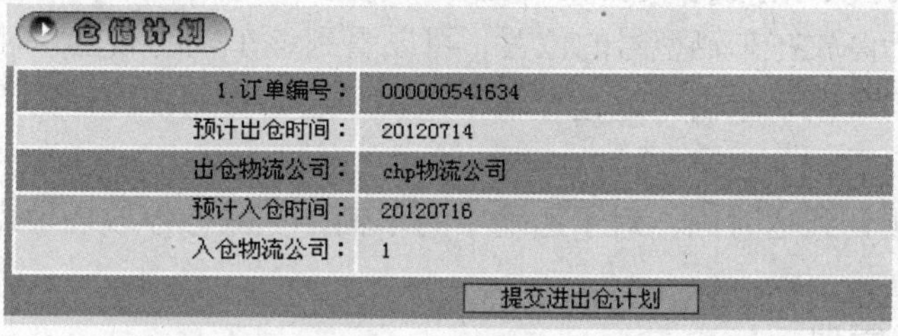

图 6-48　提交进出仓计划

提交的运输计划会在运输中心的运输业务系统中生成一条执行计划，提交的进出仓计划会在订单对应的进、出仓物流公司的仓库操作中生成进、出仓计划。此外，在配送状态表中也会生成订单出仓、入仓状态记录。

（八）运输车辆管理

步骤一：单击"物流运输中心"按钮，查看物流运输中心的各项功能，如图 6-49 所示。

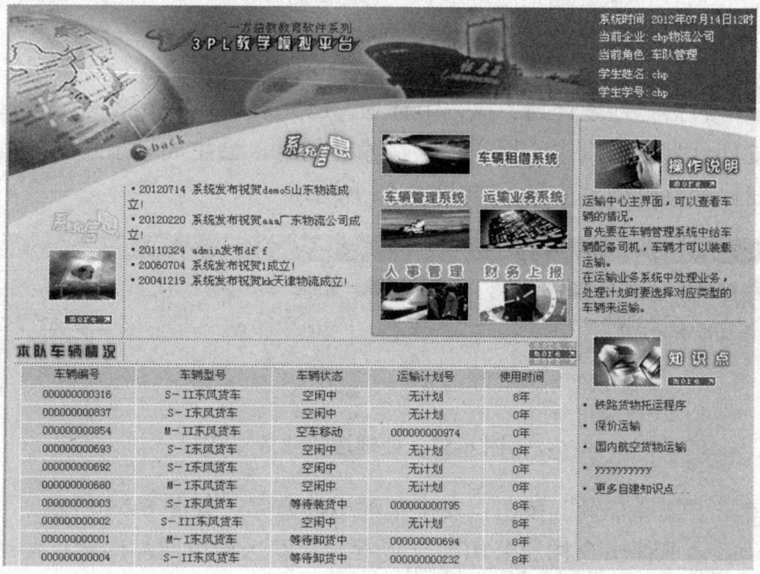

图 6-49　物流运输中心

步骤二：查看“角色信息”，页面右上角显示扮演角色的一些信息，如图 6-50 所示。

步骤三：单击进入“车辆管理系统”，对所购买或租借的车辆进行管理，如图 6-51 所示。

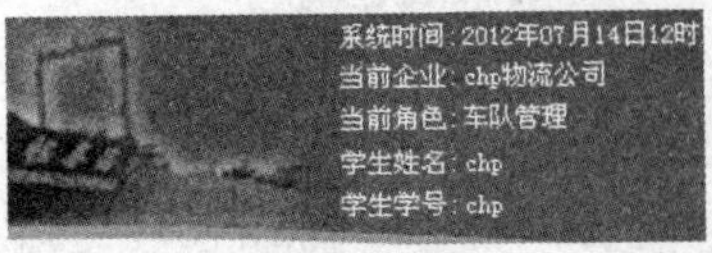

图 6-50　角色信息

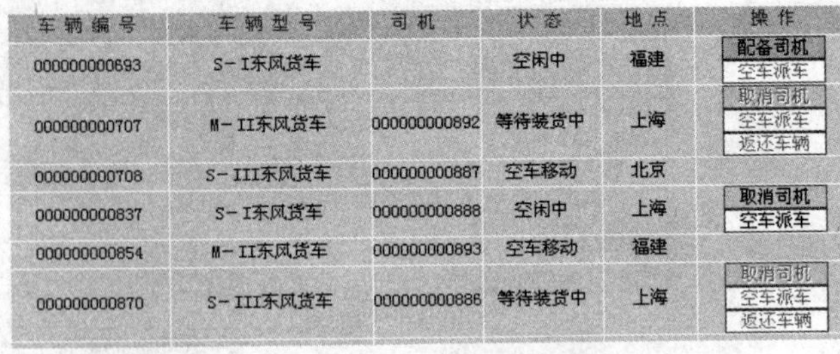

图 6-51　车辆管理系统

步骤四：给车辆配备或取消司机（配备了司机的车辆才可以选择使用）。

步骤五：空车派车，可以把空车派往某一地点（车辆默认的地点是购买时选择的地点）。空车移动时，把鼠标停放在地点的位置，可以查看该车辆何时到达指定地点。

步骤六：把鼠标停放在车辆型号的位置，可以看到该车辆的载重、时速、耗费。

步骤七：租用的车辆，单击“返还车辆”按钮归还，费用按租借的天数计算，所以空闲的租用车辆要及时归还。

步骤八：查看预计到达时间。对于运输中的车辆，把鼠标停放在地点的位置，可以查看其预计到达时间。

（九）运输业务管理

步骤一：单击“运输业务系统”按钮，选择车辆执行配送计划，界面如图 6-52 所示。

图 6-52　执行配送计划

页面中有三个表格：处理计划、执行中计划、已完成计划。

步骤二：处理计划。调度中心提交公路运输计划时，会生成一条配送方案处理记录，单击“处理”按钮显示订单相关信息，如图 6-53 所示。

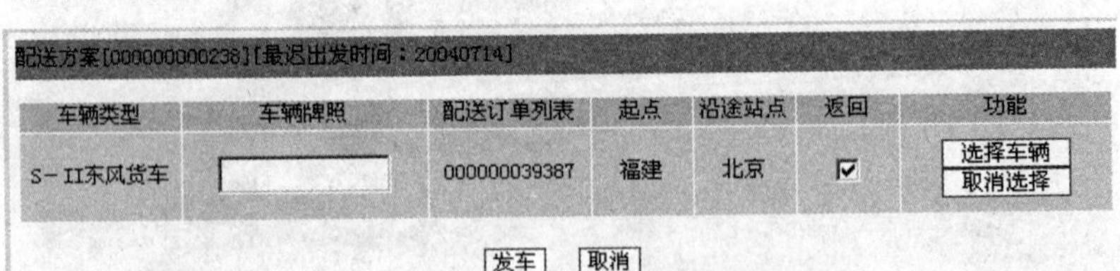

图 6-53　处理运输业务

步骤三：单击“选择车辆”按钮，安排车辆运输方案，如图 6-54 所示。

发车后车辆就会前往出仓物流公司等待装货，并发送短信通知提货；运送到达后会发送短信通知卸货（没有出仓、入仓物流公司的订单无须进行出、入库操作，系统自动装卸）。

步骤四：执行中计划，处理计划同时选好车辆，发车后车辆前往出仓公司装货，配送方案就转入执行中计划。单击“查看情况”按钮可以查看配送方案的执行情况，单击“配送方案号”按钮可以查看所运输的订单信息。

步骤五：已完成计划，配送方案执行完后就转入已完成计划表格中，其中可以查看执行情况和订单信息。

步骤六：单击“财务上报”按钮，进入财务管理界面，如图 6-55 所示。

图 6-54 选择运输车辆

图 6-55 运输业务财务管理界面

步骤七：查询统计运输中心各月的财务情况，进行财务上报。

（十）出库管理

步骤一：浏览物流仓储中心界面，查看仓储管理功能，如图 6-56 所示。

图 6-56 物流仓储中心界面

步骤二：查看角色信息。页面右上角显示扮演角色的一些信息，如图 6-57 所示。

步骤三：查看系统信息。单击“more”按钮查看所有系统发布和老师发布的公告，如图 6-58 所示。

图 6-57 角色信息

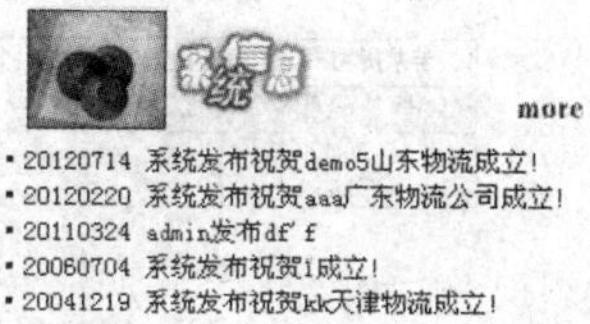

图 6-58 系统信息

步骤四：查看订单中的出仓/入仓记录。仓库操作主要是对货物进行出仓/入仓操作，所有从该公司出仓/入仓的订单都会在此生成一条出仓/入仓记录，如图 6-59 所示。

订单分类	订单编号	地区	预计时间	货物所属公司	状态	操作
进仓	000000444707	福建	20050520	厦门麦当劳食品发展有限公司	[0]进仓通知	入库操作
出仓	000000437703	福建	20050504	冠捷电子（福建）公司	[0]出仓通知	出库操作
出仓	000000289880	福建	20040529	福建茬乐电子企业公司	[5]出库登记	出库操作
出仓	000000255957	福建	20040523	福建实达公司	[4]出库装货	出库操作

图 6-59 出仓/入仓记录

步骤五：出库操作。单击“出库操作”进入出库操作页面，操作的步骤是：出仓通知→备货→签发运输单→出库装货→出库登记→费用结算。当前操作的步骤显示颜色不同，图 6-60 所示的操作步骤是“出仓通知”。

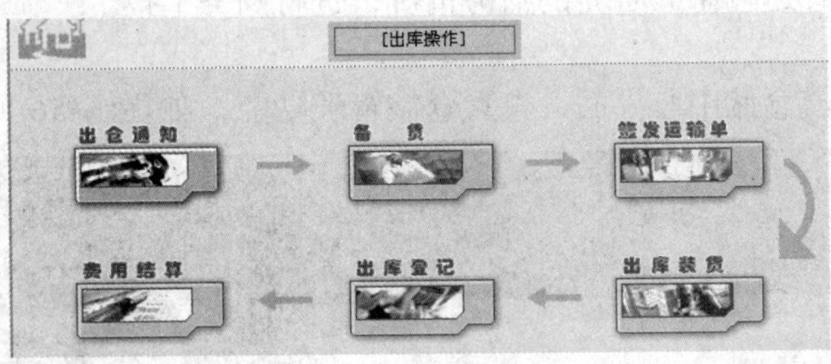

图 6-60 出库操作步骤

步骤六：查看出仓通知。查看出仓订单的下单通知，如图 6-61 所示。

通知分类	出库	订单编号	000000540462
地区名称	北京	公司名称	北京市第一医药厂
需要仓库体积	27.6	预计到达时间	20120311
货物信息			
下单时间	2012071412	备货时间	2012031122
车队时间		装卸时间	
登记时间		订单仓库状态	出仓通知

编码	品名	商品类型	包装件数	金额	总重量	总体体积
00835	土霉素片	药品	69	100050	2.07	27.6

[返回]

图 6-61 出仓通知

步骤七：备货。如果库存货物不足需先备货补货，如图 6-62 所示。

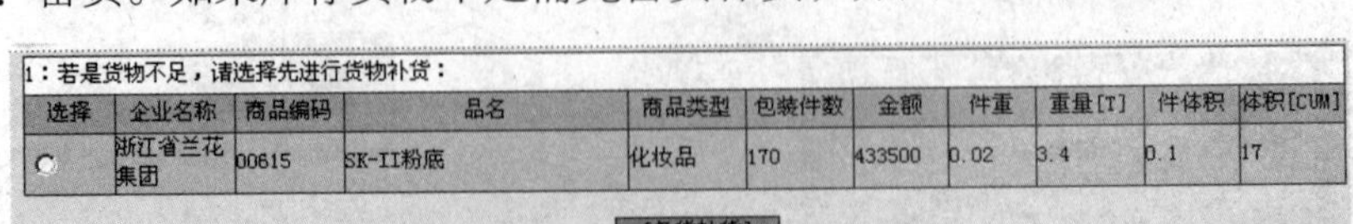

选择	企业名称	商品编码	品名	商品类型	包装件数	金额	件重	重量[T]	件体积	体积[CUM]
○	浙江省兰花集团	00615	SK-II粉底	化妆品	170	433500	0.02	3.4	0.1	17

图 6-62 备货

步骤八：选择货物，单击“备货补货”按钮。

如图 6-63 所示，页面上面显示该订单计划出库数据，中间是仓库库存货物列表。补货件数默认为出库数量（如果仓库里已经有该货物的库存，则默认为还缺少的件数），操作者可以修改补货件数。选择要补货的仓库名称，单击“进行补货”按钮，完成的补货信息显示在仓库库存货物列表中。补货可以分多次补或一次补足，数量要达到计划出库的数量，否则无法完成编制备货计划。

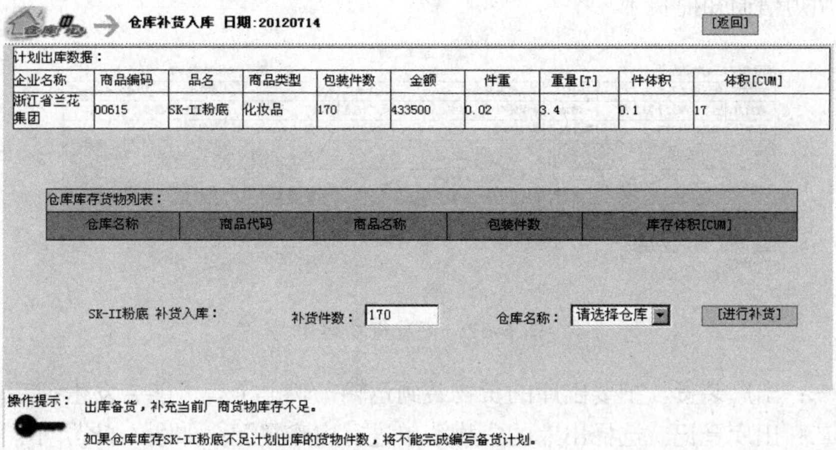

图 6-63　备货补货

步骤九：编制备货计划。补完货就可以编制备货计划，如图 6-64 所示。

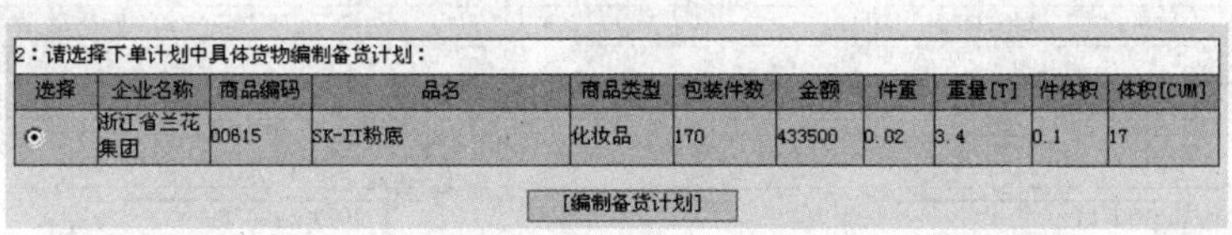

图 6-64　编制备货计划

选择记录，单击“编制备货计划”按钮，完成备货计划登记，如图 6-65 所示。

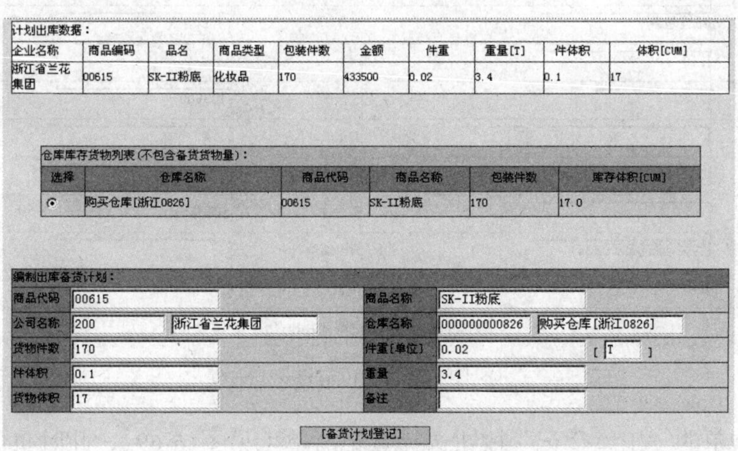

图 6-65　备货计划登记

选择仓库库存货物记录，单击“备货计划登记”按钮即可。编制的计划显示在“已完成的备货计划列表”中，可以删除重新编制，如图 6-66 所示。

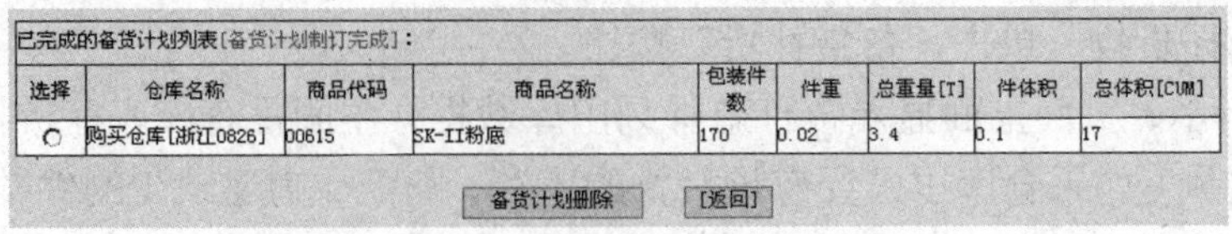

图 6-66　备货计划删除

步骤十：签发运输单。备货完成后，车队一到达就可以签发运输单，如图 **6-67** 所示（车队到达时会用短信通知提货）。

图 6-67　签发货物运单

步骤十一：出库装货。把要出库的货物装到运输车辆上（有可能会发生装卸事故）。

步骤十二：出库登记。选择出库的货物清单进行出库登记，如图 **6-68** 所示。

图 6-68　出库登记

单击货物清单的“出库登记”按钮选择登记清单（见图 6-69），此时页面将显示清单的信息，单击“出库登记确定”按钮完成登记，还可以删除重登记。可能有多条登记清单，这时可以一一登记，登记的数量与出库数量相同时，就无法再删除登记了。

步骤十三：费用结算。结算装卸费用，如图 **6-70** 所示。

装卸货物清单：									
选择	商品编码	商品名称	包装件数	重量单位	总重量	总体积	仓库名称	货位编号
出库登记	00815	SK-II粉底	170	T	3.4	17	购买仓库[浙江0826]	
已经出库登记的货物清单：								
选择	商品编码	商品名称	包装件数	重量单位	总重量	总体积	仓库名称	货位编号
登记删除	00815	SK-II粉底	170	T	3.4	17	购买仓库[浙江0826]	

图 6-69　出库登记清单信息

合同编号：	
货物重量[吨]：	7.9
装卸费用[元]：	197.5

[返回]

图 6-70　费用结算

（十一）入库操作

步骤一：单击“入库操作”进入入库操作页面。操作的步骤：进仓通知→接收计划→签收运输单→入库卸货→入库登记→费用结算。当前操作的步骤显示颜色不同，图 6-71 所示的操作步骤是“进仓通知”。

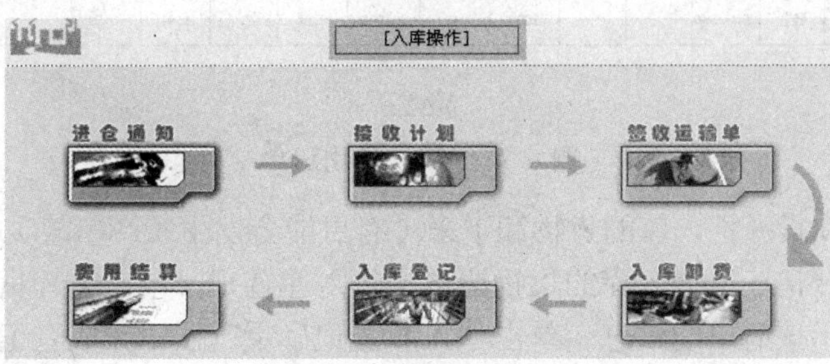

图 6-71　入库操作流程

步骤二：进仓通知。查看进仓通知，如图 6-72 所示。

下单通知　[返回]

通知分类	入库	订单编号	000000541998
地区名称	福建	公司名称	厦门麦当劳食品发展有限公司
需要仓库体积	70.5	预计到达时间	20120716
货物信息			
下单时间	2012071412	接收计划时间	
车队时间		装卸时间	
登记时间		订单仓库状态	进仓通知

编码	品名	商品类型	包装件数	金额	总重量	总体体积
00829	H808女劳保鞋	鞋业	141	282000	1.41	70.5

图 6-72　进仓通知

步骤三：接收入仓计划，如图 6-73 所示。

选择要接收的货物列表制订接收计划，接收时要选择接收仓库（如果进仓地点没有公司的仓库，需去物流市场购买或租借）。针对接收的货物可以制订一条计划，也可以制订多条计划，可以把货物放在不同的仓库，只要数量与入库数据一致即可。

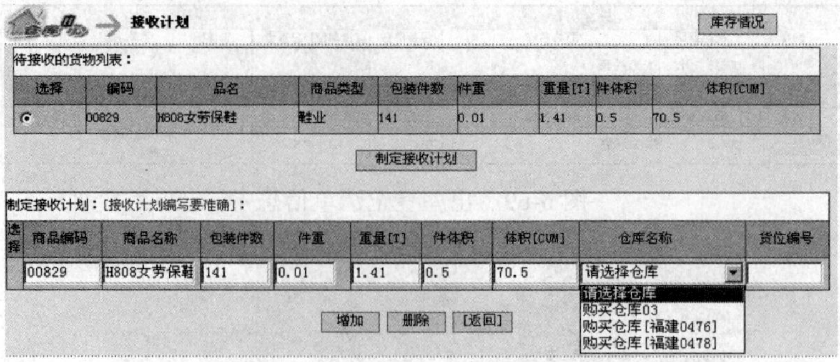

图 6-73　接收入仓计划

步骤四：签收货物运单。车队到达后，就可以货物运单，如图 6-74 所示（车队到达会有到货通知的短信）。

图 6-74　签收货物运单

步骤五：入库卸货。把入库的货物卸下来（有可能会发生装卸事故）。

步骤六：入库登记。选择入库的货物清单进行入库登记。单击装卸货物清单的“入库登记”按钮，页面显示该清单的信息，单击“入库登记确定”按钮完成登记，登记的记录显示在已经入库登记的货物列表中。可能有多条登记清单，这时可一一登记，当登记的数量与入库数量相同时，就无法再删除登记了，如图 6-75 所示。

图 6-75　入库登记

步骤七：费用结算。结算装卸费用，如图 6-76 所示。

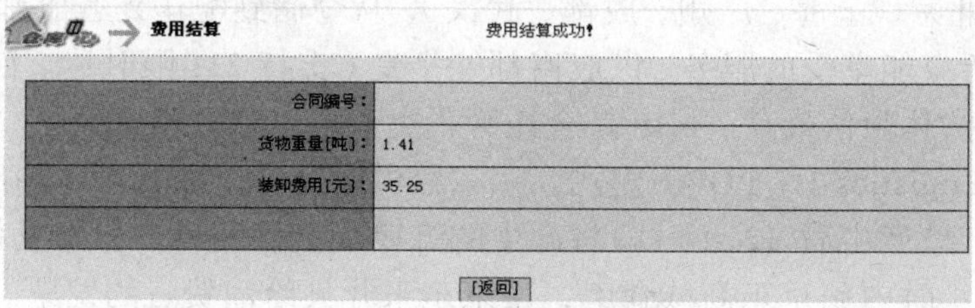

图 6-76　费用结算

步骤八：单击“财务上报”按钮，进行财务上报，如图 6-77 所示。

图 6-77　财务上报

（十二）结算管理

步骤一：单击“财务结算”按钮，完成财务结算，如图 6-78 所示。

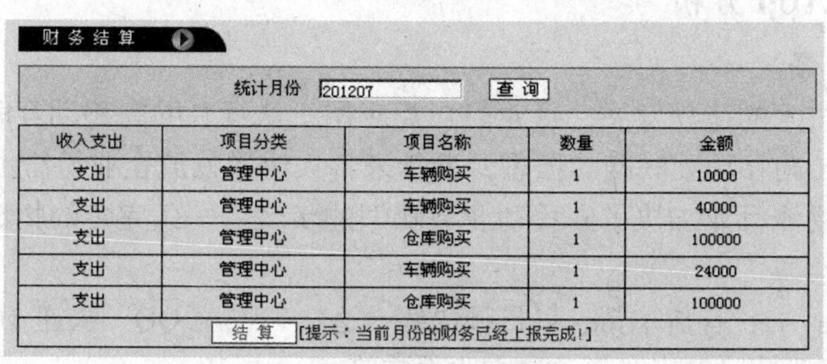

图 6-78　财务结算

步骤二：查询统计各月的财务支出、收入情况。未进行财务上报的月份可以进行结算上报。

【任务拓展】

一、京东与供应商的四种合作模式分析

（一）任务背景

京东与供应商的四种合作模式是 FBP、LBP、SOP、SOPL。

1. FBP（Fulfillment By POP）模式。京东给供应商一个独立操作的后台，供应商"五地"入库（北京、上海、广州、成都、武汉），从仓储到配送到客服都是京东来操作，京东自营产品所有能享受的服务，供应商都能享受（支持211限时达、自提、货到付款、POS刷卡），客户体验值最高。FBP是全托管，类似于京东采购模式。

2. LBP（Logistics By POP）模式。京东给供应商一个独立操作的后台，供应商无须入库，要求订单产生后12小时内将产生的订单包装好发货，分别发货到京东的"五地"仓储，36小时内到京东商城仓库，由京东来开具给消费者的发票。LBP不用在京东占库存，但是要每天发货到京东的仓库。

3. SOP（Sales On POP）模式。京东给供应商一个独立操作的后台，跟淘宝商城模式比较类似，要求订单产生后12小时内发货，由供应商来承担所有的服务。

4. SOPL（Sales On POP Logistics）模式。京东给供应商一个独立操作的后台，供应商无须入库，要求订单产生后12小时内将产生的订单包装好发货，分别发货到京东的"五地"仓储，36小时内到京东商城仓库，由供应商来开具给消费者的发票。

（二）任务内容

比较京东与供应商的四种合作模式在配送流程上的异同，以及分析每一种模式的物流配送成本构成和预估时效，并分析每一种模式的优缺点，撰写《京东与供应商的四种合作模式分析报告》。

（三）任务要求

本任务是一个自主学习型任务，要求学生一边学习一边自主完成任务，两个同学一组，时间为一天，任务完成后撰写《京东与供应商的四种合作模式分析报告》，字数不限，要求分析到位，有理有据，内容格式规范，条理清晰。

二、物流平台App分析

（一）任务背景

随着互联网技术的蓬勃发展，行业门户类应用正从互联网向移动互联网延伸，物流业经营平台也开始转向移动互联网。据悉，近年来各大快递物流企业纷纷推出升级App软件抢占市场。随着物流行业加快了向移动业务转型的步伐，一条完善的物流行业"信息流"逐渐形成。

国内物流平台App有货车帮、日日顺快线、达达、物流QQ、快递100、运满满司机、快递员、点通手机配货、菜鸟裹裹、富友收件宝等。

货车帮是中国最大的公路物流互联网信息平台，建立了中国第一张覆盖全国的货源信息网，并为平台货车提供综合服务，致力于做中国公路物流基础设施。

日日顺快线是海尔集团旗下日日顺物流推出的O2O到家物流服务平台，目标是在互联网时代凭借专业的泛大件产品"最后一公里"城市配送方案，解决社区电商的供应链管理和供需在线服务。

达达是基于众包和移动互联网，提供同城即时配送服务的平台，已经为上海、北京、深圳等数十个城市提供服务。公司秉承"达达，使命必达"的信念，专注于用移动和众包的方式解决O2O领域最大的痛点：本地商户的最后3公里配送。

（二）任务内容

请分析每一个物流平台App提供的服务，说说这些服务的特点、适合什么样的客户以及对客户有什么作用。客户该如何使用这些物流平台 App？分析每一个物流平台 App 的盈利模式，撰写《物流平台 App 分析报告》。

（三）任务要求

本任务是一个自主学习型任务，要求学生一边学习一边自主完成，两个同学一组，时间为一天，任务完成后撰写《物流平台 App 分析报告》，字数不限，要求分析到位，有理有据，内容格式规范，条理清晰。

项目七　电子商务与供应链管理

导　语

21世纪早已不再是企业与企业之间单打独斗的时代，而是已经演变为供应链与供应链集群之间竞争的时代。

电商如果想在激烈的市场竞争中胜出，那就要看谁构建的供应链具有更高的效率、更低的成本以及对顾客的需求变化有更快的反应。

学习目标

知识目标

- 了解供应链的特征
- 了解供应链管理主要涉及的 4 个领域
- 理解供应链的基本概念
- 理解供应链管理的基本概念
- 理解拉式供应链和推式供应链的异同
- 掌握供应链管理的内容
- 理解长鞭效应的产生原因

技能目标

- 熟悉供应链集成管理的 5 个阶段
- 熟知 ECR 供应链上常用的物流技术
- 具备运用管理技术和信息技术消除长鞭效应的能力
- 具备供应链绩效评估的能力
- 具备供应链 KPI 绩效指标的设计能力
- 具备 QR 供应链的实施与管理能力
- 具备 ECR 供应链的实施与管理能力
- 具备 JIT 供应链设计的能力
- 具备供应链分析能力

【项目导入】

ZARA的“极速供应链”

ZARA是西班牙著名时尚品牌，同时也是世界四大时装连锁集团之一，在全球40多个国家和地区已拥有近千家直营专卖店。自公司创立以来，ZARA便以快速反应著称于流行服饰业界。ZARA的战略定位是：为顾客提供“买得起的快速时装”。为了保证这一战略的实现，ZARA公司采取了“快速、少量、多款”的商业模式，以实现快速设计、快速生产、快速出售、快速更新的市场目标。与此同时，ZARA公司还构建了独具特色的供应链体系和管理流程，以确保市场目标得以完成。

ZARA的供应链主要由产品设计、生产制造、物流配送以及专卖店直销四个关键环节组成。在这四个环节中，“快速”这一战略核心自始至终都被清晰、明确地贯彻执行，ZARA依靠这一战略核心形成了具有强大竞争优势的极速供应链系统，创造出令同行惊叹的速度：每年提供12 000种不同款式的衣服供顾客选择，每一款衣服从设计理念到成品上架仅需10多天，所有专卖店能做到商品每周更新两次，是全球唯一的一家能够在15天内将成衣配送到全球850多家门店的时装公司。ZARA的极速表现很大程度上要归功于其独特的供应链管理、强大的供应链管理系统及其IT系统的支撑，这使其成为全球服装行业中响应速度与弹性管理的标杆企业，被业内赞为时装行业中的“戴尔电脑”。

1. 产品设计

在ZARA设立于公司新办公区的调控中心里，一个大办公区里有将近20名员工坐在电话边工作。这些员工的主要职责是：不间断地收集来自世界各地有关顾客需求及需求变化的信息。通过他们，时尚情报信息每天从世界各地的时尚之城汇入总部的数据库。收集的信息必须进行有效处理，才能被利用到产品开发过程中。在这个环节中，ZARA很好地解决了信息“标准化”的问题，这是其IT系统应用的一大亮点。由于采用的是标准化的信息系统，因此，所有的时尚信息都被界定清晰、分门别类后，存储于总部数据库的各个模块中。然后，这个数据库又与其原料仓储数据库相连接。这样，一方面ZARA的设计团队能以最快的速度，将时尚信息数据库中标准化的、归档保存的各种时尚信息调出来，然后进行快速、恰当的调整和组合，最后出台新的设计方案，同时设置清晰的裁剪生产指令；另一方面，设计师还可以参考产品信息和原料库存信息，尽量设计现有原材料可以完成的服装款式，为公司降低成本。

数据的标准化，使ZARA的设计师们在掌握数以千计的布料、各种规格的装饰品、设计清单和库存商品信息的同时，可以相对轻松地完成任意一款服装的设计。可见，这种标准化的信息系统，是保证ZARA设计团队的工作迅速、有效地进行，每年推出大量不同的时尚设计款式的有力支撑。同时，ZARA还应用了具有国际先进水平的CAD/CAM系统，配置了远程网络度身定制CAD系统，建立了全球服装流行色、款、面料信息采集小组统计系统，组建了设计师与销售专家一体化的团队，以制造顾客满意的个性化产品。

2. 生产制造

ZARA所有的运营经费几乎全部投在了工厂设备的扩充和改善上。位于西班牙加利西亚省科卢纳的仓库，是一栋四层楼高、五百万平方英尺的超大型建筑物，而此仓库连接着14个工厂，仓库内有机器人，可以24小时随时待命进行压模、制布、染料，完全没有时间与人力浪费。因为ZARA知道，唯有自行生产制造，才能分秒不差地抓住控制流程，并跟上时尚的流行速度。

一旦设计团队确定某个方案可以进行生产，设计师就会用计算机设计系统对颜色和材质进行优化。对于需要在ZARA自己的工厂中进行的生产，他们就会直接把各种规格信息传输给工厂中的剪裁设备等。在这里，被裁剪后的面料上就已经有了标准化的条形码，这种条形码会伴随着产品从生产、配送、运输至门店的全过程。这样，从整个生产直到销售的过程中，都使用着统一标准的条形码识别系统，从而保证了ZARA衣物在整个过程中能够流畅、快速地进行流通。

另外，在服装设计之余，参与设计的采购专家与市场专家就已经共同完成了该款服装的定价工作，这一价格当然也是参照数据库中类似产品在市场中的价格信息来确定的。然后，定好的价格就被换算成多国的货币额，并与服装的条形码一起印在商品标价牌上，并在生产之初就已经附着在服装上了。因此，新款服装生产出来之后无须再定价和贴标签，运到世界各地的专卖店之后，就可以直接上架销售。

3. 物流配送

在配送环节中，ZARA首先建立了非常先进的分销中心（物流配送中心），在货物配送中心的高层建筑下面，大约20公里的地下传送带将成衣从ZARA的工厂传送至此。为了确保每一笔订单的货物准时到达目的地，ZARA没有采用浪费时间的人工分拣方法，而是借用了光学读取工具进行货品分拣。例如，成衣上的条形码是标准化的，因此，读码器能以最快的速度、持续不断地读取条形码，这样，每小时能挑选并分拣超过60 000件成衣。其次，在运输环节，ZARA利用各个门店与配送中心的信息互联，采取类似“公共汽车式”的配送模式，通过优化配送路径，尽量缩短运输路径和空车状态的时长，将运输成本降至最低。

ZARA公司有一个企业决策管理系统ERP，它能够对企业供、产、销各个环节实施有效管理与控制。ZARA还拥有一个完整的电子商务系统，更有快捷的物流配送系统。特别是ZARA下属的各个服装生产工厂，都可通过各自的渠道向集团公司的大物流配送中心直递产品，然后由配送中心每周两次向全球1 000多个分仓发货，以完成服装产品的终端销售。

4. 专卖店直销

在零售门店中，ZARA的IT应用不是特别突出，但简单、实用，通过与流程的紧密结合，IT系统同样发挥出了巨大的功效。在门店每天上报总部的数据中，不但包括订单、销量和销售走势等量化指标，也包括顾客反应、流行信息等“软”数据，而且，“软”数据甚至细化到风格、颜色、材质以及可能的价格等。为了方便每位门店经理即时地向总部传送这些信息，ZARA还专门为每位门店经理配备了特制的手提数据传输设备。

除此之外，设计团队也实时与全球各地的零售店店长进行电话会议，通过各地的销售状况与顾客反应，灵活变通地调整商品的设计方向，满足顾客的多变口味；而且在顾客购买的同时，店员已经将商品特征以及顾客数据输入计算机，由网络将数据送回ZARA总部，设计团队就能掌握各种精确的销售分析与顾客喜好的数据，再结合自身的专业判断，来决定下一批产品的设计风格取向与生产数量。

思考：

1. ZARA 供应链与同行相比优势在哪里？
2. ZARA 供应链如何实现“极速”？
3. IT 技术在 ZARA 的供应链中起到了哪些作用？

【知识准备】

一、供应链的基本概念

（一）供应链的定义

供应链是指围绕核心企业，通过对信息流、物流和资金流的控制，从原材料采购开始，制成中间产品以及最终产品，最后由销售网络把产品送到顾客手中，将供应商、分销商直到终端顾客连成一个整体的功能网链结构模式，如图 7-1 所示。

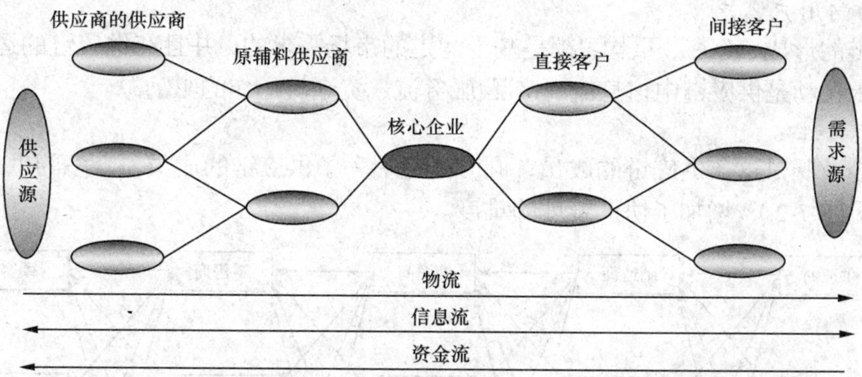

图 7-1　供应链

国家标准《物流术语》对供应链给出的解释是：供应链是指生产及流通过程中，为了将产品或服务交付给最终用户，由上游与下游企业共同建立的需求链状网。这里所说的上下游企业包括产品生产和流通过程中所涉及的原材料供应商、生产商、分销商、零售商，也即由物料获取、物料加工、并将成品送到用户手中这一过程所涉及的企业和企业部门组成的网络。

从物流的观点来理解供应链的概念，应当包含这样几个基本要点。

第一，供应链都是以产品为基础的。整个供应链可以看成是一条产品价值链。

第二，供应链是一种联合体。这种联合体包括结构的联合和功能的联合，通过联合提高供应链整体的竞争力。

第三，供应链中都有一个核心企业。核心企业根据其性质不同可以分为生产企业、流通企业（其中包括物流企业）。除此之外，核心企业还可以是银行、保险公司、信息企业等，它们能够成织各种各样的非物资形式的供应链系统。

第四，供应链都必然包含上游供应链和下游供应链。

第五，供应链都有一个整体目的或宗旨。

知识链接：供应链上企业合作的重要性

例如，在供应链“企业 A→企业 B→企业 C”中，企业 A 是企业 B 的原材料供应商，企业 C 是企业 B 的产品销售商。如果企业 B 忽视了供应链中各要素的相互依存关系，而过分注重自身的内部发展，使生产产品的能力不断提高，但如果企业 A 不能及时向其提供生产原材料，或者企业 C 的销售能力跟不上企业 B 产品生产能力的发展，那么可以得出这样的结论：企业 B 生产力的发展不适应这条供应链的整体效率，当然这条供应链也不具备竞争力。

（二）供应链的特征

从供应链的结构模型可以看出，供应链是网链结构，节点企业和节点企业之间是一种需求与供应的关系。供应链主要具有以下特征。

1. 复杂性

因为供应链节点企业组成的跨度（层次）不同，供应链往往由多个、多种类型的企业构成，所以供应链结构模式比一般单个企业的结构模式更为复杂。

2. 动态性

供应链管理因企业战略和适应市场需求变化的需要，其中节点企业需要经常进行动态更新，这就使得供应链具有明显的动态性。

3. 面向用户需求

供应链的形成、存在、重构，都是基于一定的市场需求的，并且在供应链的运作过程中，用户的需求拉动是供应链中信息流、产品/服务流、资金流运作的驱动源。

4. 交叉性

节点企业既是这条供应链的成员，同时又是另一条供应链的成员，众多的供应链形成交叉结构（见图 7-2），增加了协调管理的难度。

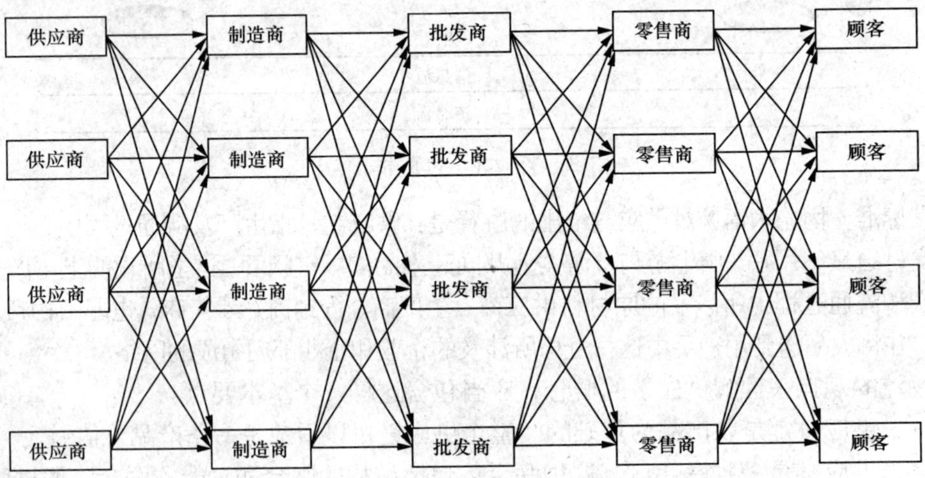

图 7-2　供应链交叉结构

（三）供应链的类型

根据不同的划分标准，供应链可以分为以下 5 种类型。

1. 根据供应链存在的稳定性划分

根据供应链存在的稳定性划分，可以将供应链分为稳定的供应链和动态的供应链。基于相对稳定、单一的市场需求而组成的供应链稳定性较强，而基于相对频繁变化、复杂的市场需求而组成的供应链动态性较强。在实际管理运作中，需要根据不断变化的需求，相应地改变供应链的组成。

2. 根据供应链容量与用户需求的关系划分

根据供应链容量与用户需求的关系可以划分为平衡的供应链和倾斜的供应链。一条供应链具有一定的、相对稳定的设备容量和生产能力（所有节点企业，包括供应商、制造商、运输商、分销商、零售商等能力的综合），但用户需求处于不断变化的过程中，当供应链的容量能满足用户需求时，供应链处于平衡状态；而当市场变化加剧，造成供应链成本增加、库存增加、浪费增加等现象时，会导致企业不是在最优状态下运作时，供应链则处于倾斜状态。

平衡的供应链可以实现各主要职能——采购（低采购成本）、生产（规模效益）、分销（低运输成本）、市场（产品多样化）和财务（资金运转快）之间的良性均衡。

3. 根据供应链的功能模式划分

根据供应链的功能模式（物理功能和市场中介功能）可以把供应链划分为两种：有效性供应链和反应性供应链。有效性供应链主要体现供应链的物理功能，即以最低的成本将原材料转化成零部件、半成品、产品，以及在供应链中的运输等；反应性供应链主要体现供应链的市场中介功能，即把产品分配到满足用户需求的市场，对未预知的需求做出快速反应等。这两种类型供应链的比较如表 7-1 所示。

表 7-1　有效性供应链与反应性供应链的比较

	有效性供应链	反应性供应链
基本目标	以最低的成本供应可预测的需求	尽可能快地对不可预测的需求做出反应，使缺货、降价、库存最小化
制造核心	保持高的平均利用率	配置多余的缓冲库存
库存策略	创造高收益而使整个供应链的库存最小	安排好原材料和成品的缓冲库存
提前期	尽可能缩短提前期	大量投资以缩短提前期
供应商的标准	成本和质量	速度、质量、柔性
产品设计策略	绩效最大化、成本最小化	采用模块化设计，尽可能差异化

4. 根据供应链的核心划分

根据供应链的核心不同，可以将供应链划分为 3 种：以客户要求为核心构筑的供应链、以销售为核心构筑的供应链和以产品为核心构筑的供应链。

（1）以客户要求为核心构筑的供应链。它是指根据客户的要求标准，达到以客户满意为目标来设计和组合的供应链。构筑这种类型的供应链时，一是要考虑该企业的实际需要、现有条件；二是要考虑该企业的外围条件和环境；三是要考虑该企业的可操作性。例如，为某企业设计一个采购与供应系统。首先，要对该企业每年、每月、每天的原材料的使用量、库存和使用频率等情况做充分了解；其次，要考虑外购原材料的供应企业的供货率、信誉度以及运输能力、配送方式以及交通运输路线、路况等；最后，还要考虑如果采取零库存供货方式，相关的条件能否配套和协调运转，是否符合该企业的现有条件，配套能力能不能达到预定目标等。

（2）以销售为核心构筑的供应链。在市场饱和和买方市场的条件下，销售是生产企业的主要矛盾。以销售为核心构筑的供应链往往是众多生产企业的客观需求，而且这方面的需求在不断增加。以销售为核心构筑的供应链，重点在于销售的数量、时间、成本和服务水平。

（3）以产品为核心构筑的供应链。其重点是各供应链企业的产品质量保证和各供应链企业的服务水平。在提高产品质量和服务的同时，还要达到降低成本、增加效益的目标。构筑这种类型的供应链往往要从最初的原材料开始，贯穿采购、制造、包装、运输、批发、零售的全过程。

5. 根据供应链的驱动力划分

根据供应链驱动力的不同，可以将供应链划分为两种：拉式供应链和推式供应链。

（1）拉式供应链是指整个供应链的驱动力产生于终端顾客，产品生产是受需求驱动的，如图 7-3 所示。生产是根据实际的顾客需求而不是预测需求进行协调的。在拉式供应链模式中，需求的不确定性很高，周期较短，主要的生产战略是按订单生产，按订单组装和按订单配置。整个供应链要求集成度高，信息交换迅速，并可根据终端用户的需求实现定制化服务。

图 7-3　拉式供应链

（2）推式供应链是以制造商为核心企业，根据产品的生产和库存情况，有计划地把商品推销给顾客，其驱动力源于供应链上游制造商的生产，如图 7-4 所示。在这种运作方式下，供应链上各节点比较松散，追求降低物理功能成本，属卖方市场下供应链的一种表现。由于不了解顾客需求变化，这种运作方式的库存成本高，对市场变化反应迟钝。

图 7-4　推式供应链

二、供应链管理的基本概念

（一）什么是供应链管理

我国国家标准《物流术语》是这样定义供应链管理（Supply Chain Management, SCM）的：供应链管理是指对供应链涉及的全部活动进行计划、组织、协调与控制。它是一种集成的管理思想和方法，它执行供应链中从供应商到终端用户的物流的计划和控制等职能。它把供应链上的各企业作为一个不可分割的整体，使供应链上各企业分担的采购、生产、分销和销售的职能成为一个协调发展的有机整体。

知识链接：供应链管理的特征

（1）供应链管理把供应链中所有节点企业看作一个整体，供应链管理涵盖在整个物流中，从供应商到终端用户的采购、制造、分销、零售等职能领域过程。

（2）供应链管理强调和依赖战略管理。"供应"是整个供应链中节点企业之间事实上共享的一个概念，同时它又是一个有重要战略意义的概念，因为它影响甚至决定了整个供应链的成本和市场占有份额。

（3）供应链管理最关键的是需要采用集成的思想和方法，而不是只考虑节点企业、技术方法等资源简单的连接。

（4）供应链管理可实现更高的目标，通过管理库存和合作关系达到高水平的服务，而不是仅仅完成一定的市场目标。

供应链管理与传统的物流管理在存货管理的方式、物流、成本、信息流、风险、计划及组织间关系等方面存在显著的区别，这些区别使供应链管理比传统的物流管理更具优势。

（1）从存货管理及物流的角度来看，在供应链管理中，存货管理是指在供应链成员中进行协调，以使存货投资与成本最小；而传统的物流管理则是把存货向前推或向后延，具体情况需要根据供应链成员谁最有主动权而定。事实上，传统的物流管理把存货推向供应商并降低渠道中的存货投资，仅仅是转移了存货。解决这个问题的方法是通过提供有关生产计划的信息，如共享有关预期需求、订单、生产计划等信息，减少不确定性，并使安全存货量降低。

（2）从成本方面来看，供应链管理是通过注重产品最终成本来优化供应链的。这里的最终成本是指实际发生的、到达客户时的总成本，包括采购时的价格及送货成本、存货成本等。

而传统的物流管理在成本的控制方面依然仅限于在公司内部达到最低。

（3）风险与计划是供应链管理区别于传统物流管理的另外两个重要的方面。在供应链管理中，风险与计划都是通过供应链成员共同分担、共同沟通来实现的，而传统的物流管理却仅仅停留在公司内部。在组织间关系方面，供应链管理中各成员是基于对最终成本的控制而达成合作的，而传统的物流管理则是基于公司内降低成本。

实施供应链管理是因为供应链管理比传统的物流管理更具活力，更能为供应链成员带来实质性好处。不过，要成功地实施供应链管理，各供应链成员之间必须实现良好的信息共享。而要做到开诚布公的信息分享，对于追求不同目标的企业来说，实在不是一件容易的事情，尤其是当一家企业与供应链上的另一家企业的众多竞争对手均有合作的情况下，要实现信息共享更加困难。因此，成功的供应链整合，首先需要各节点企业在如下一些方面达成一致：共同认识到终端客户的服务需求水平，共同确定在供应链中存货的位置及每个存货点的存货量，共同制定把供应链作为一个实体来管理的政策和程序等。

（二）供应链管理的主要领域

供应链管理主要涉及 4 个领域：供应（Supply）、生产计划（Schedule Plan）、物流（Logistics）、需求（Demand）。由图 7-5 可知，供应链管理是以同步化、集成化生产计划为指导，以各种技术为支持，尤其以互联网/内部网为依托，围绕供应、生产计划、物流（主要指制造过程）、需求来实施的。供应链管理主要包括计划、合作、控制从供应商到用户的物料（零部件和成品等）和信息。供应链管理的目标在于提高用户服务水平和降低总的交易成本，并且寻求两个目标之间的平衡（这两个目标往往有冲突）。

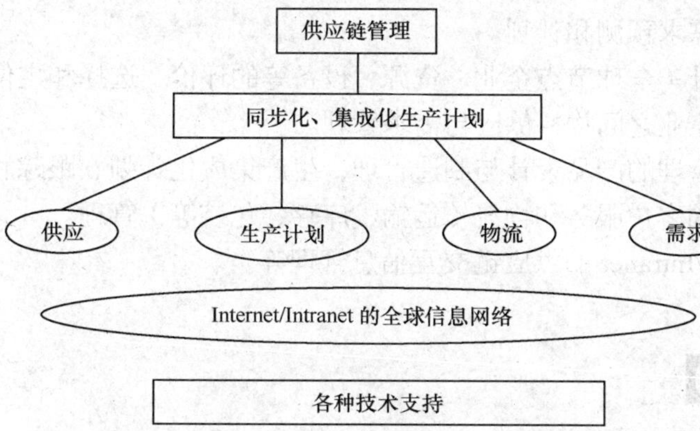

图 7-5　供应链管理涉及的领域

在以上 4 个领域的基础上，我们可以将供应链管理涉及的领域细分为职能领域和辅助领域。职能领域主要包括产品工程、产品技术保证、采购、生产控制、库存控制、仓储管理、分销管理；辅助领域主要包括客户服务、制造、设计工程、会计核算、人力资源、市场营销。

由此可见，供应链管理不仅关心物料实体在供应链中的流动，而且还注重总的物流成本（从原材料到最终产成品的费用）与用户服务水平之间的关系，并为此把供应链各个职能部门有机地结合在一起，从而最大限度地发挥出供应链整体的力量，达到供应链企业群体获益的目的。

（三）供应链管理的内容

供应链管理是指在满足一定的客户服务水平的条件下，为了使整个供应链系统成本达到最小而把供应商、制造商、仓库、配送中心和渠道商等有效地组织在一起来进行的产品制造、转运、分销及销售的管理方法。供应链管理包括计划、采购、制造、配送、退货 5 大基本内容。

1. 计划

这是 SCM 的策略性部分。企业需要制定一定的策略来管理所有的资源，以满足客户对企业产品的需求。好的计划是建立一系列的方法监控供应链，并使其能够有效、低成本地为客户递送高质量和高价值的产品或服务。

2. 采购

采购是指企业选择货品和服务的供应商，和供应商建立一套定价、配送和付款流程并创造方法来监控流程和改善管理，并把它与企业提供给供应商的相关管理流程结合起来，包括提货、核实货单、转送货物到制造部门并批准对供应商的付款等。

3. 制造

制造是指安排生产、测试、打包和准备送货所需的活动，是供应链中测量内容最多的部分，包括质量水平、产品产量和工人的生产效率的测量等。

4. 配送

很多“圈内人”称配送为“物流”，它是指调整客户的订单收据、建立仓库网络、派递送人员提货并送货到客户手中、建立货品计价系统、接收付款等一系列活动的过程。

5. 退货

这是供应链中的问题处理部分。它包含两方面的含义：建立网络接收客户退回的次品和多余产品，并在客户应用产品出问题时提供支持。

供应链管理关心的并不仅是物料实体在供应链中的流动，除了企业内部与企业之间的采购、运输问题和实物分销以外，供应链管理还包括以下内容。

（1）战略性供应商和客户合作伙伴关系管理。

（2）供应链产品需求预测和计划。

（3）供应链的设计（全球节点企业、资源、设备等的评价、选择和定位）。

（4）企业内部与企业之间物料供应与需求管理。

（5）基于供应链管理的产品设计与制造管理，生产集成化计划、跟踪和控制。

（6）基于供应链的客户服务和物流（运输、库存、包装等）管理。

（7）基于 Internet/Intranet 的供应链交互信息管理等。

【工作任务】

一、消除供应链长鞭效应

工作任务要求：在理解长鞭效应产生原因的基础上，运用长鞭效应的消除方法分析雀巢与家乐福如何通过构建供应链消除长鞭效应。

长鞭效应（Bull Whip Effect）是指供应链上需求信息沿供应链向上传递时被不断曲解放大的现象。当供应链上的各节点企业只根据来自其相邻的下级企业的需求信息进行生产或者供应决策时，需求信息的不真实性会沿着供应链逆流而上，并被逐级放大。当需求信息达到源头的供应商时，其所获得的需求信息和实际消费市场中的顾客需求信息往往会有很大的偏差，这将会造成企业的生产与运输作业不均衡、库存居高不下，导致企业成本过高。

（一）长鞭效应产生的主要原因

在供应链上，经常会遇到尽管某种产品的末端市场需求变动不大、但上游的需求波动却很大的情况。例如，宝洁公司在研究“尿不湿”的市场需求时发现，该产品的零售数量相当稳定，波动性并不大。但在考察分销中心的订货情况时，却发现其订单的变动程度比零售数量的波动要大得多，而分销中心是根据销售商订货需求量的汇总信息进行订货的。通过进一步研究发现，零售商为了能够应付客户需求增加的变化，往往在历史和现实销售情况的预测订货量基础上，对其做一定放大后再向批发商订货，而批发商也出于同样的考虑，进行加量订货。这样，虽然客户需求波动不大，但层层加量订货就将实际需求逐级放大了。

知识链接：长鞭效应的逻辑关系

在市场销售活动中，假如某零售商的历史最高月销量为 1 000 件，但下月正逢重大节日，为了保证销售不断货，该零售商会在月最高销量的基础上再追加 X%，于是他向其上级批发商下订单(1+X%)×1 000 件。批发商汇总该区域的销量预计为 1 200 件（假设），为了保证零售商的需要又追加 Y%，于是批发商向生产商下订单（1+Y%）×1 200 件。生产商为了保证批发商的货物需求量，虽然他明知其中有夸大成分，但他并不知道具体情况，于是他不得不至少按（1+Y%）×1 200 件投产，并且为了稳妥起见，在考虑毁损、漏订等情况后，生产商又加量生产，这样一层一层地增加预订量，就会导致“长鞭效应”。

产生长鞭效应的原因主要有 8 个。

（1）需求预测修正。供应链上成员采用不同的预测模型进行各自的预测，所采用的数据仅限于下游客户的直接订单，对未来的掌握不准确，因而常在预测值上加上一个修正增量作为订货数量，导致需求量的虚增。

（2）价格波动。零售商和分销商面对价格波动剧烈、促销与打折活动、供不应求、通货膨胀、自然灾害等情况，往往会采取加大库存量的做法，使订货量远远大于实际的需求量。

（3）订货批量。企业订货常采用最大库存策略，在一个周期内或者等订单汇总到一定数量后再向供应商整批订货，这导致其上游供应商看到的是一个不真实的需求量。

（4）环境变异。这是由于政策和社会等环境的变化所产生的不确定性，造成了订货需求被放大。一般应付它最主要的手段是保持高库存，且不确定性因素越大，库存就越高，但这种高库存所代表的并不是真实的需求。

（5）短缺博弈。当市场上某些产品的需求增大时，零售商和分销商就会怀疑这些商品将出现短缺的情况，这将引发他们扩大订货量。但当需求降温或短缺结束后，大的订货量又突然消失，这就造成了需求预测和判断的失误，导致了长鞭效应。

（6）库存失衡。传统的营销一般是由供应商将商品送交销售商的，其库存责任仍然归供应商，待销售完成后再进行结算，但商品却由分销商掌握和调度。这就使销售商普遍倾向于加大订货量掌握库存控制权，因而使订货需求增加，导致了长鞭效应。

（7）缺少协作。由于缺少信息交流和共享，企业无法掌握下游的真正需求和上游的供货能力，只好自行多储货物。同时，供应链上无法实现存货互通有无和转运调拨，只能各自持有高库存，这也会导致长鞭效应。

（8）提前期。需求的变动随提前期的增长而增大，且提前期越长，需求变动引起的订货量就越多。企业由于对交货的准确时间心中无数，往往希望对交货日期留有一定的余地，因而持有较长的提前期，因此逐级的提前期拉长也造成了长鞭效应。

（二）长鞭效应的消除方法

由于长鞭效应是从下游客户端逐级向上游转嫁风险的结果，因此它会危害整条供应链的运作，导致总库存增加、生产无序和失衡、业务流程阻塞、资源浪费、市场混乱和风险增大。为此，必须运用先进的管理技术和信息技术加以妥善解决，消除需求信息的扭曲和失真现象。有效消除长鞭效应的方法主要有以下 8 种。

（1）提高预测的精确度。这需要考虑历史资料、定价、季节、促销和销售额等因素，有些数据是掌握在零售商和分销商手中的，必须与他们保持良好的沟通，及时获得这些数据，采取上下游间分享预测数据并使用相似的预测方法进行协作预测，来提高预测的准确性。

（2）实现信息共享。这是消除长鞭效应最有效的措施之一。供应链成员间通过互联网/EDI来实现实时交流和共享信息，减少和消除信息的不对称性，准确把握下游的实际需求。

（3）业务集成。供应链成员间实现业务紧密集成，形成顺畅的业务流，这既能减少下游的需求变动，又能掌握上游的供货能力，使下游的供应链成员安心享受供给保障，不再虚增需求。

（4）订货分级管理。根据“二八定律”划分分销商，对它们进行分别对待，实行订货分级管理，通过管住关键销售商和重要销售商来减少变异概率。

（5）合理分担库存。供应商、分销商和零售商采用联合库存的方式合理分担库存，一旦某处出现库存短缺，可立即从其他地点调拨转运来保证供货。这既防止了需求量被放大，又体现了风险共担，降低了整体库存，有效地抑制了长鞭效应。

（6）缩短提前期。一般来说，订货提前期越短，订量越准确。根据沃尔玛的调查，如果提前 26 周进货，需求预测的误差为 40%；提前 16 周进货，需求预测的误差为 20%；而在销售时节开始时进货，则需求预测的误差为 10%。因此，缩短提前期能够显著地抑制长鞭效应。

（7）采用业务外包。外包服务也可以抑制长鞭效应，例如，采用第三方物流策略既可以缩短提前期和实现小批量订货，无须再向一个供应商一次性大批订货，又减少了运输风险。

（8）建立伙伴关系。通过实施供应链战略伙伴关系可以消除长鞭效应。供需双方在战略联盟中相互信任，公开业务数据，共享信息和业务集成。这样，相互都了解对方的供需情况和能力，避免了短缺情况下的博弈行为，从而减少了产生长鞭效应的机会。

（三）消除供应链长鞭效应的案例

雀巢与家乐福在确立亲密伙伴关系的基础上，采用各种信息技术，由雀巢为家乐福管理它的产品库存。雀巢为此专门引进了一套 VMI（Vender Management Inventory）信息管理系统，家乐福也及时为雀巢提供其产品销售的 POS 数据和库存情况。双方通过集成的管理信息系统，经由互联网/EDI 交换信息，就能及时掌握客户的真实需求。家乐福的订货业务情况如下。

（1）每天 9:30 以前，家乐福把货物售出与现有库存的信息用电子形式传送给雀巢。

（2）9:30 ~ 10:30，雀巢将收到的数据合并至供应链管理 SCM 系统中，并产生预估的订货需求，系统将此需求量传输到后端的 APS/ERP 系统中，依实际库存量计算出可行的订货量，产生建议订单。

（3）10:30，雀巢再将该建议订单用电子形式传送给家乐福。

（4）10:30 ~ 11:00，家乐福确认订单并对数量与产品项目进行必要的修改之后回传至雀巢。

（5）11:00 ~ 11:30，雀巢依照确认后的订单进行拣货与出货，并按照订单规定的时间交货。

这样，由于及时地共享了信息，上游供应商对下游客户的需求了如指掌，无须再放大订货量，有效地消除了长鞭效应。

二、组建供应链

工作任务要求：清晰描述 B2B 型电商企业供应链的组建过程，分析每个阶段组建工作的关键点。

B2B 型电商企业从传统的管理模式转向集成化供应链管理模式，一般要经过 5 个阶段（见图 7-6），包括从最低层次的基础建设到最高层次的集成化供应链动态联盟，各个阶段的不同之处主要体现在组织结构、管理核心、计划与控制系统、应用的信息技术等方面。

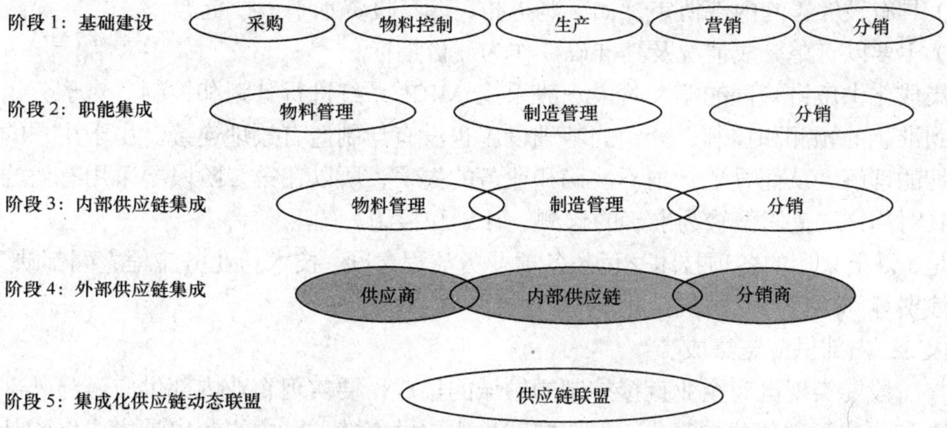

图 7-6 供应链形成的 5 个阶段

阶段 1：基础建设

这一阶段是在原有企业供应链的基础上分析、总结企业现状，分析企业内部影响供应链管理的阻力和有利之处，同时分析外部市场环境，对市场的特征和不确定性做出分析和评价，最后完善企业的供应链。

在传统型的供应链中，企业职能部门分散、独立地控制供应链中的不同业务。企业组织结构比较松散。这时的供应链管理主要有以下特征。

（1）企业注重产品质量。由于过于注重生产、包装、交货等的质量，可能导致成本过高，所以企业的目标在于以尽可能低的成本生产高质量的产品，以解决成本与效益难以兼顾的问题。

（2）关于销售、制造、计划、物料、采购等的控制系统和业务过程相互独立、不相匹配，因部门合作和集成业务失败导致多级库存等问题。

（3）组织部门界限分明，单独操作，往往导致相互之间的冲突。采购部门可能只控制物料来源和原材料库存；制造和生产部门通过各种工艺过程实现原材料到成品的转换；销售和分销部门可处理外部的供应链和库存，而部门之间的关联业务往往就会因各自为政而发生冲突。

处于这一阶段的企业主要采用短期计划，出现问题时需要一个一个地解决。虽然电商企业强调办公自动化，但这种环境往往会导致整个供应链的效率低下，同时也增加了企业对供应和需求变化影响的敏感度。

阶段 2：职能集成

职能集成阶段集中于处理电商企业内部的物流，企业围绕核心职能对物流实施集成化管理，对组织实行业务流程重构，实现职能部门的优化集成，通常可以建立交叉职能小组，使其参与计划和执行项目，以加强职能部门之间的合作，克服这一阶段可能存在的不能很好地满足用户需求的问题。

职能集成强调满足用户的需求。事实上，用户需求在今天已经成为驱动企业生产的主要动力，而成本则在其次，但这样往往导致第二阶段的生产、运输、库存等成本的增加。此时的供应链管理主要有以下特征。

（1）将分销和运输等职能集成到物流管理中来，将制造和采购职能集成到生产职能中来。

（2）强调降低成本而不注重操作水平的提高。

（3）积极为用户提供各种服务，满足用户需求。

（4）职能部门结构严谨，均有库存做缓冲。

（5）具有较完善的内部协定，如采购折扣、库存投资水平、批量等。

（6）主要以订单完成情况及其准确性作为评价指标。

在集成化供应链管理的第二阶段一般采用 MRP 系统进行计划和控制。对于分销网，需求得不到准确的预测和控制，分销的基础设施也没有与制造有效地连接。由于用户的需求得不到确切的理解，从而导致计划不准确和业务的失误，所以在第二阶段要采用有效的预测技术和工具对用户的需求做较为准确的预测、计划和控制。

但是，以上采用的各项技术之间、各项业务流程之间、技术与业务流程之间都缺乏集成，库存和浪费等问题仍可能困扰企业。

阶段 3：内部供应链集成

这一阶段要实现电商企业直接控制的领域的集成，要实现企业内部供应链与外部供应链中供应商和用户管理部分的集成，形成内部集成化供应链。集成的输出是集成化的计划和控制系统。为了支持企业内部集成化供应链管理，企业主要采用供应链计划（Supply Chain Planning，SCP）和 ERP 系统来实施集成化计划和控制。这两种信息技术都是基于客户/服务（Client/Server）体系在企业内部集成中的应用。有效的 SCP 集成了企业所有的主要计划和决策业务，包括需求预测、库存计划、资源配置、设备管理、优化路径、基于能力约束的生产计划和作业计划、物料和能力计划、采购计划等。ERP 系统集成了企业业务流程中主要的执行职能，包括订单管理、财务管理、库存管理、生产制造管理、采购管理等职能。SCP 和 ERP 通过基于事件的集成技术联结在一起。

知识链接：供应链计划

供应链计划（SCP）系统是指一个组织、计划、执行和衡量企业全面物流活动的系统。它包括需求预测、库存计划和补库计划等基本组成。它通常运行在基于许多大型主机系统的集成应用系统之上。供应链计划能够使企业更加有效地计划和设计全球供应链，同时优化物流、资源流、现金流和信息流。借助供应链计划软件，企业能够从静态需求计划转变到需求感知和预测，实施跨企业的决策支持以及更专注于供应网络分析，以便管理供应链风险并对供应链进行设计以适应全球不断变化的业务环境。

本阶段电商企业管理的核心是内部集成化供应链管理的效率问题，主要考虑在优化资源、加强能力的基础上，以最低的成本和最快的速度生产最好的产品，快速地满足用户的需求，以提高企业的反应能力和效率。这对于生产多品种或提供多种服务的企业来说意义更大。投资于提高企业的运作柔性也变得越来越重要。在第二阶段需构建新的交叉职能业务流程，使其逐步取代传统的职能模块，以用户需求和高质量的预测信息驱动整个企业供应链的运作。因满足用户需求而导致的高服务成本问题是此阶段管理的主要问题。

这一阶段可以采用 DRP 系统、MRPII 系统管理物料，运用 JIT 等技术支持物料计划的执行。JIT 的应用可以使企业缩短市场反应时间、降低库存水平和减少浪费。在这个阶段，企业可以考虑同步化的需求管理，将用户的需求与制造计划和供应商的物流同步化，减少不增值的业务。同时企业可以通过广泛的信息网络（而不是大量的库存）来获得巨大的利润。

此阶段的供应链管理具有以下特征。

（1）强调战术问题而非战略问题。

（2）制订中期计划，实施集成化的计划和控制体系。

（3）强调效率而非有效性，即保证要做的事情尽可能好、尽可能快地完成。

（4）从采购到分销的完整系统具有可见性。

（5）信息技术（Information Technology，IT）广泛应用。广泛运用 EDI 和互联网等信息技术支持与供应商及用户的联系，获得快速的反应能力。EDI 是集成化供应链管理的重要工具，特别是在进行国际贸易合作需要大量关于运输的文件时，利用 EDI 可以使企业快速获得信息和更好地为用户提供优质服务。

（6）与用户建立良好的关系，而不是管理用户。

阶段 4：外部供应链集成

实现集成化供应链管理的关键在于第四阶段，将企业内部供应链与外部的供应商和用户集成起来，形成一个集成化供应网链。

而与主要供应商和用户建立良好的合作伙伴关系，即所谓的供应链合作关系（Supply Chain Partnership，SCP），是集成化供应链管理的关键。

此阶段企业要特别注重战略伙伴关系管理。管理的焦点要以面向供应商和用户取代面向产品，增加与主要供应商和用户的联系，增进相互之间的了解（产品、工艺、组织、企业文化等），相互之间保持一定的一致性，实现信息共享，通过为用户提供与竞争者不同的产品/服务或增值的信息而获利。供应商管理库存（Vendor Management Inventory，VMI）和共同计划预测与库存补充（Collaborative Planning Forecasting and Replenishment，CPFR）的应用就是企业转向改善、建立良好的合作伙伴关系的典型例子。通过建立良好的合作伙伴关系，企业就可以很好地与用户、供应商和服务提供商实现集成和合作，共同在预测、产品设计、生产、运输计划和竞争策略等方面设计和控制整个供应链的运作。对于主要用户，企业一般建立以用户为核心的小组，这样的小组具有不同职能领域的功能，它们能够更好地为主要用户提供有针对性的服务。

知识链接：共同计划预测与库存补充（CPFR）

CPFR 的形成始于沃尔玛所推动的 CFAR（Collaborative Forecast and Replenishment），CFAR 是利用互联网通过零售企业与生产企业的合作，共同做出商品预测，并在此基础上实行连续补货的系统。后来，在沃尔玛的不断推动之下，基于信息共享的 CFAR 系统又正在向 CPFR 发展，CPFR 是在 CFAR 共同预测和补货的基础上，进一步推动共同计划的制订，即不仅合作企业实行共同预测和补货，而且也邀请供应链各企业共同参与制订原来属于各企业内部事务的计划工作（如生产计划、库存计划、配送计划、销售规划等）。

该系统是在 1995 年由沃尔玛与其供应商等进行的 CPFR 研究和探索。从 CPFR 实施后的绩效看，Warner-Lambert 公司的零售商品满足率从 87%提高到了 98%，新增销售收入 800 万美元，库存减少 15%～25%。

处于这个阶段的企业，生产系统必须具有更高的柔性，以提高对用户需求的反应能力和速度。企业必须能根据不同用户的需求，既能按订单生产（Make-to-Order），按订单组装、包装（Assembling Package-to-Order），又能按备货方式生产（Make-to-Stock），这种根据用户的不同需求对资源进行不同的优化配置的策略被称为动态用户约束点策略。延迟技术（Postponement）可以很好地实现以上策略。延迟技术强调企业产品生产加工到一定阶段后，等收到用户订单之后，再根据用户的不同要求完成产品的最后加工、组装，这样，企业供应链的生产就具有了很高的柔性。

为了达到与外部供应链的集成，企业必须采用适当的信息技术为企业内部的信息系统提供与外部供应链节点企业的接口，以达到信息共享和信息交互，以及相互操作的一致性。这些都需要采用互联网信息技术。

本阶段企业采用销售点驱动的同步化、集成化的计划和控制系统。它集成了用户订购数据和合作开发计划、基于约束的动态供应计划、生产计划等功能，以保证整个供应链中的成员同步化地进行供应链管理。

阶段 5：集成化供应链动态联盟（供应链管理的发展趋势）

在完成以上 4 个阶段的集成后，供应链成员已经构成了一个网链化的企业结构，被称为供应链共同体。它的战略核心及发展目标是占据市场的领导地位，为了达到这一目标，随着市场竞争的加剧，供应链共同体必将成为一个动态的网链结构，以适应市场变化、反应、速度、知识革新等需要，不能适应供应链需求的企业将从供应链联盟中被淘汰。供应链从而成为一个能快速重构的动态组织结构，即集成化供应链动态联盟。企业通过网络商务软件等技术集成在一起以满足用户的需求，一旦用户的需求消失，它也将随之解体。而当另一需求出现时，这样的组织结构又由新的企业动态地重新组成。在这样的环境中求生存，企业如何成为一个能及时、快速满足用户需求的供应商，是企业生存、发展的关键。集成化供应链动态联盟是基于一定的市场需求、根据共同的目标而组成的，是通过实时信息的共享来实现集成的。在供应链集成过程中主要应用的信息技术是互联网/内部网的集成，同步化的、扩展的供应链计划和控制系统是主要的工具。基于互联网的电子商务取代传统的商务手段将是供应链管理发展的必然趋势。

三、评估供应链绩效

工作任务要求：首先理解绩效管理的理念，然后理清电商企业供应链业务流程，再构建电商企业的供应链绩效评估体系，最后设计具体的 KPI 绩效指标。

整个供应链是指从最初的供应商开始直至最终的用户为止的整条供应链。世界级的公司已经脱离了那种只局限于物流部门内部，通过对简单功能性指标进行分析来衡量物流绩效的方法，而是站在公司整体及供应链的角度，制定和部署物流战略，通过对供应链业务流程的动态评价来衡量和控制供应链的整体运作效率。

（一）绩效管理的定义

绩效管理是指管理者与员工之间在就目标与如何实现目标达成共识的基础上，通过激励和帮助员工取得优异绩效而实现组织目标的管理办法。绩效管理是解决让无形资产有效地创造价值的问题，它针对的是知识、技能和人的管理。绩效管理既是企业典型的人力资源管理问题，又是企业战略管理（Strategic Management）的一个非常重要的组成部分。

绩效管理强调的是对过程的监控，通过对行动过程中各项指标的观察与评估，保证战略目标的实现。它不是基于目标的管理（Management-by-Objective，MBO），而是基于事实的管理（Management-by-Fact，MBF）。因此绩效管理的出现，使企业战略不再是企业决策层少数几个人的任务，而成为从 CEO 到每一位员工的所有人的事。

（二）传统企业绩效评估的缺陷

绩效评估反映管理的成效，能更好地指导企业战略管理。在企业的战略高度上，有效的供应链管理绩效评估是企业能否实现其战略目标的重要保证。很多企业在竞争加剧、市场机制转变的形势下，积极采取各种竞争策略，由原先的“单打独斗”发展成“成群结队”，以协同的方式参与到企业供应链联盟当中，发展企业的核心竞争力，并使得整条供应链的整体绩效最大化。显然，传统企业的绩效评估只是从单个企业自身出发，还存在以下缺陷。

（1）大多企业都只注重自身内部经营管理的绩效评估，而忽视了其外部评估，即对其整个供应链上的上下节点企业的绩效评估。企业与企业之间的竞争正逐步转变为供应链与供应链之间的竞争，具有前瞻性的企业正将产品从原材料、制造、运输、分销至客户手中的一连串过程看作一个整体，并随着市场变动，迅速修正及改变其供应链的结构，以提高效率客户的满意度、控制成本。

（2）通常的绩效评估通过对各项财务指标的计算能够得出企业的经营成果。但是它们都只是从某一特定的角度出发来分析企业的绩效状况，而没有全面地评价企业的总体经营成果，也不能从这些指标相互关联的角度分析企业自身“牵一发而动全身”的实际状况，以发现对企业经营成果产生影响的根本因素。

（3）选取的评价指标通常只是财会指标，而一些对企业战略有着很大标杆作用的非财务指标却没有包含在内。

（三）供应链绩效评估体系

关键绩效指标法（Key Performance Indicator，KPI）是目前被广泛应用的绩效管理框架之一。KPI 不仅将供应链企业战略转化为内部的过程和行动，也是衡量供应链企业战略实施效果的关键指标。实施 KPI 首先要找出企业成功的关键因素，然后制定各部门的关键绩效指标，让企业战略目标可以由上至下进行层层分解。具体来说是结合企业策略地图（Strategy Map），让企业战略目标与各部门绩效指标之间有相互关联性、牵引性，最后分解到每个岗位。KPI 的精髓是指出企业业绩指标的设置必须与企业的战略挂钩，其“关键”二字的含义是指在某一阶段一家企业战略上要解决的最主要的问题。例如，处于超常增长状态的企业，业务迅速增长给企业带来组织结构迅速膨胀、员工队伍飞快扩充、管理及技能短缺等问题，流程及规范不健全成为制约企业有效应对高增长的主要问题。解决这些问题便成为该阶段对企业具有战略意义的关键所在，绩效管理体系则相应地必须针对这些问题设计管理指标。

供应链绩效评估体系包含以下 3 个方面：供应链财务绩效、供应链节点绩效和供应链整体绩效。在供应链的运营和管理过程中，财务绩效最能反映供应链经营的成效。同时，供应链企业还应重视节点绩效和整体绩效。供应链节点绩效包括上下游节点企业之间的业务流程绩效、创新绩效和智力资本绩效。供应链整体绩效是从总体上观察透视供应链的运作效率。供应链管理绩效评估体系如图 7-7 所示。

1. 财务绩效 KPI 指标

传统的财务绩效指标有：销售利润率、投资回报率、产品成本降低率、存货周转率、应收账款周转率、总产值增长率、利润增长率等。对供应链企业经济效益的评价应从收益性、安全性、流动性、成长性 4 个方面进行全面衡量。杜邦财务分析法从供应链企业的长远目标和发展战略出发，选取了关键性的财务评价指标：权益净利率（见图 7-8），通过层层剖析，揭示了各评价指标间的内在联系，反映了当供应链企业目标发生异动时影响供应链企业目标的因素，并能对其加以修正。

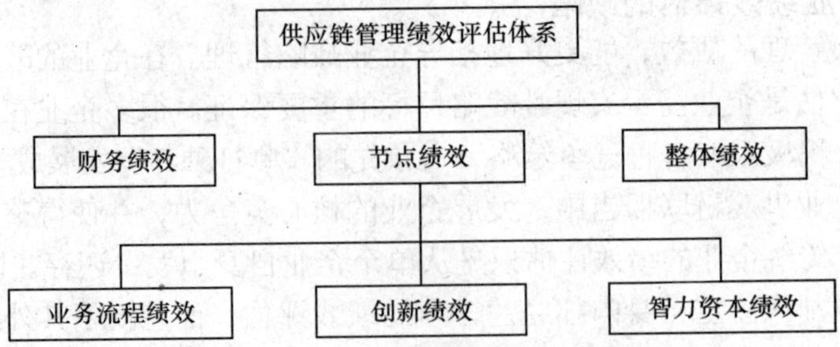

图 7-7　供应链管理绩效评估体系

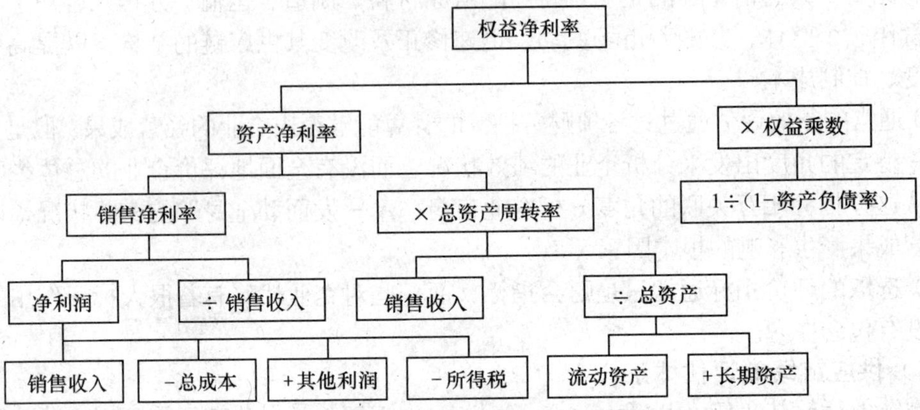

图 7-8　权益净利率

权益净利率是杜邦财务分析模型中的核心，它反映了供应链企业的盈利能力。同时它又是一系列财务指标互相影响的成果，所以权益净利率能综合地反映供应链企业的财务能力。在供应链绩效评估中运用杜邦财务分析法，可以较全面地反映供应链企业供应链管理的财务绩效。同时在供应链企业实际经营偏离战略目标时，通过由上至下分析杜邦模型中的各个指标，可以定位出指标变动的原因及其变动趋势，为供应链企业今后的运营和决策提供帮助。

2. 节点绩效 KPI 指标

节点绩效 KPI 指标能反映供应链当前的运行状况和供应链企业未来的发展潜力，有利于更全面地了解供应链节点企业的管理状况。节点绩效 KPI 指标包括业务流程绩效指标、创新绩效指标和智力资本绩效指标。

（1）业务流程绩效指标。传统的绩效评估只注重对结果的评估，而在供应链企业的运营过程中，动态过程的绩效评估也是不可或缺的。在结果出来之前的过程评估，反映供应链企业的运营状况，给管理者提供动态的绩效评估，在绩效发生异动之前能跟踪变动根源，提高供应链企业的预测能力。业务流程绩效指标包括供应链上下游节点企业之间协作相关的指标，主要包括订单满足率、订货提前期、准时交货率、产品完好送达率、产品质量合格率、产品出产（或服务）循环期、产销率等。

① 订单满足率。订单满足率是指在一定时期内，供应链的下游节点企业向供应链的上游节点企业订货时，订单能够及时得到满足的比例。该指标反映供应链的整体生产能力和快速响应市场能力。若该指标数值大于或等于 1，说明供应链整体生产能力较强，能快速响应市

场需求，具有较强的市场竞争能力；若该指标数值小于 1，则说明供应链生产能力不足，不能快速响应市场需求（其中，订单满足率 = 订单得到满足的次数/总订货的次数）。

② 订货提前期。订货提前期是指供应链的下游节点企业向供应链的上游节点企业订货时，从发出订单到采购物资验收入库所需要的时间。订货提前期越短，则供应链对市场需求变化响应的时间越短，供应链就越具有竞争力。

③ 准时交货率。准时交货率是指在一定时期内，供应链的上游节点企业在接到供应链的下游节点企业的订单后，及时将货物送达目的地的次数与总订货次数的比例。准时交货率低，则说明供应链协作配套生产能力或组织管理能力达不到要求；反之，则说明供应链协作配套生产服务能力强，生产管理水平高。

假设在时段 T 内，及时将货物送达的次数为 N_i，总的订单次数为 N_a，则准时交货率为：$P_i=N_i/N_a$。

④ 产品完好送达率。产品完好送达率是指供应链的上游节点企业按照供应链的下游节点企业的要求在规定的时间内将产品无损坏送达的次数占总送货次数的比例。

假设在时段 T 内，完好送达的次数为 N_w，总的订单次数为 N_a，则完好送达率为：$P_w = N_w/N_a$。

⑤ 产品质量合格率。产品质量合格率是指供应链的上游节点企业向供应链的下游节点企业提供质量合格产品的数量占产品总数量的比例，它反映的是供应链节点企业提供产品的质量水平，质量不合格的产品数量越多，则产品质量合格率就越低，说明供应商提供产品的质量不稳定或质量差，供应商必须承担对不合格的产品进行返修或报废的损失，这样就增加了供应商的总成本，降低了其成本利润率。因此，产品质量合格率指标与产品成本利润率指标密切相关。同时，产品质量合格率指标也与准时交货率密切相关，因为产品质量合格率越低，就会使产品的返修工作量加大，必然会延长产品的交货期，使得准时交货率降低。

假设在时段 T 内，质量合格产品的数量为 N_q，产品总数量为 N_n，则产品质量合格率为：$P_q = N_q/N_n$。

⑥ 产品出产（或服务）循环期。当供应链节点企业生产的产品为单一品种时，供应链产品出产循环期是指产品的出产间隔。当供应链节点企业生产的产品品种较多时，供应链产品出产循环期是指生产流水线上同一种产品的出产间隔。由于供应链管理是在市场需求多样化经营环境中产生的一种新的管理模式，其节点企业（包括核心企业）生产的产品品种较多，因此，供应链产品出产循环期一般是指节点企业生产流水线上同一种产品的出产间隔期。它可分为如下两个具体的指标。

- 供应链节点企业（或供应商）零部件出产循环期。该循环期指标反映了节点企业库存水平以及对其上层节点企业需求的响应程度。该循环期越短，说明该节点企业对其上层节点企业需求的快速响应性越好。
- 供应链核心企业产品出产循环期。该循环期指标反映了整个供应链的在制品库存水平和成品库存水平，同时也反映了整个供应链对市场或用户需求的快速响应能力。核心企业的产品出产循环期决定着各节点企业的产品出产循环期，即各节点企业的产品出产循环期必须与核心企业的产品出产循环期合拍。该循环期短，一方面说明整个供应链的在制品库存和成品库存都比较少，总的库存费用比较低；另一方面也说明供应链管理水平比较高，能快速响应市场需求，并具有较强的市场竞争能力。

⑦ 产销率。产销率是指在一定时间内已销售出去的产品与已生产的产品数量的比值。产

销率指标又可分成以下 3 个具体的指标。

- 供应链节点企业的产销率反映供应链节点企业在一定时间内的产销经营状况。
- 供应链核心企业的产销率反映供应链核心企业在一定时间内的产销经营状况。
- 供应链产销率反映供应链在一定时间内的产销经营状况，其时间单位可以是年、月、日。随着供应链管理水平的提高，时间单位可以越来越小。

供应链产销率指标也反映供应链资源（包括人、财、物、信息等）的有效利用程度，产销率越接近 1，说明资源利用程度越高。同时，该指标也反映了供应链的库存水平和产品质量，其值越接近 1，说明供应链成品库存越少，产品质量越高。

（2）创新绩效指标。在市场由卖方市场向买方市场转变的过程中，供应链企业应更多地关注自身的研发创新能力，创造更多的盈利空间，抓住更多的市场份额。创新指标是供应链企业发展潜力的一个重要指标。新产品（服务）收入比率能在一定程度上反映供应链企业的创新能力。新产品（服务）收入比率是指供应链企业在一定时期内提供新产品或服务所获得的收入占总收入的百分比，它反映供应链企业的研发创新能力和对供应链企业绩效的贡献度。

（3）智力资本绩效指标。供应链企业的智力资本在一定程度上反映供应链企业的综合实力和发展潜力。上述的供应链企业创新指标反映了供应链企业的创新能力在供应链企业的财务绩效上的贡献，但是，供应链企业的智力资本不直接反映在供应链企业的财务绩效上，而对供应链企业的长远发展有不可小觑的影响力。供应链企业的智力资本主要由智力资本比率指标来体现。智力资本比率是指供应链企业的人力资源和其他无形资产价值在供应链企业总资产中所占的比例。供应链企业的智力资本比率越高，代表供应链企业越重视供应链企业的软资源，供应链企业也就拥有越强的长远竞争实力。

3. 整体绩效 KPI 指标

供应链运营成功与否最后还是要看供应链整体绩效，其主要指标有两个：一是满意度指标；二是供应链总运营成本指标，它能反映整个供应链的运作效益。

（1）供应链下游企业对供应链上游企业的满意度。

$C_{ij}=\alpha_j\times$ 上游企业 j 准时交货率 $+\beta_j\times$ 上游企业 j 成本利润率 $+\lambda_j\times$ 上游企业 j 产品质量合格率

式中，C_{ij} 为上游企业 i 对其相邻的上游企业 j 的满意度，α_j、β_j、λ_j 为权数，且 $(\alpha_j+\beta_j+\lambda_j)/3=1$。

准时交货率是指上游供应商在一定时期内准时交货次数占其总交货次数的比例。成本利润率是指上游供应商的单位产品净利润占单位产品成本的比例。产品质量合格率是指质量合格的产品占产品总量的比例。

供应链企业可以根据自己的需求自主制定满意度中的 3 个权数。满意度越高，说明下游企业对上游供应商企业的选择越成功。

（2）供应链总运营成本指标。供应链总运营成本包括供应链通信成本、供应链总库存费用及各节点企业外部运输总费用。它反映供应链运营的效率。

① 供应链通信成本。供应链通信成本包括各节点企业之间的通信费用，如 EDI、互联网的建设和使用费用、供应链信息系统开发和维护费等。

② 供应链总库存费用。供应链总库存费用包括各节点企业在制品库存和成品库存费用、各节点之间在途库存费用。

③ 各节点企业外部运输总费用。各节点企业外部运输总费用等于供应链所有节点企业之间运输费用的总和。

【实践应用】

一、QR 供应链管理在电商企业中的应用

实践内容：讨论分析电商企业应如何建立、实施和管理 QR 供应链。

应用步骤：①了解 QR 供应链的概念和作用；②分析 QR 供应链实施的条件和步骤；③确定电商企业为分析对象；④分组讨论分析电商企业应如何建立、实施和管理 QR 供应链；⑤回答什么样的电商企业适合建立 QR 供应链。

从 20 世纪 70 年代后期开始，美国纺织服装的进口量急剧增加，到 80 年代初期，进口商品大约占到纺织服装行业总销售量的 40%。针对这种情况，美国纺织服装企业一方面要求政府和国会采取措施阻止纺织品的大量进口，另一方面进行设备投资来提高企业的生产率。但是，即使这样，价廉进口纺织品的市场占有率仍在不断增加，而本地生产的纺织品市场占有率却在连续减少。为此，一些主要的经销商成立了“用国货为荣委员会”。一方面，经销商通过媒体宣传国产纺织品的优点，采取共同的销售促进活动；另一方面，经销商委托零售业咨询公司 Kurt Salmon Associates 从事提高竞争力的调查。Kurt Salmon Associates 公司在经过了大量充分的调查后指出，虽然纺织品产业建立了供应链，但供应链的效率却并不高。为此，Kurt Salmon Associates 公司建议零售业者和纺织服装生产厂家合作，共享信息资源，建立一个快速反应系统（Quick Response，QR）来实现销售额增长。

（一）QR 的概念

供应链管理中的快速反应（QR）又称快速反应系统，是指通过零售商和生产厂家建立良好的伙伴关系，利用 EDI 等信息技术，进行销售时点及订货补充等经营信息的交换，用多频度、小数量配送方式连续补充商品，以此来实现销售额增长、客户服务的最佳化以及库存量、商品缺货、商品风险和减价最小化的目标的一种物流管理系统模式。

QR 是在 JIT 思想的影响下产生的，为了获得基于时间上的竞争优势，必须开发敏感快捷的系统。QR 的目标是在信息系统与 JIT 物流系统的联合下，在适当的时间与地点提供适当的产品。

（二）QR 的作用

快速反应对于制造商和零售商都具有很重要的作用。对于制造商来说，快速反应系统改善了它的顾客服务质量，这种改善从根本上说来自于同零售商的良好合作关系。首先，长期良好的顾客服务会增加制造商的市场份额。其次，快速反应还能降低流通费用。由于将对顾客需求的预测和生产规划集成到了一起，这样就可以缩短库存周转时间，减少需要处理和盘点的存货，从而降低流通费用。再次，提升了制造商的企业管理水平：首先，因为不需要手工输入订单，所以提高了采购订单的准确率；其次，货物发出之前，仓库扫描运输标签并向零售商发出提前运输通知；最后，可以制订出更好的生产计划，由于可以对销售进行预测并能够得到准确的销售信息，制造商可以准确地安排生产计划。

对于零售商而言，快速反应系统的作用主要表现在顾客服务水平和获利能力的显著提高上。快速反应系统利用条码和 POS 扫描，使零售商能够跟踪各种商品的销售和库存情况，这样就能准确地跟踪存货情况，在库存真正降低时才订货。它还可以缩短订货周期，实施自动补货系统（也称厂商补货系统）、运用存货模型来确定何时需要采购，最终提高销售额。商品

采购成本是企业完成采购职能时发生的费用，其中包括订单准备、订单创建、订单发送及订单跟踪等。快速反应系统使这些业务流程被大大简化，从而降低了采购成本。制造商使用运输标签后，零售商可以扫描这个标签，这样就减少了手工检查到货所发生的成本。总之，采用了快速反应系统后，虽然单位商品的采购成本会增加很多，但通过频繁地小批量采购商品，顾客服务水平就会提高，零售商就更能适应市场的变化，同时其他成本也会降低（如库存成本和清仓削价成本等），最终获得更多赢利。

（三）QR 的实施

1. QR 成功实施的条件

（1）必须改变传统的经营方式和创新企业的经营意识，革新组织形式。具体表现在以下几个方面。

① 企业不能局限于只依靠本企业的力量来提高经营效率的传统经营意识，要树立与供应链各方建立合作伙伴关系、努力利用各方资源来提高经营效率的现代经营意识。

② 零售商在垂直型 QR 系统中起主导作用，零售店铺是垂直型 QR 系统的起点。

③ 在垂直型 QR 系统的内部，通过 POS 数据等销售信息和成本信息的相互公开和交换，来提高各企业的经营效率。

④ 明确垂直型 QR 系统内各企业之间的分工和协作范围以及形式，消除重复业务和作业，建立有效的分工协作框架。

⑤ 必须改变传统的事务作业的方式，利用信息技术实现事务作业无纸化和自动化。

（2）必须开发和应用现代信息处理技术，这是成功进行 QR 活动的前提条件。

（3）必须实现信息的充分共享。

（4）供应方必须缩短生产周期，降低商品库存。具体做法如下。

① 缩短商品的生产周期。

② 进行多品种少批量生产和高频率小数量配送，降低零售商的库存水平，提高顾客服务水平。

③ 在商品实际需要将要发生时采用 JIT 生产方式组织生产，减少供应商自身的库存。

2. QR 的实施步骤

QR 的实施可以分成 6 个步骤，每一个步骤都以前一个步骤为基础，都比前一个步骤回报更高，但是需要的投资也更高，如图 7-9 所示。

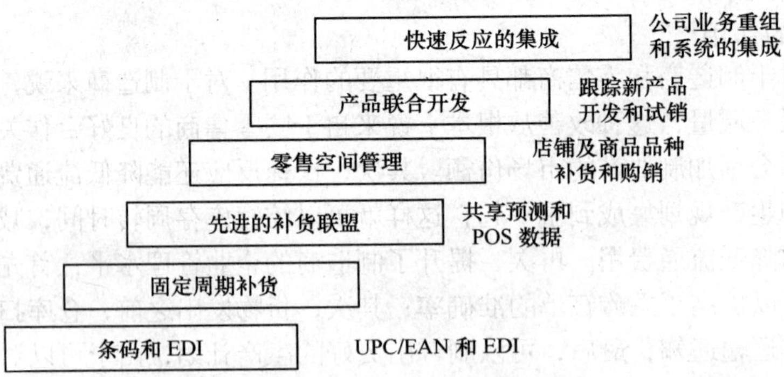

图 7-9 QR 的实施步骤

（1）条码和 EDI。零售商首先必须安装条码、POS 扫描和 EDI 等技术设备，以加快 POS 机收款速度，获得更准确的销售数据并使信息沟通更加通畅。POS 扫描用于数据输入和数据采集，它是指在收款检查时用光学方式阅读条码，然后将条码转换成相应的商品代码。条码用于产品识别，它对 POS 端的顾客服务和有效的操作是至关重要的。扫描条码可以快速准确地检查价格并记录交易。EDI 是在计算机间交换商业单证。公司将其业务单证转换成行业标准格式，并传输到某个增值网（VAN），贸易伙伴从 VAN 上接收这些单证，然后将其从标准格式转成自己系统可识别的格式。EDI 可传输的单证包括订单、发票、订单确认、销售和存货数据及提前运输通知等。

（2）固定周期补货。快速反应系统的补货要求供应商更快更频繁地运输重新订购的商品，以保证店铺不缺货，从而提高销售额。零售商通过对商品实施快速反应并保证这些商品能满足顾客需求，加快了商品的周转，为顾客提供了更多可供选择的品种。自动补货是指基本商品销售预测的自动化。自动补货使用基于过去和目前销售数据及其可能变化的软件进行定期预测，同时考虑目前的存货情况和其他因素，确定订货量。基本商品每年的销售模式一般不会受流行趋势的影响，它们的销售量是可以预测的，所以不需要对商品进行考查就可确定重新订货的数量。自动补货是由零售商、批发商在仓库或店内进行的。

（3）先进的补货联盟。为了保证补货业务的流畅，零售商和制造商联合起来检查销售数据，制订关于未来需求的计划和预测。这样既可以在保证现货和减少缺货的情况下降低库存水平，还可以进一步由制造商管理零售商的存货和补货情况，以加快库存周转速度。

（4）零售空间管理。零售空间管理是指根据每个店铺的需求模式来规定其经营商品的花色品种和补货业务。一般来说，对于花色品种、数量、店内陈列及培训或激励售货员等决策，制造商也可以参与甚至制定。

（5）产品联合开发。这一步的重点不再是一般商品和季节商品，而是服装等生命周期很短的商品。制造商和零售商联合开发新产品，其关系的密切程度超过了购买与销售的业务关系，这样可缩短从新产品概念到新产品上市的时间，而且可经常在店内对新产品进行试销。

（6）快速反应系统的集成。通过重新设计业务流程，将前五步的工作和公司的整体业务集成起来，以支持公司的整体战略。快速反应系统前四步的实施可以使零售商和制造商重新设计产品补货、采购和销售业务流程。前五步使配送中心得以改进，可以适应大量的小运量的运输，使配送业务更加流畅。同样，由于库存量的增加，大部分制造商也开始强调存货的管理，改进采购和制造业务，使相关业务部门能够做出正确的响应。

最后一步要求零售商和制造商重新设计整个组织、业绩评估系统、业务流程和信息系统，设计的中心是围绕顾客而不是传统的公司职能。有时可以先完成最后一步工作，至少是先设计整体体系结构，这样补货的改进和新产品的开发就会尽可能地互相吻合。这就要求公司在确定公司核心业务及其发展方向时，应有战略眼光。

二、ECR 供应链管理在电商企业中的应用

实践内容：讨论分析电商企业应如何建立、实施和管理 ECR 供应链。

应用步骤：①了解 ECR 供应链的概念、原则和战略及 4 个关键要素；②分析 ECR 供应链的系统结构和实施方法；③确定电商企业作为分析对象；④分组讨论分析电商企业应如何建立、实施和管理 ECR 供应链；⑤回答什么样的电商企业适合建立 ECR 供应链。

（一）什么是 ECR

ECR（Efficient Customer Response），即高效消费者反应，是 1992 年从美国食品杂货业发展起来的一种供应链管理策略。20 世纪 90 年代初，日本食品加工和日用品加工开始模仿美国服装业的“快速反应”，并形成自己的体系，即“高效消费者反应”。

20 世纪 90 年代，高效消费者反应在美国、欧洲消费品制造业和零售业界得到快速发展，并成为普遍应用的一种业务发展战略，它的实施旨在通过零售商与制造商的协作，以消费者为中心创造消费者价值最大化的产品与服务。ECR 系统是通过生产厂商、批发商、零售商的联盟来提高商品供应效率的，因而又可以被称为连锁供应系统。

欧洲执行董事会关于 ECR 的定义是："ECR 是一种通过制造商、批发商和零售商各自经济活动的整合，以最低的成本，最快、最好地实现消费者需求的流通模式。" ECR 强调供应商和零售商的合作，尤其在企业间竞争加剧和需求多样化发展的今天，产销之间迫切需要建立相互信赖、相互促进的协作关系，通过现代化的信息和手段，协调彼此的生产、经营和物流管理活动，进而在最短的时间内应对消费者的需求变化。

ECR 是一种将以前处于分离状态的供应链联系在一起来满足消费者需求的工具。ECR 可为供应链各方共同提高消费者满意度这个目标提供服务，分享信息和管理技术。ECR 活动是一个管理过程，这个过程主要由贯穿供应链各方的有效产品推介、有效促销、有效商品组合和有效补货四个核心过程组成，如图 7-10 所示。

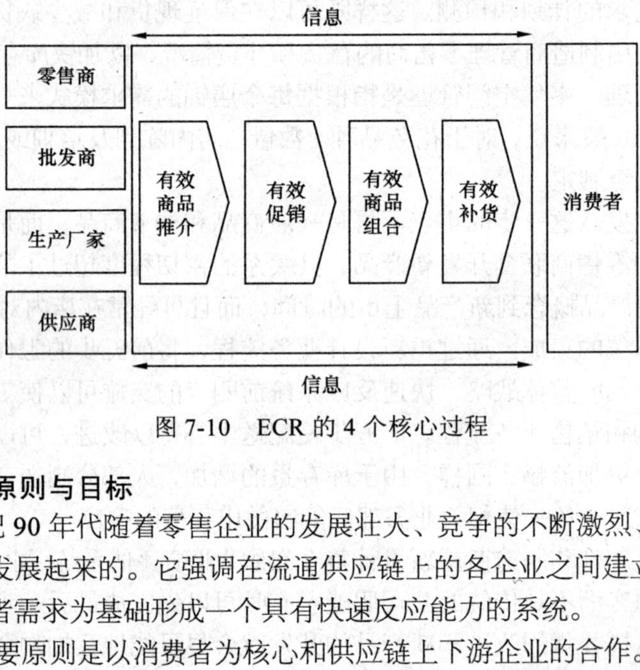

图 7-10　ECR 的 4 个核心过程

（二）ECR 的原则与目标

ECR 是 20 世纪 90 年代随着零售企业的发展壮大、竞争的不断激烈、消费者权利增多和信息技术的发展而发展起来的。它强调在流通供应链上的各企业之间建立紧密合作的业务伙伴关系，并以消费者需求为基础形成一个具有快速反应能力的系统。

ECR 的两个主要原则是以消费者为核心和供应链上下游企业的合作。持续的商业成功靠的是提供给消费者的产品与服务持续满足和超过他们的需求与期望。此外，最大化的消费者价值只有在供应链上的公司共同消除妨碍效率的障碍后，才能得以实现。

ECR 以提高消费者价值、提高整个供应链的运作效率、降低整个系统的成本为目标，从而提高企业的竞争能力。ECR 的最终目标是分销商和供应商组成联盟一起为消费者最大的满意度以及最低成本而努力，建立一个敏捷的消费者驱动系统，实现精确的信息流和高效的物流在整个供应链内的有序流动。

（三）ECR 的 3 个重要战略

ECR 是零售企业满足顾客需求的解决方案和核心技术，因为只有更好地满足消费者不断增长和多样化的需求，零售商、分销商和制造商才能生存和发展，才更有竞争能力。ECR 包括零售业的 3 个重要战略：消费者导向的零售模式（消费者价值模型）、品类管理和供应链管理。

（1）消费者导向的零售模式（消费者价值模型）：通过商圈购买者调查、竞争对手调查、市场消费趋势研究，确定目标顾客群，了解自己的强项、弱项和机会，确定自己的定位和特色，构建核心竞争力；围绕顾客群选择商品组合、经营的品类，确定品类的定义和品类在商店经营扮演的不同角色；确定商店的经营策略和战术（定价、促销、新品引进、补货等），制定业务指标衡量标准和业务发展计划。

（2）品类管理：把品类作为战略业务单位来管理，着重于通过满足消费者需求来提高生意结果的流程。品类管理是以数据为决策依据，不断满足消费者需求的过程。品类管理是零售业精细化管理之本。主要战术是高效的商品组合、高效的货架管理、高效的新品引进、高效定价和促销、高效的补货。

（3）供应链管理：建立全程供应链管理的流程和规范，制定供应链管理指标；利用先进的信息技术和物流技术缩短供应链，减少人工失误，提高供应链的可靠性和快速反应能力；通过规范化、标准化管理，提高供应链的数据准确率和及时性；建立零售商与供应商数据交换机制，共同管理供应链，最大限度地降低库存和缺货率，降低物流成本。

ECR 经营理念不但适合大中型的零售商和制造商，也适合小型零售商和供应商。随着零售行业的发展，ECR 将促使整个行业内各方面进行合作、制定行业标准，推动行业高效、良性地发展。

（四）ECR 系统的 4 大要素

ECR 以信任和合作为理念，通过引进最新的供应链管理模式，创造消费者价值观念，推广供应链管理新技术、供应链管理的成功经验和零售业的精细化管理技术，协调制定相应的标准，在满足消费者需求和优化供应链两个方面同时取得突破，其中有 4 个关键要素，如表 7-2 所示。

表 7-2　　ECR 系统的 4 个关键要素

快速产品引进 （Efficient Product Introductions）	通过最有效的新产品开发，制订产品的生产计划，以降低成本
快速商店分类 （Efficient Store Assortment）	通过第二次包装等手段，提高货物的分销效率，使库存及商店空间的使用率最优化
快速促销 （Efficient Promotion）	提高仓储、运输、管理和生产效率，减少预先购买，降低供应商库存及仓储费用，使贸易和促销的整个系统效率最高
快速补充 （Efficient Replenishment）	包括电子数据交换（EDI），以需求为导向的自动连续补充和计算机辅助订货，使补充系统的时间和成本最优化

ECR 的作用是减少成本和增加消费者价值。这对供应链上下游企业和消费者来说是一件三赢的事，因为它能在正确的时间、正确的地点、以正确的价格得到更好、更优的产品。

（五）ECR 系统的结构

ECR 系统作为一个供应链管理系统，将市场营销、物流管理、信息技术和组织革新技术有机结合起来，作为一个整体来使用，以实现企业的目标。

构建 ECR 系统的目标是在分销商和供应商之间建立一个敏捷的消费者驱动系统，消除组织间的隔阂，以实现精确的信息流和高效的物流在整个供应链内的有序流动。组成 ECR 系统的技术要素有信息技术、物流技术、营销技术和组织革新技术。ECR 系统的结构如图 7-11 所示。

1. 信息技术

ECR 系统采用了先进的信息技术，主要有电子数据交换（EDI）和销售时点系统（POS）。

（1）EDI 技术。供应链上下游企业利用电子数据交换（EDI）技术将企业间不同的应用系统通过计算机和公共信息网络连接起来，以电子化的方式传递商业文件，如订单信息、发货清单、价格变化信息、付款通知等。实际上，EDI 就是供应商、零售商、制造商和客户等在其各自的应用系统之间利用 EDI 技术，通过公共 EDI 网络，自动交换和处理商业单证的过程，它也被称为“无纸贸易”（Paperless Trade）。因此，使用 EDI 可以提高企业乃至整条供应链的效率。

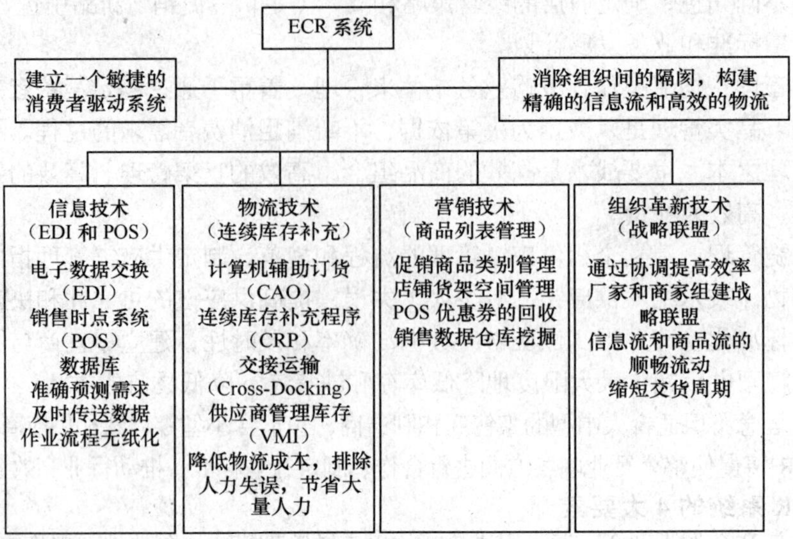

图 7-11 ECR 系统的结构

随着互联网的兴起，基于互联网的 EDI、XML 等新的工具不断出现，特别是两者的结合具有比 EDI 更好的灵活性，能更容易地在数据库之间移动信息，从而使一体化过程简单得多。

（2）POS 技术。对零售商来说，通过自动读取设备（如收银机）在销售商品时直接读取商品销售信息（如商品名、单价、销售数量、销售时间、销售店铺、购买消费者等），并通过通信网络和计算机系统传送至有关部门进行分析加工，可以掌握消费者的购买动向，发现畅销商品和滞销商品，做好商品类别管理、库存管理和订货管理，从而提高经营效率。对生产厂商而言，它可以利用 POS 系统把握消费者需求变化，安排好生产计划。

2. *物流技术*

ECR 在生产者、批发商、零售商之间建立了一个连续的、闭合式的供应体系，使供应链上下游节点企业结成了相对稳定的伙伴关系，实现了货物配送及时，信息传输顺畅。目前，经常采用的方法有计算机辅助订货、连续库存补充、供应商管理库存、联合库存管理、交接运输等。

（1）计算机辅助订货。ECR 在生产企业与流通企业之间开发了一种利用计算机技术的自动订货系统（CAO）。CAO 通常与电子收款系统（POS）结合使用，利用 POS 系统提供的商品销售信息把有关订货要求自动传向配送中心，由该中心自动发货。这样就可能使零售企业的库存降至零状态，并减少了从订货至交货的周期，提高了商品鲜度，减少了商品破损率。还可使生产商以最快捷的方式得到自己的商品在市场上是否适销对路的信息。

（2）连续库存补充。连续库存补充（Continuous Replenishment Process，CRP），就是供应点连续地多频次小批量地向需求点补充货物。它基本上是与生产节拍相适应的运输蓝图模式，主要包括配送供货和准时化供货方式。配送供货一般用汽车将供应商下了线的产品按核心企业所需要的批量（日需要量，或者半天需要量）进行频次批量送货（一天一次、一天二次）。准时化供货一般用汽车、叉车或传输线进行更短距离、更高频次的小批量多频次供货（按生产线的节拍，一个小时一次、一个小时二次），或者用传输线进行连续同步供应。

（3）供应商管理库存。供应商管理库存（Vendor Managed Inventory，VMI）是供应链管理理论出现以后提出来的一种新的库存管理方式。它是供应商管理核心企业库存的一种库存管理模式，是对传统的由核心企业自己从供应商购进物资、自己管理、自己消耗、自负盈亏的模式的一种革命性变动。

由供应商管理库存有很大的好处，主要有以下 3 点。

① 供应商是商品的生产者，它掌握核心企业的库存具有很大的主动性和灵活机动性。

② 供应商管理库存就可以把核心企业从库存陷阱中解救出来。

③ 供应商管理库存就是掌握市场。

可见，实施 VMI，由供应商管理库存，可以实现核心企业和供应商企业的"双赢"，不但对核心企业，而且对供应商企业自身都是有好处的。

（4）联合库存管理。供应链管理的一个非常重要的方面，就是联合库存管理。所谓联合库存管理，就是建立起整个供应链以核心企业为核心的库存系统。具体来说，一是要建立起一个合理分布的库存点体系，二是要建立起一个联合库存控制系统。

而联合库存分布一般是供应商企业取消自己的成品库存，而将自己的成品库存直接设置到核心企业的原材料仓库中，或者直接送上核心企业的生产线（见图 7-12）。图 7-12 中实际上给出了以下两种模式。

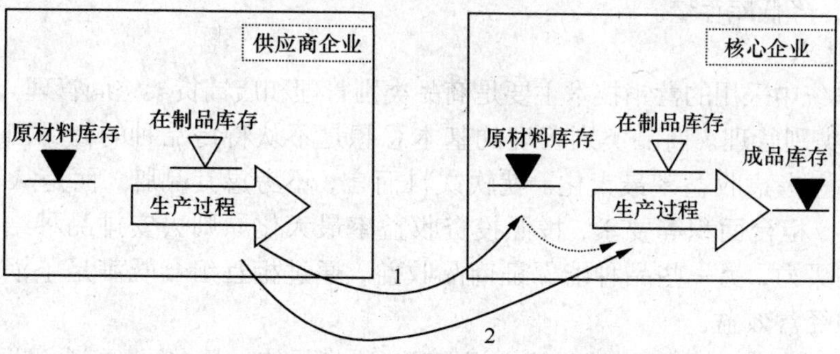

图 7-12　联合库存分布原理和物资从产出点到需求点的途径

第一种模式是集中库存模式，各个供应商的货物都直接存入核心企业的原材料库，变各个供应商的分散库存为核心企业的集中库存。这样做有如下好处。

① 减少了库存点，省去了一些仓库设立的费用和相应的仓储作业费用，减少了物流环节，降低了系统总的库存费用。

② 在降低物流成本的同时，还提高了工作效率。

③ 供应商的库存直接存放在核心企业的仓库中，不但保障了核心企业的物资供应，取用方便，而且使核心企业可以统一调度，统一使用管理，统一进行库存控制，为核心企业方便高效地生产运作提供了保障。

④ 这种方式也为科学的供应链管理，如供应商管理库存（VMI）、连续补充货物（CRP）、快速反应（QR）、配送、即时化供货（JIT）等创造了条件。

第二种模式是无库存模式，核心企业也不设原材料库存，实行无库存生产。这个时候供应商的成品库和核心企业的原材料库都取消了（见图 7-12 中的 2，即最下面一个虚线弧状箭头所示），供应商与核心企业实行同步生产、同步供货，直接将供应商的产成品送上核心企业的生产线。这就是即时化供货模式。这种即时化供货模式，由于完全取消了库存，所以效率最高、成本最低。但是对供应商和核心企业的运作标准化、配合程度、协作精神则也要求最高，操作过程也要求最严格，一般两者的距离不能太远。

这两种联合库存模式，不但适用于各供应商和核心企业，原理上也适用于核心企业与分销企业。在运用于核心企业与分销商的情况下，核心企业要站在供应商的立场上，对各分销企业实行分布库存，将货物直接存于各个分销仓库，并且直接掌握各个分销库存，采用配送等方式实行小批量、多频次送货。

联合库存体系除了建立起如上的联合库存分布体系之外，还要建立起统一的库存控制系统。如果建立好了联合库存分布体系，则建立联合库存控制系统的问题也就得到了很好解决。

（5）交接运输。交接运输（Cross Docking）又称越库，是指货物从收货过程直接“流动”到出货过程，越过仓库，其间用最少的搬运和存储作业。这种方式缩短了收货到发货的时间，降低了对仓库存储空间的占用，同时也降低了货物的保管成本。越库操作为提高供应链绩效发挥了重要的作用，如果要想加快供应链的循环周期，那么越库的操作是必不可少的，这样就需要把仓储的范畴纳入供应链的框架上考虑。

这是供应链企业为降低库存成本所采用的一种策略。不同供应商的各种货物到达仓库后，其对货物加以分拣与组配，直接送至货车装载区，省去其间上架入储位、存储等物流程序，直接把货物转运至下游的不同消费点，如零售商、大卖场，如此可缩短前置时间及减少货物流通成本，降低库存量。

3. 营销技术

在ECR系统中采用的营销技术主要是商品类别管理和店铺货架空间管理。

（1）商品类别管理。商品类别管理的基本思想是不从特定品种的商品出发，而是从某一种类的总体上考虑收益率最大化。就软饮料而言，不考虑其品牌，而是从软饮料这一大类上考虑库存、柜台面积等要素，按照投资收益率最大化原则去安排品种结构。其中有些品种能赢得购买力，另一些品种能保证商品收益，通过相互组合既满足了消费者需求，又提高了店铺的经营效益。

（2）店铺货架空间管理。店铺货架空间管理，是指促使商品布局、柜台设置最优化。过去许多零售商也注意到了此类问题，不同点在于ECR系统的空间管理是与商品类别管理相结合的，通过两者的结合促进单位销售面积的销售额和毛利额的提高，因而可以取得更好的效果。

4. 组织革新技术

ECR系统想要成功，就需要在制造商、批发商和零售商之间相互协调，相互之间建立紧密合作的关系。而要建立这种紧密合作的关系，则需要对供应链上的企业的组织体系进行革新。

（1）企业内部的革新技术。在企业内部的组织革新方面，需要将采购、生产、物流和销售等按职能划分的组织形式转变为以商品流程为基本职能划分的组织形式。

（2）把企业经营的所有商品按类别划分，对应每一组商品类别设立一支管理团队，以这些管理团队为核心构成新的组织形式。

（3）给每一组商品类别管理设定经营目标（如消费者满意度、收益水平、成长率等），同时在采购、品种选择、库存补充、价格设定、促销等方面赋予相应的权限。

（4）每支管理团队由一名总负责的商品类别管理人员和6~7名负责各个职能领域的成员组成。由于商品类别管理团队规模小，内部容易交流，所以各职能人员之间易于协调。

（六）ECR实施的4个阶段

ECR的实施应先联合整条供应链所涉及的供应商、分销商以及零售商，改善供应链中的业务流程，使其合理有效；然后以较低的成本，使这些业务流程自动化，以进一步降低供应链的成本并缩短时间，并将条码、扫描技术、POS 系统和 EDI 集成起来，在供应链（从生产线直至付款柜台）之间建立一个无纸系统，以确保产品能不间断地由供应商流向终端消费者，给消费者提供最优质的产品和适时准确的信息。ECR 实施的具体过程如下。

（1）供应链构筑。供应链构筑主要是供应链的优化，是在物流和信息上的交互、存货管理。这个阶段比较重要的是电子数据交换。从补货体系来看，零售商的订单通过一个平台发给供应商，供应商通过 EC 平台看到自己的存货从而判断需不需要补货。电子数据交换在供应商和零售商之间呈现上升的趋势；消费者导向订货目前尚未实现，这是相对比较高级的阶段；持续补货目前一般零售商都已具备；高效的补货，说起来比较简单，但是其实还是比较复杂的，它主要强调的是配送环节；直通在国内是比较少的，目前还不是太容易实现。

（2）品类管理。通过品类管理，将集中点从成本缩减转移至增长，从消费者需求、市场份额、盈利能力、消费者忠诚度来看供应商和零售商双方的合作。品类管理涉及补货、促销、有效的门店品类组合、有效的新品引进等。如果品类管理的思想能够得以贯彻，大家所关心的所谓渠道变革、通路费、胜者为王等概念将不再存在，因为在这里没有谁是胜者，只有双赢。

（3）激发消费者热情。品类管理相对来说是比较容易数据化的，它是从现有的需求来考虑的，在这个阶段就需要激发消费者的消费热情，使其有一个长期的满意度。消费者最大的期望是企业了解消费者并给予满意的服务，企业应建立与消费者持久的供需关系，提高消费者对企业商品的信任度。

（4）强调消费者价值、强调品牌的阶段。对供应商和零售商来说，要考虑资源的整合，毕竟资源是有限的，同时管理水平也要有所提高。管理水平的提高和知识的增长，必须超越销售额份额的增长，这样的增长才是比较有效的。消费者价值有两个方面：价值输出和价值导入。企业传导的价值和消费者接受的价值是不是一样的，如果是平等的，企业传导多少消费者就接受多少。例如，衬衣在广东加工厂生产出来需要成本 80 元，但是包装之后在商店出售的价格就是 800 元了，所以传导的价值和消费者接受的价值有很大的溢价。

第一个阶段结果是供应链成本降低，第二个阶段结果是销售额和毛利率增长，第三个阶段的结果是以更少的需求整合达到更大的购买力，第四个阶段的结果是购物观念改变，需求增长。总的来说，这 4 个阶段的实施过程实际上就是价值有效传导的过程。

【任务拓展】

一、JIT 供应链设计

（一）任务背景

丰田汽车的供应链管理模式来源于丰田生产方式 TPS（TOYOTA Production System），又被称作“精益生产”（LPS），还被称为“即时生产制”（JIT），它是一种精益生产方式，即将必要的产品，在必要的时间，生产出必要的数量。可以说，TPS 成就了今日的丰田。

这种由订单和需求驱动的生产方式，致力于通过消除供应链上下游一切形式的浪费，包括订单处理的浪费、运输的浪费、谈判的浪费、库存的浪费，以及零部件质量不合格或是交货期不准所产生的浪费等，以达到降低成本的最终目的。

其优势显而易见：一方面可以确保零部件与整车高度匹配；另一方面也便于丰田汽车控

制零部件成本。

（二）任务内容

借鉴日本丰田汽车的 JIT 供应链，针对电商企业的业务设计一条网络零售 JIT 供应链，跨越企业构建更加紧密的协作关系，提高电商企业对市场需求的反应能力，消除不必要的、非增值的环节和活动，减少浪费，通过高效一体化的运作使得供应链在复杂的市场环境中能够实现零库存，撰写《×××电商企业 JIT 供应链设计》。

（三）任务要求

本任务是一个自主学习型任务，要求学生一边学习一边自主完成，两个同学一组，时间为一天，任务完成后撰写《×××电商企业 JIT 供应链设计》，字数不限，要求方案设计合理，逻辑严密，具备可行性，内容格式规范，条理清晰。

二、苹果供应链分析

（一）任务背景

苹果是世界上众所周知创新力最强的公司之一，但很少有人知道，苹果的成功不仅在于产品的创新，更在于其出色的供应链。苹果曾连续八年在知名咨询公司 Gartner 的全球供应链 25 强榜上占据榜首位置。苹果的供应链能用三个词来概括：多元化、轻资产、与产品完美结合。

苹果供应链涉及全球，十分多元化。苹果在全球共有 13 个组装工厂和 156 家官方的产品和零部件供应商。来自世界各地的零部件被运送到苹果的各个工厂里，经过组装之后再销往世界各地。苹果手机的主要供应商有富士康、纬创、台积电、三星、夏普、LGD、蓝思科技、伯恩光学、索尼、大立光、玉晶光、华新科、国巨、禾伸堂、晶电、Himax、IQE、ATL、德赛电池、欣旺达、鸿海、TPK、GIS、AAC、立讯精密、华通、欣兴等。

为什么要在全球范围内，为区区一款手机寻找这么多供应商？

首先是成本考量。因为在全球寻找合适的供应商和资源，可以切实压低成本，并极大地减少单一供应商断货的风险。

其次，苹果供应链重视轻资产。乔布斯指定的接班人、苹果 CEO Tim Cook 就是供应链管理专业出身。在加盟苹果之前，Tim Cook 在 IBM 效力了 12 年，主抓设备制造和销售，也就是供应链业务。而在 Tim Cook 刚加盟时，苹果的供应链可以说是一地鸡毛，异常低效。苹果计算机的零部件供应商在亚洲，组装厂在爱尔兰，有很多库存，却经常发现短料的情况，千呼万唤从亚洲催料，空运到欧洲；赶工加急，组装成品，加急发往亚洲销售。而加盟苹果后，Tim Cook 采取了关掉在美国和爱尔兰的生产设施、启用亚洲的合同制造商、建立 JIT 库存系统等措施，让苹果走上轻资产之路。

《史蒂夫·乔布斯传》第二十七章里有一段话：Tim Cook 把苹果的主要供应商从 100 家减少到 24 家，并要求他们减少其他公司的订单，还说服许多家供应商迁到苹果工厂旁边。此外，他还把公司的 19 个库房关闭了 10 个。库房减少了，存货就无处堆放，于是他又减少了库存。到 1998 年年初，乔布斯把两个月的库存期缩短到一个月。然而到同年 9 月底，Tim Cook 已经把库存期缩短到 6 天；下一年的 9 月，这个数字已经达到惊人的两天——有时仅仅是 15 个小时。另外，Tim Cook 还把制造苹果计算机的生产周期从 4 个月压缩到两个月。所有这些改革不仅降低了成本，而且也保证了每一台新计算机都安装了最新的组件。

经过常年不懈的改进，苹果目前拥有无缝流线型供应链，产品从合同制造商那里出发，经过第三方发货公司，直接送到消费者手中，前后不过几天时间，整个过程时间非常短，存货周转率非常高。此外，苹果还通过监测其零售商店、网站和第三方经销商的销售，基于需求会重新分配手机订单，对 iPhone 的存货量和调配进行不断完善。在这种过程中，苹果几乎能做到零库存。

最后，苹果的供应链注重产品战略的完美结合。苹果的产品，刚推出时，鲜有例外不实施差异化战略，这需要供应链的快速响应。例如，在别的 PC 生产厂商还依赖海运的时候，苹果就大量地采用空运。联邦快递运送苹果手机到美国时，主要使用波音 777 飞机。这些飞机可进行 15 个小时的飞行，从中国到美国田纳西州孟菲斯的货运枢纽无须加油。苹果手机昂贵的价格和轻便的重量意味着，苹果虽然选择空运，仍然可以获得巨大利润。甚至还有传闻说，苹果经常在圣诞节前买断大批飞机舱位，确保自己需要的同时影响竞争对手。再如苹果手机的触摸屏，苹果在供应商建厂时投入巨资，买断产能 6～36 个月，有效阻止竞争对手及时买到同样高技术的触摸屏。等到触摸屏成了大众商品，竞争对手可以买时，苹果又利用早已谈好的合同，拿到供应商的优惠价（其实是由竞争对手补贴），来与竞争对手打价格战。这样一来，苹果的供应链成功地从订单上升到产品层面，帮助设计师优化产品设计，把产品的成本在设计阶段就控制下来，力争产品层面的优化。

供应链作为苹果与供应商之间的桥梁，成功地对接了产品设计与工艺设计，确保苹果设计出来的产品供应商能够有效、经济地生产出来，并且确保苹果的利益。

（二）任务内容

除了苹果外，美国不少公司都在供应链管理上取得了很大成就。请运用头脑风暴的方式讨论苹果供应链的成功之处，并对国内拥有自主品牌的电商企业的供应链构建提出建议，撰写《苹果供应链分析报告》。

（三）任务要求

本任务是一个自主学习型任务，要求学生一边学习一边自主完成，两个同学一组，时间为一天，任务完成后撰写《苹果供应链分析报告》，字数不限，要求分析深入，有理有据，逻辑严密，建议可行性高，内容格式规范，思路清晰。

项目八　电子商务物流成本管理

导　语

物流被称为第三利润源，电商市场竞争激励，电商企业要想在竞争中赢得胜利，一个不错的方略是通过优化企业物流运作，降低物流成本，提高经济效益。

电商企业要优化物流运作，就必须准确地进行物流成本管理，掌握好物流成本管理方法。

学习目标

知识目标

- 了解物流成本的分类
- 了解物流成本管理的成本核算和成本分析
- 理解物流成本的基本概念
- 知道物流成本的构成
- 掌握物流成本管理理论
- 掌握物流成本管理的成本预测方法
- 掌握物流成本管理的成本决策步骤
- 掌握物流成本管理的成本预算方法
- 掌握物流成本管理成本控制的 3 个环节

技能目标

- 具备对电商企业物流成本进行简单核算的能力
- 具备应用标准成本法进行电商企业物流成本控制的能力
- 具备核算电商企业物流作业成本的能力
- 具备为物流企业运输业务进行本量利分析的能力
- 具备为网店核算物流成本的能力
- 具备为手淘网店进行本量利分析的能力

【项目导入】

日本企业物流成本何以这么低

日本物流的历史并不长，但发展速度很快，日本企业凭借其先进的物流技术和管理方式，很好地控制了企业物流成本费用。相对美国，日本物流行业的起步较晚。通过几十年的发展，日本的物流行业取得了长足的进步，很多技术和衡量物流行业的指标数字都非常亮眼。关注成本是日本企业几十年如一日在做的事情。

1. 物流成本占比

从日本物流行业的数据来看，从1995年到2003年，日本物流全行业的企业物流成本占产品销售额的比重，下降了近一个百分点，从2003年以来，一直维持在5%左右。

2. 物流系统提升

在19世纪60年代的日本，企业的生产量和销售量激增，导致了物流量的激增。不仅如此，通货膨胀导致物价和企业人工成本上涨。为了缓解这两大问题，日本物流行业在这一时期采用增加机械化，提高物流处理能力的方式来减少人工。立体自动化仓库正是在此时出现的，它实现了仓库高层空间的合理化运用，实现了自动化存取货物。如今，立体化仓库已经成为一门独立的学科，并在日本迅速发展，日本已经成为当今世界上应用自动化立体仓库最广的国家。

除了自动化设备之外，日本物流行业在19世纪70年代开始通过信息系统来提高效率。在此之前，日本物流行业的信息系统尚未普及，依靠传统的方式处理效率较差。19世纪70年代后期，物流信息网络开始飞速发展，通过物流信息网络可以将各个网点以及生产、销售等各个相关部门整合在一个系统中，实现了实时在线地物流信息处理和交互，大幅提高了物流效率。导入信息系统，从短期来看，增加了导入和维护的成本，但从长远来看，却节省了沟通成本和时间成本，避免了由于信息不对称而产生的费用。随着经济的发展，日本物流行业的信息系统变得越来越完善。

3. 降低物流成本的措施

公益社团法人日本Logistics System协会发布的《日本物流成本调查报告》中对日本182家公司进行的调查显示，日本企业采用的前三位的降低物流成本的方法依次为：提高装载率、削减库存以及重新规划物流据点。事实上，这是近几年来日本企业为了降低物流成本而持续使用的方法。

在物流行业，装载率是评估营运效率的方法。从物流成本上看，运输成本占了约六成，小批量、多频次的运输会导致效率低下。提高了装载率，就可以减少使用的车辆等运输工具的数目，进而降低运输成本。之所以物流装载率低，很大程度上源自重量和体积的矛盾。例如，货物已经堆满，但重量却不到能承载重量的一半，而物流公司一般是按重量收取运费的，这就会造成车辆吨位资源的浪费，导致需要更多的车辆来运输，从而使运输成本上涨。因此，如何合理地搭配货物进行运输对于降低物流成本非常重要。在进行货物搭配运载之前，对各个送货地址的路线、配送时间、重量体积、包装、物流网络、装载方法等因素的相关数据进行详细分析，有利于合理化运载，提高装载率。

除了在装载率上的突破，日本的企业还开始削减库存。在库产品数量的减少，有助于降低存管费用，改善资金流，同时也可以让出入库作业更加方便。但是库存并不能随心所欲说减就减，牵一发而动全身，削减库存需要考虑多方面的问题。此外，由于日本企业国际化程度高，很多企业已经把生产据点放在海外，并在国外进行产品销售。在这样的背景下，一旦因库存不足而需要补货时，将要付出更多的运输成本和时间成本。目前，从供应链整体的视角来精确预测库存的需要量，合理化设定库存，被视为库存管理的核心。目前，清理死库存、整理品类、库存据点集约化、缩短生产准备时间、提升销售预测精度等是几种较常用的削减库存的方法。

与此同时，受到日本人口老龄化、人口数量减少等的影响，日本的物流需求正在减少，日本企业开始对物流据点进行再规划和整合，物流据点的数量开始减少，甚至不少日本公司开始采用工厂直送的物流方式。

思考：

1. 谈谈日本企业采取哪些措施来降低物流成本。
2. 提高装载率的难点在哪里？

【知识准备】

一、物流成本概述

（一）物流成本的概念

国家标准《物流术语》中对物流成本的定义是以“物流活动中所消耗的物化劳动和活劳动的货币表现”，即在物流过程中，为了提供有关的物流服务，要占用和耗费一定的活劳动和物化劳动，有时也称物流费用。

物流成本有广义和狭义之分，如图 8-1 所示。狭义的物流成本仅指由于物品移动而产生的运输、包装、装卸等费用。广义的物流成本指生产、流通、消费全过程的因物品实体与价值变化而发生的全部费用。它包括了从生产企业内部原材料的采购、供应开始，经过生产制造中的半成品、产成品的仓储、搬运、装卸、包装、运输，以及在消费领域发生的验收、分类、仓储、保管、配送、废品回收等发生的所有成本。

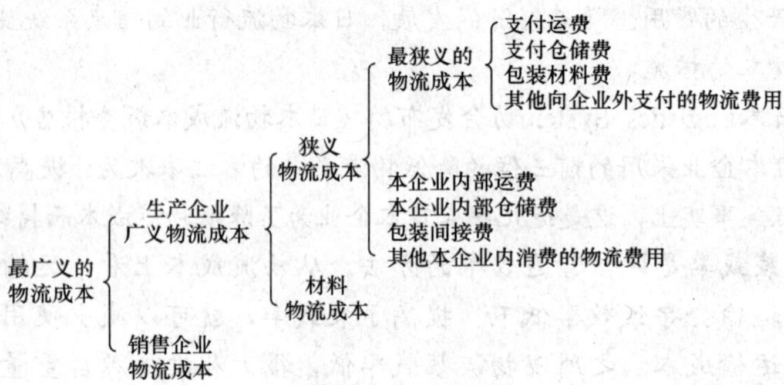

图 8-1 物流成本

进入 21 世纪，物流企业已经从提供简单的送达服务阶段逐步进入高质量服务阶段，企业间的竞争也日趋激烈，便捷、高效、低成本等已经成为各物流企业竞相追求的目标。在市场竞争激烈的今天，企业会通过加强成本控制和内部控制等各种方法，降低成本，提高利润，实现提高市场占有率的目的。

（二）物流成本的构成

物流成本是企业的物流系统为实现物品在空间、时间上的转移而发生的各种耗费的货币表现。物流成本从其所处的领域看，可分为流通企业物流成本和生产企业物流成本，领域不同，其物流成本的构成也不同。

1. 流通企业物流成本

流通企业物流成本是指在组织物品的采购、运输、仓储、销售、配送等一系列活动中所消耗的人力、物力、财力的货币表现。其具体构成如下。

（1）企业职工工资及福利费。

（2）支付给有关部门的服务费，如运杂费、邮电费等。

（3）经营过程中的合理损耗，如商品损耗、固定资产折旧等。

（4）支付的贷款利息。

（5）经营过程中的各种管理成本，如办公费、差旅费等。

2. *生产企业物流成本*

生产企业的主要目的是生产能够满足社会需要的产品，以此换取企业的利润。为了进行生产经营活动，企业必须同时进行有关生产要素的购进、仓储、搬运及产成品销售等。因此，生产企业物流成本是指企业在进行供应、生产、销售、回收等过程中所发生的运输、包装、仓储、配送、回收等方面的费用。与流通企业相比，生产企业的物流成本大多体现在所生产的产品成本中，具有与产品成本不可分割的特性。生产企业的物流成本一般包括以下内容。

（1）采购、仓储、装卸搬运、销售和配送环节人员的工资及福利费。

（2）原材料的采购费用，如运杂费、保险费、采购人员的差旅费、合理损耗成本等。

（3）产品的营销费，如广告宣传费。

（4）仓库保管费，如仓库养护费、理货费等。

（5）有关设备、仓库的折旧费等。

（6）物流信息费。

（7）贷款利息费。

（8）退货、返修、回收及废弃物的收集与处理过程中所发生的物流费等。

对于流通企业和生产企业在物流活动中发生的上述物流成本还可按一定的标准进行分类，以便正确认识和分析物流成本的构成，加强企业物流成本的管理，落实企业降低物流成本的方法措施。

（三）物流成本的分类

对物流成本进行分类可以向管理者提供更多对决策产生影响的细节问题。而根据管理者决策的需要，物流成本可以有不同的分类。

1. *按物品流通的环节分类*

物流成本按流通环节进行划分，可分为运输成本、流通加工成本、配送成本、包装成本、装卸与搬运成本和仓储成本。

（1）运输成本。运输成本是指企业对原材料在制品及成品的所有运输活动所产生的费用，包括直接运输费用和管理费用。在现代企业物流中，运输在其经营业务中占有主导地位，物流运输费用在整个物流业务中占有较大比例。物流运输成本主要包括人工费用，如工资、福利费、奖金、津贴和补贴等；营运费用，如营运车辆的燃料费、轮胎费、折旧费、维修费、过路费、保险费、公路运输管理费等；其他费用，如差旅费、事故损失、相关税金等。

（2）流通加工成本。流通加工成本是指在商品从生产者到消费者的流动过程中，企业为了促进销售、维护商品质量和实现物流的高效率，所采用的使商品发生形状和性质的变化而产生的成本。流通加工成本主要有流通加工设备费用、流通加工材料费用、流通加工劳务费用、流通加工其他费用，以及在流通加工中耗用的电力、燃料、油料以及管理费用等。

（3）配送成本。配送是物流企业重要的作业环节，它是指在经济合理的区域范围内，根据客户要求，对物品进行拣选、流通加工、包装、装卸搬运、分割、组配、运输等作业，并按时送达指定地点的物流活动。通过配送，物流活动才得以最终实现，但完成配送活动是需要付出代价的，即需配送成本。配送成本是配送过程中所支付的费用总和。

根据配送流程及配送环节，配送成本应包括以下费用：配送运输费用、分拣费用、配装费用、流通加工费用。

（4）包装成本。包装是生产的终点和物流的起点。一般情况下，其所产生的费用占流通费用的比例约为 10%，有的商品包装费用甚至高达 50%。因此，加强包装费用的管理与核算，可以降低物流成本，提高企业的经济效益。包装成本构成包括以下几个方面：包装材料费用、包装机械费用（如设备折旧费、低值易耗品摊销、维修费等）、包装技术费用（如实施缓冲包装、防潮包装、防伪包装的费用）、包装辅助费用（如包装标记的设计费、印刷费、辅助材料费、能源消耗费等）、包装的人工费用。

（5）装卸与搬运成本。装卸搬运活动是为改变物品的空间位置而对其进行的垂直装卸和水平搬运活动。在全部物流活动中只有装卸搬运活动贯穿于物流全过程。装卸搬运成本的主要内容包括人工费用、营运费用（如设备折旧费、维修费、能源消耗费、材料费等）、装卸搬运合理损耗费用（如装卸搬运中发生的物品破损、散失、损耗、混合等费用）、其他费用（如办公费、差旅费、保险费、相关税金等）。

（6）仓储成本。仓储活动是指借助各种仓库来完成物品的堆码、保管、保养、维护等工作，保证物品在储存期内质量完好、数量完整，为物品供应或销售打好基础。在许多企业中，仓储成本是物流总成本的一个重要组成部分。仓储成本主要包括以下几个方面：仓储持有成本（如仓储设备的折旧费、维修费、仓库职工工资、仓库的理货费、仓储物品的货损费等）、缺货成本（如原材料供应中断造成的停工损失、产成品库存缺货造成的延迟发货损失和销售机会损失等）、在途库存持有成本（如库存的资金占用成本、保险费用、仓储风险成本等）。

2. 按照物流作用分类

按照物流作用分类是按照物流作用的划分来进行成本分类的方法。流通企业的物流成本按照物流的作用划分可以分为供应物流费、企业内物流费、销售物流费、回收物流费和废弃物流费 5 种。

（1）供应物流费：是指从商品采购直到批发、零售业者进货为止的物流过程中所需要的费用。

（2）企业内物流费：是指从购进的商品到货或从本企业提货时开始，直到最终确定销售对象的时刻为止的物流过程中所需要的费用，包括运输、包装、保管、配货等费用。如果是生产型企业，还包括在制品、半成品、产成品在企业内部实体流动所产生的物流费用。

（3）销售物流费：是指从确定物流对象时开始，直到商品送到消费者手中为止的物流过程中所需要的费用，包括包装、商品出库、配送等方面的费用。

（4）回收物流费：是指包装材料、容器等销售对象回收到企业的物流过程中所消耗的费用。

（5）废弃物流费：是指在商品、包装材料、运输容器、货物废弃过程中产生的物流费。

3. 按照支付形式的不同分类

企业支付的物流费用有两种：一是直接物流成本；二是间接物流成本。直接物流成本包括材料费、人工费、能耗费、维护费、管理费及其他费用。间接物流成本是支付给第三方物流企业的委托物流费。具体包括如下费用。

（1）材料费：是指因物料的消耗而发生的费用。由物资材料费、消耗性工具、低值易耗品摊销及其他物料消耗等费用组成。

（2）人工费：是指因人力劳务的消耗而发生的费用，包括工资、奖金、福利费、医药费、劳动保护费及职工教育培训费和其他一切用于职工的费用。

（3）能耗费：是指物流作业过程中因能源动力消耗所产生的费用，包括水费、电费、煤气费、冬季取暖费及其他费用。

（4）维护费：是指土地、建筑物、机械设备、车辆、船舶、工具/器具等固定资产的使用、运转和维护修理所产生的费用，包括维修费、折旧费、车船使用税、租赁费、保险费等。

（5）管理费：是指组织管理物流过程中产生的各种费用，如上网费、线路租用费、办公费、差旅费、交通费、会议费、书报资料费、文具费、邮电费等。

（6）委托物流费：是指将物流业务委托给第三方物流企业时支付的费用，如包装费、运费、手续费、保管费、出入库手续费、装卸费等。

（7）其他费用：如利息支出、物料和商品合理损耗等。

4. 按物流成本的性态分类

按物流成本的性态分类，可将物流成本分为变动成本和固定成本。

在企业的物流活动中，企业发生的资源耗费与物流业务量之间的关系有两种：一是随物流业务量的变化而近似成比例变化的成本，如包装材料的消耗、工人的工资、能源消耗等。二是在一定业务量范围内，与业务量的增减变化无关的成本，如物流设备折旧费、管理部门的办公费等。这两类不同性质的成本，前者被称为变动成本（见图8-2），后者被称为固定成本（见图8-3）。

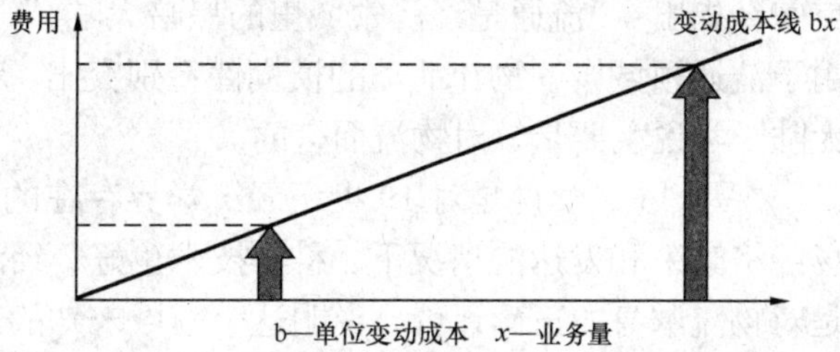

图 8-2　变动成本

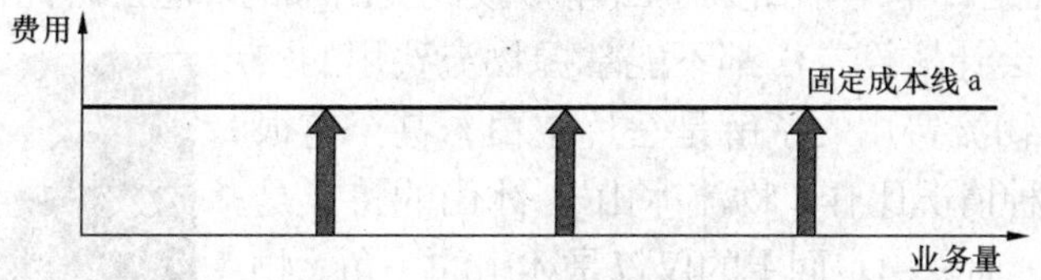

图 8-3　固定成本

在企业的物流活动中，还存在一些既不与物流业务量的变化成正比变化，也非固定不变，而是随着物流业务量的增减变动而适当变动的成本，这种成本被称为混合成本，如物流设备的日常维修费、辅助费用等。对于混合成本，可按一定方法将其分解成变动和固定两部分，并分别划归到变动成本与固定成本中。

知识链接：混合成本分解

生产经营活动中存在一些兼有固定成本和变动成本两种性质的成本，它就是混合成本。这样，企业的总成本就由三个部分构成：固定成本、变动成本和混合成本，即：

总成本 = 固定成本 + 变动成本 + 混合成本

由于本量利分析的前提是应用变动成本法，因此需要按成本性态将混合成本分解为变动成本和固定成本两个部分，从而使得总成本计算公式变为：

总成本 = 固定成本 + 变动成本

混合成本分解方法有会计法、技术测定法、高低点法、散布图法、回归直线法等。其中回归直线法是根据已知若干期间历史数据，采用数学中的最小二乘法，使所确定的直线与各成本点之间误差平方和最小，分解的结果最为精确、科学；但其运算工作量大且繁复，尤其是多元回归分解，手工难以准确解算。为解决线性回归法（回归直线法是其中的一种）成本分解中复杂的数学计算问题，可借助 Excel 电子制表系统的相关函数，通过计算机进行简便的操作来实现。

除此之外，物流成本还存在其他一些分类方式。例如，按物流功能划分可分为物品流通费、信息流通费和物流管理费三大类，按物流成本是否具有可控性划分可分为可控成本与不可控成本等。

（四）物流成本管理理论

1．“黑大陆”学说

财务会计把企业的生产费用划分为生产成本、管理费用、营业费用、财务费用和营业外费用，再把营业费用按各种支出形态分类。这样从损益表中所能看到的物流成本在整个销售额中只占很小的比重，因此，物流的重要性当然不会被大家认识到，这就是物流被称为“黑大陆”的一个原因。

由于物流成本管理存在的问题及有效管理对企业盈利和发展的重要作用，1962 年，世界著名管理学家彼得·德鲁克在《财富》杂志上发表题为“经济的黑色大陆”一文，他将物流比作 “一块未开垦的处女地”，强调应高度重视流通及流通过程中的物流管理。彼得·德鲁克曾经指出：“流通是经济领域里的黑暗大陆。”这里彼得·德鲁克虽然泛指的是流通，但是由于流通领域中的物流活动的模糊性特别突出，是流通领域中人们认识不清的领域，所以“黑大陆”学说主要是针对物流而言的。

“黑大陆”学说是对 19 世纪经济学界存在的愚昧认识的一种批驳和反对，它指出，在市场经济繁荣和发达的情况下，科学技术也好，经济发展也好，都没有止境。“黑大陆”学说也是对物流本身的正确评价，说明这个领域未知的东西还很多，理论与实践都不成熟。

2．物流冰山理论

“物流冰山”学说是日本早稻田大学西泽修教授提出来的。他在研究物流成本时发现，现行的财务会计制度和会计核算方法都不能掌握物流费用的实际情况，因而人们对物流费用的了解是一片空白，甚至有很大的虚伪性。他把这种情况比作“物流冰山”。冰山的特点是大部分沉在水面之下，而露出水面上的仅仅是冰山的一角。物流便是一座冰山，其中沉在水面以下的是我们看不到的黑色区域，而我们看到的不过是物流成本的一部分，如图 8-4 所示。

图 8-4　物流冰山

西泽修教授用物流成本具体分析了彼得·德鲁克的“黑大陆”学说。事实证明，物流领域的方方面面对于我们而言还是模糊的，“黑大陆”和“冰山”的水下部分正是物流尚待开发的领域，也正是物流的潜力所在。

如果把决算表中记载的物流费用只认为是企业外部支付的部分，把它误解为“冰山全貌”，忽略物流成本管理，企业就会面临险境。只有对物流成本进行全面计算，才能够解释清楚混在有关费用中的物流部分成本。具体来讲，工厂生产的产品从工厂到达商业部门的物流成本，是计算在成本中的；购买原材料所支付的物流费用是计算在原材料成本中的；自营运输费和自营保管费是计入营业费用中的；另外与物流有关的利息和其他利息一起是计入财务费用中的。如果把这些来自生产成本、原材料、营业费用和财务费用之中的有关物流部分费用划分出来，并单独加以汇总计算，就会对物流费用的全部有进一步的了解，并会为其巨大的金额而感到惊讶。

根据物流冰山理论，要把隐藏在水面下的物流成本全部核算出来是不可能的。传统的会计体系不仅不能提供足够的物流成本分摊数据，而且也没有这个必要。理论研究与实际管理毕竟是有区别的。在企业物流管理中，不可能为了建立物流独立核算体系而破坏其他若干成熟的财务会计核算体系，实际上真正需要纳入管理的是有影响的数据。在现实工作中，仍然只应把“冰山浮出水面的一角”作为物流成本核算的对象。主要的核算范围是运输成本、仓储成本、保管成本、搬运装卸成本、包装成本、流通加工成本、配送成本、信息管理成本等。

在许多企业中，包装成本仍然单独核算，没有进入物流成本核算体系中。

3. “第三利润源”说

“第三利润源”的说法是日本早稻田大学西泽修教授在1970年提出的，“第三利润源”指的就是物流领域。随着市场竞争日益激烈，企业能够占有的市场份额也是有一定限度的，当达到一定限度不能再扩大利润的时候，如何寻找新的利润增长点就成为企业发展的关键。这时候如果能有效降低在企业成本中占据相当高比例的物流费用，就等于提高了企业的利润。所以这时候我们就开始把物流管理称为“第三利润源泉”。简单地说，在制造成本降低空间不大的情况下，降低物流成本便成为了企业的“第三利润源”。

从历史发展角度来看，人类历史上曾经有过两个大量提供利润的领域。第一个是资源领域，第二个是人力领域。在这两个利润源潜力越来越小、利润开拓越来越困难的情况下，物流领域的潜力开始被人所重视，按时间序列排为“第三利润源”。“第三利润源”是对物流潜力及其效益的描述。经过半个世纪的探索，人们已肯定这“黑大陆”虽不清晰，但绝不是不毛之地，而是富饶之源。尤其是在经历了1973年石油危机考验之后，物流已牢牢树立了自己的发展地位。

4. 效益背反理论

“效益背反”又称 “二律背反”，这一术语表明两个相互排斥而又被认为是同样正确的命题之间的矛盾。“效益背反”是物流领域很普遍的现象，是物流领域中内部矛盾的反映和表现。“效益背反”指的是物流的若干功能要素之间存在着损益的矛盾，即某一功能要素的优化而导致利益发生的同时，必然会存在另一个或几个功能要素的利益损失，反之也如此。这是一种此涨彼消、此盈彼亏的现象，往往导致整个物流系统效率的低下，最终会损害物流系统的整体功能要素的利益。

物流系统的效益背反包括物流成本与物流服务水平的效益背反和物流各功能要素活动的效益背反。

（1）物流成本与物流服务水平的效益背反。

高水平的物流服务是由高水平的物流成本做保证的。在没有较大技术进步的情况下，企业物流很难做到既提高了物流服务水平，又降低了物流成本。

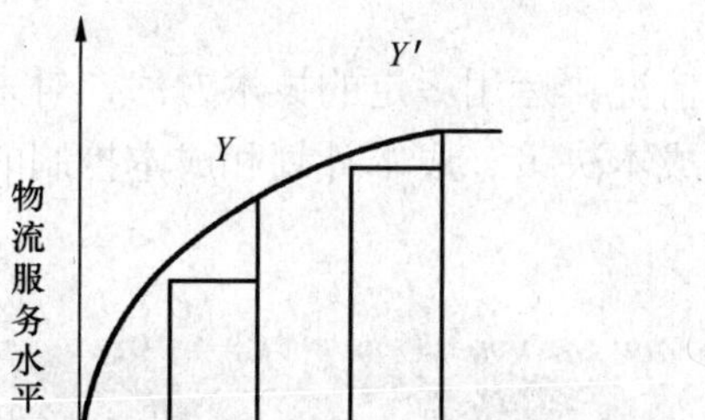

图 8-5　物流服务水平与物流成本之间的关系

一般来说，提高物流服务水平，物流成本即上升，两者之间存在着效益背反。而且，物流服务水平与物流成本之间并非呈现线性关系，即投入相同的物流成本并非可以得到相同的物流服务水平的提高，如图8-5所示。

与处于竞争状态的其他企业相比，在处于相当高的服务水平的情况下，要想超过竞争对手，维持更高的服务水平，就需要有更多的投入。英国营销专家P. 科特勒指出：物流的运作必须引进投入与产出的系统效率概念，才能得出较好的定义。即把物流看成是由多个效益背反的要素所构成的系统，避免为了片面达到某一单一目的而损害企业整体利益。

（2）物流各功能要素活动的效益背反。

现代物流是由运输、包装、仓储、装卸及配送等物流活动组成的集合。物流的各项活动处于这样一个相互矛盾的系统中，物流活动要想较多地达到某个方面的目的，必然会使另外一些方面的目的受到一定的损失，这便是物流各功能活动的效益背反。所以，在设计物流系统时，要综合考虑各要素的影响，使整个物流系统达到最优。

案例链接：效益背反

在物流活动中存在很多效益背反的情形。例如，减少物流网络中仓库的数量并减少库存，必然会使库存补充变得频繁而增加运输的次数，这样虽然降低了库存成本，却增加了运输成本；将铁路运输改为航空运输，虽然增加了运费，却提高了运输速度，减少了库存，降低了库存费用。

再如包装问题，在产品销售市场和销售价格不变的情况下，假定其他成本要素也不变，那么包装方面少花一分钱，这一分钱就必然转到收益上来，包装越省，则利润越高。但是，商品一旦进入流通环节，如果因包装降低了产品的防护功能，造成了大量的产品损伤，就会造成储存、装卸、运输功能要素的工作损失和效益减少。显然，包装活动的效益是以其他功能要素的损失为代价的。我国流通领域每年因包装不善出现上百亿元的商品损失，就是这种“效益背反”的实证。

物流系统就是以成本为核心，按最低成本的要求，使整个物流系统化，它强调的是调整各要素之间的矛盾，把它们有机地结合起来，使物流总成本最少。

二、物流成本管理基础

物流成本管理，简而言之，就是通过成本来管理物流，即管理的对象是物流而不是成本。物流成本管理可以说是以成本为手段的物流管理方法，这是因为：一是成本能真实地反映物流活动的实态；二是成本可以成为评价所有活动的共同尺度。就第一点而言，一旦用成本去掌握物流活动，物流活动方法上的差别就会以成本差别的形式明显地表现出来。就第二点而言，用成本这个统一的尺度来评价各种活动，可以把性质不同的活动放到同一场合进行比较，是有效管理物流的一种新思路。

物流成本管理的具体内容包括物流成本预测、物流成本决策、物流成本计划（或预算）、物流成本控制、物流成本核算和物流成本分析等。

（一）物流成本预测

物流成本预测是根据有关成本数据和企业具体的发展情况，运用一定的技术方法，对未来的成本水平及其变动趋势做出科学的估计。成本预测是成本决策、成本计划和成本控制的基础工作，可以提高物流成本管理的科学性和预见性。

知识链接：移动平均法

移动平均法是指利用一系列实际数值（过去一段时间的实际数据）进行预测，即进行移动处理。

移动平均数（移动平均预测值）的计算公式为：

$$MA_n = \left(\sum_{i=1}^{n} A_i\right) / n$$

式中：i 为序时项数；n 为移动平均中的序时项数（数据点数）；A_i 为第 i 期的实际数值；MA_n 为移动平均数（移动平均预测值）。

移动平均预测法的优点是便于计算，易于理解。缺点是赋予各期相同的权重（均为 $1/n$），如果时间序列中发生了非随机性变动，其计算结果就有失敏感性。

在物流成本管理的许多环节中都存在成本预测问题，如仓储环节的库存预测、流通环节的加工预测、运输环节的货物周转量预测等。库存预测时经常采用的是时间序列预测方法，如移动平均预测法、线性回归预测法、加权平均法、指数平滑法等。

（二）物流成本决策

物流成本决策是在成本预测的基础上，结合其他有关资料，运用一定的科学方法，从若干方案中选择一个满意的方案的过程。从物流整个流程来看，有配送中心的新建、改建和扩建的决策，有装卸搬运设备、设施的决策，有流通加工合理下料的决策等。进行成本决策、确定目标成本是编制成本计划的前提，也是实现成本的事前控制、提高经济效益的重要途径。

知识链接：物流成本决策步骤

1. 收集有助于决策的相关资料

收集与进行该项物流成本决策有关的所有成本资料及其他资料，是决策是否可靠的基础。一般来讲，全面、真实、具体是这种收集工作的基本要求。若做不到，决策便很难做到正确可信。

2. 拟定可行性方案

物流成本决策的可行性方案就是指保证成本目标实现、具备实施条件的措施。进行决策，必须拟定多个可行方案，才能从比较中择优。换言之，一个成功的决策应该有一定数量（当然应各自具备一定的质量）的可行性方案为保证。拟定可行性方案时，一般应把握住两个基本原则：一是保持方案的全面完整性；二是满足方案之间的互斥性。当然，在实际工作中，这些原则可以根据具体情况增减，灵活掌握、应用。

3. 做出选优决策

对各种可行性方案，应在比较分析之后根据一定的标准，采取合理的方法进行筛选，做出成本最优化决策。对可行性方案的选择决策主要应把握两点：一是确定合理的优劣评价标准，包括成本标准和效益标准；二是选取适宜的抉择方法，包括定量方法和定性方法。

（三）物流成本计划（或预算）

物流成本计划（或预算）是根据成本决策所确定的方案、计划期的生产任务、降低成本的要求及有关资料，通过一定的程序，运用一定的方法，以货币形式规定计划期物流各环节的耗费水平和成本水平，并提出保证成本计划顺利实现所采取的措施。

通过成本计划管理，可以依据现有信息资料和人力条件等对未来进行预测，从而预见成本未来的变化趋势；预算结果一经决策确定，便成为未来应达到的目标，对降低物流各环节成本有着积极的作用；通过对实际执行过程与结果（都以预测数据为衡量尺度）予以评价和控制，推动企业加强成本管理责任制，增强企业的成本意识，控制物流环节费用，挖掘降低成本的潜力，保证企业降低物流成本目标的实现。

知识链接：物流成本预算方法

物流成本财务预算可以根据不同的预算项目，分别采用固定预算、弹性预算、滚动预算、零基预算、概率预算等方法进行编制。

（1）固定预算是指根据预算内正常的、可实现的某一固定业务量（如生产量或销售量）水平编制的预算，一般适用于固定费用或者数额比较稳定的预算项目。

（2）弹性预算是指在按照成本（费用）习性分类的基础上，根据本、量、利之间的依存关系编制的预算，一般适用于与预算执行单位业务量有关的成本（费用）、利润等预算项目。

（3）滚动预算是指随时间的推移和市场条件的变化而自行延伸并进行同步调整的预算，一般适用于季度预算的编制。简单地说，滚动预算就是根据上一期的预算指标完成情况，调整和具体编制下一期预算，并将预算期连续滚动向前推移的一种预算编制方法。这种方法适用于规模较大、时间较长的工程类或大型设备采购项目。

（4）零基预算是指对预算收支以零为基点，对预算期内各项支出的必要性、合理性或者各项收入的可行性及预算数额的大小，逐项审议决策从而予以确定收支水平的预算，一般适用于不经常发生的或者预算编制基础变化较大的预算项目，如对外投资、对外捐赠等。

（5）概率预算是指对具有不确定性的预算项目，估计其发生各种变化的概率，根据可能出现的最大值和最小值计算其期望值，从而编制的预算。一般适用于难以准确预测变动趋势的预算项目，如销售新产品、开拓新业务等。

（四）物流成本控制

物流成本控制是根据计划目标，对成本发生和形成过程及影响成本的各种因素和条件施加主动的影响，以保证实现物流成本计划的一种行为。从企业生产经营过程来看，成本控制包括成本的事前控制、事中控制和事后控制。

（1）成本事前控制是整个成本控制活动中最重要的环节，它直接影响以后作业流程成本的高低。成本的事前控制活动主要有物流配送中心的建设控制，物流设施、设备的配备控制，物流作业过程改进控制等。

（2）成本的事中控制是指对物流作业过程实际劳动耗费的控制，包括对设备耗费的控制、人工耗费的控制、劳动工具耗费和其他费用支出的控制等。

（3）成本的事后控制是通过定期对过去某一段时间成本控制的总结、反馈来控制成本。通过成本控制，企业可以及时发现存在的问题，采取纠正措施，保证成本目标的实现。

（五）物流成本核算

物流成本核算是根据企业确定的成本对象，采用相适应的成本计算方法，按规定的成本项目，通过一系列的物流费用汇集与分配，从而计算出各物流活动成本对象的实际总成本和单位成本。通过计算物流成本，企业可以如实地反映生产经营过程中的实际耗费，同时，也可以对各种活动费用实际支出的过程进行控制。

（六）物流成本分析

物流成本分析是在成本核算及其他有关资料的基础上，运用一定的方法，揭示物流成本水平的变动，进一步查明影响物流成本变动的各种因素。通过物流成本分析，企业可以提出积极的建议，采取有效的措施，合理地控制物流成本。

物流成本分析通常采用的是物流系统的本量利分析方法。本量利分析是以变动成本法所揭示的成本、业务量、利润三者的内在联系为依据，应用一定的计算方法来确定保本销售量，分析相关因素变动对盈亏的影响，进而进行目标利润规划的一种管理会计分析方法，也被称为CVP分析。

上述各项成本管理活动的内容是互相配合、相互依存的一个有机整体。成本预测是成本决策的前提。成本计划是成本决策所确定目标的具体化。成本控制是对成本计划的实施进行监督，以保证目标的实现。成本核算与分析是对目标是否达成的检验。

【工作任务】

一、物流成本的简单核算

工作任务要求：理解物流成本核算的目的，掌握物流成本核算的方法，运用简单除法核算示例中电商企业的物流作业成本。

（一）物流成本核算的目的

物流成本是伴随着物流活动而发生的各种费用，是客观存在的，但是我国目前还没有统一的、行业的标准物流成本计算方法和范围，各企业也均不相同，因此无法与其他企业进行比较，也很难计算行业的平均物流成本，这就给企业物流成本的核算和成本管理带来了很大的困难。但有些国家已经制定了统一的物流成本核算标准。例如，日本运输省于 1977 年制定了《物流成本计算统一标准》，为统一物流成本核算提供了依据。从企业经营的总体上看，物流成本核算获得的数据主要是为了满足以下几个方面的需要。

（1）为各个层次的经营管理者提供物流管理所需的成本资料。

（2）为编制物流预算以及预算控制提供所需的成本资料。

（3）为制订物流计划提供所需的成本资料。

（4）提供价格核算所需的成本资料。

为达成以上目的，物流成本除了按物流费用支付形式、物流活动范围、物流功能类别分类外，还应根据管理上的需要进行分类，而且要通过不同期间成本的比较、实际发生费用与预算标准的比较，并结合销售额和物流服务水平，对物流成本进行分析比较。

（二）物流成本核算的方法

在计算物流成本之前，需要明确物流成本的计算范围，即涵盖的物流领域。计算范围的确定取决于物流成本核算的目的，如果要对所有的物流活动进行管理，就需要计算出所有的物流成本。同样是物流成本，由于所涵盖的领域不同，计算结果也不一样。例如，在计算销售物流成本时，如果只统计了运输部分的费用，物流成本就会变小。同样，只统计销售物流的费用，而不考虑采购物流等其他物流领域的费用，也不能全面反映物流成本的全貌。由于每家企业在统计物流费用时的口径不一样，往往缺乏可比性。因此，在谈论物流成本的时候，首先应该明确成本计算所涵盖的领域。

1. 收集物流成本基础数据

在计算物流成本时，由于原始数据主要来自财务部门提供的数据，首先应该把握按支付形式分类的成本。在这种情况下，对外支付的运费和保管费可以直接作为物流成本全额统计，但企业内发生的物流费用是与其他部门发生的费用混合在一起的，需要从中剥离出来，如材料费、人工费、能托费、管理费等。下面结合部分主要费用具体说明物流费用剥离的方法。

（1）材料费：它是与包装材料、消耗性工具、器具备品、燃料等相关的费用，可根据材料的入库/出库记录，将此期间与物流有关的消耗量抽出来乘以单价，便可得出物流材料费。这里的关键是要有全面翔实的记录。

（2）人工费：可以从向物流人员支付的工资、奖金、补贴等报酬的实际金额，以及由企业统一负担部分按人头数分割后得到的金额计算出来。

（3）能耗费：包括水、电、气等费用，可以根据安装在设施上的用量记录装置获取相关数据，也可以根据物流建筑设施的比例和物流人员的比例简单推算。

（4）管理费：无法从财务上直接得到的部分，可以按人头比例推算。

（5）其他费用：包括折旧、利息等。折旧根据设施设备的折旧年限、折旧率计算。利息根据物流相关资产的贷款利率计算。

2. 确定物流成本核算的范围

企业在进行物流成本核算时，首先应确定计算的口径，即从哪个角度计算物流成本，物流成本的核算范围包括哪些内容。从目前看，我国对物流成本的核算范围还没有形成统一的规范。参照日本运输省制定的《物流成本计算统一标准》，根据物流管理与决策的实际需要，物流成本可以从以下 3 个方面来分类核算。

（1）按照物流作用来划分，即物流成本可以分为供应物流费、企业内物流费、销售物流费、回收物流费和废弃物流费 5 种。

（2）按照企业支付物流费用的形式来划分，即物流成本可以分为材料费、人工费、能耗费、维护费、管理费、委托物流费等。

（3）按照物流的功能来划分，物流成本可以分为包装费、运输费、保管费、装卸搬运费、流通加工费、配送费、信息流通费和物流管理费。

在核算物流成本时，首先应确定核算口径，因此必须对物流成本进行科学的分类。

3. 按支付形态核算物流成本

我国目前尚未进行过系统的物流成本计算，在此借鉴日本《物流成本计算统一标准》中的物流成本计算方法。在计算物流成本时，必须把握一个基本原则，就是从按支付形态不同分类入手，来计算物流成本。按支付形态不同分类来计算物流成本，必须首先从企业财务会计核算的全部相关科目中抽出所包含的物流成本，然后以表格形式逐步计算物流成本，现分述如下。

第一步：将按支付形态不同分类的物流成本分别计算。

第二步：根据计算物流成本的需要，将以上通过计算得出的数据资料填入表中。

第三步：把费用按物流功能分类，然后汇总。方法是将运输费、保管费等分门别类各绘制一张表。

第四步：如果要了解物流功能、支付形态分类的物流成本的支出情况，可以把表和表内数字结合起来看，可以简单地看出哪种物流功能的成本最大，都使用在哪种物流成本中。

这样就可以了解哪个范围、哪种功能的物流成本高。计算物流成本时要注意，每进行一次物流成本的计算，都要明确计算的范围，以使计算结果具有可比性。明确计算范围的方法就是直接利用上述计算表，因为这些表能够计算出物流成本的总额。当实际计算过程中计算部分成本时，同样可以利用这些计算表，这时只需将非计算对象的成本栏空出即可。这样就能通过把本年度的计算结果与前一年相比较的方法，发现计算范围上的差别。此外，由于物流成本计算的范围明确了，在与其他企业进行比较或进行时间系列分析时，便可以消除因计算范围不同所引起的成本计算结果上的差别。

4. 简单除法核算

通常将物流成本核算的方法分成简单除法核算和追加核算两大类。这里重点介绍简单除法核算。

采用简单除法核算方法无须将总成本分解为直接成本和间接成本，可用某一时期的总成本除以物流业务量得出单位业务量的平均成本。这种简化的成本核算方法适用于业务量较大的物流系统。

某一期间的物流和正在作业的存量不发生变化时，每种作业的成本 K_S 为：

$$K_S=\frac{K_G}{X}$$

式中，K_G 表示某一期间的物流总成本；X 表示某一期间的物流业务量。

案例链接：简单除法核算示例

某电商企业的物流作业包括包装、配送、保管、搬运、信息和管理共 6 个环节，3 月快递费 101 000 元，包装材料费 30 100 元，包装员工工资 10 500 元，仓管员工资 39 700 元，搬运工工资 125 000 元，物流主管工资 15 000 元，包装作业的水电费 3 300 元，保管作业的水电费 3 300 元，搬运作业的水电费 3 300 元，保管作业的保险费 2 700 元，搬运作业的保险费 2 700 元，保管作业的修缮费 5 100 元，搬运作业的修缮费 5 100 元，税费及公共费用 20 900 元，通信费 8 100 元，保管作业的消耗品费 2 900 元，搬运作业的消耗品费 2 900 元，管理作业的消耗品费 2 900 元，保管作业支付利息 10 500 元，管理作业支付利息 5 000 元，包装作业的杂费 5 500 元，保管作业的杂费 5 500 元，搬运作业的杂费 4 500 元，本月完成的订单数量为 13 000 个。试计算该电商企业物流每项作业的成本。

二、ABC 作业成本法的应用

工作任务要求：掌握 ABC 作业成本法的原理、作用和计算方法，依据电商企业提供的基础数据完成物流作业成本的计算。

（一）什么是 ABC 成本法

ABC 成本法（Activity-based Costing），又称作业成本分析法、作业成本计算法、作业成本核算法，是一种以作业（活动）为基础的成本计算与管理的方法。作业成本法的基本思想是：成本对象（如产品）耗用作业，作业耗用资源；生产导致作业的发生，作业导致资源的消耗。作业成本法以作业为基础，其成本归集与分配是循着“资源成本→作业成本→产品成本”的顺序进行的。首先，根据作业耗用资源，将资源耗用量以价值量（成本额）的形式汇总归集到作业上，计算作业成本；然后，根据产品耗用作业，将作业成本分配给产品。如图 8-6 所示，分配到作业的资源构成该作业的成本要素（图中的黑点），多个成本要素构成作业成本池（中间的小方框），多个作业成本池构成作业中心（中间的椭圆）。作业动因包括资源动因和成本动因，分别是将资源和作业成本进行分配的依据。

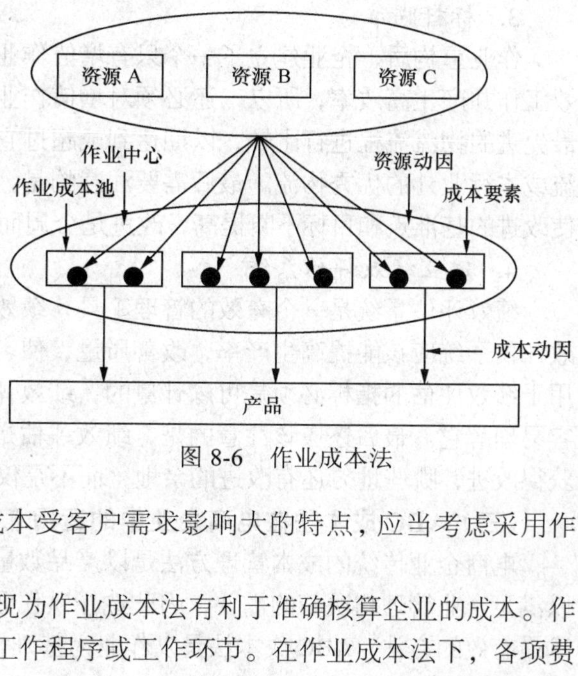

图 8-6　作业成本法

作业成本法的观点是在 20 世纪 50 年代由美国会计大师埃里克·科勒（Eric Kohler）教授提出的，但直到 20 世纪 80 年代才得到理论界的认同和实业界的重视。作业成本法的兴起主要是以下 3 个原因：①间接费用在产品总成本中所占比例越来越高；②多样化产品生产；③随着信息技术广泛应用，企业普遍感到产品成本往往与现实脱节，成本扭曲普遍存在。物流企业具有物流活动空间大、成本项目多、物流成本对象复杂等特点，根据物流成本具有间接费用比例高、成本之间关联度高、隐性和显性成本并存和成本受客户需求影响大的特点，应当考虑采用作业成本法。

作业成本法在物流企业中使用的优势表现为作业成本法有利于准确核算企业的成本。作业是企业在提供产品和劳务的过程中的各个工作程序或工作环节。在作业成本法下，各项费用按照作业进行汇集和分配。物流企业对外提供的是服务，并不生产有形的产品，因此，通过对复杂的物流过程进行分解，如将仓储分解为装卸、搬运、验收、加工和补货等，先划分作业中心，再计算单位作业成本，从而准确地核算出各项作业的成本。

（二）ABC 成本法的作用

采用作业成本法对物流系统的各种成本进行分析有以下几个作用：通过将直接成本和间接成本分配到相应的活动中去，进而建立作业与产品之间的关系，挖掘出产品与活动的真实关系，帮助管理者了解耗费资源的真正原因和产品或服务的真实成本、建立科学的成本核算和预算等方法，找出成本差异的原因，不断优化企业的物流作业活动，从而达到降低成本、高效率的目的，进而增强企业竞争力。

物流作业成本的核算不仅可以提供比较可信的成本数据，以便节约成本，而且还能帮助物流企业的管理者利用作业成本信息优化物流作业流程，具体内容如下。

1. 确定作业的增值性

物流企业要辨别作业是增值作业还是非增值作业。增值作业是指那些为物流和客户带来利润的作业，它们是物流兴旺的关键。增值作业可分为两类：一类是给客户带来价值的作业，如包装、送货等；另一类是保证物流正常运转必不可少的作业，如员工的工资等。非增值作业是那些即使消除或减少也不会对企业的工作和竞争力造成影响的作业，它是一种浪费，应该努力消除。

2. 作业重构

作业重构是指从作业层次上重新设计和组织各项工作。由于作业是组织的各个基本活动，所以，重构作业也就重构了组织，重构了物流。在作业重构时，应该注意要努力寻找产生成本的根源，有的非增值作业，如移送原料，是不能完全被消除的，但如果企业发现产生成本的原因是物流的空间布局不合理，那么对空间布局进行调整，可能就会降低成本。另外，在作业重构时，应注意保持简单性，作业功能过多和过于频繁的计划变更，都会引起成本的增加。

3. 标杆瞄准

作业重构后，企业建立了一个只有增值作业的流程，但并不意味着这套流程就一定能高效工作并产生高效率，所以，还必须对增值作业进行改进和完善，也就是将现有物流流程同最先进的物流流程进行比较，以期达到或超过它，这个改进的基准应选择竞争者中一流的物流或本行业外的优秀物流。最后需要注意的是，对物流的改进并不是静态的，市场竞争会促使改进的基准点和目标不断提高，改进是个周而复始的循环过程。

4. 建立绩效评估系统

绩效评估系统是一个有效的管理工具，绩效评估的目的是使物流不断改进，一个好的绩效评估系统应该能提高生产率，改善质量，使客户满意。在开发绩效评估系统时应该注意，用于绩效评估的指标必须是可以计量的，绩效评估也必须简单，以使操作和执行作业的人员容易理解它。最后还应该注意的是，绩效评估是用来促进作业改善的，它应能指出哪些地方获得改进，哪些地方还有改进的余地，而不是仅仅用来监督工人的工作。

（三）ABC 成本法在电商企业中的运用

电商企业传统的成本管理方法是以产品数量为基础的，它侧重产品生产成本的核算，难以满足企业管理与决策的需要，因此选择以作业为基础的 ABC 成本法是核算和控制物流成本最有效的方法。ABC 成本法是以作业为基础，通过对作业成本的确认、计量而计算成本的一种方法。ABC 成本法计算的基本思路是：将企业的各项活动看作是为最终满足客户需要而设计的一系列作业的集合体，作业消耗资源，同时又创造价值，因而作业链也表现为价值链，作业的推移也表现为价值在企业中的积累和转移，最终形成移交给客户的总价值。电商企业应用 ABC 成本法的步骤如下。

（1）明确导入 ABC 成本法的目的及成本对象。在运用 ABC 成本法计算成本之前，首先要明确导入 ABC 成本法的目的。

物流作业成本计算的主要目的有两个：一是计算成本对象的实际成本；二是通过作业管理为有效的成本管理提供信息。

物流成本对象是作业成本分配的归属，常见的作业成本对象有：产品、服务、批次、客户、推行渠道、销售地域等。

（2）调查电商企业布局，分析业务流程。ABC 成本法的导入方案与电商企业布局以及业务流程有着紧密的联系，通过调查分析，可以优化物流业务流程，为确定作业动因及作业成本中心奠定基础，为设计作业成本实施方案做好准备工作。

作业分析描述电商企业所做的事情，包括时间和资源是如何被消耗的，作业的投入与产出各是什么。在进行作业分析时一个常用的工具是作业流程图。作业流程图描述的是一个组织内的作业及它们的相互联系，其使用的符号如表 8-1 所示。

表 8-1　　作业流程图描述符号

意　义	符　号
起点或终点	□
投入转换为产出的作业	○
投入和产出的流向	→

图 8-7 所示为某电商企业的物流作业流程图，主要内容包括采购、验货、收货、会计、制造、工作准备等作业是怎样进行的，以及它们之间是如何相互联系的。

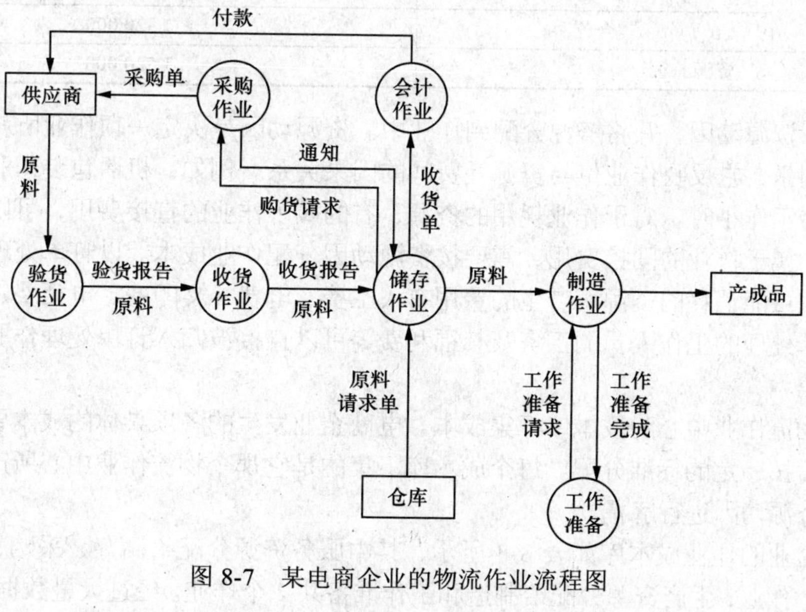

图 8-7　某电商企业的物流作业流程图

（3）界定物流系统中的作业，划分物流作业中心。电商企业的活动千差万别，为了便于按作业中心汇集成本，首先要确认物流活动过程中的主要物流作业。从接到客户的货物，到将货物送到目的地，需要经过多家公司的多个部门，包括接货、打包、运输、解包、送货等多个环节，每个环节包括一项或多项作业。为了便于归集作业成本，必须对每个环节的作业进行界定。作业界定是应用 ABC 成本法的关键环节，作业数量过多会增加成本核算的工作量，作业数量过少会影响成本核算的准确性。其次要确定物流作业中心，如为检验货物质量要进行取样、检验测试、报告结果等一系列具体的作业，在这些作业中，检验测试是主要作业，可以将其作为作业中心，将取样、报告结果等并入。在这里要注意的是，不同的物流中心，要界定清楚物流作业环节的范围，因为不同界定标准下的作业活动的内容不一样，这会导致成本的不一样。

（4）确认物流系统中涉及的资源。这些资源包括能直接归集到客户或服务（成本对象）的直接资源和不同成本对象共用的间接资源。某电商企业将会计科目分成服务资源和生产资源两类，如表 8-2 所示。

表 8-2　某电商企业的物流资源　单位：元

××年服务和生产资源财务数据		
服务资源	材料费	60 000
	人工费	760 000
	能耗费	140 000
	维护费	140 000
	管理费	100 000
	合计	1 200 000
生产资源	材料费	120 000
	人工费	970 000
	能耗费	140 000
	维护费	1 000 000
	管理费	90 000
	合计	2 320 000
资源总计		3 520 000

（5）确认资源动因，并将资源分配到作业中。资源动因是决定一项作业所耗费资源的种类及数量的因素，它反映作业量与资源耗费间的因果关系。例如，机器包装作业的资源动因可看作是机器工作小时。对于作业耗用的资源，有的属于作业的直接费用，可以直接计入作业成本；有的属于作业的间接费用，需要按资源动因分配作业成本。以订单处理作业为例，订单处理作业可能消耗的资源所产生的费用有人工费、电费、文印费、电话费、折旧费等。专门负责订单处理的工作人员的工资及其福利费等可以直接被归入订单处理作业；电费则按用电量来分摊。

（6）以物流作业中心为成本库汇集成本。电商企业发生的各项具体的成本要先汇集到各成本库，然后按一定的标准分配。每个成本库汇集的是它那个物流作业中心所产生的成本，它们可以用资源动因进行解释。

某电商企业的作业成本库如表 8-3 所示，其中服务资源分配给储存、采购、收货、验货和会计共 5 个作业；生产资源分配给制造和工作准备共 2 个作业。经过大量数据的统计分析，生产资源的90%分配给制造作业，10%分配给工作准备作业。

表 8-3　　某电商企业的作业成本库　　单元：元

作　业	资源动因		分配到作业成本库的资源
	具体动因	作业数据	
储存	存货体积	体积共 3 000 m³，价格 200 元/m³	600 000
采购	员工人数	总人数 30 人，采购 10 人，可用资源 600 000	200 000
收货	员工人数	总人数 30 人，收货 9 人，可用资源 600 000	180 000
验货	员工人数	总人数 30 人，验货 5 人，可用资源 600 000	100 000
会计	员工人数	总人数 30 人，会计 6 人，可用资源 600 000	120 000
制造	数据统计	生产资源的 90%分配给制造作业	2 088 000
工作准备	数据统计	生产资源的 10%分配给工作准备作业	232 000
作业成本库合计成本			3 520 000

物流活动消耗的资源有人工、设施设备、能源等，按其投入方式的不同，又可以分为直接成本（如包装材料、直接人工等）和间接成本（如间接材料、间接人工、资产折旧、水电费等），间接成本是不同成本对象共用的资源，需要再根据作业动因分配到具体的物流作业环节上。作业动因通常为作业流程图中一个作业的产出。采购作业的主要产出是采购单，所以采购单的数量就是采购作业成本动因。当作业成本动因都确定后，我们便可依据这些作业动因给各个成本对象分配作业成本，如图 8-8 所示。

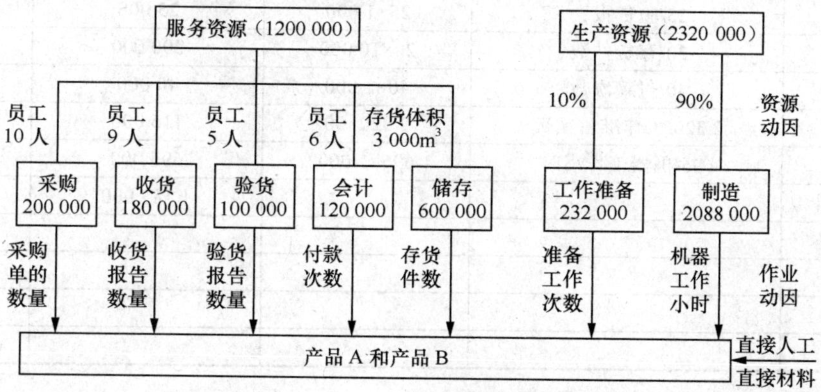

图 8-8　分配作业成本

（7）确认作业动因。将作业成本分配到客户或服务（成本对象）中。作业动因是指决定成本对象所需作业的种类和数量的因素，它反映了客户或服务消耗作业的逻辑关系，根据作业动因将作业成本库中的成本分配到客户或服务中。例如，配送过程中的订单处理作业，其作业动因主要为订单数量；而仓储、拣货等作业的成本则由出箱数量决定；配送作业发生的成本由运输距离及运输重量（货运周转量）决定。

（8）计算客户或服务（成本对象）的总成本。将作业成本分配到产品或服务中去，计算出作业的单位成本。企业将资源耗费分配给作业成本库后，由作业成本库分配到产品或服务的间接费用，加上直接追溯的直接人工和直接材料费用，就可以得到该产品或服务的物流作业成本。这个过程通常是在作业单上完成的，作业单上列出了各项作业及各个成本对象所应分配的成本。在本例中，某电商企业生产的产品类型有两个，一个是产品 A，另一个是产品

B，其单位作业成本如表 8-4 所示。

表 8-4　　某电商企业产品 A 与产品 B 的单位作业成本

产品 A 作业成本（数量 50 000 单位）				
作业成本库	作业动因（单位成本）	作业动因数量	作业成本	单位作业成本
采购	50/采购单	50×3 000	150 000	3.00
收货	60/收货报告	60×2 000	120 000	2.40
验货	25/验货报告	25×3 000	75 000	1.50
储存	20/存货件数	20×20 000	400 000	8.00
会计	40/付款次数	40×2 000	80 000	1.60
工作准备	2 320/工作准备次数	2 320×50	116 000	2.32
制造	696/机器工作小时	696×2 000	1 392 000	27.84
作业成本合计			2 333 000	
单位作业成本				46.66
单位直接材料				53.00
单位直接人工				21.00
单位成本				120.66
产品 B 作业成本（数量 100 000 单位）				
作业成本库	作业动因（单位成本）	作业动因数量	作业成本	单位作业成本
采购	50/采购单	50×1 000	50 000	0.50
收货	60/收货报告	60×1 000	60 000	0.60
验货	25/验货报告	25×1 000	25 000	0.25
储存	20/存货件数	20×10 000	200 000	2.00
会计	40/付款次数	40×1 000	40 000	0.40
工作准备	2 320/工作准备次数	2 320×50	116 000	1.16
制造	696/机器工作小时	696×1 000	696 000	6.96
作业成本合计			1 187 000	
单位作业成本				11.87
单位直接材料				37.00
单位直接人工				19.00
单位成本				67.87

依据作业动因计算的单位作业成本反映了各项作业效率的高低，是作业成本计算的一个关键指标。在这个指标的基础上，还可以计算出各个物流作业环节的类别成本和单位物流成本。

【实践应用】

一、标准成本法在物流成本控制中的应用

实践内容：运用标准成本法实施对电商企业的物流成本控制。

应用步骤：①了解物流成本控制的方法；②理解标准成本的概念；③熟悉标准成本的制定步骤；④运用标准成本法实施对电商企业的物流成本控制。

物流成本控制是电商企业物流成本管理的中心环节，它是指在物流运营的每个作业环节，

依据现代物流理论，采用先进的物流技术和方法，用以降低整个物流系统运作成本的一系列措施。

（一）物流成本控制的方法

物流成本控制系统主要通过物流技术的改善、物流管理水平的提高来实现物流过程的优化和物流成本的降低。物流过程是一个创造时间性和空间性价值的经济活动过程，为使其能提供最佳的价值效能，就必须采用合适的物流成本控制方法来确保物流的各个环节是合理的、顺畅的、高效的。物流成本控制方法包括绝对成本控制法和相对成本控制法。

绝对成本控制法是把成本支出控制在一个绝对金额以内的成本控制方法。绝对成本控制从节约各种费用支出、杜绝浪费的途径进行物流成本控制，要求把生产过程发生的一切费用支出都列入成本控制范围，标准成本和预算控制是绝对成本控制的主要方法。

相对成本控制法是通过成本与产值、利润、质量和功能等因素的对比分析，寻求在一定制约因素下取得最优经济效益的一种控制方法。相对成本控制扩大了物流成本的控制领域，要求人们在努力降低物流成本的同时，充分注意与物流成本关系密切的因素，如产品结构、项目结构、服务质量水平、质量管理等方面的工作。其目的在于控制成本支出的效益，即减少单位产品成本投入，提高整体经济效益。

（二）标准成本控制法

标准成本控制法是指以预先制定的标准成本为基础，用标准成本与实际成本进行比较，核算和分析成本差异的一种产品成本计算方法，也是加强成本控制、评价经济业绩的一种成本控制制度。它的核心是按标准成本记录和反映产品成本的形成过程和结果，并借以实现对成本的控制。标准成本控制法是生产企业使用得较为普遍的成本控制法。

1. 标准成本的概念

标准成本是比较各数量值或各质量值的指标或基准，它是在一定假设条件下应该发生的成本。准确来讲它有两种含义：一是指“单位产品的标准成本”，它是根据产品的标准消耗量和标准单价计算出来的（单位产品的标准成本=单位产品标准消耗量×标准单价），它又被称为“成本标准”；二是指“实际产量的标准成本”，它是根据实际产品产量和标准成本计算出来的（实际产量的标准成本=实际产品产量×单位产品标准成本）。由于对标准宽严程度的看法不同，理论上有多种不同的标准成本概念。

（1）理想标准成本。理想标准是指在现有情况下最理想、最有利的作业情况下的成本指标。

（2）现实标准成本。现实标准成本是根据试用期合理的耗费量、合理的耗费价格和生产能力可能利用程度等条件制定的适用于实际情况的一种标准成本，标准成本控制法一般采用这种标准成本。

（3）正常标准成本。正常标准成本是根据正常的工作效率、正常的生产能力利用程度和正常价格等条件制定的标准成本，它一般只用来估计未来的成本变动趋势。

2. 标准成本控制法的特点

标准成本是目标成本的一种，它具有以下特点。

（1）标准成本是有效经营条件下发生的一种目标成本，也叫作“应该成本”。它具有较强的稳定性和约束性，一般在一个会计年度内是固定不变的，因此也不用设计相应方法来计算其变动差异。

（2）标准成本控制法是根据一定时期实际产量的实际消耗量和实际价格与实际产量的标准消耗量和标准价格的计算比较来揭示差异的，没有专用的差异凭证。例如，材料成本差异只是通过公式计算的，即材料成本差异=实际价格×实际耗用量-标准价格×标准耗用量。标准成本控制法的工作量相对较小，但查明差异原因的工作不是十分细致。

（3）标准成本控制法强调将标准成本划分为变动成本和固定成本，分别进行成本控制，有利于分清哪些责任由采购部门负责（如材料成本差异），哪些责任由车间负责（如材料数量差异），哪些责任由生产部门负责（如固定费用产量差异）等。标准成本控制法的资料详细、系统，强调全面管理，有利于各职能部门、生产车间分清责任、相互配合，有利于经济责任制的建立。

3. 电商企业标准成本的制定

电商企业产品的标准成本是由产品的直接材料费、直接人工费和制造（服务）费用组成的。标准成本的基本形式是以各自的"用量"标准乘以相应的"价格"标准。制定物流作业的标准成本，业务数量标准通常由技术部门研究确定；费用（价格）标准由会计部门和有关责任部门研究确定，同时尽可能吸收负责执行标准的职工参加各项标准的制定，从而使所制定的标准符合实际物流活动的要求。其中，用量标准包括单位产品消耗量、单位产品人工小时等，价格标准包括原材料单价、小时工资率、小时制造（服务）费用分配率等。

（1）直接材料成本是指直接用于产品生产的材料成本，它包括标准用量和标准单位成本两方面。标准用量的制订，首先要根据产品的图纸等技术文件进行产品研究，列出所需的各种材料以及可能的代用材料，并要说明这些材料的种类、质量以及库存情况；其次要通过对过去用料经验的记录进行分析，采用其平均值，或最高值与最低值的平均数，或最节省的数量，或通过实际测定，或技术分析等数据，科学地制订标准用量。

直接材料成本是预计下一个周期实际需要支付的进料的成本，包括发票价格、运费、检验和正常损耗等成本，是取得材料的完全成本。

表 8-5 所示为某电商企业的直接材料标准成本，其直接材料标准成本的计算公式为：

直接材料标准成本=单位产品的标准用量×材料的标准单价

表 8-5　　某电商企业直接材料标准成本

标　准		材料 A	材料 B
标准价格	发票单价	12.00	8.30
	装卸检验费	0.35	0.25
	单位标准价格	12.35	8.55
标准用量	图纸用量	2.0	3.1
	允许损耗量	0.2	0.3
	单位标准用量	2.2	3.4
单个材料的标准成本		27.17	29.07
单位产品标准成本		56.24	

注：价格单位为元

（2）直接人工成本是指直接用于产品生产的人工成本。在制定产品直接人工成本标准时，首先要对产品生产过程加以研究，研究有哪些工艺，有哪些作业或操作、工序等。其次要对电商企业的工资支付形式、制度进行研究，以便结合实际情况来制定标准。

① 直接人工的价格标准。直接人工的价格标准是指标准工资率。它可能是预定的工资率，

也可能是正常的工资率。如果采用计件工资制，标准工资率是预定的每项服务支付的工资除以标准工时，或者是预定的小时工资。如果采用月工资制，需要根据月工资总额和可用工时总量来计算标准工资率。

② 直接人工的用量标准。直接人工的用量标准是提供某种服务的标准工时。确定提供某种服务所需的直接服务工时需要按服务的运作顺序分别进行，然后汇总。标准工时是指在现有物流运作技术条件下，提供某种服务需要的时间，包括直接服务操作必不可少的时间，以及必需的间歇和停止时间，如工间休息、调整设备时间、不可避免的不良服务耗用工时等。标准工时应以作业研究和工时研究为基础，参考历史统计资料来确定。

表 8-6 所示为某电商企业直接人工标准成本，其直接人工标准成本计算公式为：

直接人工标准成本=单位产品的标准工时×小时标准工资率

表 8-6　　某电商企业直接人工标准成本

标　　准		工 序 一	工 序 二
小时标准工资率	基本生产工人人数	12	30
	每人每年工时	2 000	2 000
	出勤率	98.5%	98.5%
	每人平均可用工时	1 970	1 970
	每人每年平均工资总额	21 350	24 800
	小时标准工资率（元/小时）	10.84	12.59
用量标准	理想作业时间	2.0	1.0
	调整设备时间	0.4	0.1
	工间休息时间	0.1	0.1
	其他时间	0.1	0.1
	单位产品标准工时合计	2.6	1.3
单个工序标准人工成本		28.18	16.37
单位产品标准人工成本		44.55	

注：价格单位为元；工时单位为小时，人力资源和社会保障部规定职工年工作日为 250 天。

（3）制造（服务）费用可以分为变动制造（服务）费用和固定制造（服务）费用两部分。这两部分制造（服务）费用都按标准用量和标准分配率的乘积计算，标准用量一般都采用工时表示。

① 变动制造（服务）费用的用量标准通常采用单位制造（服务）直接人工标准工时，它在直接人工标准成本制定时已经确定。变动制造（服务）费用的价格标准是每工时变动制造（服务）费用的标准分配率，它根据变动制造（服务）费用预算和直接人工总工时计算求得。

某电商企业的变动制造（服务）费用标准成本如表 8-7 所示，其具体的计算公式如下：

变动制造（服务）费用标准成本=单位产品直接人工标准工时×每小时变动制造（服务）费用的标准分配率

其中，变动制造（服务）费用标准分配率=变动制造（服务）费用预算总数÷直接人工标准总工时。

表 8-7　　　　　　　某电商企业的变动制造（服务）费用标准成本

标　　准		流通加工工序一	流通加工工序二
变动制造（服务）费用预算	运　　输	1 000	1 800
	电　　力	500	2 000
	消耗材料	3 000	5 000
	间接人工	1 500	2 500
	燃　　料	500	1 500
	其　　他	500	1 200
	合　　计	7 000	14 000
直接人工标准总工时		5 000	3 500
每小时变动制造（服务）费用的标准分配率		2.0	4.0
单位产品直接人工标准工时		3.0	2.0
变动制造（服务）费用标准成本		6.0	8.0
单位产品变动制造（服务）费用标准成本		14.0	

注：价格单位为元，工时单位为小时。

② 固定制造（服务）费用的用量标准与变动制造（服务）费用的用量标准是相同的，包括直接人工工时、机器工时、其他用量标准等，并且两者保持一致，以便进行差异分析。这个标准在制定直接人工用量标准时已经确定。固定制造（服务）费用的价格标准是其每小时标准分配率，它根据固定制造（服务）费用预算和直接人工标准总工时来计算求得。

某电商企业的固定制造（服务）费用标准成本如表 8-8 所示，其具体的计算公式如下：

固定制造（服务）费用标准成本=单位产品直接人工标准工时×每小时固定制造（服务）费用的标准分配率

其中，固定制造（服务）费用标准分配率=固定制造（服务）费用预算总数/直接人工标准总工时。

表 8-8　　　　　　　某电商企业的固定制造（服务）费用标准成本

标　　准		流通加工工序一	流通加工工序二
固定制造（服务）费用预算	折旧费	1 200	2 800
	管理人员工资	800	2 200
	间接人工	500	1 000
	保险费	500	800
	其他	600	200
	合计	3 600	7 000
直接人工标准总工时		3 000	5 000
每小时固定制造（服务）费用的标准分配率		1.2	1.4
单位产品直接人工标准工时		3.0	2.0
固定制造（服务）费用标准成本		3.60	2.80
单位产品固定制造（服务）费用标准成本		6.40	

注：价格单位为元，工时单位为小时。

二、本量利分析法在物流成本控制中的应用

实践内容：运用本量利分析法计算物流企业运输业务的盈亏平衡点。

应用步骤：①理解本量利分析的基本概念；②熟悉本量利分析的基本模型；③掌握盈亏平衡点的计算方法；④运用本量利分析法计算物流企业运输业务的盈亏平衡点和税前利润。

（一）什么是本量利分析

本量利分析是成本、业务量和利润依存关系分析的简称，也称 CVP 分析（Cost Volume Profit Analysis）或量本利分析，是指在变动成本计算模式的基础上，以数学化的会计模型与图文来揭示固定成本、变动成本、销售量、单价、销售额、利润等变量之间的内在规律性的联系，为会计预测决策和规划提供必要的财务信息的一种定量分析方法。

本量利分析着重研究业务量、价格、成本和利润之间的数量关系，它所提供的原理、方法在管理会计中有着广泛的应用，同时它又是企业进行决策、计划和控制的重要工具。

（二）本量利分析的基本模型

1. 本量利分析基本模型的前提假设

（1）在相关范围内，可将成本按性态划分为变动成本和固定成本两大类，这是本量利分析的基本前提条件。

（2）在本量利分析期间，固定成本、单位变动成本、产品售价保持不变，并且与利润具有线性函数关系。

（3）在本量利分析期间，产品产销数量保持一致，即存货保持不变。

（4）在本量利分析期间，对于多产品情形，产品生产组合和销售结构不变。

（5）假定不存在企业所得税，不考虑企业的融资成本。

2. 本量利分析的基本模型

（1）本量利分析的基本模型为：

利润=营业收入−营业成本

=单价×业务量−单位变动成本×业务量−固定成本

（2）本量利分析的数学模型为：

$$P=px-bx-a$$

其中，P 表示利润，p 表示单价，x 表示业务量，b 表示单位变动成本，a 表示固定成本。

从本量利分析的基本模型可以得出以下结论。

（1）当营业收入>营业成本时，企业盈利。

（2）当营业收入=营业成本时，企业不盈不亏。

（3）当营业收入<营业成本时，企业亏损。

（三）盈亏平衡点

1. 什么是盈亏平衡点

盈亏平衡点（Break Even Point，BEP）又称零利润点、保本点、盈亏临界点、损益分歧点、收益转折点，通常是指全部销售收入等于全部成本时（销售总收入线与总成本线的交点）的业务量，如图 8-9 所示。以盈亏平衡点为界限，当销售收入高于盈亏平衡点时，企业盈利，反之，企业就亏损。盈亏平衡点可以用销售量来表示，即盈亏平衡点的销售量；也可以用销售额来表示，即盈亏平衡点的销售额。

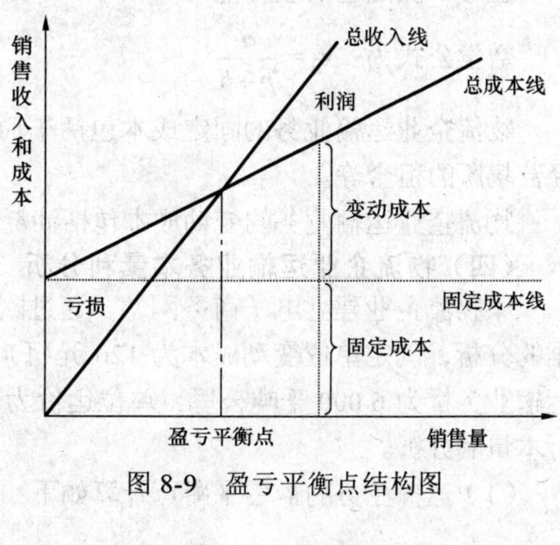

图 8-9 盈亏平衡点结构图

2. 盈亏平衡点的基本规律

盈亏平衡点结构图的横轴代表销售量，纵轴代表销售收入和成本。假定销售收入与销售量成正比，那么销售线是一条起于原点的直线。总成本线在等于固定成本的那一点与纵轴相交，且随着销售量的增加而成比例地表现为增长趋势。高于盈亏平衡点时，利润与销售收入之比随每一售出的产品而增加。这是因为贡献呈一固定比率，而分摊固定成本的基础却扩大了。从盈亏平衡点结构图中我们可以看出，盈亏平衡点的基本规律包括以下内容。

（1）盈亏临界点不变，销售量越大，能实现的利润越多，或亏损越少；销售量越少，能实现的利润也越少，或亏损越多。

（2）销售量不变，盈亏临界点越低，能实现的利润就越多，或亏损越少；反之，盈亏临界点越高，能实现的利润就越少，或亏损越多。

（3）在销售总成本既定的条件下，盈亏临界点受单位售价变动的影响而变动。产品单价越高，表现为销售总收入线的斜率越大，盈亏临界点就越低；反之，盈亏临界点就越高。

（4）在销售收入既定的条件下，盈亏临界点的高低取决于固定成本和单位变动成本的多少。固定成本越多，或单位产品的变动成本越多，盈亏临界点就越高；反之，盈亏临界点就越低。其中，单位产品变动成本的变动对于盈亏临界点的影响，是通过变动成本线的斜率的变动而表现出来的。

3. 盈亏平衡点的计算

（1）盈亏平衡点的基本数学模型。

$$\text{利润} = \text{营业收入} - \text{营业成本} = 0$$

即 $$P=px-bx-a=0$$

则保本点业务量 $$x_0=a/(p-b)$$

而保本点收入额 $$S_0=p\,x_0$$

（2）物流企业运输业务的盈亏平衡点计算公式。

物流企业的运输收入与运输成本间的数量关系，也同样有以下 3 种：运输收入>运输成本；运输收入<运输成本；运输收入=运输成本。其中当运输收入同运输成本相等时，企业处于盈亏平衡状态。如果企业的运输业务量在盈亏平衡点之下则亏损，在盈亏平衡点之上则盈利。

运输企业盈亏平衡点的运输业务量计算公式为：

$$\text{盈亏平衡点运输业务量} = \frac{\text{固定成本总额}}{\text{单位运价}-\text{单位变动成本}}$$

数学公式为：$x_0=\dfrac{a}{p-b}$

物流企业运输业务的固定成本包括车辆折旧、司机的工资、支付的利息、车辆保险费用、经营场所的租金等。

物流企业运输业务的变动成本包括油耗、维修费用等。

（四）物流企业运输业务本量利分析

某物流企业建立电子商务网站，通过网络招揽运输业务，我们通过对其运输业务历史数据的分析，确定单位变动成本为 120 元/千吨公里，固定成本总额为 30 万元。本月预计货物运输业务量为 6 000 千吨公里，单位运价为 180 元/千吨公里，请对该物流企业的运输业务进行本量利分析。

（1）运输业务的盈亏平衡点计算如下：

$$x_0=\frac{a}{p-b}=\frac{300\ 000}{180-120}=5\ 000(\text{千吨公里})$$

（2）运输公司的税前利润计算如下：

$$\begin{aligned}P&=px-bx-a\\&=180\times6\ 000-120\times6\ 000-300\ 000\\&=60\ 000（\text{元}）\end{aligned}$$

【任务拓展】

一、网店物流成本核算

（一）任务内容

某天猫网店专门从事图书和音乐 CD 的网上营销，本月采购图书 10 000 个单位，采购音乐 CD12 000 个单位，该网店自建有一个仓库，仓库中图书尚存 4 545 个单位，音乐 CD 尚存 9 550 个单位。该月为采购图书和音乐 CD 两种商品所耗费的服务资源总费用为 126 565 元，其中人工费 80 500 元、电费 3 835 元、折旧费 24 030 元、办公费 10 200 元、存货占用资金利息费 8 000 元。

网店共有员工 20 人，其中采购 4 人，收货 3 人，验货 2 人，储存 4 人，票款处理 3 人，一般管理 4 人。

本月各部门的耗电度数共有 3 913°，其中采购部门 400°，收货部门 600°，检验室 400°，仓库 1 333°，会计部门 480°，行政管理部门 700°。

网店固定资产为 160 万元，各部门占有固定资产的比例为采购部门 5%，收货部门 7%，检验室 10%，仓库 65%，会计部门 3%，行政管理部门 10%。

本月网店采购部门的图书购物单数量 106 个，音乐 CD 购物单数量 214 个；收货部门的图书收货单数量 82 个，音乐 CD 收货单数量 118 个；检验室的图书检验单数量 100 个，音乐 CD 检验单数量 300 个；会计部门的图书付款次数 106 次，音乐 CD 付款次数 214 次；行政管理部门在图书管理上花费的时间占 60%，在音乐 CD 上花费的时间占 40%。

（二）任务要求

本任务是一个自主学习型任务，要求学生一边学习一边自主完成，两个同学一组，时间为一天，任务完成后撰写《××网店物流成本核算报告》，字数不限，要求资源分配合理，计算正确，内容格式规范，条理清晰。

（三）任务步骤

步骤 1：绘制该网店的作业流程图。

步骤 2：确定资源动因，分配资源成本至作业成本库。

步骤 3：确定作业动因，分配作业成本至成本计算对象。

步骤 4：撰写《××网店物流成本核算报告》。

二、网店本量利分析

（一）任务内容

手淘上某网店专卖汽车模型，平均售价为 198 元，卖家自己直接从义乌小商品市场进货，平均每件进货成本 108 元，每次进货坐火车来回，一次采购汽车模型为 100 辆，每个模型的尺寸为 19.2cm×9.5cm×6.3cm，销售给买家时用快递寄送，物流费由买方承担。其在杭州市区租用了一间 100 平方米的房子，月租金 1 500 元，其中一半用于居住，一半当作玩具仓库。卖家购置了一台计算机，价值 8 000 元，还购买了一套进销存管理软件，价格 300 元；每月水电费 200 元，通信费 300 元，物业费 160 元，其他办公费用 220 元；销售每件汽车模型的包装材料费平均为 5 元。

请对该手淘网店进行本量利分析。

（1）计算该手淘网店销售汽车模型的盈亏平衡点的业务量和销售额。

（2）假设该手淘网店当月销售汽车模型 100 件，请问当月该手淘网店的销售利润是多少？

（二）任务要求

本任务是一个自主学习型任务，要求学生一边学习一边自主完成，两个同学一组，时间为一天，任务完成后撰写《××手淘网店本量利分析报告》，字数不限，要求分析过程介绍详细，计算正确，内容格式规范，条理清晰。

（三）任务步骤

步骤 1：计算该手淘网店的固定成本和变动成本。

步骤 2：计算该手淘网店销售汽车模型的盈亏平衡点的业务量和销售额。

步骤 3：假设该手淘网店当月销售汽车模型 100 件，计算该手淘网店销售汽车模型当月的利润。

步骤 4：撰写《××手淘网店本量利分析报告》。

项目九　跨境电商物流①管理

导　语

电子商务打破了传统的时空限制，交易更加透明、快速和简单，可以节省大量的人力和物力，更多的企业开始借助电子商务拓展国际市场。

电子商务没有时空限制，但货物的交付却有时空限制，而且跨境物流比国内物流更加复杂，风险更大，因此跨境电商的一个关键环节是做好跨境物流。

学习目标

知识目标

- 了解跨境物流的基本概念和特点
- 了解跨境物流的分类
- 了解我国跨境物流的发展概况
- 掌握跨境物流系统的运作流程

技能目标

- 具备为 B2C 型跨境电商企业操作出口物流的能力
- 熟悉 B2B 型跨境电商企业出口货物的流程
- 具备为 B2C 型跨境电商企业操作进口物流的能力
- 熟悉 B2B 型跨境电商企业进口货物的流程
- 具备保险费的计算能力
- 具备向海外客户寄送样品的能力
- 具备常见进出口贸易单证的识读和缮制能力

【项目导入】

亚马逊跨境物流服务

受制于地理因素，物流环节成为全球跨境电商卖家最大的痛点。在跨境物流中，单件商品运费高、递送速度慢、破损和丢包率高等问题成为出口电商卖家的发展瓶颈。亚马逊在全

---

① 跨境电商物流是跨境物流在跨境电商领域应用的默认说法，文中简称为跨境物流。

球拥有成熟而强大的自建物流系统，卖家可将繁杂的物流和后勤工作交由亚马逊来完成，为自己节省大量的人力、物力和财力，以便将精力专注于拓展核心销售业务。更为重要的是，亚马逊物流（FBA，Fulfilment by Amazon，即亚马逊提供的代发货业务）的高效、优质服务能够提高顾客消费体验，助力顾客实现业务的可持续发展，如图9-1所示。

图 9-1　亚马逊物流设施

跨境物流中出现的问题主要来源于复杂烦琐的运输过程，这是跨境电商卖家最为头疼的问题。亚马逊物流+推出了一站式物流服务，凭借亚马逊覆盖全球的物流服务网络，加上亚马逊物流+的丰富操作经验和专业的海外团队，可以为出口卖家提供境内境外无缝对接、全程可控的一站式物流服务。以我国出口到北美市场的跨境电商物流为例，其主要流程如下。

（1）我国工厂或卖家可以选择由亚马逊上门取货，或者直接将货物运输到亚马逊中国集货仓库。

（2）由亚马逊物流+统一负责出口、清关等，然后通过海运或空运运到目的地。

（3）再由亚马逊物流+统一负责进口、清关。

（4）由亚马逊物流+负责运输到销售目的地所在的亚马逊仓库。

（5）根据买家订单，由亚马逊海外团队负责运送到终端客户手中。

亚马逊跨境物流一站式物流服务打通了物流的中间环节，避免了物流服务的碎片化，让人非常的安心。亚马逊物流+的服务在时效性和费用上最为出口电商卖家所看重的是免费锁仓服务。所谓锁仓，就是把同一批货物FBA发货计划全部集中锁定到某个确定的仓内，从而避免系统把整批货分拆分配到全美各FBA仓，这样就显著地降低了头程成本。

例如，一批45个立方的货物发货计划，在一般情况下，被分配到美国中东部的TX、FL两个地区的FBA仓，头程运费在45 000元左右；而采用锁仓模式，被锁定到ONT8（美国某运营中心代号），头程运费成本只要25 000元左右，优势可谓明显。

目前，免费锁仓服务的基本规则是标准货物会被锁到ONT8，超大件会被锁到IND5，服装首饰类会被锁到SDF8。在锁仓方向一致的情况下，这些货物就可以被统一安排、统一出运，以达到降低运费单价的目的。

亚马逊物流+涵盖FBA入仓前的头程服务，我国出口卖家的货物到了亚马逊，就只需要等待商品运输到销售地点即可，这能帮助中国出口卖家更好地开拓北美市场。此外，亚马逊物流+的客户们还享有独特的“优先预约”权，能够让自己的货物“优先入仓”。实践证实，“优先入仓”服务能够让卖家的货物提前近一周入仓。在销售旺季中，亚马逊可以确保货物快速及时地入仓，避免卖家因旺季爆仓长时间排队等候而错过黄金销售机会。

思考：

1. 亚马逊跨境物流服务有哪些特点？
2. 亚马逊跨境物流服务适合什么样的跨境电商企业？
3. 请分析跨境电商企业选择锁仓的利和弊。

【知识准备】

一、跨境物流的概念

（一）跨境物流的含义

跨境物流（Cross Border Logistics）是指在生产和消费在两个或两个以上的国家（或地区）独立进行的情况下，为克服生产和消费之间的空间距离和时间距离而对物资（货物）所进行的物理性移动的一项国际经济贸易活动，通过跨境物流，企业可以实现国际商品交易的最终目的，即卖方交付单证、货物和收取货款，买方接受单证、收取货物和支付货款。跨境物流的实质是根据国际分工协作的原则，依据国际惯例，利用国际化的物流网络、物流设施和物流技术，通过国际管理，实现货物在国际间的流动与交换，以促进区域经济发展和世界资源的优化配置。

当前，越来越多的企业正通过自建的电子商务网站或跨境贸易电子商务平台向全球销售中国制造的产品。而要将中国制造的产品运送至世界各地，就需要合理组织货物在国际间的流动，为企业的跨境贸易提供优化的物流服务，即选择最佳的方式和路径，以最低的费用和最小的风险，保质、保量、适时地将商品从供方运送到另一国家或地区的需方，这个过程如图 9-2 所示。

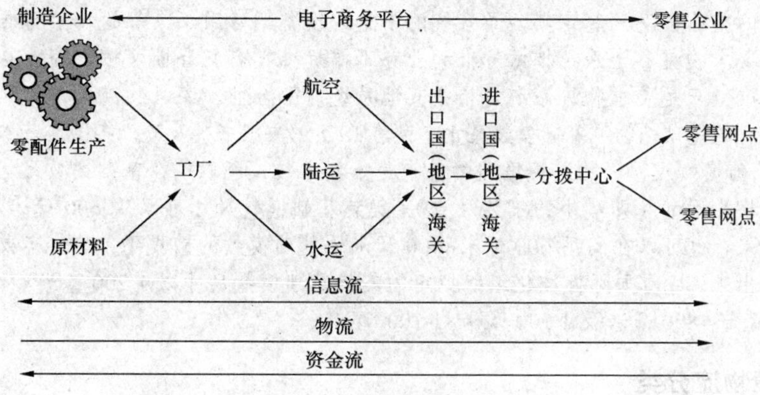

图 9-2　跨境电商物流

（二）跨境物流的特点

（1）物流环境存在差异，物流系统更加复杂。跨境物流的一个非常重要的特点是，各国（地区）物流环境存在差异，尤其是物流软环境存在差异。不同国家（或地区）的物流适用法律的差异使跨境物流的复杂性远高于一国的国内物流；不同国家（或地区）的不同经济和科技发展水平会影响跨境物流的科技支撑条件；不同国家或地区的不同标准，也造成国际间“接轨”的困难；不同国家或地区的风俗人文也使跨境物流受到很大限制。物流环境的差异，迫使跨境物流系统需要在几个不同法律、人文、习俗、语言、科技、设施的环境下运行，这无疑会大大增加物流系统的复杂性。

（2）物流系统范围广，中间环节多，风险性高。物流由于本身的功能要素、系统等原因，与外界的沟通已很复杂，跨境物流还要在此基础上增加不同国家（或地区）的地域差异等因素，所以难度和复杂性更高。当然，也正是因为如此，跨境物流一旦融入现代化系统技术，效果也比以前更显著。例如，开通某个“大陆桥”之后，跨境物流速度会成倍提高，效益显著增加，正说明了这一点。

（3）跨境物流必须有国际化信息系统的支持。国际化信息系统是跨境物流，尤其是国际联运非常重要的支持手段。国际信息系统建立的难点有两个，一是管理困难，二是投资巨大，再加上世界上各国家（或地区），之间的物流信息发展水平不均衡，导致信息系统的建立更为困难。当前，跨境物流信息系统的一个较好建立办法是和各国海关的公共信息系统联网，以及时掌握各个港口、机场和联运线路、站场的实际状况，为供应或销售物流决策提供支持。跨境物流是最早发展“电子数据交换”（EDI）的领域，以 EDI 为基础的跨境物流将会对物流的国际化产生重大影响。

（4）跨境物流的标准化要求较高。要使国际间物流畅通起来，统一标准是非常重要的，可以说，如果没有统一的标准，跨境物流水平是提不高的。目前，美国、欧洲各国基本实现了物流工具、设施的统一标准，如托盘尺寸为 1 000 毫米×1 200 毫米，这样大大降低了物流费用和转运难度。而不向这一标准靠拢的国家（或地区），必然在转运、换车底等许多方面多耗费时间和费用，从而降低其国际竞争能力。在物流信息传递技术方面，欧洲各国不仅实现了企业内部的标准化，而且实现了企业之间及欧洲统一市场的标准化，这就使欧洲各国之间的交流比与亚洲、非洲等国家（或地区）之间的交流更简单、更有效。

知识链接：物流标准化

物流标准化是指在运输、配送、包装、装卸、保管、流通加工、信息管理等环节中，对重复性事物和概念，通过制定、发布和实施各类标准，达到协调统一。物流标准化包括三个方面：一是从物流系统的整体出发，制定其各子系统的设施、设备、专用工具等的技术标准，以及业务工作标准；二是要求物流各子系统技术标准和业务工作标准具有配合性，按配合性要求，统一整个物流系统的标准；三是要求物流系统与相关其他系统有配合性，谋求物流大系统的标准统一。

物流标准化的基础是物流基础模数尺寸，目前 ISO 中央秘书处及欧洲各国已基本认定 600 毫米×400 毫米为基础模数尺寸。物流标准化的基点是集装系统，所以，在基础模数尺寸之上，还要确定集装的基础模数尺寸（即最小的集装尺寸）。集装基础模数尺寸可以从 600 毫米×400 毫米按倍数系列推导出来，也可以在满足 600 毫米×400 毫米的基础模数的前提下，从卡车或大型集装箱的分割系列推导出来。目前国际标准化组织拟定的集装基础模数尺寸以 1 200 毫米×1 000 毫米为主，也允许 1 200 毫米×800 毫米及 1 100 毫米×1 100 毫米。

（三）跨境物流分类

跨境物流有以下几种分类方法。

（1）根据商品在关境之间的流向分类，可以分为进口物流和出口物流。

（2）根据商品的交易模式分类，可以分为 B2B 跨境物流和 B2C 跨境物流。

（3）根据商品流的关税区域分类，可以分为不同国家（或地区）之间的物流和不同经济区域之间的物流。

（4）根据运送的商品特性分类，可以分为国际军火物流、国际商品物流、国际邮品物流、国际捐助物流等。

（四）跨境物流发展概况

我国跨境电子商务发展迅速，但跨境物流不能跟上它的发展速度，二者无法实现协同发展。跨境物流网络系统缺乏协同，具体表现在仓储、运输、海关、配送等物流功能缺乏协同，国内物流、跨境物流与目的国物流衔接缺乏协同。目前，我国跨境物流存在的主要问题有以下几个。

（1）成本高。跨境物流与国内物流最大的不同就是物流成本高。

（2）运输周期长。跨境物流主要包括境内物流、国际运输、境外物流，因此跨境物流的时间远远长于境内物流。

（3）物流信息不透明。由于跨境物流是在国家（或地区）间进行的，存在信息不对称和信息衔接的漏洞。

二、跨境物流系统

跨境物流系统是以实现国际贸易、国际物资交流大系统的总体目标为核心的。跨境电商交易达成后的履行过程就是跨境物流系统的运作流程，如图 9-3 所示。

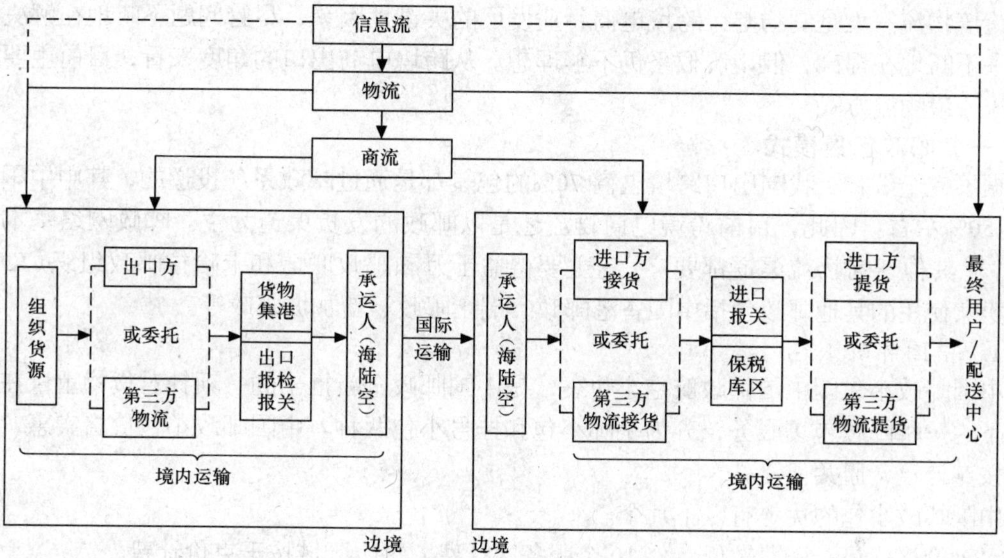

图 9-3　跨境物流系统的运作流程

跨境物流系统在国际信息流系统的支撑下，借助运输和储运等作业的参与，在进出口中间商、国际货运代理及承运人的通力协助下，借助跨境物流设施，共同完成货物的国际运输。

跨境物流系统包括三个部分：一是系统的输入部分；二是系统的输出部分；三是系统输入与输出间的转换部分。下面以采用 FOB（Free On Board，船上交货）条款的国际货物出口为例，阐述跨境物流系统的运作模式。

（一）跨境物流系统的输入部分

跨境物流系统输入部分的内容有：卖方备货、货源落实、接收买方的信用证；买方租船订舱的船期和班次信息；购买货物保险；卖方编制出口货物运输计划；其他物流信息。

（二）跨境物流系统的输出部分

跨境物流系统输出部分的内容有：货物从卖方经国际运输运送至买方；卖方交齐各项出口单证；贸易结算、买方收汇；船舶公司提供国际货物运输物流服务；经济活动分析、理赔及索赔。

（三）跨境物流系统的转换部分

跨境物流系统输入与输出间转换部分的内容有：商品出口前的加工整理；包装、贴标签；储存；国内运输和国际运输；商品进港、装船；制单、交单；报检员报检、报关员报关。此部分需要许多现代物流管理方法、手段和设施的介入。

当然，除了上述三个部分外，跨境物流系统还存在许多干扰因素，如国际政治、国内政治、国际经济、国内经济、风俗习惯、政策法令等方面的制约，会使得系统偏离原计划内容。这些因素是很难预计和控制的，因此跨境物流系统需要具备较强的应变适应能力。

【工作任务】

一、B2C 型跨境电商商品出口物流

工作任务要求：梳理每一种邮政包裹模式的资费价格、尺寸限制、包装要求、保险理赔、退件费用、查询方法、违禁品规定等，比较分析每一种邮政包裹模式的优缺点，以及适用对象。

跨境物流一直是制约整个跨境电商行业发展的关键性因素，尽管问题不断地在解决，服务水平不断地在提高，但境况似乎仍不够理想。从跨境电商出口的角度来看，目前主要有五种主流跨境物流方式。

（一）邮政包裹模式

据不完全统计，我国出口跨境电商 70%的包裹都是通过邮政系统投递的，其中中国邮政占据 50%左右。因此，目前跨境电商物流还是以邮政的发货渠道为主。邮政网络基本覆盖全球，比其他任何物流渠道都要广，这主要得益于万国邮政联盟和卡哈拉邮政组织（KPG）。中国卖家使用的其他邮政包括中国香港邮政、瑞士邮政、新加坡邮政等。

1. 中国邮政小包

中国邮政小包即中国邮政航空小包裹，是中国邮政全新推出的一项针对货物重量在 2 千克以下的一种邮政包裹服务，分为平邮小包和挂号小包两种。中国邮政小包价格实惠，包裹运费按克计算，通关便捷。

中国邮政小包的优势有以下几个。

（1）价格优势：资费较低，分 10 个服务区计费，每个区域按千克价计费。

（2）全球化：中国邮政航空小包可以将产品送达全球几乎任何一个国家或地区的客户手中，只要有邮局的地方都可以到达，大大扩展了外贸卖家的市场空间。

（3）适用范围广：eBay、敦煌等平台都可以使用。

中国邮政小包的服务时效为 5 ~ 30 个工作日，亚洲邻国为 5 ~ 10 个工作日，欧美国家为 7 ~ 15 个工作日，其地区为 7 ~ 30 个工作日。

中国邮政小包按照分区计费，平邮是分区价格+2 元/件（处理费），挂号是分区价格+8 元/件（挂号费）。中国邮政小包按件计费，直接登录官网输入目的地、国家（或地区）、重量即可查询价格。

中国邮政小包的重量限制为包裹重量≤2 千克。

中国邮政小包货物尺寸限制：非圆筒货物为长+宽+高≤90 厘米，单边长度≤60 厘米，长度≥14 厘米，宽度≥9 厘米；圆筒形货物为直径的两倍+长度≤104 厘米，单边长度≤90 厘米，直径的两倍+长度≥17 厘米，长度≥10 厘米。

中国邮政小包保险理赔规定是指在寄递过程中因非客户过失而发生丢失、短少、损毁和延误，客户可向中国邮政申请赔偿。包裹损坏或丢失，中国邮政将赔偿 2 倍运费。但对间接损失和未实现的利益不承担赔偿责任。由于不可抗力等原因造成的（保价邮件除外）损失等，中国邮政不承担赔偿责任。

中国邮政小包退件会安排相关人员通知客户退件并安排退回；正常退件的周期为网上显

示签收退件后的一个月以内，深圳以外地区的退件，一般会在 3 个月之内安排；因安检问题邮局查获的违禁货件不安排退回，客户需联系邮政相关人员。

中国邮政小包可在官方网站跟踪查询。邮包发出后 1 个月，如客户仍未收到，客户可向邮局递交查询需求，同时需填写邮局查询单，中国邮政小包查询回复时间正常为 3 ~ 6 个月。中国邮政小包平邮不提供查询服务。

中国邮政小包必须填写一联的报关单，报关单上的寄件人姓名、地址要正确填写；报关单上的收件人姓名、地址，客户须用英文填写完整；报关单上的内件物品名称、数量、重量及价值须由客户填写；报关单上包裹号码处（该邮件为挂号邮件）应由客户将该包裹的追踪码填写清楚；报关单上寄件人签名处须由客户签署自己的中文姓名。

2. 中国邮政大包

重量在 2 千克以上，通过邮政空邮服务寄往国外的大邮包，可以被称为邮政大包。中国邮政大包有三种服务方式，分别为空运、水陆运输、空运水陆路运输，可寄达全球 200 多个国家和地区，对时效性要求不高而重量稍重的货物，可选择使用此方式发货。

中国邮政大包的优势有以下几个。

（1）成本低。价格较 EMS 稍低，且和 EMS 一样不计算体积重量，没有偏远附加费，相对于其他运输方式（如 EMS、DHL、UPS、FedEx、TNT 等）来说，中国邮政大包有绝对的价格优势。采用此种发货方式可最大限度地降低成本，提高价格竞争力。

（2）交寄相对方便，可以到达全球各地，只要有邮局的地方都可以到达。

（3）方便、快捷，并由公司统一打印运单，减少了客户的麻烦。

（4）提供包裹的追踪查询服务。

中国邮政大包服务时效为 10 ~ 20 天，计费方式为首重 1 千克的价格+续重 1 千克的价格×续重的数量（除中国香港以外寄往其他国家和地区的速递邮件，单件重量不能超过 30 千克，每票快件不能超过 1 件）。中邮航空大包报价：公布价的 9 折+8 元/票；中邮航空水陆路大包报价：公布价的 9.5 折+8 元/票+续重 10 元/千克燃油费；中邮水陆路大包报价：公布价格+8 元/票。

中国邮政大包货物尺寸限制为：单边≤1.5 米，长度+长度以外的最大横周≤3 米；单边≤1.05 米，长度+长度以外的最大横周≤2 米。中国邮政大包最小尺寸限制为：最小边长≥0.24 米、宽≥0.16 米。

中国邮政大包保险理赔规定：如果邮包在邮寄过程中发生丢失，并经中国邮局确认，卖家可向邮局提出赔偿申请，标准赔偿为按实际损失或申报价值赔偿，但最高不得超过下列公式计算出来的总和：400 元/件+45 元/千克。由于邮件丢失或内件完全损毁而支付补偿金时，按实际金额（折后价）退回所收邮费，但挂号费不退。中国邮政大包可提供保险服务。

中国邮政大包裹和香港包裹国外退件都是有费用的。中国邮政大包裹是发多少运费，退回时根据你选择的退回方式收取对应的运费。

中国邮政大包离开当天，其信息就可在中国邮政网被查询到，且有全程跟踪。

中国邮政大包违禁品包括：国家法律法规禁止流通或寄递的物品；反动报刊、书籍、宣传品或者淫秽物品；爆炸性、易燃性、腐蚀性、放射性、毒性等危险物品；妨害公共卫生的物品；容易腐烂的物品；各种活的动物；不寄运寄达国家（地区）法律所规定的禁运物品，不寄运航空公司禁止承运的物品；各种货币，以及不适合邮寄条件的物品。

3. 中国香港邮政小包

中国香港邮政小包又称香港小包，中国香港邮政尽心尽力为各界服务，实践“传心意，递商机”

的企业精神，现已成为灵活多变、以客为本、市场主导的服务机构。中国香港邮政不但网络庞大，覆盖全面，而且信誉卓著。除传统业务外，更积极开拓新的产品市场，提供多元化的物流服务。

中国香港邮政小包的优势有以下几个。

（1）资费低。相对于其他运输方式（如 EMS 等），中国香港邮政小包有绝对的价格优势。采用此种发货方式可最大限度地降低成本，提升价格竞争力。

（2）简便性。中国香港邮政小包交寄方便，且计费方式全球统一，以重量“克”计算费用，不计首重和续重，大大简化了运费核算与成本控制流程。

（3）全球化。中国香港邮政小包可以将产品送达全球几乎任何一个国家或地区的客户手中，只要有邮局的地方都可以到达，大大扩展了外贸卖家的市场空间。

（4）通关效率高。中国香港是自由港，从没有发生扣关的情况。

（5）敏感产品服务。根据公司的业务状况，可以为客户提供敏感产品的邮递。

（6）适用的货物范围广。除了国际违禁品以外，一般无特别的限制。

中国香港邮政小包服务时效为 7～15 天，平邮价格为 92 元/千克；挂号价格为 95 元/千克+15 元/件；重量限制为包裹重量≤2 千克。香港小包平邮单件包裹必须大于 70 克，如果低于平均单件重量（低于 70 克），需按 10 元/千克加收费用。

知识链接：中国香港邮政小包资费计算

假设某速卖通卖家销售商品发货选择中国香港邮政小包，重量为 120g，请计算运费。

香港邮政小包运费计算如下。

平邮运费=120/1000 × 92=11.04（元）

挂号运费=120/1000 × 95+15=26.4（元）

中国香港邮政小包货物尺寸限制为如下。非圆筒包裹：长+宽+高≤90cm，单边长≤60cm，长≥14cm，宽≥9cm。圆筒形包裹：直径的两倍+长≤104cm，单边长≤90cm，直径的两倍+长≥17cm，长≥10cm。

中国香港邮政小包保险理赔时，购买保险的包裹，收费与赔偿按照“保险服务”条款执行；如果未投保，自交寄日 1～3 个月内申请理赔，中国香港挂号小包如果确认丢失将按照申报价值+邮费进行赔偿。挂号费不退，但最高赔偿不超过 320 元港币。平邮小包不接受查询，不提供赔偿服务。如因海关抽查、天气等其他不可抗拒的因素造成丢失，无任何赔偿。

中国香港邮政小包发生退件时，包裹先退回到中国香港邮局，然后转回大陆，退件费用为的计费标准 50 元/千克，时间为 1～3 个月。

在中国香港邮政网站可查询挂号包裹的离港信息，离港后的信息需到目的地国家邮政网站查询。挂号包裹查询未妥投，可提交查询，中国香港邮局查的询期是 1～3 个月，平邮包裹不提供查询。

中国香港邮政小包遵守《邮政法》及其实施细则，邮包内不得夹寄现金、危险品，不寄运寄达国家（地区）法律所规定的禁运物品，不寄运航空公司禁止承运的物品。

中国香港邮政小包包装要求必须粘贴的标签有报关单、特许账号、地址标签等。报关单为寄件人填写的一张 CN22 报关单，粘贴在包裹上面，客户需将包裹内的物品名称、申报价值、重量、地址填写在指定栏目中，价值相关的栏目应标明币种，建议使用美元。特许账号必须粘贴在包裹上，平邮和挂号特许账号标签不同，如贴错，将被视为邮费不足，包裹会被退回。地址标签粘贴在包裹正面的中间位置。包装要保持完好，不易破损，尽量不要带无关标识。易碎品建议粘贴易碎品的标志。地址及条码最好以透明胶布覆盖，以防水湿、磨损、脱落，导致无法派递或其他问题。

4. 瑞士邮政小包

瑞士邮政小包又称瑞士小包、瑞士挂号小包，是瑞士邮政推出的一项针对重量在 2 千克内的货物的一种邮政小包服务，具有时效快、通关能力强的特点。瑞士邮政小包业务是瑞士邮政开展的一项可寄达全球 200 多个邮政网点的邮政小包服务，是一项经济实惠的国际邮件运输服务项目。它包含瑞士邮政挂号、瑞士邮政平邮两种服务。

瑞士小包有以下几个优势。

（1）价格实惠，适合小件非紧急物品的邮寄。

（2）操作简便，计算价格简单。

（3）欧洲地区主要国家平均投寄时间只需 6 ~ 10 个工作日，有利于客户开拓欧洲市场。

瑞士小包服务时效为 6 ~ 10 个工作日；价格以广东地区的客户为例，平邮（CHBAM）是 90 元/千克，挂号（CHBRAM）是 100 元/千克+13 元/个；重量限制为包裹≤2 千克。

瑞士小包货物尺寸限制为长（cm）+宽（cm）+高（cm）≤90cm；货物最长边≤60cm。

瑞士小包的保险理赔的根据是客户是否对货物进行投保，如果挂号邮件有延误，一般不会给予赔偿；挂号邮件如有遗失或者损坏，客户最高可获得 320 元港币赔偿（不包括挂号费），赔款不会超过失物的市值或受损部分的价值，间接损失或利润亏损不会计算在内。

瑞士小包的退件一般两个星期退回一次，退件按照邮政路线退回。

瑞士小包的跟踪查询通过瑞士邮政的网站进行。

瑞士小包禁寄物品包括仿牌物品、假牌物品、电池、含电池的物品、喷雾容器、酒精类液体、石棉、丁烷打火机、医疗废品、毒性物品、腐蚀物品、假钞、药品、干冰、易燃易爆品、淫秽物品、超过标准的磁性物品、氧化物和有机过氧化物、武器弹药、溶解性油漆涂料和其他当地法律禁止邮寄的物品。限制投寄的物品有：紧急用于医疗或科研的药品、体育用的枪支、活动物、磁性物品、易腐品、放射性物品、疫苗等；不寄运寄达国家（地区）法律所规定的禁运物品，不寄运航空公司禁止承运的物品。

瑞士小包的包装要求是每个邮件右上角粘贴瑞士邮政回邮地址标签及特许标志，每个邮件上粘贴由瑞士邮政提供的 CN22 报关单，报关单内需如实、准确申报邮件内件情况，包括物品重量、价值、品名等；挂号邮件粘贴由瑞士邮政提供的专用挂号条码，其中 RP***CH 条码用于发往除瑞士之外其他国家（或地区）的邮件，数字开头的条码用于发往瑞士的邮件。

5. 新加坡邮政小包

新加坡邮政小包（又称新加坡小包）服务是新加坡邮政开展的一项全球邮政小包业务服务，它包含新加坡邮政国际小包挂号。新加坡邮政国际小包和中国香港国际小包服务一样是针对小件物品的空邮产品，可寄达全球各个邮政网点。

新加坡邮政小包的优势有以下几点。

（1）费用低，价格低至国际快递的 20%，节约物流成本。

（2）安全性高，丢包率低，提供额外保险服务。

（3）查询便捷，发货后 1 ~ 2 个工作日，客户便可在线查询包裹详细派送信息。

（4）当日收件处理，次日过港发往目的地。

新加坡邮政小包的服务时效为 7 ~ 15 个工作日，新加坡邮政小包计费方式统一，不计首重续重，统一按克计算，价格优惠，发货前只收取包裹运费，而此价格不包含目的地国家或地区可能产生的任何税项。新加坡邮政小包通关效果好，一般情况下是没有关税的，但如果产生关税或者其他杂费，均需收件人支付；如收件人拒绝支付，包裹将被退回或者弃件。

新加坡邮政小包的重量限制为不超过 2 千克。

新加坡邮政小包货物尺寸限制如下。体积限制：最大规格，长+宽+高＜90 厘米，最长边＜60 厘米；最小规格，14 厘米×9 厘米。圆筒形货物尺寸限制为：最大规格，直径的两倍+长度≤104 厘米，单边长度≤90 厘米；最小规格，直径的两倍+长度≥17 厘米，长度≥10 厘米。

新加坡小包保险理赔规定是到新加坡邮政处理后上网，一般 3 ~ 4 个工作日可以上网，在上网前包裹丢件，一般按照申报价值+运费赔偿客户损失（上限为 100 美元），最高不超过 3 倍运费（挂号费不计 3 倍）；在寄递过程中因非客户过失而发生丢失、短少、损毁和延误，客户需向新加坡邮政申请赔偿。包裹损坏或丢失，邮局将按申报价值赔偿，最高不超过 68 新加坡元。但对间接损失和未实现的利益不承担赔偿责任；由于不可抗力等原因造成的（保价邮件除外），新加坡邮政不承担赔偿责任。

新加坡邮政小包先退回中国香港，然后进口到大陆的联系货代，费用为 50 元/千克，时间为 1 ~ 3 个月。

客户可在 1~2 个工作日在新加坡邮政网查询新加坡邮政小包的相关记录，但跟踪及签收记录需要在新加坡邮政网各国查询链接网址上查询。

新加坡邮政小包必须遵守《邮政法》及其实施细则，邮包内不得夹寄现金、危险品；不寄运寄达国家（地区）法律所规定的禁运物品；不寄运航空公司禁止承运的物品。

新加坡小包的包装上必须粘贴的标签包括报关单、Lable 标签和地址标签。报关单为寄件人填写的 CN22 报关单，粘贴在 Lable 标签右边或者包裹背面，客户需将包裹内物品名称、申报价值、重量、地址填写在指定栏目中，价值相关的栏目应标明币种，建议使用美元。Lable 标签粘贴在包裹正中间，平邮和挂号特许账号标签不同，如贴错，将被视为邮费不足，包裹会被退回。地址标签粘贴在包裹正面的中间位置。包装要完好，不要破损，尽量不要带无关标识。易碎品建议粘贴易碎品的标志。

（二）国际快递模式

国际快递模式指的是四大商业快递巨头——DHL、UPS、联邦快递和 TNT 所采取的邮递方式。这些国际快递商通过自建的全球网络，利用强大的 IT 系统和遍布世界各地的本地化服务，为网购中国产品的海外客户带来极好的物流体验。例如，通过 UPS 寄送到美国的包裹，最快可在 48 小时内到达。然而，优质的服务往往伴随着昂贵的价格。一般中国商户对只有在客户时效性要求很高的情况下，才使用国际商业快递来派送商品。

1. DHL

DHL 是一家创立于美国，目前为德国与美国合资的速递货运公司，是目前世界上最大的航空速递货运公司之一。DHL 为客户提供从文件到供应链管理的全系列的物流解决方案。

DHL 的优势体现在以下几个方面：（1）完善的快递和物流服务；（2）全球最大的快递和物流网络；（3）航空——用飞行连接世界，DHL 拥有 4 家航空公司。

DHL 的服务时效为 2 ~ 7 个工作日（全球派送）。

DHL 的价格在计算时要考虑体积重量，①如果体积重量大于实际重量，则按体积重量计费，

① 体积重量=长×宽×高（立方厘米）/系数（立方厘米/千克）

即从较大者为准。另外，DHL 还征收偏远附加费、纺织品附加费。

DHL 重量限制为包裹重量≤70 千克。

DHL 货物尺寸限制为单件最长边≤1.2 米。

DHL 保险理赔时，对于购买保险的包裹，收费与赔偿按照“保险服务”条款执行。对于未投保而出现货件损失、延误，遗失部分托运货件的，客户可在送达 24 小时内提出申请；对于未送达托运货件的，客户可从托运日起 14 个工作日提交申请。赔偿标准最高为免运费，赔偿包裹的申报价值最高不超过 100 美元，部分破损或丢失需按实际丢失数量占总数的百分比赔偿，但最高赔偿不超过 100 美元。

DHL 退件规定：如果因收件人无法签收、由于包裹无法进入目的地海关或在规定的期限内未提供处理意见，而导致包裹被退回，从目的地国退回中国香港或深圳的运费将由发件人承担。购买保险的包裹，收费与赔偿按照“保险服务”条款执行。

客户可通过 HKDHL 查询网站跟踪查询包裹，在货物过港当天就可以看到收件记录 。在 HKDHL 网站上可以查询到全程跟踪信息，并可以查到签收时间和人名。DHL 快件发货后即可产生跟踪号，正常在发货后两个工作日内上网。

DHL 的禁寄品包括国家海关禁止运输的物品，航空禁运的危险物品、液体，粉末等，及国家明令禁止出口的货物，如古董、货币及其他侵权产品；需要额外提供资料的物品，如寄送电池及含电池的物品；需提供 MSDS 证明和电池信（需提供正本）的物品，邮寄名牌产品需提供正规购买发票或授权书。

知识链接：DHL 客户订单系统操作

申报品名时需要填写实际品名和数量。不接受礼物或样品申报。客户可以自己决定填写的金额，建议按货物的实际申报价值申报，以免产生高额关税及罚金。HKDHL 不接受 PO BOX 邮箱地址，客户必须要提供收件人电话，以上资料应用英文填写，其他的语种不可以使用。

2. UPS

UPS 于 1907 年作为一家信使公司成立于美国，UPS 如今已发展成拥有 497 亿美元资产的大公司。UPS 是世界上最大的快递承运商与包裹递送公司，同时也是专业的运输、物流、资本与电子商务服务的领导性的提供者。

UPS 有以下几个优势。

（1）服务优势。服务区域广，服务网点遍布全球 200 多个国家和地区，4 400 个 UPS 营业店，1 300 个（全球）UPS 服务中心，1 000 个授权服务点，17 000 个 UPS 投递箱。

（2）物流设备先进，基础设施完善。运送装备有：91 700 辆包裹运输车，包括篷货车，拖拉机与摩托车，268 架喷气式飞机，309 架租赁的飞机。

（3）业务覆盖面广。主要业务涵盖物流与配给、运输（包括空运、海运、路运、铁路运输）、货运代理、国际贸易管理和清关代理；特别业务包括服务零配件物流、技术维修和配置、供应链设计和计划、退货管理和紧急零配件递送等。

UPS 的服务时效为 2～6 日（到达 220 个国家和地区）。

UPS 的价格在计算时要考虑体积重量，公布价不含偏远附加费、关税、退件费、处理费等费用。

UPS 的重量限制为包裹重量≤70 千克，若 UPS 国际快递接受超过重量限制的货件，将对每个包裹收取超重超长费用 378 元人民币。

UPS 的货物规格限制为单件最大重量为 70 千克；单件最大长度为 270cm；单件最大尺寸为长+（2×宽）+（2×高）= 330cm，货物单件重量≤30 千克。

UPS 的保险理赔规定为 30 元人民币/票起；申报价值在 100 美元以上的货物，保费按 0.8%计，免赔额为 100 美元。

UPS 的退件规定：从目的地退回中国香港产生公布价退件运费，从中国香港进口到深圳为 50 元人民币/千克，个别价值高的物品可能运费更高。退件时间不确定，一般为 10 天至一个月。

UPS 包裹可登录其网站进行跟踪查询。

UPS 违禁品包括：酒精饮料、动物皮毛（非驯养）、贵重物品（如艺术品、古董、宝石以及金银物品），危险货物、危险品、轻武器，毛皮、象牙和象牙制品，活的动物、货币和有价证券，易腐坏货物、随身物品（到美国和加拿大除外），植物、色情物品，种子、非一般价值的邮票，烟草和烟草制品、单独运送品，某些国家或地区另外规定的一些禁止或限制运输的货件。遵守每个国家或地区适用的当前政府规定或法律是发货人的责任。

UPS 的包装要求整齐、保护完善，外包装无任何标志，地址、跟踪条码、报关单信息等要完整、粘贴平整，无破损。

3. 联邦快递

联邦快递 （FedEx）是一家国际性速递集团，总部设于美国田纳西州。联邦快递是全球最具规模的快递运输公司，每个工作日运送的包裹超过 320 万个，其在全球拥有超过 138 000 名员工、50 000 个投递点、671 架飞机和 41 000 辆车，为全球超过 200 多个国家及地区提供快捷、可靠的快递服务。联邦快递分为经济价（IE）和优先速递(IP)。

FedEx 的优势有：安全性高，速度快，主要国家或地区一般只需 2～4 个工作日即可送达，价格特别优惠，售后服务好，赔偿周期短。

FedEx 服务的时效为：IP—2～4 个工作日，IE—4～6 个工作日。

FedEx 的价格考虑体积重量，如果货物体积重量大于实际重量，则按体积重量计费。另外，FedEx 还收取偏远附加费、燃油附加费、更改地址费、住宅交付附加费、高托运申报价值附加费等。

FedEx 的重量限制为包裹重量≤68 千克。

联邦快递服务对于货件无体积和重量限制，但是对于单件货物的体积和重量有限制。可以一票多件（其中每件都不超过 68 千克），单票的总重量不能超过 300 千克，超过 300 千克的需提前预约；单件或者一票多件中单件包裹有超过 68 千克的，需要提前预约。联邦快递申报价值超过 5000 元人民币的要单独报关。

FedEx 对货物尺寸的限制为单件最大长度为 270cm；单件最大尺寸为长+2 × 宽 + 2 × 高 = 327cm。

FedEx 保险理赔规定：购买保险的包裹，收费与赔偿按“保险服务”条款执行。未购买保险的包裹。货件损坏、延误，遗失部分托运货物，索赔从托运货件送达后起的 21 个工作日内提出；未送达索赔，自托运日起 9 个月内连同说明文件以书面或者邮件形式递交，以联邦快递的实际赔偿为准。

FedEx 提供退件服务。

FedEx 包裹经处理发货后会产生跟踪号，正常发货当天可以上网，上网后客户可将网站提供的跟踪号作为参考信息进行实时跟踪。

FedEx 的禁寄品包括国家海关禁止运输的物品，航空禁运的危险物品、液体、粉末等，国家明令禁止出口的货物，如古董、货币及其他侵权产品，以及寄达国家（地区）法律所规定的禁寄物品。

知识链接：联邦快递操作要求

（1）交货清单须备注相应的产品名称，运单号码、快件类型、重量、件数、目的地国家（或地区）、付款方式等内容。

（2）随货须提供一式三份的发票，发票上必须提供对应品名的 HS 海关商品编码，申报品名详细，建议用以下方式填写：品名+材质+用途，按物品实际价值申报，以免产生高额关税及罚金。

（3）运单上需提供详细的发件人资料、收件人资料、件数、重量、品名、HS 海关商品编码、海关申报价值。

（4）运单上必须有收件人电话、收件人公司名称或者收件人姓名。

（5）联邦不快递接受 PO　BOX 地址服务。

（6）不完整的地址，如只有国家和城市名称，除非在运单上选取 HOLD at FedEx Location,让收件人自取，否则联邦快递不会收寄。

4. TNT

TNT 快递为企业和个人提供快递和邮政服务。总部位于荷兰的 TNT 集团，在欧洲和亚洲拥有高效的递送网络，且通过在全球范围内扩大运营分布来优化网络域名注册查询效能，提供世界范围内的包裹、文件以及货运项目的安全准时运送服务。

TNT 的服务优势是：拥有 26 家国际快递分公司及 3 个国际快递口岸；TNT 通过其所属的全资陆路运输公司天地华宇，运营着国内最大的私营陆运递送网络；其国内陆运业务下辖 1 250 个营业网点，服务覆盖中国 500 多个城市。此外，TNT 还在中国提供领先业界的直复营销服务。

TNT 服务时效为 3 ~ 5 天，TNT 的费用包括运费、燃油附加费和偏远附加费。

TNT 的重量限制为包裹重量≤30 千克。

TNT 的货物规格限制为单个包裹的重量不能超过 30 千克，一票不能超过 500 千克，体积限制为三条边分别不能超过 1.0m、0.6m、0.7m；TNT 经济型的体积限制为三条边分别不能超过 1.8m、1.2m、1.5m。体积重量超过实际重量的需按照体积重量计费。

TNT 保险理赔规定为：快递一般是发货次日可以上网，为对客户保证安全性和时效性，收取货物及操作开单收取运费后，上网前快件丢件将按照申报价值+运费赔偿客户损失（上限为 100 美元），最高不超过 3 倍运费。由于不可抗力等原因造成的损失（保价包裹除外），TNT 快递公司不承担赔偿责任。

TNT 退件规定：快递如果因收件人无法签收、由于包裹无法进入目的地海关或在规定的期限内未提供处理意见，而导致包裹被退回，从目的地国退回中国香港或深圳的运费将由发件人承担。购买保险的包裹，收费与赔偿按照“保险服务”条款执行。

TNT 跟踪查询：快递的包裹处理发货后会产生跟踪号，正常发货后当天可以上网。客户可将上网提供的跟踪号作为参考信息进行实时跟踪。

TNT 的禁寄品包括航空禁运的危险物品、液体、粉末等，国家明令禁止出口的货物，如古董、货币及其他侵权产品，不能寄达国家（地区）法律所规定的禁寄物品，TNT 禁运货物。

（三）国内快递模式

国内快递主要指 EMS、顺丰和“四通一达”。在跨境物流方面，“四通一达”中申通和圆通布局较早，但也是近期才发力拓展，如美国申通 2014 年 3 月才上线，圆通也是 2014 年 4 月才与 CJ 大韩通运展开合作，而中通、汇通、韵达则是刚刚开始启动跨境物流业务。顺丰的国际化业务则要成熟些，目前已经开通到美国、澳大利亚、韩国、日本、新加坡、马来西亚、泰国、越南等国家的快递服务，发往亚洲国家和地区的快件一般 2~3 天可以送达。在国内快递中，EMS 的国际化业务是最完善的。依托邮政渠道，EMS 可以直达全球 60 多个国家和地区，费用相对四大快递巨头要低，在中国境内的出关能力很强，到达亚洲国家和地区需 2~3 天，到欧美国家则需 5~7 天。

1. 中国邮政专递（EMS）

EMS 是中国邮政速递物流股份有限公司与各国（地区）邮政合作开办的中国大陆与其他国家及中国台港澳地区间寄递特快专递（EMS）邮件的一项服务，可为客户快速传递国际各类文件资料和物品，同时提供多种形式的邮件跟踪查询服务。

中国邮政专递有以下优势。

（1）EMS 拥有首屈一指的航空和陆路运输网络。

（2）EMS 具有高效发达的邮件处理中心。

（3）EMS 还具备领先的信息处理能力。

（4）EMS 业务在各国（地区）邮政、海关、航空等部门均享有优先处理权，清关率极高。目前为世界上 200 多个国家和地区提供服务。

（5）EMS 业务不收取退件费用。

EMS 的服务时效为 3~8 个工作日，中国邮政的运费在不同的分区是不一样的，具体运费标准可以直接通过邮政网页查询。其中，单件重量不超过 500g 的物品类邮件可按文件类收取资费。

EMS 实际运费=中国邮政公布价×相关货代公布折扣+4 元/票报关费+1 元（面单费）。

其他费用包括清关费用及关税，中国邮政 EMS 出关不会产生关税或清关费用，但在目的地国家进口时有可能产生进口关税，具体根据每个国家海关税法的规定各有不同，由目的国海关征收相应的关税。

EMS 邮件的体积重量大于实际重量的，必须按体积重量计收资费。体积重量按每 $6000cm^3$ 折合 1 千克计算。

EMS 邮件的重量限制为≤30 千克。

EMS 邮件的货物尺寸标准如下：标准 1 是任何一边的尺寸都不得超过 1.5 米，长度和长度以外的最大横周合计不得超过 3 米。标准 2 是任何一边的尺寸都不得超过 1.05 米，长度和长度以外的最大横周合计不得超过 2 米。标准 3 是最长一边不得超过 0.6 米，长、宽、高合计不得超过 0.9 米；圆卷型长度不得超过 0.9 米，直径的两倍和长度合计不得超过 1.04 米。标准 4 是邮件单边长度不超过 1.52 米，长度和长度以外最大横轴合计不超过 2.74 米。

EMS 邮件保险理赔规定：EMS 邮件在寄递过程中因非客户过失而发生丢失、短少、损毁和延误，邮局予以赔偿，但对间接损失和未实现的利益不承担赔偿责任。由于不可抗力等原因造成的损失等（保价邮件除外），EMS 不提供赔偿。

EMS 邮件延误则退回 50%邮费；信函、资料类邮件丢失、损毁赔偿每件 400 元人民币；邮寄时未在详情单上申报价值的物品类邮件发生丢失、损毁，每件赔偿 400 元人民币；已申报价值的物品类邮件发生丢失、损毁，按申报的实际价值赔偿；内件部分丢失、损坏的物品，按实际损失赔偿，但最高赔偿额均不超过每件 500+60×W（元人民币），W 为用千克整数表示的邮件重量，小数点后零数进为 1 千克。邮件发生丢失、损毁，除按相关规定赔偿外，还退还已收取的邮费和特殊查询费。

EMS 邮件跟踪查询可通过拨打 EMS 客户服务电话（当地电话区号+11185），或者登录 EMS 网站查询。

2. 顺丰速运

顺丰控股是国内领先的快递物流综合服务提供商，主要业务包括快递、仓配、冷运、供应链、重货运输及金融等业务板块，可以为客户提供包含物流、金融服务、信息服务在内的一体化解决方案。顺丰出口物流有国际标快、国际特惠、国际小包、国际电商专递和海外仓五种形式。

顺丰国际小包（E-Parcel，EP）是为跨境电商 B2C 卖家发寄 2 千克以下包裹而推出的一款高品质的小包类服务，包括顺丰国际小包挂号和顺丰国际小包平邮，服务范围覆盖全球 200 多个国家和地区。

顺丰国际小包的优势是：性价比高；高效揽收，中国大陆非偏远地区 1 小时内上门收件，全年 365 天无休揽收；上网快速，路由信息回传快速，发货当天即可查询上网信息；安全高效，便捷清关，运力稳定，时效可控；轨迹跟踪，挂号件可全程跟踪，平邮也可提供详细轨迹信息直至货件入境；可发带电产品，可接受符合航空运输安全标准的内置锂离子电池；售后贴心，客服即时响应、处理快速。

顺丰国际小包的计费方式是单票实重计费，首重 10g，续重按克计费，美国、澳大利亚、俄罗斯等 12 国例外，如美国流向为单票实重计费，首重 100g，续重按克计费。

顺丰国际小包运费查询见相关网址。

顺丰国际小包挂号的派送时效为 6 ~ 24 天，其中欧洲国家为 6 ~ 10 天，美国为 7 ~ 12 天，俄罗斯为 14 ~ 24 天。

顺丰国际小包平邮服务无参考时效。

顺丰国际小包重量限制为最大重量≤2 千克。

顺丰国际小包尺寸限制为：非圆筒货物长+宽+高≤90 厘米，单边长度≤60 厘米；圆筒形货物直径的两倍+长度≤104 厘米，单边长度≤90 厘米；顺丰国际小包挂号英国流向的非圆筒货物最大尺寸为 61 厘米×46 厘米×46 厘米。

（四）专线物流模式

跨境专线物流一般通过航空包舱方式将货物运输到国外，再通过合作公司进行目的国的派送。专线物流的优势在于能够集中大批量到某一特定国家或地区的货物，通过规模效应降低成本。因此，其价格一般比商业快递低。在时效上，专线物流稍慢于商业快递，但比邮政包裹快很多。市面上最普遍的专线物流产品是美国专线、欧洲专线、澳大利亚专线、俄罗斯专线等，也有不少物流公司推出了中东专线、南美专线、南非专线等。下面重点介绍几种常用专线物流产品。

1. 美国专线

自 2015 年 10 月 1 日起，美国不再提供入境邮政小包（挂号和平邮）的妥投信息，这让更多的卖家倾向于选择可以追踪的专线物流产品，物流最低标配为 e 邮宝。

e 邮宝是中国邮政速递联合海外邮政推出的专线产品，覆盖范围广，不过只有美国、俄罗斯线路的性价比较高。以美国 e 邮宝为例，其 1 千克以内货物运费价格基本追平全折的中邮挂号价格，2 千克左右货物运费更加便宜。7 ~ 10 个工作日完成交付，头程段借助 EMS 网络配送，尾程转美国邮政平信，每一票都投递到买家的居家住址信箱，全程可追踪。

若卖家更注重服务质量，则可用“IB Express”中美专线，全程由快递类物流商承运，时效稳定在3～7个工作日，直逼国际快递，收费比小包略贵。该专线由在美国成立将近20年的电商物流公司International Bridge运营，本土24小时客服响应处理物流问题（如支持改派），全美所有地区都可以送到（这点很重要），包括军队等特殊地址及离岸岛屿。全美统一价格，单票揽收至31千克，重货可寄递。

2. 英国专线

英国市场物流的合法清关是专线物流的关键能力之一。DHL英国电商包裹专线的时效为4～5天，每一票都商业清关，揽收到30千克，是寄送贵、重产品的首选。菜鸟“中外运—英邮经济小包专线”，限重2千克，平均时效2周，全程可追踪，是平价之选，有清关有优势。顺丰欧洲小包、欧洲专递，分别满足轻、重货经济派送需求，覆盖欧洲26国，由本土邮政和快递承运，清关有优势，比之传统渠道，时效也大大提高。

3. 俄罗斯专线

发往俄罗斯的商品不能走平邮，多数跨境电商选择邮政挂号或经济专线。一般俄罗斯专线能够在35天内实现妥投。

在众多的俄罗斯专线中，具备成本优势的有出口易俄罗斯专线、俄速递，其中俄速递时效拔尖。兼具成本和服务质量的有顺丰俄罗斯特惠小包，某网点密布，国内揽收和上网速度最快，并且在俄罗斯独家提供预约送货上门服务、免费二次派送及24小时俄语客服。在时效上，可实现10～25天送达，合法清关安全稳妥。具备服务质量优势的是俄速通的边境仓，全货机直飞俄罗斯，所以配送的稳定性也是有保障的。

4. 澳大利亚专线

澳大利亚地广人稀，普通邮包无法追踪，派送效率低，速度慢，丢包破损率高。发往澳大利亚的快件选择邮政小包的好处是澳大利亚对消费者在1 000澳元以下的跨境网购商品都不征税。

在各澳大利亚专线中，UBI（利通物流）澳大利亚专线的性价比较高。UBI为中国国际货代物流50强企业、中国空运货代16强企业，坐拥强大的航班资源，旺季配送也十分稳定。目前已经推出澳大利亚、新西兰、美国、加拿大等国专线，澳大利亚专线是其拳头产品，其直飞澳大利亚四大城市，就近派送，并且尾程走的是澳大利亚邮政速递网络，时效性和安全性有保障。此外，跨境电商企业可选择的全天候包裹柜达到187个，遇到旺季，周末也派件。UBI还提供本土客服服务，协助清关，及时处理物流问题。

5. 加拿大专线

加拿大从2015年开始不再提供入境邮政小包（含挂号在内）的妥投信息。与此同时，加拿大邮政明确表示，跨境电商可以采用其商业速递“Expedited”的跨国服务。该项目2016年已经和UBI合作，落户中国，从国内收件，然后将快件远程运输到加拿大境内派送，全程只需要3～8个工作日，全程可查件。

相关数据显示，在加拿大线上交易中，有近2/3的包裹是依靠加拿大邮政派送的，“Expedited”服务因为高性价比而广受加拿大消费者喜欢。

（五）海外仓储模式

海外仓储服务是指为卖家在销售目的地进行货物仓储、分拣、包装和派送的一站式控制与管理服务。确切来说，海外仓储应该包括头程运输、仓储管理和本地配送三个部分。

头程运输：中国商家通过海运、空运、陆运或者联运将商品运送至海外仓库。

仓储管理：中国商家通过物流信息系统，远程操控海外仓储货物，实时管理库存。

本地配送：海外仓储中心根据订单信息，通过当地邮政或快递将商品配送给客户。

海外仓储模式的优点是有利于海外市场价格的调配，同时还能降低物流成本，从买家所在国发货，从而缩短订单周期，完善客户体验，提高重复购买率，结合国外仓库当地的物流特点，可以确保货物安全、准确、及时地到达终端买家手中。目前，市场上主要的海外仓储有菜鸟海外仓、出口易海外仓、4PX 海外仓、万邑通海外仓等。

1. 菜鸟海外仓

菜鸟海外仓服务是速卖通与菜鸟网络联合海外优势仓储资源及本地配送资源，同时整合国际头程物流商和出口退税服务商共同推出的物流服务，为速卖通商家提供国内揽收、国内验货、出口清关退税、国际空海干线运输、进口清关、送仓、海外仓储管理、仓发、本地配送、物流纠纷处理、售后赔付一站式物流解决方案。

菜鸟海外仓的覆盖范围包括西班牙、法国、德国、意大利、葡萄牙、奥地利、卢森堡、荷兰、比利时、英国、捷克、丹麦、匈牙利、波兰、斯洛文尼亚、斯洛伐克等。

菜鸟海外仓尾程的配送商品规格规定是：西班牙仓发西班牙的规格限制为长+宽+高≤210cm，单边最长不超过 120cm，重量≤30 千克；法国仓发法国的规格限制为长+宽+高≤200cm，单边最长不超过 100cm，重量≤30 千克；西班牙仓发欧盟 15 国的规格限制为最长边+2×宽+2×高≤300cm，单边最长不超过 200cm，最高不超过 60cm，最宽不超过 80cm，重量≤50 千克。

菜鸟海外仓服务时效如下。上架服务，空运在 1～2 个工作日完成，海运在 4～5 个工作日完成；发货服务，西班牙和法国当地时间 10:30 前创建的出库单，当日出库，10:30 之后创建的出库单，下一个工作日完成出库。

2. 出口易海外仓

出口易拥有十多年的自营海外仓经验，为客户提供仓储与配送服务，配送范围覆盖北美、欧洲、澳洲全境，不受任何重量、体积限制，不受旺季航路不畅的影响。出口易海外仓现有美国仓、英国仓、德国仓、澳大利亚仓和加拿大仓。

出口易海外仓提供的服务包括头程运输（海运、空运或快递）、仓储与处理（货物入库、上架、存储及出库下架，订单分拣与打包等操作）及本地派送（整合当地物流渠道，提供灵活的、个性化的当地派送服务）。

出口易海外仓的时效要求是截单时间前接收的订单，确保当天出库，次日上网。

出口易海外仓的资费构成包括头程运费、税金、仓储及处理费、二程运费。

知识链接：出口易海外仓的使用流程

卖家根据对市场的预测进行备货，然后将这些货物交给出口易。接着出口易通过海运、空运或者快递的方式将卖家的货物运送到出口易在英国、美国或者澳大利亚的仓库。当海外买家在客户的网站、eBay 网店或者其他渠道购物后，卖家可以在出口易物流管理系统下单，填写需要配送的商品、买家的联系信息，选择本地配送方式，然后出口易根据卖家的订单要求对卖家存储在出口易海外仓库的商品进行海外本地配送，送达海外买家手中，如图 9-4 所示。

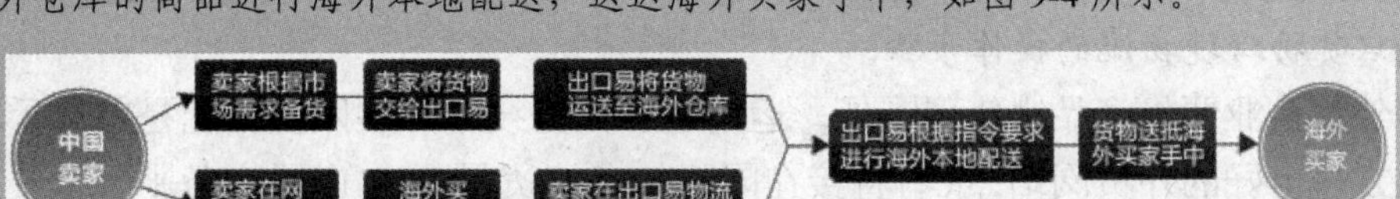

图 9-4　出口易海外仓使用流程

3. 4PX 海外仓

4PX 海外仓的服务名称为订单宝（FB4），是 4PX 利用先进的 WMS 系统为卖家量身定做的集采购管理、仓储管理、订单管理、库存管理、物流配送管理于一体的仓储外包项目。电子商务卖家只需要把货物寄存在 4PX 分布在全球的仓库，然后 4PX 会完成入库质检、货物上架、库存管理、接收订单、订单分拣、订单复核、多渠道发货等所有物流环节的操作，轻松让电子商务卖家享受一站式的物流仓储服务。

4PX 仓库分布在美国、英国、加拿大、德国、西班牙、日本、澳大利亚等国家和地区。

4PX 海外仓的资费构成包括头程运费、关税、仓租费及操作费、目的地派送运费。

4PX 海外仓的派送时效为 2 ~ 5 天。

知识链接：关税

英国关税起征点为 15 英镑，澳大利亚关税起征点为 1000 澳币，美国关税起征点为 200 美元，德国关税起征点为 19 欧元。

4. 万邑通海外仓

万邑通拥有强大的供应商管控能力与议价能力，可以拿到每个环节的优惠价格。万邑通还为中国卖家准备了大型仓储系统，无论是可使用的仓储空间，还是每个操作环节的运营规划，万邑通都准备了足够的弹性空间，保证运营不受到市场资源条件的影响。

目前万邑通拥有美西仓，占地面积 17 000 平方米，日处理 3.5 万件；美东仓，占地面积 16 000 平方米，日处理 2.5 万件；英国仓，占地面积 13 000 平方米，日处理 5.0 万件；德国仓，占地面积 19 000 平方米，日处理 3.2 万件；比利时仓，占地面积 5 000 平方米，日处理 0.2 万件；澳洲仓，占地面积 16 000 平方米，日处理 4.0 万件。

万邑通海外仓的尾程服务供应商主要是 UPS，平均转运时间为 2 ~ 5 天。

以上五大跨境物流模式基本涵盖了当前跨境物流的模式和特征，但也有一些“另类”。例如，比利时邮政虽然属于邮政包裹模式，但其定位于高质量卖家，提供的产品服务远比其他邮政产品优质。

对于跨境电商的卖家来说，其首先应该根据所售产品的特点（尺寸、安全性、通关便利性等）来选择合适的物流模式，如大件产品（如家具）就不适合走邮政包裹渠道，而更适合海外仓模式；其次，在淡旺季要灵活选用不同的物流方式，如在淡季时使用中邮小包降低物流成本，在旺季或者大型促销活动时期则适合选择海外仓。一般来说，小卖家可以通过平台发货，可以选择国际小包等渠道。大卖家或者独立平台的卖家，则需要优化物流成本，需要考虑客户体验，需要整合物流资源并探索新的物流形式。

二、B2B 型跨境电商货物出口物流

工作任务要求： 熟悉 B2B 型跨境电商企业出口货物的流程，并根据货物出口流程图详细描述出口货物跨境物流的操作步骤。

一家外贸企业要将产品销售到国外，运用电子商务技术开展网上销售是首选手段。当然这需要建立一个好的外贸网站，或者直接在国际知名的贸易 B2B 电子商务平台上发布企业的供应信息和商机。再利用网络营销手段来吸引客户，并与之建立联系，开展贸易磋商，签订货物出口合同，接下来就是履行合同。以 CIF 和 CFR 条件签订的出口合同皆由卖方安排运输，具

体的货物出口流程主要包括贸易磋商、签订合同、确定付款方式、审核装运条款、备货报检、租船订舱、办理保险、做箱、货物集中港区、出口货物通关、装船、制单结汇、出口收汇核销、出口退税等步骤，如图 9-5 所示。

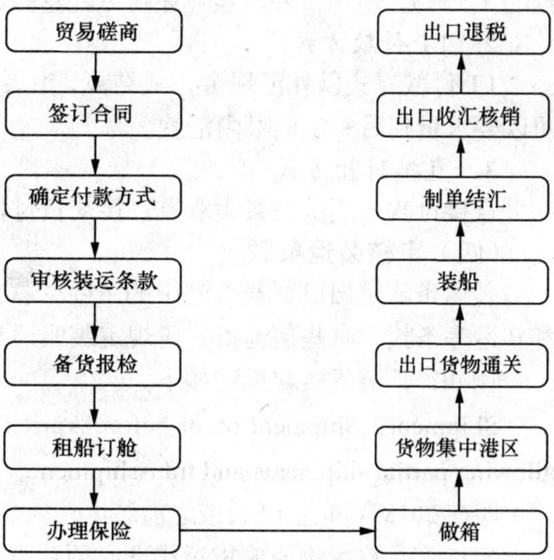

图 9-5　货物出口流程

（一）贸易磋商

国际贸易磋商一般包括四个步骤。

1. 询盘

即邀请对方提出报价及相应的运输、保险等条款（附卖方报价单）。询盘只是一种愿意进行交易的表示，没有法律上的约束，也不是交易洽谈/协商的必经步骤，但往往是交易的起点，故不应忽视，并且要做到有询必复，并能不失时机地迅速做出反应。

2. 发盘

即由发盘人（卖方）提出报价单，报价的主要内容包括产品的质量等级、产品的规格型号、产品是否有特殊包装要求、所购产品量的多少、交货期的要求、产品的运输方式、产品的材质等内容。比较常用的报价有 FOB“船上交货”、CNF“成本加运费”、CIF“成本、保险费加运费”等形式。

3. 还盘

即受盘人不同意或完全不同意发盘人在发盘中提出的条件，并对此提出修改意见。一方的发盘经过对方还盘以后即失去效力。受盘人进行还盘后，原发盘人还可以进行反还盘。一项交易有时要经多次还盘才能达成。

4. 接受

即受盘人接到对方的发盘或还盘后，同意对方提出的条件，愿意与对方达成交易，并及时承诺。

（二）签订合同

贸易双方就报价达成意向后，买方企业正式订货并就一些相关事项与卖方企业进行协商，双方协商认可后，需要签订《购货合同》。在签订《购货合同》过程中，主要对商品名称、规格型号、数量、价格、包装、产地、装运期、付款条件、结算方式、索赔、仲裁等内容进行商谈，并将商谈后达成的协议写入《购货合同》。签订《购货合同》标志着出口业务的正式开始。通常情况下，购货合同一式两份，由双方盖本企业公章生效，双方各保存一份。

（三）确定付款方式

比较常用的国际付款方式有三种，即信用证付款方式、TT 付款方式和直接付款方式。

1. 信用证付款方式

信用证分为光票信用证和跟单信用证两类。跟单信用证是指附有指定单据的信用证，不附任何单据的信用证为光票信用证。简单地说，信用证是保证出口商收回货款的保证文件。值得注意的是，出口货物的装运期限应在信用证的有效期限内，信用证交单期限必须在不迟于信用证的有效日期内。国际贸易中以信用证为付款依据的居多，信用证的开证日期应当明确、清楚、完整。我国的几家国有商业银行，如中国银行、中国建设银行、中国农业银行、中国工商银行等，都能够对外开立信用证（这几家主要银行的开证手续费都是开证金额的 1.5‰）。现在，外贸企业还可以在这些银行的网站上申请开立信用证。

2. TT 付款方式

TT 付款方式以外汇现金方式结算，由买方将款项汇至卖方指定的外汇银行账号内，买方可以要求货到后一定期限内汇款。

3. 直接付款方式

直接付款方式是指买卖双方直接交货付款。

（四）审核装运条款

装运条款是出口贸易合同中的主要条款，它包括装运时间、装运港、卸货港、分批装运和转运等条款。有些装运条款还规定装船通知条款、滞留期速遣条款等。

例如，某装运条款规定如下。

Shipment：Shipment on or before April 12，2018，from Shanghai to San Francisco USA，allowing partial shipments and transshipment.

即在 2018 年 4 月 12 日或之前装运，从中国上海港到美国旧金山港，允许分批装运或转运。

出口商、跨境物流或货运代理必须认真审核信用证上的装运条款，并严格按照装运条款的规定安排装运。

（五）备货报检

1. 备货

备货在整个贸易流程中，有举足轻重的地位，须按照合同及信用证中的规定逐一落实。备货主要核对以下内容。

（1）货物品种、规格、包装：应按合同的要求核实。

（2）货物数量：保证满足合同或信用证对数量的要求。

（3）备货时间：应根据信用证规定，结合船期安排，以利于船货衔接。

知识链接：出口货物的包装

可以根据货物的不同来选择包装形式（如纸箱、木箱、编织袋等）。不同包装形式的包装要求也有所不同。

（1）一般出口包装标准：根据贸易出口通用的标准进行包装。

（2）特殊出口包装标准：根据客户的特殊要求进行出口货物包装。

（3）货物的包装和唛头（运输标志）：应进行认真检查核实，使之符合信用证的规定。

2. 报检

在备货完成后，出口商申请报检。在我国，凡列入商检机构规定的“种类表”中的商品以及根据信用证、贸易合同规定由商检机构出具证书的商品，均需在出口报关前，填写“出口检验申请书”申请检验检疫。报检时须提交合同、信用证、厂检单或检验检疫机构出具的换证凭单（正本）、包装性能合格单、发票、装箱单等。

如果货主委托跨境物流或货运代理企业代理报检，跨境物流或货运代理企业则可接受委托代理报检。

（六）租船订舱

以 CIF 和 CFR 条件成交的出口贸易合同，卖方要按照合同或信用证规定的交货期（或装运期），办理租船、订舱手续。这些工作一般由货主委托跨境物流或货运代理企业来完成的。

货主向国际货运代理企业订舱时需要提供以下信息：船期、件数、箱型、箱量、毛重、体积、付费条款、联系方法及做箱的情况，然后货运代理企业开始订舱。订舱步骤如下。

（1）缮制委托书（又称托运单，即 Booking Note），制单时应最大限度地保证原始托运单的数据正确、内容无误，以减少后续过程的频繁更改。

（2）加盖企业订舱章订舱，需提供订舱附件的（如船舶企业价格确认件），应一并备齐方能去订舱。

（3）船舶公司在收到订舱委托书后，合理安排舱位，并签发“装货单”（Shipping Order，S/O），运输合同即成立。出口商或其代理人可以凭该装货单发货、报关、装运。

（七）办理保险

以 CIF 条件成交的，出口商办理保险，出口货物一般逐笔投保。

1. 投保手续

（1）确定装船和出航日期后，在货物尚未装船之前，出口商凭合同或信用证等单证向保险公司投保，并填写“海运出口货物投保单”。

（2）保险公司根据相关规定对投保单进行审核，决定是否承保。

（3）保险公司同意承保后，向出口商收取保险费，发回承保回执。

2. 保险险种

通常双方在签订的《购货合同》中已事先约定运输保险的相关事项。常见的保险有海洋货物运输保险、陆空邮货运输保险等。其中，海洋货物运输保险条款所承保的险别，分为基本险别和附加险别两类。

（1）基本险别有平安险（Free from Particular Average，F.P.A）、水渍险（With Average or With Particular Average，W.A or W.P.A）和一切险（All Risk，A.R.）三种。其中平安险的责任范围包括：由于海上自然灾害引起的货物全损；货物在装卸和转船过程中的整体灭失；由于共同海损引起的牺牲、分担和救助费用；由于运输船只触礁、搁浅、沉没、碰撞、水灾、爆炸引起的货物全损和部分损失。水渍险是海洋运输保险的基本险之一。按中国人民保险公司的保险条款，其责任范围除了承担平安险所列各项风险外，还承担恶劣气候、雷电、海啸、洪水等自然灾害的风险。一切险的承保责任范围相当于水渍险和一般附加险的总和。

（2）附加险别。附加险别有一般附加险和特别附加险两种类型。一般附加险有偷窃提货不着险、淡水雨淋险、偷窃短量险、渗漏险、破损破碎险、钩损险、混杂沾污险、包装破裂险、霉变险、受潮受热险、串味险等。特别附加险有战争险、罢工险等。

知识链接：保费计算

要计算保费，首先要确定保险金额。保险金额并非被保险货物的成本价格，而是以成本为基础，包括保险费、运费以及预期利润。成本价加保险费加运费实际上就是 CIF 价格。其实保险金额包括运费和保险费是为了避免被保险货物损失后企业收不回运费和保险费，另外还在 CIF 价格基础上加一成是为了确保企业的预期利润。这样在货物发生损失后企业不仅能收回全部支出，而且还能获得一定的利润。这是国际贸易在长期实践过程中形成的一种国际惯例。出口货物保费的计算公式为：

保险金额=CIF 价×110%

保险费=保险金额×保险费率

（八）做箱

做箱是指将出口货物装进集装箱，主要方式有两种：一是门到门做箱；二是内装。

（1）门到门做箱。门到门做箱是指货运代理派车到托运人的工厂或仓库做箱，装运完毕后，将箱子拖进港区的码头。做箱时需要填妥装箱计划，内容包括做箱时间、船名、航次、关单号、中转港、目的港、毛重、件数、体积、门点、联系人、电话等。

（2）内装。内装是指发货人用自己的车子，把货物送到货运代理指定的仓库，由货运代理安排装箱，装运完毕后，再将箱子拖到码头。做箱时需要填妥装箱计划中的船期、船名、航次、关单号、中转港、目的港、毛重、件数、体积、进舱编号等内容。

集装箱又称货柜，目前国际上通常使用的干货柜（Dry Container）的尺寸如下。

① 20 尺货柜，外尺寸为 6.1 米×2.44 米×2.59 米，内容积为 5.69 米×2.13 米×2.18 米，配货毛重一般为 17.5 吨，体积为 24～26 立方米。

② 40 尺货柜，外尺寸为 12.2 米×2.44 米×2.59 米，内容积为 11.8 米×2.13 米×2.18 米，配货毛重一般为 22 吨，体积为 54 立方米。

③ 40 尺高柜，外尺寸为 12.2 米×2.44 米×2.9 米，内容积为 11.8 米×2.13 米×2.72 米，配货毛重一般为 22 吨，体积为 68 立方米。

④ 45 尺高柜，外尺寸为 13.5 米×2.4 米×2.58 米，内容积为 13.58 米×2.34 米×2.71 米，配货毛重一般为 29 吨，体积为 86 立方米。

（九）货物集中港区

当船舶到港装货计划确定后，按照港区进货通知并在规定的期限内，由托运人办妥集运手续，将出口货物及时运至港区集中，等待装船，做到批次清、件数清、标志清。要特别注意与港区、船舶公司以及有关的运输公司或铁路等单位保持密切联系，按时完成运货，防止因工作脱节而影响装船进度。

（十）出口货物通关

货物集中港区后，把编制好的出口货物报关单连同装货单、发票、装箱单、商检证、外销合同、外汇核销单等有关单证向海关申报出口，经海关关员查验合格放行后方可装船。通关手续极为烦琐又极其重要，如不能顺利通关则无法完成交易。一般货物出口通关的基本程序分为 4 个步骤：申报、查验、征税和放行。对于报关人来说，一般货物出口通关的手续由向海关申报、陪同海关查验、缴纳进出口税费和提取或装运货物 4 个基本环节组成。

（十一）装船

在装船前，理货员代表船方，收集经海关放行货物的装货单和收货单，经过整理后，按照积载图和舱单，分批接货装船。装船过程中，托运人委托的货运代理应在现场监装，随时掌握装船进度并处理临时出现的问题。装货完毕，理货组长要与船方大副共同签署收货单，交与托运人。理货员如发现某批商品有缺陷或包装不良，即在收货单上批注，并由大副签署，以确定船货双方的责任。但托运人应尽量争取不在收货单上批注以取得清洁提单。

（十二）制单结汇

出口货物装船之后，进出口企业即应按照信用证的规定，正确缮制箱单、发票、提单、出口产地证明、出口结汇等单据。在信用证规定的交单有效期内，递交银行办理议付结汇手续。

除采用信用证结汇外，其他汇款方式一般有电汇（Telegraphic Transfer，T/T）、票汇（Demand Draft，D/D）、信汇（Mail Transfer，M/T）等方式，由于汇款电子化的发展普及，现在汇款主要使用电汇方式。

（十三）出口收汇核销

出口单位在开展出口业务前，凭单位介绍信、出口核销员证（现为开户单位印鉴卡）来外汇局领取核销单。出口单位向外汇局申领核销单时，应当当场在每张核销单的“出口单位”

栏内填写单位名称或者加盖单位名称章。核销单正式使用前加盖单位公章。核销单自领单之日起两个月以内报关有效。出口单位应当在失效之日起一个月内将未用的核销单退回外汇局注销。出口单位填写的核销单应与出口货物报关单上记载的有关内容一致。

出口单位持在有效期内、加盖出口单位公章的核销单和相关单据办理报关手续。在出口单位办理报关后，应当自报关之日起60日内，凭核销单及海关出具的贴有防伪标签、加盖海关"验讫章"的出口报关单、外贸发票到外汇局办理送交存根手续。出口单位应当在收到外汇之日起30天内凭核销单、银行出具的"出口收汇核销专用联"到外汇局办理出口收汇核销。

（十四）出口退税

出口退税是在国际贸易业务中，对我国报关出口的货物退还或免征在国内各生产环节和流转环节按税法规定缴纳的增值税和消费税，即对出口货物实行零税率。它是国际贸易中通常采用的并为各国接受的、目的在于鼓励各国出口货物公平竞争的一种税收措施。出口退税登记的一般程序如下。

（1）有关证件的送验及登记表的领取。企业在取得有关部门批准其经营出口产品业务的文件和工商行政管理部门核发的工商登记证明后，应于30日内办理出口企业退税登记。

（2）退税登记的申报和受理。企业领到"出口企业退税登记表"后，即按登记表及有关要求填写，加盖企业公章和有关人员印章后，连同出口产品经营权批准文件、工商登记证明等证明资料一起报送税务机关，税务机关经审核无误后，即受理登记。

（3）填发出口退税登记证。税务机关接到企业的正式申请，经审核无误并按规定的程序批准后，核发给企业"出口退税登记证"。

出口退税附送材料有：报关单、出口销售发票、进货发票、产品征税证明、出口收汇已核销证明、结汇税单或收汇通知书；如果属于生产企业直接出口或委托出口自制产品并以到岸价CIF结算的，还应附送出口货物运单和出口保险单；如果是进料加工复出口产品业务的企业，还应向税务机关报送进口料件的合同编号、日期、进口料件名称、数量、复出口产品名称，还有与出口退税有关的其他材料。

三、B2C型跨境电商商品进口物流

工作任务要求：熟悉B2C型跨境电商企业进口商品的四种物流模式，分析每一种物流模式的优劣势，计算网店经营的商品在四种物流模式下的物流成本和应缴税额。

跨境零售电商进口商品的物流模式主要分为保税模式、直邮模式、集货模式、转运模式四种。其中保税模式和直邮模式是最基本的两种，如图9-6所示。两者的主要差异在于下单顺序、清关方式。在流程上，保税模式先入境，用户下单后才清关。直邮模式在用户下单后才开始递送，在入境时即需清关。

集货模式相当于直邮模式的升级版，以集运代替零散的运输，以便节约成本；转运模式是海淘客在境外电商网站完成购物，商品被转送至指定海外转运快递仓库，重新打包，由转运公司（如闪购转运）代替收件人递交清关申报，继而转国内快递派送，如图9-7所示。

直邮模式和集货模式一直以来是以个人快件或邮政包裹递送的，按个人行李物品清关，所以一直按行邮税税率纳税。保税模式下的进口商品虽然按货物清关，但根据优惠的税收政策，也按行邮税税率纳税。行邮税纳税规则为：税额少于50元时免征税，大于50元时根据品类对应的行邮税税率缴纳，多数品类为10%。相比一般贸易进口需要缴纳的关税、16%的增值税和30%的消费税（部分品类缴纳），行邮税有着明显的税费优惠。对于直邮、集货模式，不是所有包裹都报关，海关采用抽查方式监管。国家的优惠税收政策确实使跨境电商企业降低了成本，从而有力地推动了行业的发展。

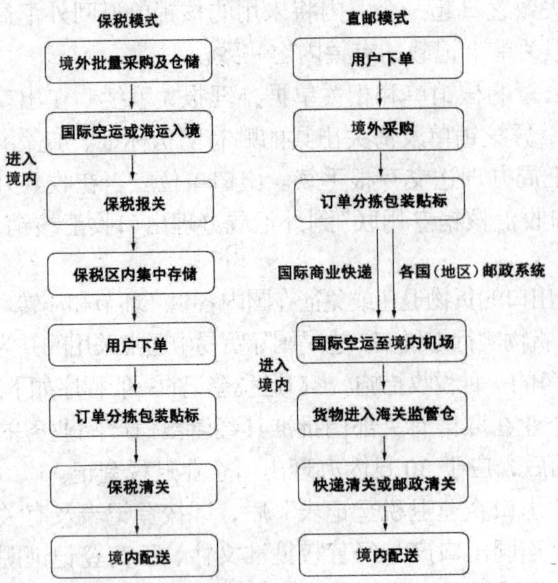

图 9-6　保税模式和直邮模式

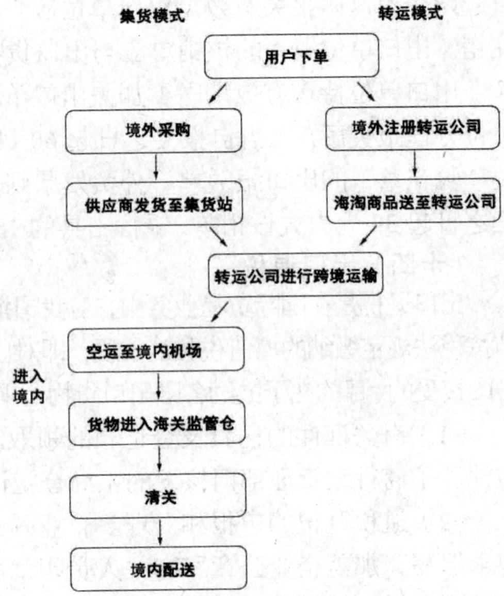

图 9-7　集货模式和转运模式

B2C 跨境电商进口商品采用的直邮模式、保税模式与一般贸易进口现行税收政策的对比，如表 9-1 所示。

表 9-1　商品进口税收政策对比

商品进口模式 / 比较项目	直邮模式	保税模式	一般贸易进口
征税对象	1．入境人员携带的行李物品 2．邮递物品	跨境零售企业进口的货物	企业间线下贸易的货物
报关概率	1．有的报关，有的不报关 2．海关抽查	全部报关	全部报关
应缴税费	免税或仅缴纳行邮税		需缴纳增值税和关税，奢侈品和化妆品需缴纳消费税
计税公式	1．税额小于 50 元：免税 2．税额大于 50 元：征收行邮税 应征行邮税额=完税价格×商品行邮税税率		1．进口关税=到岸价×关税税率 2．消费税=［（到岸价+关税税额）/（1−消费税率）］×消费税税率 3．增值税=（到岸价+进口关税+消费税额）×增值税税率
税率	行邮税税率按品类分为 10%、20%、30%和 50%四档		1．海关对不同品类商品征收不同的税 2．增值税税率 16% 3．消费税税率 30%

四、B2B 型跨境电商货物进口物流

工作任务要求：*熟悉 B2B 型跨境电商企业进口货物的流程，并根据货物进口流程图详细描述进口货物跨境物流的操作步骤及准确计算进口完税价格、关税、增值税和消费税。*

（一）利用电子商务平台寻找供应商

做好国际采购的准备工作，包括选择目标市场、交易对象、制订进出口商品经营方案等。如果选择电子商务，可在一些国际知名的 B2B 电子商务网站上寻找供应商，如综合性的网站

有阿里巴巴国际站、环球资源网、世界产品网；也有按照行业类别细分的专业性贸易平台，如印度化工网、隧道设备网；也有针对某个国际市场的贸易平台，如新加坡国际企业网、法国贸易网、美国和加拿大的帮助贸易网、加拿大出口网、印度市集、日本世界贸易中心等。

（二）对外磋商阶段

确定好候选供应商后，开始与其磋商，基本过程如下。

（1）询盘，即邀请对方提出报价及相应的运输、保险等条款（附卖方报价单）。

（2）发盘，即由发盘人提出报价单。

（3）还盘，即受盘人不同意或完全不同意发盘人在发盘中提出的条件，并对此提出修改意见。

（4）接受，即受盘人接到对方的发盘或还盘后，同意对方提出的条件，愿意与对方达成交易，并及时承诺。

（三）签订合同

交易成立后，由当事人一方以交易内容及条件制成书面文件寄交对方，由对方签署确认。这类文件包括：订单（由买方制成交卖方签署确认）；销售确认书、销售合同（由卖方制成交买方签署确认）。

（四）进口货物海运业务

假设进口货物采用FOB价格成交，由买方安排运输，海运进口货物运输工作一般包括以下10个环节，如图9-8所示。

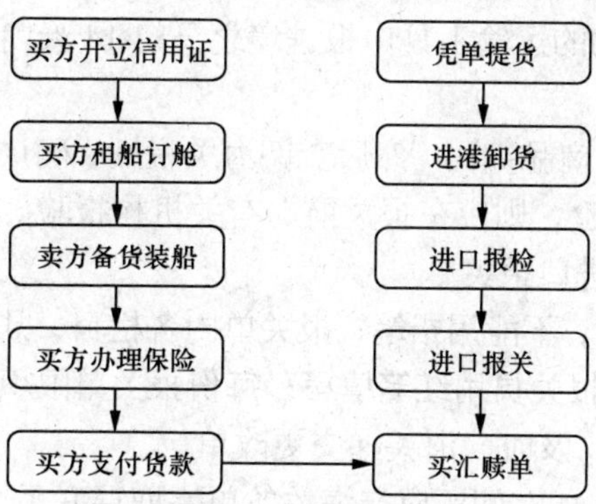

图9-8　海运进口货物运输工作流程

（1）买方开立信用证。进口合同签订后，按照合同规定进口方填写开立信用证申请书向银行办理开证手续。

（2）买方租船订舱。履行FOB交货条件的进口合同，应由买方负责派船到对方口岸接运货物，卖方在交货前一定时期内，应将预计装运日期通知买方，由买方向船方办理租船订舱手续。

（3）卖方备货装船。在办妥租船订仓手续后，应按规定的期限将船名及船期通知卖方，以便其备货装船。

（4）买方办理保险。货物装船后，卖方应及时向买方发出装船通知，以便买方及时办理保险和接货等工作。FOB交货条件下的进口合同，保险由买方办理。每批进口货物，在收到国外装船通知后，应将船名、提单号、开船日期、商品名称、数量、装运港、目的港等信息通知保险公司，即作为已办妥保险手续。

（5）买方支付货款。买方开户银行收到卖方开户银行寄来的汇票及单据后，对照信用证的规定，核对单据的份数和内容，如核查无误，则由买方开户银行向卖方开户银行付款。

（6）买汇赎单。进口交易的国外卖方在货物装运后，将汇票与全套货运单据经国外银行寄交我国国内开证银行。开证银行收到国外寄来的汇票和单据后，根据“单证一致”和“单单一致”的原则，对照信用证的条款，核对单据的种类、份数和内容，如相符即由开证银行向国外付款，并通知进口商用人民币按照国家规定的有关折算牌价付款赎单，进口商接到单据之后就可以去接收货物。

（7）进口报关。进口货物到货后，由进出口企业或委托外贸运输企业根据进口单据填写“进口货物报关单”向海关申报，并随附发票、提单及保险单。在报关时，必须由持有报关员证的报关员进行，其他人均没有资格。

（8）进口报检。进口货物如果属于法定检验的进口商品，则必须在合同规定的期限内由指定的检验机构检验。未经检验的，不准销售和使用。对货物的检验有两种方法：一是在卸货港检验；二是在用货单位所在地检验。在报检时，必须由持有报检员证的报关员进行，其他人均没有资格。

（9）进港卸货。进口货物运抵港口卸货时，由港务局进行卸货核对，如发现短缺，应及时填制“短缺报告”交由船方签署确认，并根据短缺情况向船方提出保留索赔权的书面声明。同时，保险公司和商检局也将做出相应处理。

（10）凭单提货。经过进口报关、报检手续后，如果进口货物的品名、品质、数量和重量、包装等符合交易合同的规定，进口商便可提货。如订货或用货单位在卸货港所在地，则就近转交货物；如订货或用货单位不在卸货地区，则委托货运代理将货物转运至用货单位。如进口商品的品质、数量、包装等不符合合同规定，则根据造成损失原因的不同，及时分别向卖方、轮船企业、保险公司索赔。

（五）进口货物的通关流程

进口通关的基本步骤有4个：申报、查验、征税、放行，具体介绍如下。

（1）用换来的提货单（1、3联）并附上报关单据前去报关。

报关单据包括提货单（1、3联）——海关放行后，会在白联上加盖“放行章”，发还给进口方作为提货的凭证，以及正本箱单、正本发票、合同、进口报关单一式两份、正本报关委托协议书、海关监管条例所涉及的各类证件。报关时应注意以下事项。

① 进口货物的收货人或其代理人应当自载运该货物的运输工具申报进境之日起14天内向海关办理进口货物的通关申报手续。

② 代理人在接到进口方全套单据后，应确认货物的商品编码，然后查阅海关税则，确认进口税率。确认货物需要什么监管条件，如需做各种检验，则应在报关前向有关机构报验。报验所需单据包括报验申请单、正本箱单发票、合同、进口报关单。

③ 进口报关单填报的项目要准确、齐全、字迹清楚，不能用铅笔；报关单内各栏目，凡海关规定有统计代号的，以及税则号列及税率一项，由报关员用红笔填写；每份报关单限填报4项货物；如发现有需变更填报内容的情况，应主动、及时向海关递交更改单。

④ 换单时应催促船舶代理部门及时给海关传舱单，如有问题应与海关舱单室取得联系，确认舱单是否转到海关。

⑤ 当海关要求开箱查验货物时，应提前与场站取得联系，调配运力将所查箱子调至海关指定的场站。

（2）若是法检商品应办理验货手续。

原国家出入境检验检疫局与海关总署自2000年1月1日起实施新的检验检疫货物通关制度，通关模式为“先报验，后报关”。同时出入境检验检疫部门将启用新的印、证书。新的检验检疫制度对原卫检局、动植物局、商检局进行“三检合一”，全面推行“一次报检，一次取样，一次检验检疫，一次卫生除害处理，一次收费，一次发证放行”的工作规程和“一口对外”的国际通用的新的检验检疫模式。

出口商或其代理人前往“三检”大厅办理“三检”（动植检疫、商品检验、卫生检疫），向大厅内的代理报验机构提供箱单、发票、合同报关单，由代理报验机构代理报验。报验后，可在大厅内统一窗口交费，并在白色提货单上盖“三检放行章”。

报关单上面的监管条件是A（进口）或B（出口）的货物属于法定检验货物，在报关的时候必须向海关提供商检局的通关单。如果没有A或B，就不算是法定检验货物，报关时不需要提供通关单。

如需商检，则要在报关前，拿进口商检申请单（带公章）和两份报关单办理登记手续，并在报关单上盖商检登记在案章以便通关。进口商检施行“先放行通关，后检验检疫”原则，即验货手续在最终目的地办理。

如需动植检，则要在报关前拿箱单、发票、合同、报关单去代理报验机构申请报验，在报关单上盖“放行章”以便通关，验货手续可通关后在堆场进行。

（3）缴纳税费。经海关审核报关，并查验货物无误后，海关根据申报的货物计算税费，打印纳税缴款书和收费票据。出口商凭海关签发的缴纳通知书和收费单据在限定的时间内（收到缴款书后 15 日内）向指定银行缴纳税费，或在网上进行电子支付。

主要进口税费包括关税、增值税和消费税，计算公式如下：

$$完税价格=\frac{FOB+运费}{1-保险费费率}$$

$$=\frac{CFR}{1-保险费费率}$$

$$=\frac{CIF\times[1-(1+投保加成率)\times保险费费率]}{1-保险费费率}$$

$$关税 = 完税价格 \times 关税税率$$

$$增值税 =（完税价格 + 关税）/（1-增值税税率）\times 增值税税率$$

$$消费税 =（关税 + 增值税 + 完税价格）\times 消费税税率$$

（4）“三检”手续办理后，去港池大厅交港杂费。港杂费用结清后，港池大厅将提货联退给提货人供提货用。

（5）所有提货手续办妥后，可通知事先联系好的堆场提货，并与港池调度室取得联系安排计划，然后根据提箱的多少与堆场联系足够的车辆尽可能在港方要求的时间内提清，在提箱过程中应与堆场有关人员共同检查箱体是否有重大残破，如有则应要求港池大厅在设备交接单上签残。

（6）重箱由堆场提到场地后，应在免费期内及时掏箱，以免产生滞箱。

（7）货物提清后，从场站取回设备交接单证明箱体无残损，去船企业或船舶代理部门取回押箱费。

【实践应用】

一、B2B 型跨境电商企业国外寄样

实践内容：完成 B2B 型跨境电商的寄样工作，从寄样分析到寄样准备，再到确定样品寄送方法及检疫报关等。

应用步骤：①做好寄样前的企业策略分析、客户分析、成本分析工作；②正确做好寄样准备；③根据时间和费用确定样品寄送方法；④办理检疫报关；⑤通过寄样加强与客户的联系。

B2B 型跨境电商企业在拓展海外市场的过程中，会接触到很多新客户，这些海外的新客户一般都会向公司提出寄样的要求。

（一）寄样分析

寄样问题的实质是如何甄选潜在客户并与其发展业务关系，因此在寄样前，需要判断是否要寄样，如何寄样，如何有效控制寄送样品的快递费用。

1. 明确企业的寄样原则

（1）清楚企业的定位及海外拓展策略。如果企业实力有限，正处于海外拓展初期，希望能有力控制企业的销售成本，则应该对寄样的客户进行筛选，如根据客户等级建立样品寄送标准，再从企业的角度对一定销售期间的样品数量及金额做好预算，使得企业能够在获得高质量客户的同时做好成本控制。如果企业实力雄厚，希望加大海外拓展力度，愿意为寻找客户给予更多投入，企业可在样品方面（样品、运费）多做预算。

（2）对潜在客户作深入的分析判断。潜在客户分为两类，一类是老客户，另一类是新客户。一般来说，对于合作已久、知其底细的老客户，可考虑样品费、运费全免。如果是新客户，则需要对其进行调查，分析客户是否有诚意。首先应设计客户背景调查表，用以了解新客户。如果是有诚意的客户，不会介意互相深入了解，而且会提出很有针对性的询价和寄样要求。如果客户希望企业能一次性提供多个样品，但又不愿支付任何费用，则应经进一步详细分析（对方企业背景，样品用途等）后，酌情处理。对于有诚意的新客户，可告知虽然样品可免费提供，但从发展双方业务计，请对方付运费。

（3）明确样品及运费成本。客户索要样品时，企业可将事先准备好的模板信发送给客户，就样品寄送问题作基本阐明。企业首先要明确样品及运费成本。要让客户知道，即使样品免费，无论其货值如何，都是企业的运营成本。如果样品价值高、运费也贵，无论新老客户，企业要请对方谅解，本着共同发展的原则，要求对方分担运费。

（4）了解客户索样的用途，为以后可能会产生的订单做铺垫。企业应该认真了解客户索样的真实用途，做好客户服务，给客户留下好印象。客户常见的索样用途有以下几种：纯粹收集样品做分析比较，进行产品有关参数测试，获得最终的使用体验，成为潜在的、可见的订单。

（5）正确心态。不是只有带来订单的样品投入才有价值。不要以为寄了样品就能拿到订单。实际上，寄样品好比做广告，只有让更多的人知道你的产品，才有可能有更好的效果。即便暂时没有订单，也可以通过客户的反馈，了解目标市场的最新行情、产品需改进的要素及产品线的研发方向。有些产品确定订单的周期较长，如纺织品，需做成分检查；如手机，需经过相关入网测试（一般 2 ~ 3 个月），所以企业需耐心等待。

2. 寄样判断

（1）不应寄样的情况。有一些新客户是企业之前并不了解的，也根本没有联系过的，却突然以传真或电子邮件的形式表示对企业的产品感兴趣，这时企业一定要认真分析。

（2）应该寄样的情况。如果客户是企业多次联系过的，双方经过多次磋商（询盘、报盘、还盘等）后，为了使客户更深入地了解企业的产品，可向客户寄送样品。对于一些规模较大、在行业范围内较有名气的客户，企业应该主动出击，主动拜访，主动递上资料，否则抢不到先机，在市场竞争中恐怕就要落后。因此企业可主动寄送样品，但所寄的样品也不一定要太多，而是寄送有代表性或造型新颖的样品，并且样品的质量一定要有保证。

（二）寄样准备

1. 样品确认

企业应该与客户做好沟通，确认客户需要的样品型号、规格，包装、说明书、每单数量要求、形式发票的格式等细节。如果有必要，可在寄样时结合邮件及光盘、照片，丰富样品的内容，给客户更多的选择，加深客户对企业的了解。

2. 取样原则

取样时要确保样品具有代表性，可从批量生产的产品中抽样而得。加强样品质量的检测，以保证待寄样品的质量是严格符合客户要求的。然后制作样品标签，标签应该与电子商务网站上的商品标识一致，以便客户日后下单订货。在选择样品时还应留下样品，并记录生产批次等相关信息以备日后核查。

3. 确认寄样地址

企业必须与客户确认寄样地址，防止出现样品不能按时交送到客户手中的情况，这会造成企业信誉的损失，并严重影响企业的商业机会。

（三）确定样品寄送方法

（1）一般的样品寄送方法有两种：一是邮政的航空大包；二是航空快递。

① 邮政的航空大包。价格较便宜，航程大约在两周左右（不含目的国的海关检验和其国内的邮政递送时间）。此方法可适用于大宗的低值产品寄送。可在各地邮局办理。一般商品（非危险品）可正常寄送；如果是普通化工品，仅需要出具一般的品质证书（证明其无毒、无害、无爆破性等），以便海关查验核实；如果是危险化工品或者疑似危险化工品（如钛白粉），则需要出具特殊的证明，以及进行特殊托运。

② 航空快递。航空快递分为中国邮政的国际EMS和国际知名快递公司（如FedEx、DHL、TNT等）的航空快递，其费用大致相同，但较邮政的航空大包费用贵。如果与快递公司有协议，可有折扣价。寄送时间在2～5天。如果是普通化工品，仅需要出具一般的品质证书（证明其无毒、无害、无爆破性等），以便海关查验核实；如果是危险化工品或者疑似危险化工品（如钛白粉），则需要出具特殊的证明，以及进行特殊托运。

（2）寄送样品的运费支付方式也有两种：一是预付；二是到付。

① 预付（Freight Prepaid）：寄件方缴付所需邮寄费用。此支付方式多用于寄送费用低、客户信誉好、成交希望大的情况或寄给老客户的情况。

② 到付（Freight Collect）：收件人交付所需邮寄费用。此支付方式多用于寄送费用高、客户信誉差、成交希望小的情况或寄给新客户的情况。

企业在寄送样品时可根据客户需要样品的时间是否紧急、企业的经济实力、客户的重要程度等因素选择寄送方法。

（四）检疫报关

办理进出口商品检验是国际贸易中的一个重要环节。关于出口商品的检验，其程序如下。

（1）商检机构受理报验。首先由报验人填写“出口检验申请书”，并提供有关的单证和资料，如外贸合同、信用证、厂检结果单正本等；商检机构在审查上述单证符合要求后，受理该批商品的报验；如发现有不合要求者，可要求申请人补充或修改有关条款。

（2）抽样。由商检机构派人主持进行，根据不同的货物形态，采取随机取样方式抽取样品。报验人应提供存货地点信息，并配合商检人员做好抽样工作。

（3）检验。检验部门可以使用从感官到化学分析、仪器分析等各种技术手段，对出口商品进行检验，检验的形式有商检自验、共同检验、驻厂检验和产地检验。

（4）签发证书。商检机构对检验合格的商品签发检验证书，或在“出口货物报关单”上加盖放行章。出口企业在取得检验证书或放行通知单后，在规定的有效期内报运出口。

（五）与客户建立联系

1. 寄样后应及时通知客户

企业在寄送样品后应第一时间通知客户已经发样的信息，内容包括样品的种类及相关介绍、快递公司的名称、快递样品的跟踪号码、何时发送、大约何时到达等信息。快递时还应附上形式发票，因为形式发票是客户清关的必需单据。当样品寄送到达后，还应请客户进行收到样品确认。

2. 寄样日常管理

企业应设计样品管理表，包括送样国别、客户、样品名、样品的版本及生产批次、样品数量、金额等，以供日后查询。同时还要妥善保存好形式发票，出口商样品管理的重要记录也要留档备用。客户对样品的评估内容也应增加到样品管理表中。

3. 跟踪样品情况

企业应询问样品顺利到达与否，以表达对客户的重视程度，这样做不仅能体现外贸的专业精神，也是与客户建立良好关系的开端。要实时了解客户反馈，设法获知客户对样品的评估结果，不管客户满意还是不满意，都要想办法让客户给出具体说明。

4. 建立稳定联系

不管短期内有无订单，企业应尽量与拿样客户建立起一种稳定的联系，不间断告知客户企业产品线的最新情况。

二、常见进出口单证的认知与缮制

实践内容：熟悉常见的进出口单证的格式和中英文内容及相关要求，正确完成常见进出口单证的缮制。

应用步骤：①熟悉国际贸易合同格式，正确制作国际贸易合同；②熟悉国际商业发票要求，正确缮制出口发票；③明确形式发票的作用和内容要求，正确缮制形式发票；④熟悉装箱单的基本格式，正确缮制装箱单；⑤熟悉提单的基本格式，正确缮制提单。

单证是整个外贸工作的核心。常见的外贸单证有合同、发票、形式发票、装箱单、提单、装船通知、保险单、商检证书、报告单、原产地证等。下面重点介绍合同、发票、形式发票、装箱单、提单的格式要求及缮制方法。

（一）合同（Contract）

合同是统称，买卖双方均可出具。如合同系卖方制作，可称为销售确认书（Sales Confirmation），合同由买方出具则可称为采购确认书（Purchased Confirmation）。合同除了有与国内销售合同相同的要素，如买卖双方名址、签订时间、交易货物品名、付款方式、违约责任等以外，还可以根据不同产品的特点附加条款。此外，正式的外贸合同往往还有更详细的约定，如信用证条件下的信用证开证要求，对各种不可抗力的规定等细则。

对于容易在装卸和储运过程中发生短缺的散货，如矿产、粮农副产品等，合同中往往还会附加“溢短装”条款，即允许在合同总数量和金额的基础上，有若干幅度的差异，最后按照实际交货量来结算。如“5% MORE OR LESS ALLOWED”，即允许多交或少交 5%。

理论上，合同应该“一式两份，双方各执一份，经签章的正本为凭”，可在外贸实务中，不大苛求照搬执行，一般的有传真件作为备忘录也可以，更多的还是依靠商业信用，以及预付款、信用证等实质的把控手段。也正因为如此，一些国家或地区的客户甚至制作固定合同，并留下“信用证开出后生效”等条款，进一步淡化合同的约束力，到处散发作为询价工具。如果企业收到类似合同，不必立即安排生产，而是需要预留一定的时间，等收到信用证再安排生产。

（二）发票（Invoice）

发票又称商业发票（Commercial Invoice）。外贸的“发票”概念和国内的财务发票完全不同。外贸发票是出口商自己制作、出具的文件，用于说明此票货物的品名、数量、单价、总值等，以及其他一些说明货物情况的内容。发票格式不拘，但必须包括上述要素，并全名落款。发票上还必须注明发票号码（出口商拟定）和出票时间，可以按照需要一式几份，由若干正本和副本组成，并注明“ORIGINAL”“COPY”字样。发票的末端通常有 E.&O.E.字样，意为“有错当查”，即此份发票如有错漏允许更改。发票的样本如表 9-2 所示。

表 9-2　　发票

上海机械进出口公司
Shanghai Machinery Import & Export Corporation
INVOICE

No:C0072
TIANJIN:JUN．20，1994

Sold to Messre:OVERSEAS COMPANY 100 JULAN SULAN #01-20 SUL TAN PLAZASINGAPORE 0179
Shipped Per:TONG HE　V.144　from　SHANGHAI　to　SINGAPORE

Marks & Nos.	DESCRIPTION	AMOUNT
OVS ------------- SINGAPORE NO.1-4860	“GOLDEN STAR” BRAND COLOUR TELEVISION SET MODEL SC874 PAL/BG SYSTEM，220V 50HZ，TWO ROUND PIN PLUG，WITH REMOTE CONTROL 4860 SETS，PACKED IN EXPORT CARTONS OF ONE SET EACH；TRANSPORTED IN40’ CONTAINERS OF 810 CARTONS EACH @USD150.00 PER SET CIF SINGAPORE SHANGHAI MACHINERY IMPORT & EXPORT CORP. E. &. O. E.	CIF SINGAPORE USD729，000.00

（三）形式发票（Proforma Invoice）

它的样式近似商业发票，几乎可以直接把商业发票的标题改为“PROFORMA INVOICE”即可。形式发票的用处，一是类似于单方面合同，可作为报价和确定交易的工具。一些国家或地区的客户喜欢以“形式发票”作为合同。因此，除了和商业发票相同的内容外，企业还可以根据需要在形式发票空白处以“REMARK”加注的形式增加条款，如交货期等，以进一步落实交易。二是对于那些需要进口许可或外汇使用额度的交易，客户也需要形式发票来做前期申请。在采用国际快递寄送货物的时候，也需要附上形式发票，作为快递公司统一报关之用。

（四）装箱单（Packing List）

装箱单与外贸发票对应，性质一样，主要用于说明货物的包装情况，如品名、数量、包装方式、毛重、体积等。视产品类别的需要还可以加上其他详细说明，如净重等。装箱单样式与发票相仿，只是不需要注明货物价值。通常也需要若干正本和副本，装箱单样本如表 9-3 所示。

表 9-3　　装箱单

<table>
<tr><td colspan="2">ENTERPRISE RESOURCES SYSTEMS CO.，LTD</td><td colspan="2">装　箱　单
PACKING LIST</td></tr>
<tr><td colspan="2">To
ARC COMPANY，FRANCE
ILX 440441 FRABC FH</td><td>Lwveicd Fin
INV035</td><td>Deten
FEB 15 2000</td></tr>
<tr><td colspan="4">Marks and numbers | Number and kind of packages description of goods</td></tr>
<tr><td>ARC

NARSEILLBS
K01-24000000</td><td colspan="3">12000 CHNESE WINTE RICE LONGSIIAPED
PACKED IN NEW SIGNLE GLNNY BAGS OF 50 KGS EACH
TOTAL：24.000.000 RAGS
G.W.：12.000.000 KGS
N.W.：|11.4000.000 KGS</td></tr>
</table>

（五）提单（Bill of Loading）

提单就是货物交付货运公司以后，由货运公司出具的证明，用以代表物权，以及用于在目的地提货。每家船舶公司都有自己式样的提单，但内容则大同小异，如表 9-4 所示。提单是最核心的单证，某种意义上就是货物的代表、货款的价值。托运人取得提单后，应立即前往所在地外汇银行办理议付结汇手续，银行收到托运人提交的提单及有关单据，经审查无误后，立即将提单及其他单据寄往进口方当地开立信用证的银行。国外当地银行收到单据，经审核无误后，即将货款划拨到中国外汇银行在其国外银行的账户上，中国外汇银行即收取货款，然后银行再将货款划归到国内出口方的账户上。

根据运输方式的不同，提单分为空运提单（Air Way Bill，AWB）和海运提单（Ocean Bill of Loading，B/L）及其他。但外贸实务中以海运提单最为常见，空运提单次之。海运货物时，进口商必须持正本提单、箱单、发票来提取货物（须由出口商将正本提单、箱单、发票寄给进口商）。若是空运货物，则可直接用提单、箱单、发票的传真件来提取货物。

表 9-4　　　　提单及填写说明

<table>
<tr><td colspan="2">Shipper（托运人）
（托运人处通常写出口公司名称）</td><td colspan="3" rowspan="3">B/L NO.（填写提单号）
PIL
PACIFIC INTERNATION LINES（PTE）LTD
(Incorporated in Singapore)
COMBINED TRANSPORT BILL OF LADING
Received in apparent good order and condition except as otherwise noted the total number of container or other packages or units enumerated below for transportation from the place of receipt to the place of delivery subject to the terms hereof. One ot the signed Bills of Lading must be surrendered duly endorsed in exchange for the Goods or delivery order. On presentation of this document(duly) Endorsed to the Carrier by or on behalf of the Holder, the rights and liabilities arising in accordance with the terms hereof shall(without prejudice to any rule of common law or statute rendering them binding on the Merchant)become binding in all respects between the Carrier and the Holder as though the contract evidenced hereby had been made between them.
SEE TERMS ON ORIGINAL B/L</td></tr>
<tr><td colspan="2">Consignee（收货人）
（根据信用证指定的收货人填写或 TO ORDER）</td></tr>
<tr><td colspan="2">Notify Party（通知方）
（在信用证单据要求栏目中有告知所通知方，注意将地址联系方式写上）</td></tr>
<tr><td>Vessel and Voyage Number
（船名）</td><td colspan="2">Port of Loading
（装运港）</td><td colspan="2">Port of Discharge
（卸货港）</td></tr>
<tr><td>Place of Receipt</td><td colspan="2">Place of Delivery</td><td colspan="2">Number of Original Bs/L
（填写提单的总份数）</td></tr>
<tr><td colspan="5">PARTICULARS AS DECLARED BY SHIPPER-CARRIER NOT RESPONSIBLE</td></tr>
<tr><td>Container Nos/Seal Nos.
Marks and/Numbers</td><td colspan="2">No. of Container/Packages/Description of Goods</td><td>Gross Weight
(Kilos)</td><td>Measurement
(cu-metres)</td></tr>
<tr><td>（填写唛头，没有就写 N/M）</td><td colspan="2">（货物的描述以及外包装）
（装船批注）
（如果信用证中要求指明运费支付情况，则在此处写明 FREIGHT PREPAID /FREIGHT PAID）</td><td>（填写货物的总毛值）</td><td>（货物的体积）</td></tr>
<tr><td colspan="2" rowspan="4">FREIGHT & CHARGES
［运费（有时可不填）］</td><td colspan="3">Number of Containers/Packages(in words)
（货物包装数）</td></tr>
<tr><td colspan="3">Shipped on Board Date:
（装船日期）</td></tr>
<tr><td colspan="3">Place and Date of Issue:
（装运地）</td></tr>
<tr><td colspan="3">In Witness Whereof this number of Original Bills of Lading stated Above all of the tenor and date one of which Being accomplished the others to stand void.
［此处签名（参考四种提单签署方式）］</td></tr>
</table>

提单由货运公司根据发货人提供的发货人和收货人名址、目的地、货物描述等相关信息来填制，经发货人确认无误后签章出具。提单的正反两面都有内容，正面的内容包括船名、装运港、目的港、托运人名称、收货人名称、货物名称、标志、包装、件数、重量或体积、运费、提单正本份数、提单签发日期、承运人或船长签字等，提单的反面是具体运输条款，对承运人与托运人的责任、索赔与诉讼等问题均有详细的规定。货物装船完毕后，承运人首先落实运费，然后签发已装船提单给发货人。除了提单上的固定栏目外，海运提单在签发的时候还必须加注“上船时间”（ON BOARD DATE），这是计算实际交货期的标准。

提单份数根据信用证所提要求签发，一般三正三副，出口商留两份正本，办理退税等业务，一份正本寄给进口商用来办理提货等手续。任何一份正本均可提货，一经提货，其余两份即告失效。

【任务拓展】

一、中国邮政小包报关单填写

（一）任务背景

中国邮政小包规定邮件上必须粘贴一张中国邮政提供的 CN22 报关单，如实申报邮件内件情况。报关单填写时应注意以下几点。

（1）报关单须用英文或寄达目的地所接受的语言填写。

（2）为使寄达目的地的海关检查时，能确认邮件内所载为何物品，投寄人须将报关单全部填妥，力求齐全、正确及清楚，否则可能引致延误以及对收件人造成不便。此外任何不尽不实或欠明确的申报将可能导致邮件被没收。

（3）投寄人应查明出入口规例（违禁品、包装方法等）寄达目的地所需的证件（如产地来源证明、卫生证明书、发货单等），如有则连同报关单一并付检。

（4）内载物品切不可笼统填写总称（如只填上“食品”“样本”或“零件”等）。

（5）有关内载物品类型，在方格上画“×”号并非表示无须详细填写报关单，并非暗示寄达目的地将准许该物品免税进口。

“商品货样”指海关认为价值极低的物品，只适用于订购所代表的商品。

“文件”指任何拟包含以及确实包含资料的媒体，而海关认为该等资料在数量及性质上价值极低。

（6）寄件人在正面签字以保证所投寄的邮件并无装载任何国际邮政规例所禁寄的危险物品，包括爆炸性物品、易燃物品、腐蚀物品、氧化物品、有毒物品、有害物品或其他危害物品等。

（7）寄件人须注意有关报关文件可能会根据当地海关检查上的需要有所修改。当地海关有权要求收件人提供补充证明文件以供清关。收件人必须按照海关要求，提供有关文件或缴付有关税费。当地海关不会通知邮政机关提供有关资料。

中国邮政小包报关单填写要求如图 9-9 所示，A. 邮件种类，在适当的方格内画上“√”，以说明物品的类别。B. 内件详细名称和数量，详细描述邮件内每类物品有关数量以及计算单位。特别是接受检疫的物品。C. 重量，填写每类物品的净重（以千克计算）。D. 价值，填写每类物品的价值（注明货币单位）。E. 投寄商业物品人士必须填写协调系统税则号列（按照世界海关组织所订立的协调制度填写）以及物品原产地（包括生产/制作或装嵌地）。F. 总重量，填写邮件总重量（以千克计算）。G. 总价值，填写邮件总价值（注明货币单位）。H. 寄件人签字。

（二）任务内容

某速卖通卖家向一位美国客户销售了一件婚纱，重量 1800 克，价值人民币 1200 元，还有一双高跟鞋，重量 1500 克，价值人民币 580 元，请填写通过中国邮政小包发货的报关单。

（三）任务要求

本任务是一个自主学习型任务，要求学生一边学习一边自主完成，两个同学一组，时间为一个小时，填写《中国邮政小包报关单》，字数不限，要求各项填写准确，避免注意事项中提到的各种问题，内容格式规范，条理清晰。

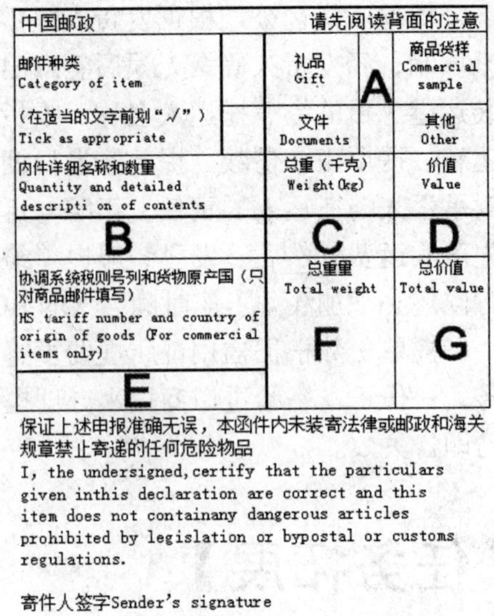
中国邮政 请先阅读背面的注意
邮件种类 Category of item
(在适当的文字前划"√") Tick as appropriate
礼品 Gift
商品货样 Commercial sample
A
文件 Documents
其他 Other
内件详细名称和数量 Quantity and detailed descripti on of contents
总重（千克） Weight (kg)
价值 Value
B C D
协调系统税则号列和货物原产国（只对商品邮件填写） HS tariff number and country of origin of goods (For commercial items only)
总重量 Total weight
总价值 Total value
E F G
保证上述申报准确无误，本函件内未装寄法律或邮政和海关规章禁止寄递的任何危险物品
I, the undersigned, certify that the particulars given inthis declaration are correct and this item does not containany dangerous articles prohibited by legislation or bypostal or customs regulations.
寄件人签字Sender's signature

图 9-9 中国邮政小包报关签条

二、B2B 跨境电商企业出口报关单的缮制

（一）任务内容

浙江省进出口有限公司 2013 年 5 月通过阿里巴巴国际站与一家美国企业 HOMIER DISTRIBUTING COMPANY INC 签订了出口 5 000 件羽绒服（HS 编码：94039000）的合同（合同号码为 LS2010301），要求 9 月底交货。其他相关资料如下。

价格：US$31.00/pc，CIF NewYork；

支付方式：by L/C at sight；

包装：每箱 20 件；

毛重：50 千克/箱；

净重：45 千克/箱；

航班：宁波到纽约，2013 年 8 月 10 日，途径新加坡；

运费：US$550.00，保险费 US$109.00；

集装箱号：TEXU382999；

唛头：KSM / NEWYORK / No.1-250。

根据以上资料，按照《中华人民共和国海关进出口货物报关单填制规范》的要求缮制出口货物报关单，如表 9-5 所示。

表 9-5 中华人民共和国海关出口货物报关单

预录入编号：　　　　海关编号：

出口口岸	备案号	出口日期	申报日期		
经营单位	运输方式	运输工具名称	提运单号		
发货单位	贸易方式	征税性质	结汇方式		
许可证号	运抵国（地区）	装运港	境内货源地		
批准文号	成交方式	运费	保费	杂费	
合同协议号	件数	包装种类	毛重（千克）	净重（千克）	

续表

<table>
<tr><td colspan="2">集装箱号</td><td colspan="6">随附单据</td><td colspan="2">生产厂家</td></tr>
<tr><td colspan="10">标记唛码及备注</td></tr>
<tr><td>项号</td><td>商品编号</td><td>商品名称</td><td>规格型号</td><td>数量及单位</td><td>最终目的国（地区）</td><td>单价</td><td>总价</td><td>币制</td><td>征免</td></tr>
<tr><td></td><td></td><td></td><td></td><td></td><td></td><td></td><td></td><td></td><td></td></tr>
<tr><td></td><td></td><td></td><td></td><td></td><td></td><td></td><td></td><td></td><td></td></tr>
<tr><td></td><td></td><td></td><td></td><td></td><td></td><td></td><td></td><td></td><td></td></tr>
<tr><td colspan="10">税费征收情况</td></tr>
<tr><td colspan="3">录入员　录入单位</td><td colspan="3" rowspan="2">兹声明以上申报无讹并承担法律责任

申报单位（签章）

填制日期</td><td colspan="4">海关审单批注及放行日期（签章）
审单　审价</td></tr>
<tr><td colspan="3">报关员

单位地址

邮编　电话</td><td colspan="4">征税　统计

查验　放行</td></tr>
</table>

（二）任务要求

本任务是一个自主学习型任务，要求学生一边学习一边自主完成，两个同学一组，时间为两个小时，填写完成《浙江省进出口有限公司销售商品出口报关单》，字数不限，要求内容填写规范，用语准确（相关代码资料可在中华人民共和国海关总署网站上查询），内容符合实际情况，保证报关单数据真实有效。

（三）任务步骤

步骤 1：熟悉《中华人民共和国海关进出口货物报关单填制规范》中的相关要求。

步骤 2：仔细分析任务内容中的相关背景资料。

步骤 3：在中华人民共和国海关总署网站上搜索关区代码表、运输方式代码表，查询相关代码或编号。

步骤 4：认真填写"中华人民共和国海关出口货物报关单"，保证报关单数据真实有效果。

步骤 5：根据本单元所学的知识撰写任务拓展实践报告。

三、B2B 跨境电商企业进口报关单的缮制

（一）任务内容

苏宁易购通过环球资源网从德国采购西门子电冰箱，共 200 台，价格 US$698/pc，纸箱包装，合同号码为 LS2010901，要求 2013 年 3 月底交货。其他相关资料如下。

价格：US$698/pc，FOB HAMBURGER；

支付方式：by L/C at sight；

包装：每箱 1 台电冰箱；

毛重：120 千克/箱；

净重：107 千克/箱；

航班：东方号 1122W，汉堡到上海，2013 年 1 月 20 日，途径新加坡；

运费：US$2000.00，保险费 US$539.00；

集装箱号：TEXU513597；

唛头：REF / SHANGHAI / No.1-200。

根据以上资料，按照《中华人民共和国海关进出口货物报关单填制规范》的要求缮制进口货物报关单，如表 9-6 所示。

表 9-6　　中华人民共和国海关进口货物报关单

预录入编号：　　　　　　　　　　　　海关编号：

进口口岸	备案号		进口日期	申报日期
经营单位	运输方式	运输工具名称	提运单号	
收货单位	贸易方式		征免性质	征税比例
许可证号	起运国（地区）		装货港	境内目的地
批准文号	成交方式	运费	保费	杂费
合同协议书	件数	包装种类	毛重（千克）	净重（千克）
集装箱号	随附单据		用途	
标记唛码及备注				

项号	商品编号	商品名称、规格型号	数量及单位	原产国（地区）	单价	总价	币制	征免

税费征收情况

录入员　录入单位	兹声明以上申报无讹并承担法律责任	海关审单批注及放行日期（签章） 审单　审价
报关员　海声 BP 机号 申报单位（签章） 单位地址 邮编　电话　填制日期		征税　统计 查验　放行

（二）任务要求

本任务是一个自主学习型任务，要求学生一边学习一边自主完成，两个同学一组，时间为两个小时，填写完成《苏宁易购采购商品进口报关单》，字数不限，要求内容填写规范，用语准确（相关代码资料可在中华人民共和国海关总署网站上查询），内容符合实际情况，保证报关单数据真实有效。

（三）任务步骤

步骤 1：熟悉《中华人民共和国海关进出口货物报关单填制规范》中的相关要求。

步骤 2：仔细分析任务内容中的相关背景资料。

步骤 3：在中华人民共和国海关总署网站上搜索关区代码表、运输方式代码表，查询相关代码或编号。

步骤 4：认真填写"中华人民共和国海关进口货物报关单"，保证报关单数据真实有效。

步骤 5：根据本单元所学的知识撰写任务拓展实践报告。